Perspektiven der Europäisierung des GmbH-Rechts und der Europäischen Privatgesellschaft vor dem Hintergrund der Europäischen Aktiengesellschaft

Saarbrücker Studien
zum Privat- und Wirtschaftsrecht

Herausgegeben von Johann Paul Bauer,
Michael Martinek (geschäftsführender Herausgeber)
und Helmut Rüßmann

Band 56

PETER LANG
Frankfurt am Main · Berlin · Bern · Bruxelles · New York · Oxford · Wien

Nicole Schröder

Perspektiven der Europäisierung des GmbH-Rechts und der Europäischen Privatgesellschaft vor dem Hintergrund der Europäischen Aktiengesellschaft

PETER LANG
Europäischer Verlag der Wissenschaften

Bibliografische Information der Deutschen Nationalbibliothek
Die Deutsche Nationalbibliothek verzeichnet diese Publikation in der Deutschen Nationalbibliografie; detaillierte bibliografische Daten sind im Internet über <http://www.d-nb.de> abrufbar.

Zugl.: Saarbrücken, Univ., Diss., 2006

D 291
ISSN 1433-8866
ISBN-10: 3-631-55352-8
ISBN-13: 978-3-631-55352-7

www.peterlang.de

Saarbrücker Studien zum Privat- und Wirtschaftsrecht

herausgegeben von
Prof. Dr. Johann Paul Bauer
Prof. Dr. Dr. Dr. h.c. Michael Martinek
Prof. Dr. Helmut Rüßmann

Die Schriftenreihe "Saarbrücker Studien zum Privat- und Wirtschaftsrecht" bildet in erster Linie ein Forum für rechtswissenschaftliche Doktorarbeiten der Universität des Saarlandes auf zwei juristischen Schwerpunktgebieten. Zum einen sollen Dissertationen im klassischen Privatrecht, vor allem im bürgerlichen Vermögensrecht der ersten drei Bücher des BGB und ihrer Nebengesetze vorgestellt werden. Zum anderen findet das Wirtschaftsrecht im Sinne des Wirtschaftsprivatrechts besondere Berücksichtigung, womit namentlich die Gebiete des Handelsrechts einschließlich des Bilanzrechts, des Personen- und Kapitalgesellschaftsrechts einschließlich des Konzernrechts, des Gewerblichen Rechtsschutzes sowie des Wettbewerbs- und Kartellrechts bezeichnet sind. Es versteht sich, daß nicht nur rechtsdogmatische Studien, sondern auch rechtstatsächlich, rechtspolitisch oder interdisziplinär angelegte Arbeiten in die Schriftenreihe Aufnahme finden. Denn die Rechts- und Wirtschaftswissenschaftliche Fakultät der Universität des Saarlandes vereinigt unter *einem* Dach die Fachbereiche Rechtswissenschaft und Wirtschaftswissenschaft und regt damit Studenten und Hochschullehrer in besonderer Weise zu fachübergreifender Lehre und Forschung an. Die Schriftenreihe steht aber nicht nur sehr guten und ausgezeichneten Dissertationen, sondern auch anderen "Studien" zu privat- und wirtschaftsrechtlichen Themen offen, bis hin zu Materialien und Skripten des akademischen Unterrichts. Die drei Herausgeber, die zugleich stellvertretend für ihre anderen Saarbrücker Fakultätskollegen des Privat- und Wirtschaftsrechts handeln, verbinden mit den "Saarbrücker Studien zum Privat- und Wirtschaftsrecht" den Wunsch, daß die hier veröffentlichten Arbeiten die verdiente Resonanz in der breiteren juristischen Fachöffentlichkeit finden.

Meinen Eltern

VORWORT

Sowohl Wissenschaft als auch Praxis fordern immer lauter die Einführung einer Europäischen Privatgesellschaft. Dabei geht es um die Schaffung einer supranationalen Rechtsform, die insbesondere kleinen und mittleren Unternehmen zur Verfügung stehen soll, um diesen die Möglichkeit zu eröffnen, sich auf europäischer Ebene effizienter zu organisieren. Ob dieses Vorhaben zu unterstützen ist, lässt sich erst nach einer Analyse des Europäischen Gesellschaftsrechts entscheiden. Kommt man zu dem Ergebnis, dass die Schaffung einer solchen Rechtsform unverzichtbar ist, stellt sich die Frage, inwieweit sich die Erfahrungen, die im Rahmen der Schaffung der Europäischen Aktiengesellschaft gemacht wurden, für das Projekt einer Europäischen Privatgesellschaft nutzen lassen. Die nicht ausgereiften Kapitalerhaltungsvorschriften leiten dirket über zu einem nächsten Problemfeld; wie nämlich lässt sich die Durchgriffshaftung einer Europäischen Aktiengesellschaft mit nur einem einzigen Gesellschafter einer Lösung zuführen. All diesen Fragen widmen sich die nachfolgenden Ausführungen.

Die vorliegende Arbeit wurde im Jahr 2005 von der Rechts- und Wirtschaftswissenschaftlichen Fakultät der Universät des Saarlandes als Dissertation angenommen.

An dieser Stelle möchte ich mich bei all denen von Herzen zu bedanken, die zum Gelingen der Arbeit beigetragen haben.

Ich danke zunächst einmal meinem Dokorvater Herrn Professor Dr. Dr. Dr. h.c. Martinek M.C.J. (New York) für seine Betreuung und die zügige Erstbegutachtung. Bei der Wahl des Themas und der Bearbeitung ließ er mir alle wünschenswerten Freiheiten. Mein Dank gilt auch Herrn Professor Dr. Günther Hönn für die Erstellung des Zweitgutachtens. Danken möchte ich auch der Universität des Saarlandes, die die Erstellung der Arbeit durch die Gewährung eines Stipendiums nach dem Landesgraduiertenförderungsgesetz gefördert hat.

Ich widme diese Arbeit meinen Eltern. Sie haben mich stets zur Fertigstellung ermuntert und mich in jeder Phase des Projektes bedingungslos unterstützt. Zu Dank verpflichtet bin ich auch Herrn Christian Schröder für die große Hilfe bei der Endkorrektur.

Nicole Schröder

INHALTSÜBERSICHT

INHALTSVERZEICHNIS

ABBILDUNGSVERZEICHNIS

ABKÜRZUNGSVERZEICHNIS

ABl. EG	Amtsblatt der Europäischen Gemeinschaften
ABl. EU	Amtsblatt der Europäischen Union
A.C.	Appeal Cases (seit 1891)
AcP	Archiv für civilistische Praxis
aF	Alte Fassung
AFG	Arbeitsförderungsgesetz
AG	Aktiengesellschaft, auch Die Aktiengesellschaft
AktG	Aktiengesetz
ALL E.R.	All England Law Reports
Alt.	Alternative
Art./ Artt.	Artikel
Az.	Aktenzeichen
BAG	Bundesarbeitsgericht
Banca, borsa, tit. cred.	Banca, borsa e titoli di credito
BB	Der Betriebs- Berater
B.C.C.	British Company Cases
B.C.L.C.	Butterworth Company Law Cases
Bd.	Band
BDI	Bundesverband der Deutschen Industrie
BetrVG 1952	Betriebsverfassungsgesetz vom 11.10.1952
BGH	Bundesgerichtshof
BGHZ	Entscheidungen des Bundesgerichtshofs in Zivilsachen, Amtliche Sammlung
BGB	Bürgerliches Gesetzbuch
BGBl.	Bundesgesetzblatt
BR- Drucks.	Bundesratsdrucksache
Bros.	Brothers
BSG	Bundessozialgericht
bspw.	beispielsweise
BT- Drucks.	Bundestagsdrucksache
Bull. civ.	Bulletin des arrêts des chambres civiles de la Cour de Cassation
Bull. Joly	Bulletin Mensuel d'information des sociétés Dictionnaires Joly
BVerfG	Bundesverfassungsgericht
BVerfGE	Entscheidungen des Bundesverfassungsgerichts
BVG	Besonderes Verhandlungsgremium der Arbeitnehmer

bzw.	beziehungsweise
CA	Cour d'appel, Companies Act
Cass.	Corte di Cassazione
Cass. civ.	Cour de cassation, chambre civil
Cass. com.	Cour de cassation, chambre commercial et financière
Cass. Req.	Cour de cassation, chambre de requête (vor 1947)
CC	Code civil/ Codice civile (französisches bzw. italienisches Gesetzbuch, das dem deutschen Bürgerlichen Gesetzbuch entspricht)
C. com.	Code de Commerce (französisches Handelsgesetzbuch)
Ch.	Chancery Devision
Chap.	Chapter (Kapitel)
Cmnd.	Commendation
Co.	Company
CREDA	Centre de recherche sur le droit des affaires
D.	Recueil Dalloz
DB	Der Betrieb
ders.	Derselbe
dies.	Dieselben
d.h.	das heißt
DIHK	Deutsche Industrie- und Handelskammer
Dir. fall.	Diritto fallimentare
Dok.	Dokument
DStR	Deutsches Steuerrecht
DWiR	Deutsches Wirtschaftsrecht
EBR	European Business Register
EG	Europäische Gemeinschaft
EGV	Vertrag zur Gründung der Europäischen Gemeinschaft
endg.	Endgültig
EPG	Europäische Privatgesellschaft
EPG- VOV	Vorschlag für eine Verordnung zur Einführung einer Europäischen Privatgesellschaft
EP- RL	Einpersonengesellschaftsrichtlinie
ERJuKoG	Gesetz über elektronische Register und Justizkosten für Telekommunikation
EStG	Einkommenssteuergesetz
EU	Europäische Union
EuGH	Gerichtshof der Europäischen Gemeinschaften
EuLF	The European Legal Forum (Forum iuris communis

	europaea, Zeitschrift)
EuR	Europarecht (Zeitschrift)
EURL	Entreprise unipersonelle à responsabilité limitée (französische Einpersonengesellschaft mit beschränkter Haftung)
EuZW	Europäische Zeitschrift für Wirtschaftsrecht
EWiR	Europäisches Wirtschaftsrecht
EWIV	Europäische Wirtschaftliche Interessenvereinigung
EWS	Europäisches Wirtschafts- und Steuerrecht
EWSA	Europäischer Wirtschafts- und Sozialausschuss
Ex- Art.	Ehemaliger Artikel
f., ff.	folgend (e)
FAZ	Frankfurter Allgemeine Zeitung
FGG	Gesetz über die Angelegenheiten der freiwilligen Gerichtsbarkeit
Foro. it.	Foro italiano
GA	Generalanwalt
Gem.	Gemäß
Giur. com.	Giurisprudenza commerciale
Giur. it.	Giurisprudenza italiana
Giust. civ.	Giustizia civile
Giust. civ. mass.	Giustizia civile Massimario
GmbH	Gesellschaft mit beschränkter Haftung
GmbHG	Gesetz betreffend die Gesellschaft mit beschränkter Haftung
GmbHR	GmbH- Rundschau
GrEStG	Grunderwerbssteuergesetz
Gaz. Pal.	Gazette du Palais
Halbs.	Halbsatz
HGB	Handelsgesetzbuch
H.L.	House of Lords
Hrsg.	Herausgeber
IA	Insolvency Act
IAS	International Accounting Standards
i.d.R.	in der Regel
IFRS	International Financial Reporting Standards
InsO	Insolvenzordnung
i.V.m.	in Verbindung mit

i.S.d.	im Sinne des/ der
JA	Juristische Arbeitsblätter
J.B.L.	Journal of Business Law
JCP	Juris – Classeur périodique, La semaine juridique
JR	Juristische Rundschau
J. soc.	Journal des sociétés
JURA	Juristische Ausbildung
JZ	Juristenzeitung
KG	Kommanditgesellschaft
KGaA	Kommanditgesellschaft auf Aktien
KMU	Kleine und mittlere Unternehmen
KOM	Kommission der Europäischen Union; Dokumente
KritVJ	Kritische Vierteljahreszeitschrift für Gesetzgebung und Rechtswissenschaft
KStG	Körpersteuergesetz
L.F.	Legge sul fallimento
LG	Landgericht
Ltd.	Limited
lit.	litera (Buchstabe)
max.	maximal
MEDEF	Mouvement des Entreprises de France
MDR	Monatsschrift für deutsches Recht
m.w.N.	mit weiteren Nachweisen
NJW	Neue Juristische Wochenschau
Nr.	Nummer
Nuova giur. civ. comm.	La nuova Giurisprudenza civile commentata
NZA	Neue Zeitschrift für Arbeitsrecht
NZG	Neue Zeitschrift für Gesellschaftsrecht
N.Z.L.R.	New Zealand Law Reports
OHG	Offene Handelsgesellschaft
OLG	Oberlandesgericht
P.C.	Privy Council
Plc.	Public Company

PublG	Publizitätsgesetz
Q.B.	Queen's Bench Division
RabelsZ	Rabels Zeitschrift für ausländisches und internationales Privatrecht
RdA	Recht der Arbeit
Rdnr.	Randnummer
Rec.	Recueil
Rev. synd.	Revue des syndics et administrateurs judiciaire de France
Riv. dir. civ.	Rivista del diritto civile
RIW	Recht der Internationalen Wirtschaft
RG	Reichsgericht
RGZ	Entscheidungen des Reichsgerichts
RJDA	Revue de jurisprudence de droit des affaires
RL	Richtlinie
Rs.	Rechtssache
s./ ss.	section/ sections
S.	Satz
S.A.	Société Anonyme (französische Gesellschaftsform der Aktiengesellschaft)
SARL	Société à responsabilité limitée (französische Gesellschaftsform, die der GmbH entspricht)
S.C.	Session Cases
SCE	Societas Cooperativa Europaea, Europäische Genossenschaft
SE	Societas Europaea, Société Européenne, Europäische Aktiengesellschaft
SE- RL	Richtlinie zur Ergänzung des Statuts der Europäischen Gesellschaft hinsichtlich der Beteiligung der Arbeitnehmer
SE- VO	Verordnung über das Statut der Europäischen Gesellschaft (SE)
SE- VOV	Verordnungsvorschlag über das Statut der Europäischen Gesellschaft (SE)
SFE	Société Fermée Européenne, Europäische Privatgesellschaft
SI	Statutory Instrument
Slg.	Sammlung der Rechtsprechung des Gerichtshofes der Europäischen Gemeinschaften
S.L.T.	Scots Law Times

sog.	sogenannte/ r/ s
SRL	Società a responsabilità limitata (italienische Gesellschaftsform, die der GmbH entspricht)
Trib.	Tribunale
UmwG	Umwandlungsgesetz
UmwStG	Umwandlungssteuergesetz
UNICE	Union des Confédérations de l'Industrie et des Employeurs d'Europe (Vereinigung der Wirtschafts- und Arbeitgeberverbände Europas)
Unterabs.	Unterabsatz
Urt.	Urteil
u.s.w.	und so weiter
v.	versus (gegen)
VDMA	Verband Deutscher Maschinen- und Anlagenbau e.V.
vgl.	Vergleiche
VO	Verordnung
Vol.	Band
VOV	Verordnungsvorschlag
W.L.R.	Weekly Law Report
WM	Wertpapiermitteilungen- Zeitschrift für Wirtschafts- und Bankrecht
ZEuP	Zeitschrift für Europäisches Privatrecht
ZGR	Zeitschrift für Unternehmens- und Gesellschaftsrecht
ZHR	Zeitschrift für das gesamte Handels- und Wirtschaftsrecht
ZIP	Zeitschrift für Wirtschaftsrecht
ZRP	Zeitschrift für Rechtspolitik

Der Vertrag zur Gründung der Europäischen Gemeinschaft vom 25.03.1957 (EGV) ist durch den Amsterdamer Vertrag vom 02.10.1997, der am 01.05.1999 in Kraft getreten ist, geändert worden. Zitiert wird grundsätzlich die konsolidierte Fassung, auf die alte Fassung des EGV wird durch die Bezeichnung Ex-Art. (ehemaliger Artikel) hingewiesen.

EINLEITUNG

Die Staats- und Regierungschefs der Europäischen Union haben beim EU-Gipfel in Lissabon im Frühjahr 2000 das strategische Ziel für das kommende Jahrzehnt gesetzt[1]: „Europa soll sich umwandeln in die wettbewerbsfähigste und dynamischste wissensbasierte Wirtschaft der Welt, die zu einem Wirtschaftswachstum mit mehr und besseren Arbeitsplätzen und einem größeren sozialen Zusammenhalt fähig ist."

Um dieses Ziel zu erreichen, ist es erforderlich, dass die Rechtsintegration mit der wirtschaftlichen Integration Schritt hält[2]. So hat der EU- Gesetzgeber schon viel erreicht: er hat europäisches Einheitsrecht geschaffen und durch Richtliniengebung dafür gesorgt, dass sich die mitgliedschaftlichen Rechtsordnungen angleichen. Festzustellen ist jedoch, dass der rechtliche Rahmen, in dem sich Verbraucher, Arbeitnehmer und Unternehmer bewegen müssen, noch lange nicht dem gemeinschaftsweiten wirtschaftlichen Rahmen entsprechen. Vielmehr wird der rechtliche Rahmen des gemeinschaftsweiten Binnenmarkts weitgehend von dem innerstaatlichen Recht der einzelnen Mitgliedstaaten determiniert. Mit unterschiedlichen rechtlichen Rahmenbedingungen schafft das nationale Recht jedoch zugleich unterschiedliche Standort- und Wettbewerbsbedingungen für die Marktteilnehmer und Unternehmen. Dadurch besteht also die Gefahr einer Wettbewerbsverzerrung.

Einen Schritt in die richtige Richtung bedeutet jedoch die rechtspolitische Einigung des Europäischen Rates auf seiner Gipfelkonferenz vom 07. bis 09. Dezember 2000 in Nizza[3] über die Beteiligung der Arbeitnehmer in der Europäischen Aktiengesellschaft. Diese Einigung ebnete -nach über 30 Jahren kontroverser politischer Verhandlungen- den Weg für die Europäische Aktiengesellschaft. Noch auf seiner Tagung am 20. Dezember 2000 hat der Ministerrat das Rechtspaket der Europäischen Aktiengesellschaft, bestehend aus einer Verordnung[4] und einer Richtlinie[5], nach Art. 308 EGV einstimmig gebilligt, am

---

1 Bericht abrufbar unter http://europa.eu.int/comm/internal_market/smn/smn21/s21mn15.htm

2 Insoweit kritisch *Schäfer*, in Scheuing/ Schwarz/ Wollenschläger, Europäisches Unternehmensrecht, S. 7.

3 So wird im Zusammenhang mit der Europäischen AG auch vom „Wunder von Nizza" gesprochen, vgl. *Wiesner*, Aktuelle Entwicklungen im europäischen Unternehmensrecht, BB 2001, Beilage 8, S. 2.

4 Verordnung (EG) Nr. 2157/2001 des Rates vom 08.10.2001 über das Statut der Europäischen Gesellschaft (SE).

08. Oktober 2001 verabschiedet und am 10. November 2001 im Amtsblatt der EG[6] veröffentlicht. Somit steht den europäischen Unternehmen seit dem 08. Oktober 2004 das „Flaggschiff des Europäischen Gesellschaftsrechts“[7] zur Verfügung[8]. Dies ist auch der Tag, bis zu dem die parallel verabschiedete Richtlinie in nationales Recht transformiert sein musste. Beide Rechtsakte ergänzen sich gegenseitig und sollen nach der Konzeption des Verordnungsgebers zum selben Zeitpunkt anwendbar sein.

Der nächste Schritt in die richtige Richtung ist nun die Schaffung einer Europäischen Privatgesellschaft[9], welche vordringlich an den Interessen der kleineren und mittleren Unternehmen ausgerichtet ist. Der Wunsch zur Einführung dieser Rechtsform scheint vorhanden zu sein[10]. Wenn auch die Geschichte der Europäischen Privatgesellschaft nicht ganz so weit zurückreicht, wie die der Europäischen Aktiengesellschaft, so sollte sie dennoch schnellstmöglich ein weiteres Handlungsinstrument europäischer Unternehmen werden.

Mit dem Erlass der Einpersonengesellschaftsrichtlinie sollte das Europäische Gesellschaftsrecht mittlerweile soweit harmonisiert sein, dass nunmehr in allen Mitgliedstaaten der EU die Gründung einer Einpersonen- GmbH zugelassen ist. Während ein Durchgriffstatbestand noch in dem alten Richtlinienvorschlag enthalten war, hat die Einpersonengesellschaftsrichtlinie in ihrer heutigen Fassung auf eine entsprechende Regelung verzichtet. Da auch einer EuropäischenPrivatgesellschaft die Gründung einer Einpersonengesellschaft nicht fremd sein sollte, stellt sich die interessante Frage, wie das Statut gestaltet werden sollte, um dem Interesse aller Beteiligten, also Gesellschaft, Gesellschafter und Gläubigern gerecht zu werden.

---

5 Richtlinie 2001/86/EG des Rates vom 08.10.2001 zur Ergänzung des Statuts der Europäischen Gesellschaft hinsichtlich der Beteiligung der Arbeitnehmer.

6 Vgl. ABl. EG L 294, S. 1 ff.

7 Vgl. *Hopt*, Europäisches Gesellschaftsrecht - Krise und neue Anläufe, ZIP 1998, S. 99.

8 Vgl. Art. 70 SE- VO.

9 Diese Namensgebung basiert auf der Übsetzung des Titels des Entwurfs des französischen Arbeitgeberverbandes MEDEF (vormals CNPF) aus dem Jahr1998. Da dieser Entwurf der vorliegenden Arbeit zugrundegelegt worden ist, wird dieser Name im folgenden auch übernommen.

10 Vgl. Stellungnahmen des franz. Verbands MEDEF, abrufbar unter www.medef.fr/staging/site/page.php?pag_id=135, des deutschen Verbandes VDMA, abrufbar unter www.vdma.org/, der DIHK, abrufbar unter www.dihk.de/inhalt/download/Chancen.doc, des BDI, abrufbar unter www.bdi-online.de Winter- Bericht, S. 126.

A. Gang der Darstellung

Die Arbeit wird sich in mehrere Kapitel gliedern. Zuerst wird der Bestand eines Europäischen Gesellschaftsrechts festgehalten. Dabei richtet sich der Blick auf die Situation der Unternehmen im europäischen Binnenmarkt. Im Rahmen dieser Analyse steht dabei die Entwicklung einer europäischen Gesellschaftsform im Mittelpunkt, so dass den Fragen nachgegangen wird, ob und auf welchem Weg die Schaffung einer solchen Gesellschaftsform möglich ist. Am Ende dieser Betrachtung werden dann die gegenwärtigen Entwicklungstendenzen eines Europäischen Gesellschaftsrechts kurz skizziert.

Im Anschluss daran setzt sich die Bearbeiterin mit der Frage auseinander, inwiefern die Europäische Aktiengesellschaft der Europäischen Privatgesellschaft als Vorbild dienen kann. Es werden also die einzelnen Wesenmerkmale der beiden Rechtsformen untersucht. Zuerst werden die wesentlichen Strukturen der Europäischen Aktiengesellschaft analysiert. Auf dieser Grundlage wird dann der Frage nachgegangen, ob es sinnvoll ist, diese Strukturen auch für die Europäische Privatgesellschaft zu übernehmen. Ziel dieser Untersuchung wird es sein, herauszufinden, ob die Europäische Privatgesellschaft von der langjährigen Entwicklung der Europäischen Aktiengesellschaft und der mit ihr verbundenen Kontroversen, profitieren kann.

Im vorletzten Kapitel wird untersucht, wie bei der Schaffung eines Statuts für diese Gesellschaftsform die Interessen der Gesellschafter mit denen der Gläubiger in Einklang zu bringen sind. So haben einerseits die Gläubiger der Gesellschaft bei deren Zahlungsunfähigkeit ein Interesse daran, auf ein potentielles Kapital der Gesellschafter zurückzugreifen, während für die Gesellschafter andererseits eindeutig ersichtlich sein muss, unter welchen Voraussetzungen sie für die Schulden der Gesellschaft haftbar gemacht werden können. Berücksichtigt man, dass die Europäische Privatgesellschaft als primäre Zielgruppe die kleinen und mittleren Unternehmen anvisiert, so drängt sich die Frage auf, wie das Problem eines Haftungsdurchgriffs bei einer Europäischen Privatgesellschaft, die als Einpersonengesellschaft errichtet wurde, in den Griff zu bekommen ist. Sucht man nun nach einer Lösung für dieses Problem, so kommt man nicht umher, einen Rechtsvergleich anzustellen und sich einen Überblick darüber zu verschaffen, wie die Mitgliedstaaten diesen Interessenausgleich erzielen. Deshalb wird untersucht, wie in vier exemplarisch herausgegriffenen Rechtsordnungen -Deutschland, Frankreich, Italien und England- diese Konstellation behandelt wird, bevor ein Vorschlag unterbreitet wird, wie diese Problematik im Statut einer Europäischen Privatgesellschaft einer Lösung zugeführt werden kann.

Am Ende der Arbeit wird schließlich eine Prognose hinsichtlich der Europäisierung des GmbH- Rechts und der Europäischen Privatgesellschaft gewagt, die sich auf die vorangegangenen Untersuchungen stützt.

B. Thematische Begrenzung

Es ist selbstverständlich, dass im Rahmen dieser Arbeit nicht alle Probleme beleuchtet werden können, die sich im Europäischen Gesellschaftsrecht stellen. Eine erste Auswahl wurde deshalb mit Blick auf die beiden supranationalen Gesellschaftsformen getroffen, die im Mittelpunkt dieser Arbeit stehen. Allerdings ist auch hier eine umfangreiche Darstellung der beiden grenzüberschreitenden Gesellschaftsformen nicht möglich. Ein Überblick soll jedoch die Grundsatzpositionen verdeutlichen. Im Blickfeld der Betrachtung stehen zunächst die Rechtsgrundlagen, auf die sich ein solches Unterfangen stützt. Dann soll untersucht werden, wie die Statuten das anwendbare Recht bestimmen, bevor der Frage nachgegangen wird, wer diese supranationalen Gesellschaftsformen auf welche Art und Weise gründen kann. Da mit diesen Rechtsformen erstmals die Möglichkeit einer identitätswahrenden Sitzverlegung über die Grenze geschaffen wird, wird auch dieser Themenkomplex mit in die Darstellung einbezogen, bevor die Corporate Governance beschrieben wird. Da nach über 40 Jahren endlich eine Lösung für die Arbeitnehmerbeteiligung in der SE gefunden wurde, ist es selbstverständlich, dass auch sie Eingang in diese Arbeit gefunden hat. Im Anschluss daran werden die Finanzverfassungen und die verschiedenen Formen der Beendigung der beiden Gesellschaften dargestellt. Bevor abschließend ein Fazit gezogen werden kann, wird noch ein Blick auf die beiden flankierenden Rechtsgebiete des Konzern- und Steuerrechts geworfen, die einen maßgeblichen Einfluss auf den Erfolg oder Misserfolg dieser Gesellschaftsformen haben werden. Nachdem diese einzelnen Grundpositionen verdeutlicht worden sind, kommt man nicht umhin, die gefundenen Ergebnisse einer Bewertung zu unterziehen.

Auch mit der Rechtsform der Einpersonengesellschaft sind zahlreiche Fragestellungen verbunden[11]. Im Vordergrund stehen Probleme des Verkehrsschutzes, die auf das einheitliche wirtschaftliche Interesse von Gesellschaft und Alleingesellschafter und deren rechtlicher Verschiedenheit zurückzuführen sind. Die mit der Einpersonengesellschaft verbundenen Problemkreise sind jedoch zu vielfältig, als dass sie alle Eingang in diese Untersuchung finden könnten. Demzufolge sind Einschränkungen zu machen, welche sich zum einen in der Anzahl der Länder, die zum Vergleich herangezogen werden, niederschlagen. So beschränkt sich der Rechtsvergleich auf vier wichtige Länder: Deutschland, Frankreich, Italien und England. Zum anderen werden die Problemfelder ausgeblendet, die sich im Zeitraum zwischen Errichtung der Gesellschaft und ihrer

---

11 Vgl. *Martinek*, Gesellschaftsrecht (Personen- und Kapitalgesellschaftsrecht sowie Konzernrecht)- Arbeitspapiere mit Fällen und Hinweisen –Wiederholungs- und Vertiefungsskriptum zur Examensvorbereitung (nicht nur) für Studenten der Wahlfachgruppe Wirtschaftsrecht, S. 92 ff.

Gründung stellen, solche bezüglich des Rechtsübergangs bei der Umwandlung in eine Einpersonengesellschaft, des Selbstkontrahierens oder des Einmannbeschlusses, um nur wenige zu nennen. Da die Europäische Privatgesellschaft in erster Linie den kleineren und mittleren Unternehmen zur Verfügung stehen soll, wird die Einpersonengesellschaft im Konzernrecht nicht mit in die Betrachtung einbezogen.

Auch hinsichtlich des Durchgriffs sind Einschränkungen erforderlich. Dass die Aktiengesellschaft bei dieser Untersuchung keine Berücksichtigung findet, ist darauf zurückzuführen, dass die EPG als geschlossene Gesellschaft ähnliche Wesenszüge aufweist wie im deutschen Recht die GmbH. Um also eine Lösung für die Haftungsfrage der EPG zu finden, werden sinnvollerweise die GmbH und ihre ausländischen Pendants als Vergleichsgrundlage herangezogen. Darüber hinaus wird der Durchgriff fast ausschließlich bei der GmbH praktiziert. Zwar ist er nicht auf eine GmbH beschränkt, sondern ist überall dort möglich, wo eine vermögensmäßige Verselbständigung stattgefunden hat[12]; die GmbH weist aber eine entscheidende Gefahr auf, nämlich die gefährliche Verbindung von Management und Kapital, welche bei der AG nicht zu finden ist[13]. Die Untersuchung der Durchgriffsproblematik wird auch dadurch begrenzt, dass sich der Blick abwendet von gesellschafterfreundlichem und umgekehrtem Durchgriff.

---

12 So zum Beispiel auch bei der Gesamthand, vgl. *Schmidt*, Gesellschaftsrecht, S. 219.

13 Vgl. *Schwarz*, Europäisches Gesellschaftsrecht Rdnr. 520.

KAPITEL 1: DAS EUROPÄISCHE GESELLSCHAFTSRECHT

Zunächst erfolgt eine Untersuchung des Europäischen Gesellschaftsrechts. Im Vordergrund steht dabei eine Analyse der Entwicklung dieses Rechtsgebiets, welche zum Ziel hat, den jetzigen Stand und Entwicklungstendenzen festzuhalten. Im Fokus der Betrachtung steht dabei stets das Projekt einer europaweit einheitlichen Gesellschaftsform, zugeschnitten auf die Bedürfnisse von Unternehmern.

A. Entwicklung des Europäischen Gesellschaftsrechts

Erste Forderungen nach einer europaweit einheitlichen Gesellschaftsform, die die grenzüberschreitende Niederlassung der Unternehmen im Binnenmarkt und die Zusammenarbeit von europäischen Unternehmen erleichtert, wurden bereits in den ersten Entstehungsjahren der Europäischen Gemeinschaft laut[14]. Dennoch stockten bis Dezember 2001 alle Anläufe, eine supranationale Rechtsform zu verabschieden, die in ihrer Vereinheitlichung über das mit der Europäischen Wirtschaftlichen Interessenvereinigung erreichte Maß hinausgeht.

Dabei hätte eine solche EU-weite Einheitsform auf den ersten Blick viele Vorteile[15]: Man müsste sich nur mit dem Statut einer einzigen Rechtsform vertraut machen, könnte diese auf seine Bedürfnisse anpassen und grundsätzlich unverändert in jedem EU- Mitgliedstaat einsetzen, wobei sich länderspezifische Abänderungen und Ergänzungen leicht berücksichtigen ließen. Eine Einheitsform wäre also leicht zu durchschauen, rechtssicher, überall verfügbar und handhabbar sowie relativ kostengünstig. Denn jeder Rechtsberater könnte seine Kenntnisse des jeweiligen nationalen Rechts -mit überschaubarem Aufwand- erweitern, indem er sich mit einem Statut einer Europäischen Einheitsgesellschaft auseinandersetzt.

Die Frage, die sich also stellt, ist nun, wie die Vision einer europaweit einheitlichen Gesellschaftsform umgesetzt werden soll[16]: durch weitere Harmonisierung der nationalen Gesellschaftsrechte oder durch eine allgemeine, von allen Mit-

---

14 Vgl. *Hopt*, Europäisches Gesellschaftsrecht- Krise und neue Anläufe, ZIP 1998, S. 97.

15 So bereits *Hommelhoff*, Die «Société fermée européenne»- eine supranationale Gesellschaftsform für kleinere und mittlere Unternehmen im Europäischen Binnenmarkt-, WM 1997, S. 2103.

16 Vgl. *Hommelhoff*, Die «Société fermée européenne»- eine supranationale Gesellschaftsform für kleinere und mittlere Unternehmen im Europäischen Binnenmarkt-, WM 1997, S. 2103 ff.

gliedstaaten in gleicher Weise errichtete Einheitsgesellschaft oder gar als supranationale Gesellschaftsform des Gemeinschaftsrechts.

I. Harmonisierung

Als die Römischen Verträge im Jahre 1957 unterzeichnet wurden, war weder vorhersehbar noch vorstellbar, dass sich die Europäische Wirtschaftsgemeinschaft um die Schaffung eigenständiger Rechtsformen des Privatrechts für private Unternehmen bemühen würde[17]. Die nationalen Rechtsordnungen der Mitgliedstaaten stellten der unternehmerischen Wirtschaft vielmehr eine Vielzahl von Gesellschaftsformen zur Verfügung, deren Entwicklung die EG dadurch förderte, dass sie diese Gesellschaftsformen in ihrer nationalen Ausgestaltung mit den Mitteln der Rechtsangleichung entsprechend Art. 44 II lit. g EGV[18] einander anzunähern suchte[19]. So ist demzufolge auch festzustellen, dass -verglichen mit anderen Rechtsgebieten- die Harmonisierung der mitgliedstaatlichen Nationalrechte auf dem Gebiet des gemeinschaftlichen Gesellschafts- und Unternehmensrechts am weitesten fortgeschritten ist[20].

Zu überprüfen ist jedoch, ob eine weitere Harmonisierung der nationalen Rechte das geeignete Mittel darstellt, um eine europaweit einheitliche Gesellschaftsform zu schaffen. Dagegen spricht jedoch, dass eine Harmonisierung gerade nicht auf Vereinheitlichung gerichtet ist. Die Harmonisierung birgt vielmehr die Gefahr in sich, mehrere abweichende nationale Varianten einer Gesellschaftsform zu erhalten. Teilweise führt sogar die Umsetzung einer Richtlinie zu Unsicherheiten im innerstaatlichen Recht[21]. Da einschlägige Richtlinien bei der Auslegung und Anwendung nationalen Rechts zu beachten sind, reicht die Kenntnis der eigenen Gesetze und Rechtsprechung zur Feststellung der aktuellen Rechtslage oft nicht mehr aus[22].

---

[17] Vgl. *Hauschka*, Entwicklungslinien und Integrationsfragen der gesellschaftsrechtlichen Akttypen des Europäischen Gesellschaftsrechts, AG 1990, S. 85.

[18] Ex- Art. 54 III lit. g EGV.

[19] Vgl. *Hauschka*, Der Stand der gemeinschaftsrechtlichen Rechtsangleichung im Recht der privaten Wirtschaft drei Jahre vor Vollendung des Binnenmarktes 1992, NJW 1989, S. 3048 ff.

[20] Vgl. *Hommelhoff*, Konturen eines gemeinschaftsrechtlichen Unternehmensrechts, in Müller- Graff, Gemeinsames Privatrecht in der Europäischen Gemeinschaft, S. 363; *Wiesner*, Der Nizza- Kompromiß zur Europa AG- Triumph oder Fehlschlag?, ZIP 2001, S. 397 f.

[21] So auch *Timmermans*, Die europäische Rechtsangleichung im Gesellschaftsrecht- eine integrations- und rechtspolitische Analyse, RabelsZ 1984, S. 27 f.

[22] Vgl. *Halbhuber*, Limited Company statt GmbH? Europarechtlicher Rahmen und deutscher Widerstand, S. 134; *Habersack*, Europäisches Gesellschaftsrecht, § 3 IV 3.

Des weiteren scheint das Potential an harmonisierbaren Recht mittlerweile ausgeschöpft, was sich darin wiederspiegelt, dass sich in den Mitgliedsstaaten Widerstand gegen eine zusätzliche Rechtsangleichung regt[23]. So müsste sich eine Harmonisierung gerade „im Organisationsbereich kleiner und mittlerer Unternehmen auf [solche] Gesellschaftsformen erstrecken, die in den Mitgliedstaaten zum nationalen Kulturgut zählen und deshalb von gemeinschaftsrechtlichen Einflüssen möglichst freizuhalten sind“[24].

Ergänzend ist auf die Komplexität des Verfahrens hinzuweisen. So ist bei mittlerweile fünfundzwanzig Mitgliedstaaten die rechtsvergleichende Arbeit sehr schwierig geworden[25]. Eine Verhandlung mit fünfundzwanzig Delegationen in zwanzig Amtssprachen, das Mitentscheidungsrecht des Europäischen Parlaments mit der Möglichkeit einer neuen Verhandlung nach dem Erreichen eines gemeinsamen Standpunkts im Ministerrat und die Schwierigkeiten bei der Überprüfung der Umsetzung einer Richtlinie im nationalen Recht sind nur einige der Hürden, die es zu überwinden gilt. Selbst wenn man diese Hürde als überwindbar betrachtet, so ist auf jeden Fall mit einer erheblichen Verzögerung zu rechnen, bis eine Richtlinie in nunmehr 25 Ländern umgesetzt wird, und die Rechtsfigur nutzbar ist.

Es gibt daneben auch eine Gefahr, dass durch Harmonisierung mittels der Richtlinien progressiv große Bereiche des Gesellschaftsrechts für jede weitere Entwicklung einfach blockiert werden, sogenannte Sperrwirkung der Harmonisierung[26]. Es besteht weder eine Notwendigkeit noch eine Forderung des EGVs, alle Teilbereiche des Gesellschaftsrechts zu harmonisieren[27]. Der Fokus sollte vielmehr darauf gerichtet sein, dort einzugreifen, wo unterschiedliche gesetzliche Regelungen die Entwicklung eines gemeinsamen Binnenmarktes gefährden.

---

[23] Vgl. auch *Boucourechliev,* Die Harmonisierung des Gesellschaftsrechts in der Union: Erreichtes und Perspektiven, RIW 1999, S. 2 ff. mit Verweis auf das „Protestgeschrei“, das die Arbeiten an der Fünften gesellschaftsrechtlichen Richtlinie begleitete; *Behrens*, Krisensymptome in der Gesellschaftsangleichung, Festschrift für Mestmäcker, S. 831 ff.

[24] *Hommelhoff,* Die «Société fermée européenne»- eine supranationale Gesellschaftsform für kleinere und mittlere Unternehmen im Europäischen Binnenmarkt-, WM 1997, S. 2103, der dazu auch die GmbH in Deutschland zählt; vgl.hierzu auch *Junge*, Die Zukunft der GmbH in der Europäischen Gemeinschaft, GmbHR 1992, S. 225; *Deckert*, Zu Harmonisierungsbedarf und Harmonisierungsgrenzen im Europäischen Gesellschaftsrecht, RabelsZ 2000, S. 487; *Dreher*, Wettbewerb oder Vereinheitlichung der Rechtsordnungen in Europa?, JZ 1999, S. 108.

[25] So bereits *Van Hulle*, in Scheuing/ Schwarz/ Wollenschläger, Europäisches Unternehmensrecht, S. 86.

[26] Vgl. *Van Hulle*, in Scheuing/ Schwarz/ Wollenschläger, Europäisches Unternehmensrecht, S. 86.

[27] Vgl. *Van Hulle*, in Scheuing/ Schwarz/ Wollenschläger, Europäisches Unternehmensrecht, S. 86.

Das ist bei einer europaweit einheitlichen Gesellschaftsform jedoch gerade nicht der Fall, sie ist vielmehr ein Instrument, das zur Vollendung des Binnenmarktes beiträgt.

Das Projekt einer europaweit einheitlichen Gesellschaftsform kann demzufolge nicht mittels Harmonisierung der jeweiligen nationalen Gesellschaftsrechte verwirklicht werden.

II. Systemwettbewerb

Auf ein Tätigwerden auf EU- Ebene könnte verzichtet werden, wenn sich eine europaweit einheitliche Gesellschaftsform auch als Ergebnis eines Wettbewerbs der Rechtsordnungen bilden würde. Leitmotiv für diesen Systemwettbewerb wäre es, auf europäischer Ebene Chancengleichheit für die wirtschaftliche Betätigung in gesellschaftsrechtlicher Form zu schaffen[28]. Dieser Wettbewerb sollte sich in geregelten Bahnen abspielen[29].

Die These vom Systemwettbewerb basiert auf der Annahme sogenannter internationaler Faktorwanderungen, wonach die Faktoren, in dem Fall die Unternehmer, bei Unterlegenheit eines Systems infolge schlechterer Regelungen zu anderen, besseren Systemen abwandern würden[30]. Weitere Voraussetzung wäre darüber hinaus, dass bei den entsprechenden Regierungen und Parlamenten, also den Regulierern, aufgrund der Faktorwanderungen Lerneffekte auftreten würden, und sie infolgedessen die als nachteilig erkannten Systeme zugunsten der Systeme änderten, die von den Unternehmen als günstig beurteilt würden[31].

1. Mobilität der Unternehmen

Erste Voraussetzung für einen Systemwettbewerb ist die ungehinderte Mobilität der Unternehmen. Nach Art. 43 I, 48 I EGV wird den Unternehmen die Niederlassungsfreiheit grundsätzlich gewährt. Die nachfolgende Darstellung befasst sich mit der Frage, wie weit diese Freiheit reicht.

---

[28] Vgl. *Hopt*, Harmonisierung im europäischen Gesellschaftsrecht -Status quo, Probleme, Perspektiven-, ZGR 1992, S. 293; *Großfeld*, Europäisches Gesellschaftsrecht, WM 1992, S. 2121.

[29] Ebenso *Schäfer*, in Scheuing/ Schwarz/ Wollenschläger, Europäisches Unternehmensrecht, S. 66.

[30] Vgl. *Dreher*, Wettbewerb oder Vereinheitlichung der Rechtsordnungen in Europa?, JZ 1999, S. 109.

[31] Vgl. *Dreher*, Wettbewerb oder Vereinheitlichung der Rechtsordnungen in Europa?, JZ 1999, S. 109.

a) International- gesellschaftsrechtliche Konzeptionen

Hinsichtlich der Frage der Anknüpfung an das Gesellschaftsstatut verfolgen die einzelnen Rechtsordnungen zwei grundlegend verschiedene Ansätze. Während unter anderem Deutschland der Sitztheorie folgt, gilt in anderen Staaten die Gründungstheorie. Beide sind Kollisionsregeln des Internationalen Privatrechts, die in Fällen mit Auslandsbezug das anwendbare materielle Recht festlegen sollen. Die in den meisten EU- Mitgliedstaaten vorherrschende Sitztheorie besagt, dass eine juristische Person dem Recht ihres effektiven Verwaltungssitzes unterliegt[32]. Nach der jedoch insbesondere im angloamerikanischen Raum vertretenen Gründungstheorie unterliegt eine juristische Person dem Recht, nach dem sie gegründet worden ist. Verglichen mit der durch die Gründungstheorie offerierten, nahezu unbeschränkten Wahlfreiheit, gestaltet sich der Wechsel des maßgeblichen Rechts unter der Sitztheorie wesentlich schwieriger[33]. So erfordert die Verlegung des effektiven Verwaltungssitzes in der Regel die tatsächlich physische Verlegung der Verwaltung, welche mit Kosten für das Unternehmen verbunden ist.

b) Rechtsprechung des EuGH zur Niederlassungsfreiheit

Fragen der Niederlassungsfreiheit sind seit jeher ein ebenso zentraler wie streitiger Bereich des Gemeinschaftsrechts. Die bisherigen Leitentscheidungen des Europäischen Gerichtshofes (EuGH)[34] zur Anerkennung einer in ihrem Gründungsstaat wirksam bestehenden Gesellschaft durch einen anderen Mitgliedstaat waren „Centros“[35], „Überseering“[36] und „Inspire Art“[37].

(1) Centros ltd. ./. Erhvervs- og Selskabstyrelsen

Der EuGH hatte darüber zu entscheiden, ob die von zwei dänischen Staatsangehörigen in England rechtswirksam errichtete Gesellschaft (Centros Ltd.), eine Zweigniederlassung in Dänemark gründen durfte. Die Eintragung der Zweig-

---

32 Vgl. *Behrens*, Die Umstrukturierung von Unternehmen durch Sitzverlegung oder Fusion über die Grenze im Licht der Niederlassungsfreiheit im Europäischen Binnenmarkt (Art. 52 und 58 EWG), ZGR 1994, S. 6; *Knobbe- Keuk*, Umzug von Gesellschaften in Europa, ZHR 1990, S. 325 ff.

33 Vgl. *Merkt*, Das Europäische Gesellschaftsrecht und die Idee des "Wettbewerbs der Gesetzgeber", RabelsZ 1995, S. 560.

34 Alle genannten Urteile sind abrufbar unter http://curia.eu.int/jurisp/cgi-bin/form.pl?lang=de

35 Vgl. *EuGH*, Urteil vom 09.03.1999- Rs.C-212/97.

36 Vgl. *EuGH*, Urteil vom 05.11.2002- Rs.C-208/00.

37 Vgl. *EuGH*, Urteil vom 30.09.2003- Rs.C-167/01.

niederlassung wurde von der zuständigen Behörde mit der Begründung versagt, dass die Centros Ltd. unter Umgehung der dänischen Vorschriften (insbesondere über die Einzahlung eines Mindestkapitals) beabsichtige, einen Hauptsitz zu gründen, da sie seit ihrer Gründung keine Geschäftstätigkeit entfaltet habe.

Der EuGH entschied, dass es zum Schutz der Gläubiger nicht erforderlich sei, die Eintragung der Gesellschaft zu verweigern. Vielmehr reiche es aus, wenn die Gesellschaft unter ihrer im Herkunftsland versehenen Firma auftreten würde. So werde kein Vertrauen in Anspruch genommen, welches sich auf inländische Gesellschaften und ihr Mindestkapital beziehe[38]. Außerdem könnten Gläubiger zusätzliche Sicherheitsleistungen verlangen[39].

Als Ergebnis einer strikten Verhältnismäßigkeitsprüfung, im Rahmen derer der Einwand zwingender Erfordernisse des Allgemeininteresses sorgfältig einer Prüfung unterzogen wird, ist festzuhalten, dass die Mitgliedstaaten nicht berechtigt sind, die Niederlassungen einer Gesellschaft nur deshalb zu untersagen, weil sie den Mindestkapitalvorschriften des betreffenden Landes nicht entspricht[40]. Nach Centros kann eine Gesellschaft, die nach dem Recht eines Mitgliedstaates gegründet wurde, überall in der Gemeinschaft ihre Hauptniederlassung und somit auch ihren tatsächlichen Sitz begründen[41].

(2) Überseering BV ./. Nordic Construction Company Baumanagement GmbH

In diesem Verfahren[42] ging es um eine Gesellschaft, die ihr Unternehmen in den Niederlanden gegründet hatte, ihren Verwaltungssitz jedoch in Deutschland hatte. Nachdem zwei in Deutschland wohnhafte Staatsbürger sämtliche Geschäftsanteile an Überseering BV übernommen hatten, klagte die Überseering BV in Deutschland gegen eine deutsche Gesellschaft aus Werkvertragsrecht.

Es stellte sich dann die Frage nach der Partei- bzw.- Rechtsfähigkeit der Überseering BV. Diese Unternehmen wurden in Deutschland bislang weder anerkannt noch waren sie handlungsfähig. Der Bundesgerichtshof (BGH) hatte bereits kurz vor dem Urteil einen möglichen Weg gewiesen, wonach ein solches Unternehmen zwar in Deutschland zukünftig am Rechtsverkehr teilnehmen können, seine Rechtform jedoch nicht anerkannt werden sollte[43]. Die Gesell-

---

38 Vgl. *EuGH*, Urteil vom 09.03.1999- Rs.C-212/97, Rdnr. 36.

39 Vgl. *EuGH*, Urteil vom 09.03.1999- Rs.C-212/97, Rdnr. 37.

40 Vgl. *Hatje*, Die Niederlassungsfreiheit im europäischen Binnenmarkt, JURA 2003, S. 166.

41 Vgl. *Kieninger*, Niederlassungsfreiheit als Rechtswahlfreiheit, ZGR 1999, S. 745.

42 Der VII. Zivilsenat des BGH hat dem EuGH in einem am 30.03.2000 verkündeten Beschluss die Fragen zur Vorabentscheidung nach Art. 234 EGV vorgelegt.

43 Vgl. BGH, Urteil vom 01.07.2002, Az. II ZR 380/00, abrufbar unter www.bundesgerichts hof.de

schaft sei vielmehr wie eine Gesellschaft bürgerlichen Rechts zu behandeln, was bedeutet, dass die Gesellschafter persönlich für die Verbindlichkeiten der Gesellschaft haften müssten. Die beschränkte Haftung, die ein Unternehmen mit der Gründung erstrebt, erhielte es also nicht[44].

Hierzu hat der EuGH Stellung genommen und gesagt, dass auch diese Unternehmen in Deutschland rechts- und parteifähig sein müssen[45]. Gerade aus den Art. 43 I, 48 I EGV folge unmittelbar, dass die Gesellschaften das Recht hätten, ihre Tätigkeit in einem anderen Mitgliedstaat auszuüben, wobei ihr satzungsmäßiger Sitz, ihre Hauptverwaltung oder ihre Hauptniederlassung, ebenso wie die Staatsangehörigkeit bei natürlichen Personen, dazu diene, ihre Zugehörigkeit zur Rechtsordnung des Mitgliedstaats zu bestimmen[46]. Die Inanspruchnahme der Niederlassungsfreiheit setze zwingend die Anerkennung dieser Gesellschaften durch alle Mitgliedstaaten voraus, in denen sie sich niederlassen wollen[47]. In der Umwandlung ex lege in eine Personengesellschaft deutschen Rechts liege jedoch jene Negierung der Niederlassungsfreiheit, die keiner gemeinschaftsrechtlichen Rechtfertigung zugänglich sei[48].

(3) Kamer van Kophandel en Fabrieken voor Amsterdam ./. Inspire Art Ltd.

Dieser Entscheidung lag folgender Sachverhalt zugrunde: Die Inspire Art wurde als *private company limited by shares*[49] mit Satzungssitz in Großbritannien gegründet und nahm ihre Geschäftstätigkeit in den Niederlanden auf. Die Zweigniederlassung war im Handelsregister der Handelskammer Amsterdam ohne den Zusatz eingetragen, dass es sich um eine formal ausländische Gesellschaft handelte. Ein solcher Zusatz wäre aber nach niederländischem Recht (Art. 1 Wet op de formeel buitenlandse vennootschappen WFBV) erforderlich gewesen, so dass die Handelskammer beim zuständigen Gericht beantragte, anzuordnen, dass die Eintragung um den erforderlichen Zusatz vervollständigt wird. Als formal ausländische Gesellschaft hätte die Inspire Art Ltd. aber auch die übrigen Vorschriften des WFBV beachten müssen, welche unter anderem ein Min-

---

44 Vgl. *Reiser*, Zur Anerkennung ausländischer Gesellschaften, abrufbar unter www.rhein-neckar.ihk24.de

45 Vgl. *EuGH*, Urteil vom 05.11.2002- Rs. C-208/00, Rdnr. 80.

46 Vgl. *EuGH*, Urteil vom 05.11.2002- Rs. C-208/00, Rdnr. 80.

47 Vgl. *EuGH*, Urteil vom 05.11.2002- Rs.C-208/00, Rdnr. 59.

48 Diese Ansicht teilend *Schanze/ Jüttner*, Anerkennung und Kontrolle ausländischer Gesellschaften- Rechtslage und Perspektiven nach der Überseering- Entscheidung des EuGH, AG 2003, S. 32 f., 36; *Eidenmüller*, Anmerkung zu den Schlussanträgen in der Rs. C-208/00 – Überseering, ZIP 2002, S. 82 ff.

49 Die private company limited by shares entspricht der deutschen Rechtsform der GmbH, vgl. hierzu die Darstellung auf S. 235 f.

destkapital anordneten. Fehlte die Ausstattung mit einem Mindestkapital, so führte dies zu einer gesamtschuldnerischen Haftung sämtlicher Gesellschafter neben der Gesellschaft.

Zwar war bereits nach der Überseering- Entscheidung klar, dass eine in einem europäischen Mitgliedstaat wirksam gegründete Gesellschaftsform in einem anderen Mitgliedstaat in vollem Umfang anerkannt werden muss. Klärung brachte die Inspire- Art- Entscheidung hinsichtlich der Fragestellung, ob und inwieweit die einzelnen Mitgliedstaaten ausländische Gesellschaften den zwingenden Vorschriften des jeweiligen nationalen Gesellschaftsrechts unterwerfen können. Der EuGH hat diese Möglichkeit verneint und der Verwirklichung der Niederlassungsfreiheit den unbedingten Vorrang vor nationalen Schutzvorschriften eingeräumt[50]. Somit entschied sich der EuGH ein weiteres Mal klar und deutlich im Sinne der Niederlassungsfreiheit.

Begründet hat er seine Entscheidung im Wesentlichen damit, dass die Regelung des Art. 1 WFBV gegen die Publizitätsrichtlinie für Zweigniederlassungen verstoße[51]. Diese Richtlinie enthalte neben jenen Aufgaben, die Zweigniederlassungen offen legen müssen, auch -dem Staatenwahlrecht unterliegende- fakultative Angaben, woraus folge, dass die Auflistung der potentiellen Angaben abschließend sei. Daraus folge, dass eine Rechtfertigung derartiger Bestimmungen von vornherein ausgeschlossen sei[52]. Insbesondere hat der EuGH wiederholt betont, dass es -abgesehen vom Fall des Betruges- ohne Bedeutung sei, wenn eine Gesellschaft mit dem ausschließlichen Ziel in einem Mitgliedstaat errichtet wird, sich in einem anderen Mitgliedstaat niederzulassen. Insbesondere sei es kein Fall des Missbrauchs, dass eine andere Rechtsordnung nur aufgrund ihrer vorteilhaften Vorschriften gewählt wurde[53]. So stellt auch die Regelung, die eine Ausstattung der ausländischen Gesellschaft mit Mindestkapital fordert, einen Verstoß gegen die Niederlassungsfreiheit dar. Da die Inspire Art Ltd. gerade als ausländische Gesellschaft auftrat, konnte eine solche Vorschrift auch nicht mit Gründen des Allgemeinwohls gerechtfertigt werden[54]. Im Vergleich zur Überseering- Entscheidung hat der EuGH die Anerkennungspflicht auf die gesamte Gründungsrechtsordnung ausgedehnt.

---

50 Vgl. *EuGH*, Urt. vom 05.11.2002- Rs.C-208/00, Rdnr. 143.
51 Vgl. *EuGH*, Urteil vom 30.09.2003- Rs.C-167/01, Rdnr. 65 ff.
52 Vgl. *EuGH*, Urteil vom 30.09.2003- Rs.C-167/01, Rdnr. 106.
53 Vgl. *EuGH*, Urteil vom 30.09.2003- Rs.C-167/01, Rdnr. 95 ff.
54 Vgl. *EuGH*, Urteil vom 30.09.2003- Rs.C-167/01, Rdnr. 134 ff.

c) Fazit

Durch seine Rechtsprechung zur Niederlassungsfreiheit hat der EuGH klargestellt, dass Unternehmen die Möglichkeit offen steht, sich auch einer ausländischen Rechtsform bei ihren Aktivitäten innerhalb Deutschlands zu bedienen. Diese Rechtswahlfreiheit im Gesellschaftsrecht fördert einen im Grundsatz positiv zu beurteilenden Wettbewerb der Gesellschaftsrechte[55]. Gesellschaftsgründer können Gesellschaften in den Staaten errichten, deren Rahmenbedingungen ihnen aus ihrer Sicht am attraktivsten erscheinen[56]. Dabei mag im Rahmen der vorliegenden Untersuchung dahingestellt bleiben, ob diese Rechtsprechung eine Absage an die Sitztheorie bedeutet[57].

2. Abwandern der Unternehmen

Weitere Voraussetzung für einen Systemwettbewerb ist ein Abwandern der Unternehmen. Ausgangspunkt der Überlegung ist dabei, dass die Wahl der Rechtsform auch heute noch eine Weichenstellung ist, die eine sorgfältige und gründliche Planung des Gesellschaftsgründers unumgänglich macht[58]. Noch nicht möglich ist beispielsweise eine identitätswahrende Sitzverlegung über die Grenze[59]. Diese kann weder durch die Rechtsprechung des EuGH hergeleitet werden noch ist die hierfür geplante Sitzverlegungsrichtlinie bisher erlassen worden. Im Rahmen der Rechtsformwahl sind somit nicht nur die deutschen Rechtsformen untereinander zu vergleichen, sondern auch ausländische Gesellschaftsformen mit in die Betrachtung einzubeziehen. Dabei wird die Entscheidung von vielen Kriterien abhängig sein. Beeinflussen können die Entscheidung Aspekte wie zum Beispiel Haftungsbeschränkung, Arbeitnehmerbeteiligung,

---

55 Ebenso *Eidenmüller*, in Baums/ Cahn, Die Europäische Aktiengesellschaft- Umsetzungsfragen und Perspektiven, S. 191; *Forsthoff*, EuGH fördert Vielfalt im Gesellschaftsrecht, NJW 2003, Editoral.

56 Vgl. *Wachter*, Auswirkungen des EuGH- Urteils in Sachen Inspire Art Ltd. Auf Beratungspraxis und Gesetzgebung- Deutsche GmbH vs. Englische private limited company, GmbHR 2004, S. 91.

57 Verwiesen sei an dieser Stelle auf die zahlreichen Stellungnahmen in der Literatur, wie bspw. *Sonnenberger/ Großerichter*, Konfliktlinien zwischen internationalem Gesellschaftsrecht und Niederlassungsfreiheit, RIW 1999, S. 721 ff.; *Stieb*, Der Anfang vom Ende der "Sitztheorie"- EuGH untersagt die Entrechtung von Auslandsgesellschaften!, abrufbar unter www.gmbhr.de/heft/24_02/blickpunkt.htm *Ebke*, Die Würfel sind gefallen: Die Sanktionen der Sitztheorie sind europarechtswidrig!, in BB 2003 (Heft 1), S. I.

58 In diesem Sinne auch *Behrens*, Die Umstrukturierung von Unternehmen durch Sitzverlegung oder Fusion über die Grenze im Licht der Niederlassungsfreiheit im Europäischen Binnenmarkt (Art. 52 und 58 EWG), ZGR 1994, S. 1.

59 Kritisch *Wiesner*, Mitbestimmungsexport durch grenzüberschreitende Fusion?, ZIP 2004, S. 243

Gläubigerschutz, Organisationsverfassung, Besteuerung der Gesellschaft, Infrastruktur, Sprache oder auch finanzielle Anreize. Um die für einen Unternehmer „günstigste" nationale Rechtsordnung ausfindig zu machen, müsste man alle nationalen Rechtsordnungen hinsichtlich aller interessierenden Kriterien untersuchen und rechtsvergleichend tätig werden. Da der Unternehmer selbst in der Regel damit überfordert sein wird, wird er auf die Zuziehung von Rechtsbeistand angewiesen sein, was für ihn mit hohen finanziellen Kosten verbunden sein wird[60]. Auch eine nach der Gründung in Betracht gezogene Verlegung löst regelmäßig einen Besteuerungstatbestand aus, da mit ihr eine Auflösung und eine Neugründung des Unternehmens verbundenen ist. Alle diese Kosten werden die Mobilität ganz entscheidend beeinträchtigen.

Anzumerken ist auch, dass schließlich die Einschätzung einer Rechtsordnung als „besser" eine sehr schwer zu lösende Frage ist. So können Vorteile in einem Bereich mit Nachteilen in einem anderen Bereich korrespondieren. Als Beispiel mag zunächst die Situation in den USA[61] dienen. Staaten wie Delaware[62] beabsichtigten alle dem Management unangenehmen Vorschriften des Aktienrechts zum Nachteil der durch sie geschützten Gläubiger, Aktionäre und Anleger zu streichen[63]. Dies führte zwangsläufig zu einer Vielzahl von Einzelmissbräuchen, auf welche das amerikanische Recht mit der Schaffung flexibler Schutzinstrumente reagiert hat[64]. Ein weiteres Beispiel verdeutlicht die Situation in Europa. Aufgrund der Rechtsprechung des EuGH zur Niederlassungsfreiheit wird der Wettbewerb insbesondere im Bereich der GmbH erheblich zunehmen. So wird aktuell diskutiert, ob die englische *limited corporation*[65] eine Alternative zur deutschen GmbH darstellt[66]. Zieht man die Gründung einer englischen *limited corporation* in Betracht, so gilt grundsätzlich englisches Gründungsrecht und bei Haftungsfragen muss stets überprüft werden, ob man sich im Anwendungsbereich britischen oder deutschen Kapitalgesellschaftsrechts befindet. Darüber hinaus entstehen nach dem zunächst günstigen Einstand erhebliche Folgekos-

---

60 Vgl. *Hopt*, Europäisches Gesellschaftsrecht - Krise und neue Anläufe, ZIP 1998, S. 99.

61 In den USA herrscht die Gründungstheorie.

62 So steht der Name des Staates Pate für eine systematische Deregulierung des Gesellschaftsrechts eines Gliedstaates mit dem Ziel, möglichst viele Gesellschaften anzuziehen (sog. Delaware- Effekt).

63 Vgl. *Kübler*, Rechtsbildung durch Gesetzgebungswettbewerb? Überlegungen zur Angleichung und Entwicklung des Gesellschaftsrechts in der Europäischen Gemeinschaft, KritVJ 1994, S. 86.

64 So bspw. die für die Gläubiger bedeutsame (Zwangs-) Haftpflichtversicherung und die Durchgriffshaftung.

65 Sie entspricht im Wesentlichen der deutschen Rechtsform der GmbH, vgl. hierzu die Darstellung auf S. 235 ff.

66 Vgl. *Hirte*, Der Anfang vom Ende der GmbH droht, in FAZ vom 22.01.2003, S. 19.

ten[67]: zwar benötigt die *limited corporation* ein geringes Grundkapital, doch wird dieser Kostenvorteil schnell durch laufende Kosten wie die steuerliche und anwaltliche Beratung und für die Buchhaltung nach deutschem und britischem Recht aufgezehrt. Auch trifft die *limited corporation* in Deutschland bei vielen Banken wegen der geringen Kapitalaufbringungserfordernisse auf Vorbehalte. Mit der Gründung einer englischen *limited corporation* ist auch stets der englische Gerichtsstand verbunden[68]. Es muss somit immer gründlich überprüft werden, ob die ausländische Rechtsordnung auch tatsächlich die bessere Option darstellt. Es bleibt also abzuwarten, ob die Unternehmen die ihnen grundsätzlich gewährte Mobilität nutzen, um sich die Vorteile anderer Rechtsordnungen zu sichern[69].

3. Regulierungswettbewerb

Nächste Voraussetzung wäre, dass den Regulierern, also den jeweiligen nationalen Parlamenten, die Abwanderung der Unternehmen zur Kenntnis nehmen und daraus die entsprechenden Folgerungen ziehen würden. Dies sind Voraussetzung, die tatsächlich eher nicht vorhanden sind. Hierzu gehören nämlich neben den bereits genannten Bewertungskriterien für Rechtsordnungen auch die monokausale Interessenausgerichtetheit auf den Systemwettbewerb unter Ausblendung der Interessen bestimmter Gruppen und die Ausrichtung auf langfristig wirksames Handeln[70].

4. Fazit

Die Verbesserung der Qualität nationaler Rechtsordnungen als der wesentliche Vorteil einer Systemkonkurrenz lässt sich nur unter Idealbedingungen herbeiführen. Um dieses Ziel zu erreichen, muss sowohl den staatlichen als auch den privaten Beteiligten ein hohes Rationalitätsbewusstsein und Flexibilitätsniveau unterstellt werden[71]. Darüber hinaus muss bis zum Erreichen eines „optimalen

---

[67] Vgl. *Heckschen*, Deutsche GmbH vor dem Aus?- Eine merkwürdige „wissenschaftliche“ Diskussion, GmbHR 2004, R 25.

[68] Vgl. *Heckschen*, Deutsche GmbH vor dem Aus?- Eine merkwürdige „wissenschaftliche“ Diskussion, GmbHR 2004, R 25.

[69] Im Ergebnis liegt kein Wettlauf um das großzügigste Recht vor, sondern ein Wettstreit um wirtschaftliche Effektivität vor; so auch *Wymeersch*, Gesellschaftsrecht im Wandel: Ursachen und Entwicklungslinien, ZGR 2001, S. 297, 302 ff.

[70] Ebenfalls kritisch *Dreher*, Wettbewerb oder Vereinheitlichung der Rechtsordnungen in Europa?, JZ 1999, S. 109.

[71] So auch *Schön*, Mindestharmonisierung im europäischen Gesellschaftsrecht, ZHR 1996, S. 238.

Zustands"[72] mit Einbußen durch Wettbewerbsverzerrungen und Transparentverlusten kalkuliert werden. Genau diese Nachteile aber sollen durch die Schaffung einer europaweit einheitlichen Rechtsform beseitigt werden. Um also schnellstmöglichst in den Genuss der mit dieser Gesellschaftsform verbundenen Vorteile zu kommen, bietet es sich nicht an, sich alleine auf einen Systemwettbewerb zu beschränken. Soweit dieser Wettbewerb jedoch die Integration im Gesellschaftsrecht unterstützt, ist er wünschenswert[73].

III. Die „Allgemeine Europäische Gesellschaft"

Auch das Projekt einer allgemeinen, von allen Mitgliedstaaten gleichförmig in Kraft gesetzten Gesellschaftsform auf der Grundlage einer Staatenvereinbarung nach Art. 293 EGV verspricht wenig Erfolg. Bedenkt man, dass ein Konsens hinsichtlich des Statuts der Europäischen Aktiengesellschaft über vier Jahrzehnte nicht möglich war, so wäre die Verwirklichungschance für ein vergleichsweise viel ehrgeizigeres Vorhaben einer in allen Mitgliedstaaten übereinstimmenden, also allgemeinen, Gesellschaftsform noch deutlich geringer.

Gerade in Deutschland steht man diesem Projekt mit Mehrheit reserviert gegenüber[74]: Würde man die Einheitsgesellschaft auf der einen Seite von der kleinen Vertragsgesellschaft her aufbauen und von Stufe zu Stufe strenger reglementieren, so würden bedeutende Strukturunterschiede zwischen den einzelnen Rechtsformen verwischt[75]. Die Aktiengesellschaft ist als Rechtsform die umfassend durchnormierte und auf die Unternehmensverwaltung konzentrierte Gesellschaftsform; die GmbH dagegen ist die auf die Gesellschafter bezogene Nicht- Börsengesellschaft, normierungsarm und vertragsfrei, deshalb vielgestaltig verwendbar. Würde man andererseits die Einheitskapitalgesellschaft von der Börsengesellschaft her „abschmelzen" und für börsenferne Verwendungen mehr und mehr erleichtern, so würde das Aktienrecht noch weiter ausgreifen und noch komplizierter werden, mit der Folge, dass der Aufwand zur Beratung klei-

---

[72] Aber selbst, wenn dieser optimale Zustand erreicht sein sollte, führt ein Systemwettbewerb nicht zu demselben Ergebnis wie eine Rechtsvereinheitlichung.

[73] Vgl. *Schön*, Mindestharmonisierung im europäischen Gesellschaftsrecht, ZHR 1996, S. 238; *Koenig*, Europäische Integration und Systemwettbewerb zwischen mitgliedstaatlichen Rechtsordnungen, EuZW 1998, S. 513; nach *Hahn* ist ein Wettbewerb der Standorte der ureigenste Ausdruck der Binnenmarktidee, *vgl.* Zukunftsperspektiven im Gesellschaftsrecht- Am Unternehmensinteresse orientierte Rechtsvereinfachung als Aufgabe des Gesetzgebers, in Festschrift für Helmrich, S. 659.

[74] Vgl. *Lutter*, Eine größenunabhängige und zwingende Unternehmensverfassung für Kapitalgesellschaften in Europa?, AG 1997, S. 539 f.

[75] Vgl. *Lutter*, Vorschläge für eine Europäische Privatgesellschaft, GmbHR 1990, S. 377 f.

ner und mittlerer Unternehmen enorm ansteigen und sich entsprechend verteuern würde[76].

Die Einführung einer Einheitsgesellschaft würde folglich nicht den Erwartungen gerecht werden, die man an eine europaweit einheitliche Gesellschaftsform stellt und hat demzufolge auch keine Chance auf Realisierung, sei es im Organisationsbereich kleinerer oder großer Unternehmen.

IV. Supranationale Gesellschaftsformen

Die Vision einer europaweit einheitlichen Gesellschaftsform könnte jedoch durch die Schaffung einer supranationalen Gesellschaftsform verwirklicht werden.

1. Terminologie

Zuerst einmal ist es notwendig, zu klären, was unter einer supranationalen Gesellschaftsform verstanden wird. Von einer nationalen Gesellschaft unterscheidet sich eine solche supranationale Gesellschaft in mehrfacher Hinsicht:

- Zunächst einmal unterscheiden sie sich nach ihrer Rechtsquelle. Die supranationale Gesellschaft beruht auf europäischem Sekundärrecht einer EU-Verordnung, gegebenenfalls ergänzt um EU- Richtlinien; Grundlage für die nationale Organisationsform dagegen ist das jeweilige mitgliedschaftliche Recht[77].

- Des Weiteren weichen nationale und supranationale Gesellschaftsformen in ihren jeweiligen Regelungskonzepten, -prinzipien, und –mustern voneinander ab[78]: Sie bestimmen sich auf der Ebene mitgliedstaatlicher Rechtsformen jeweils nach nationalen Zielen, Vorstellungen und Wertungen, soweit diese nicht bereits gemeinschaftsrechtlich durch Richtlinien zum Gesellschaftsrecht harmonisierend vorgeformt sind. Für supranationale Gesellschaftsformen hingegen kommen genuin gemeinschaftsrechtliche Konzepte, Prinzipien und Muster zum Zug -zumeist aus dem Erfahrungsschatz der mitgliedstaatlichen Nationalrechte geschöpft und übernommen, auf der Gemeinschaftsebene jedoch in europäisches Recht transformiert und dort nur noch gemeinschaftsrechtlicher Fortschreibung überantwortet[79].

---

[76] Vgl. *Hommelhoff*, "Kleine Aktiengesellschaften" im System des deutschen Rechts, AG 1995, S. 529 ff.

[77] Vgl. *Schwarz*, Europäisches Gesellschaftsrecht, Rdnr. 948.

[78] Vgl. *Schwarz*, Europäisches Gesellschaftsrecht, Rdnr. 948.

[79] Vgl. *Fischer*, Brücken zur Europäischen Privatgesellschaft, ZEuP 2004, S. 738.

- Weiter lässt eine supranationale Gesellschaft jede nationalstaatliche Einbindung missen. Sie ist eine europäische Gesellschaft mit Sitz und Betriebsstätten in verschiedenen Mitgliedstaaten der EU[80].

- Zusätzliches Unterscheidungskriterium ist die Auslegung des Gesellschaftsrechts einer supranationalen Organisationsform[81]. Sie ist zumindest in letzter Instanz einem europäischen Gericht zu überantworten- sei es dem EuGH oder dem Gericht Erster Instanz oder einem sonstigen Spruchkörper von gemeinschaftsrechtlicher Dignität.

2. *Erforderlichkeit einer supranationalen Gesellschaftsform*

Nachdem die Terminologie einer supranationalen Gesellschaft geklärt worden ist, stellt sich die Frage nach der Notwenigkeit für die Schaffung einer solchen Gesellschaftsform.

Ausgangsüberlegung für die Frage nach dem Bedürfnis einer europäischen Gesellschaftsform sind die Art. 43 I, 48 I EGV, wonach die Staatsangehörigen eines jeden Mitgliedstaates sowie die nach den Rechtsvorschriften eines jeden Mitgliedstaats gegründeten und innerhalb der Gemeinschaft niedergelassenen Gesellschaften das Recht genießen, sich auf dem Gebiet eines anderen Mitgliedstaats niederzulassen und dort einer selbständigen Tätigkeit nachzugehen. Ergänzt werden diese Vorschriften durch Art. 44 II lit. g EGV, wonach es zu den Aufgaben des Rates und der Kommission gehört, die gesellschaftsrechtlichen Schutzbestimmungen zu koordinieren.

Die unterschiedlichen Gesellschaftsrechte in den einzelnen Mitgliedstaaten können sich für Unternehmen jedoch als mittelbare Beschränkung der Niederlassungsfreiheit erweisen[82], Werden Unternehmen in einer für sie fremden Rechtsordnung eines anderen EG- Staates tätig, führt dies regelmäßig zu hohen Rechtsberatungskosten[83]. Als weiteres Hindernis für die grenzüberschreitende Tätigkeit von Unternehmen gelten auch psychologische Hemmnisse, welche die Anwendung fremden ausländischen Rechts hervorrufen[84]. Den Unternehmen

---

80 Vgl. *Grote*, Das neue Statut der Europäischen Aktiengesellschaft zwischen europäischem und nationalem Recht, S. 4 f.

81 Vgl. hierzu *Schwarz*, Europäisches Gesellschaftsrecht, Rdnr. 77 ff.

82 Vgl. *Ehricke*, in Hommelhoff/ Helms, Neue Wege in die Europäische Privatgesellschaft, S. 18; *Lutter*, Europäisches Unternehmensrecht, S. 36 ff; *Werlauff*, European Company Law, S. 17 ff.

83 Vgl. *Helms*, Die Europäische Privatgesellschaft- Rechtliche Strukturen und Regelungsprogramme einer supranationalen Gesellschaft des Gemeinschaftsrechts, S. 15 ff.

84 Vgl. *Thoma/ Leuering*, Die Europäische Aktiengesellschaft- Societas Europaea, NJW 2002, S. 1454.

müssen deshalb Organisationsformen offeriert werden, die es ihnen ermöglichen, die Standortwahl innerhalb der Gemeinschaft frei von gesellschaftsrechtlichen Kriterien nach rein wirtschaftlichen Erwägungen treffen[85]. Um die Wettbewerbsfähigkeit Europas entsprechend der Zielvorgaben des Lissabonners Gipfels zu stärken, muss Unternehmen und Konzernen aus verschiedenen Mitgliedstaaten die Möglichkeit geboten werden, ihr Wirtschaftspotential durch Konzentrations- und Fusionsmaßnahmen zu bündeln[86]. Solange nämlich keine - dem Bedürfnis der Unternehmen nach grenzüberschreitender Tätigkeit entsprechende- Rechtsform geboten werden kann, deren Struktur und Funktionsweise in allen Mitgliedstaaten einheitlich geregelt ist, bleibt der europäische Binnenmarkt unvollständig[87].

Zu überprüfen ist also, ob die zur Niederlassungsfreiheit ergangene Rechtsprechung des EuGH ausreicht, um die in Art. 43 ff. EGV garantierte Niederlassungsfreiheit abzusichern oder ob der Niederlassungsfreiheit bereits durch die bisher geschaffenen supranationalen Rechtsformen Genüge getan ist.

a) Rechtsprechung des EuGH

Festgestellt wurde bereits, dass die Rechtsprechung des EuGHs zur Niederlassungsfreiheit aufgrund der Rechtswahlfreiheit einen begrüßenswerten Wettbewerb der Systeme eröffnet hat[88]. Diese Rechtsprechung hat den Unternehmen aber nicht die Möglichkeit einer identitätswahrenden Sitzverlegung über die Grenze eröffnet. So bietet eine supranationale Gesellschaftsform neben den durch die Rechtsprechung des EuGH eröffneten Möglichkeiten noch weitere Vorzüge. Verwiesen wird dabei nicht nur auf den psychologischen Vorzug, sondern auch auf den Vorteil von Einheitsrecht, welches die Voraussetzung für die Herausbildung eines gemeineuropäischen Gesellschaftsrechts bildet[89]. Für grenzüberschreitend tätige Unternehmen sind auch noch nach den ergangenen Entscheidungen lokale Gesellschaften für ihre Vertriebstätigkeit und Fertigung unverzichtbar, weil Zweigniederlassungen ausländischer Gesellschaften weder

---

85 Vgl. *Kolvenbach*, Die Europäische Aktiengesellschaft- eine wohlgemeinte Utopie?, in Festschrift für Heinsius, S. 379.

86 Vgl. *El Mahi*, Die Europäische Aktiengesellschaft Societas Europaea –SE-, S. 4; Erwägungsgrund 1-7 SE- VO.

87 Vgl. *Bayer*, Die europäische Aktiengesellschaft und die Entwicklung des europäischen Gesellschaftsrechts, RabelsZ 1971, S. 216; *Schäfer*, in Scheuing/ Schwarz/ Wollenschläger, Europäisches Unternehmensrecht, S. 70.

88 Vgl. S. 11 ff.

89 kritisch *Götz*, in Baums/ Cahn, Die Europäische Aktiengesellschaft- Umsetzungsfragen und Perspektiven, S. 162 f.

ein vergleichbares Standing noch eine gleichwertige Kreditwürdigkeit aufweisen[90].

Vor dem Hintergrund, dass sich also eine europaweite Kooperation und Zusammenführung von Unternehmen infolge der Einbindung der nationalen Gesellschaftsformen in das jeweilige nationale Recht großen Hindernissen ausgesetzt sieht[91], geht es um die Entwicklung von Rechtsformen, die auf unmittelbar geltendem Sekundärrecht beruhen und als solche gemeinschaftsweit zur Verfügung stehen. Dabei hätte die Verordnung im Gegensatz zur Richtlinie den Vorteil, dass sie in den Mitgliedstaaten nicht erst umgesetzt werden muss, um ihre rechtlichen Wirkungen voll zu entfalten. Mithin ist auch festzustellen, dass selbst in den bereits harmonisierten Teilbereichen des Gesellschaftsrechts noch gravierende Unterschiede zwischen den einzelnen Mitgliedsstaaten bestehen[92]. Eine auf einer Verordnung beruhende einheitliche Rechtsform führt somit zu Rechtsklarheit und Rechtssicherheit.

Um den Binnenmarkt nicht in einem wichtigen Segment unvollständig zu lassen, sollte die Rechtsprechung des EuGH um supranationale Gesellschaftsformen ergänzt werden[93].

b) Die Europäische Wirtschaftliche Interessenvereinigung

Die erste supranationale Gesellschaftsform ist die Europäische Wirtschaftliche Interessenvereinigung EWIV[94]. Anlass für deren Einführung waren die Probleme der kleineren und mittleren Unternehmen mit der grenzüberschreitenden Zusammenarbeit[95]. Allerdings steht diese Rechtsform in ihrer endgültigen Ausgestaltung ebenfalls Großunternehmen für die Zusammenarbeit auf bestimmten Teilgebieten zur Verfügung[96]. Beachtenswert ist jedoch, dass gerade die EWIV bei den kleineren und mittleren Unternehmen auf Desinteresse stößt. Maßge-

---

90 Vgl. *Hommelhoff/ Helms*, in Hommelhoff/ Helms, Neue Wege in die Europäische Privatgesellschaft, S. 6; *Kallmeyer*, Europa- AG: Strategische Optionen für deutsche Unternehmen, AG 2003, S. 200.

91 Vgl. *Bezzenberger,* Die Europäische Aktiengesellschaft, JURA 2003, S. 229.

92 Vgl. *Deckert*, Europäisches Gesellschaftsrecht- Eine Zwischenbilanz, DStR 1997, S. 878 f.

93 In diesem Sinn wohl auch *Sonnenberger/ Großerichter*, Konfliktlinien zwischen internationalem Gesellschaftsrecht und Niederlassungsfreiheit, RIW 1999, S. 732.

94 Die EWIV wird hier weder ausführlich behandelt noch mit den anderen Gesellschaftsformen verglichen. Es wird lediglich überprüft, ob es nach der EWIV noch einer weiteren supranationalen Gesellschaftsform bedarf.

95 Vgl. *Hommelhoff*, in Roth, Das System der Kapitalgesellschaften im Umbruch- ein internationaler Vergleich, S. 59 f.; *Hemmelrath*, in Schwappach, EU- Rechtshandbuch für die Wirtschaft, § 35 Rdnr. 3.

96 Vgl. *Hemmelrath*, in Schwappach, EU- Rechtshandbuch für die Wirtschaft § 35 Rdnr. 3, 5.

bend hierfür dürfte zum einen sein, dass der Kreis der zulässigen Zwecke auf bloße Hilfstätigkeiten beschränkt ist (Art. 3 I 2 EWIV – VO), und zum anderen die Mitglieder der Vereinigung -wenn auch nur subsidiär- unbeschränkt und gesamtschuldnerisch für deren Verbindlichkeiten haften (Art. 24 I, II EWIV-VO). Diese unbeschränkte und gesamtschuldnerische Haftung der Gesellschafter ist sicherlich keine Alternative für Unternehmen, die sich eine europäische Organisationsform zulegen möchten.

Außerdem versteht sich die EWIV als eine grenzüberschreitende Kooperationsform[97]. Konsequenterweise darf sie deshalb auch keine Gewinnerzielung beabsichtigen (Art. 3 I S. 1 EWIV- VO). Nicht gestattet ist ihr auch, Beteiligungen zu halten, so dass sie nicht als europäische Holding eingesetzt werden kann.

Ein großer Nachteil der EWIV- VO ist des Weiteren, dass sie in ganz zentralen Bereichen auf nationales Recht verweist[98]. Aufgrund dieser Verweisungen muss die EWIV in die einzelstaatliche Typologie der Gesellschaftsformen eingepasst werden[99]. So ist die entscheidende Frage, ob der EWIV Rechtspersönlichkeit zukommt, den Mitgliedstaaten überlassen und nicht einheitlich durch die Verordnung festgelegt. Daher gilt die EWIV außer in Deutschland[100] und Italien in allen anderen Mitgliedstaaten als juristische Person[101], was allerdings die persönliche Haftung ihrer Mitglieder nicht berührt[102]. Es fehlt also ein in sich geschlossenes, europaweit einheitliches Statut für die wirtschaftliche Betätigung von Unternehmen im Binnenmarkt[103]. Somit bietet die EWIV kein Modell für eine supranationale Einheitsgesellschaft[104].

---

97 Vgl. *Behrens*, Die Europäisierung des Gesellschaftsrechts, GmbHR 1993, S. 134 f.

98 Vgl. *Rechenberg*, Die EWIV- Ihr Sein und Werden, ZGR 1992, S. 311.

99 Vgl. *Behrens*, Die Europäisierung des Gesellschaftsrechts, GmbHR 1993, S. 135; vgl. das deutsche Gesetz zur Ausführung der EWIV- Verordnung über die Europäische wirtschaftliche Interessenvereinigung (EWIV- Ausführungsgesetz) vom 14. April 1988 (BGBl. I S. 514).

100 § 1 EWIV- AG bestimmt, dass die EWIV eine Handelsgesellschaft ist, für die subsidiär §§ 105 – 160 HGB gelten.

101 Vgl. *Rechenberg*, Die EWIV- Ihr Sein und Werden, ZGR 1992, S. 311.

102 Vgl. Erwägungsgrund 10 und Art. 24 EWIV- VO.

103 Vgl. *Goerdeler*, Überlegungen zum künftigen Gesellschaftsrecht in der EG, Festschrift für Ernst Steindorff, S. 1223.

104 Ebenso *Hahn*, Zukunftsperspektiven im Gesellschaftsrecht- Am Unternehmensinteresse orientierte Rechtsvereinfachung als Aufgabe des Gesetzgebers, in Festschrift für Helmrich, S. 650.

c) Die Europäische Aktiengesellschaft

Um die Frage nach der Erforderlichkeit einer Europäischen Aktiengesellschaft[105] beantworten zu können, muss man seinen Blick sowohl in die Vergangenheit als auch in die Zukunft richten. Da die SE bereits seit Oktober 2004 eingeführt worden ist, lässt es sich einerseits nicht vermeiden, einen Vergleich der Rechtslage vor Einführung der SE mit der heutigen Rechtslage anzustellen, andererseits kann man aufgrund des kurzen Zeitraums noch nicht auf einen Erfahrungsschatz zurückgreifen.

(1) Praxisbedarf

Als genuin gemeinschaftsrechtliche Gesellschaftsform ist das Statut der Europäischen Aktiengesellschaft auf eine große kapitalmarktfähige Organisationsform hin ausgerichtet[106]. Sie richtet sich in ihrer Konzeption hauptsächlich an Großunternehmen[107]. Auch wenn die Möglichkeit einer europäischen Ordnung der unternehmerischen Tätigkeit stets begrüßt wurde, war diese Rechtsform für die Wirtschaft keinesfalls unverzichtbar, hat doch die gesamte bisherige Entwicklung der Wirtschaft in der EG bestätigt, dass sich multinationale Unternehmen durch die Inanspruchnahme der von den einzelnen Staaten zur Verfügung gestellten Gesellschaftsrechte ohne Schwierigkeiten organisieren lassen[108]. Über den Sachverstand und die Erfahrungen ihrer Juristen haben sie sich das Gesellschaftsrecht anderer EU- Mitgliedstaaten schon längst erschlossen und praktizieren es nicht minder souverän als das Gesellschaftsrecht ihres Heimatstaates[109]. Sollten den Unternehmensjuristen trotzdem Schwierigkeiten begegnen, dann stehen ihnen in den großen Anwaltskanzleien erfahrene Spezialisten zur Verfügung[110]. Man sollte sich dennoch möglichen Verbesserungen auf diesem

---

105 Im nachfolgenden kurz als SE (Abkürzung für *societas europaea*) bezeichnet.

106 Vgl. *Jahn/ Herfs- Röttgen*, Die Europäische Aktiengesellschaft- Societas Europaea, DB 2001, S. 631; *Bungert/ Beier*, Die europäische Aktiengesellschaft- Das Statut und seine Umsetzung in der Praxis, EWS 2002, S. 12.

107 Vgl. *Merkt*, Die monistische Unternehmensverfassung für die Europäische Aktiengesellschaft aus deutscher Sicht- Mit vergleichendem Blick auf die Schweiz, das Vereinigte Königreich und Frankreich, ZGR 2003, S. 651.

108 Vgl. bereits *Bärmann*, Einheitliche Gesellschaftsform für die Europäische Wirtschaftsgemeinschaft, AcP 160 (1961), S. 107.

109 Vgl. die dargestellten Konstruktionen *Baums*, Verschmelzung mit Hilfe von Tochtergesellschaften, Festschrift für Wolfgang Zöllner; S. 65 ff.; *Kallmeyer*, Die Mobilität der Gesellschaften in der Europäischen Union, AG 1998, S. 89.

110 Vgl. *Rasner*, Die Europäische Aktiengesellschaft (SE)- ist sie wünschenswert?, ZGR 1992, S. 316; *Frey*, Bericht über die Diskussion, ZGR 1992, S. 331 f.

Gebiet nicht verschließen[111]. Zuzugeben ist nämlich, dass das Fehlen einer Regelung für grenzüberschreitende Verschmelzungen den Unternehmen, die mit anderen Unternehmen aus anderen Mitgliedstaaten kooperieren wollen, bisher komplizierte und kostspielige juristische Hilfskonstruktionen abverlangt hat[112]. Wie sehr hatten sich beispielsweise die Leitungsorgane der ehemaligen Hoechst AG und Rhône- Poulenc S.A. bei ihrem Unternehmenszusammenschluss 1999 die Existenz der SE gewünscht[113]. Anstelle des rechtlich- konstruierten Unterordnungskonzerns, wäre durch die Gründung einer SE im Wege der grenzüberschreitenden Verschmelzung eine einfachere effizientere Organisationsstruktur zu insgesamt geringeren Transaktionskosten getreten[114]. Diese hätte zudem das europäische Vehikel als Merger- SE besser betont und das Fortbestehen von Altaktionären mit ihren divergierenden Interessen vermeiden können[115].

(2) Wirtschaftliche Vorteile

Die SE wurde mit dem Ziel eingeführt, Unternehmen die Möglichkeit zu eröffnen, europaweit mit einer einzigen Gesellschaft, anstelle einer komplexen Konzernstruktur bestehend aus Holding- und Tochtergesellschaften mit mehreren Leitungsebenen zu agieren[116]. Sinn und Zweck des SE- Projekts wurden anfangs insbesondere darin gesehen, die Integration der europäischen Unternehmen auf den Weltmärkten gegenüber der amerikanischen und japanischen Konkurrenz zu fördern[117]. So traten gerade bei grenzüberschreitenden europäischen Unternehmenszusammenschlüssen und Kooperationen (Agfa/ Gevaert; Focker-VFW; Hoesch- Hoogovens u.s.w.) bereits in den 50er und 60er Jahren große rechtliche Schwierigkeiten auf und verdeutlichten die Notwendigkeit einer solchen supranationalen Gesellschaftsform[118]. Ausgangspunkt war somit der

---

111 Vgl. *Wang*, Die Europäische AG in der EWG, S. 144, so auch Bericht in FAZ vom 02.06.2004, S. 25.

112 Vgl. *Jahn/ Herfs- Röttgen*, Die Europäische Aktiengesellschaft- Societas Europaea, DB 2001, S. 631; so wohl auch *Geiger*, in Scheuing/ Schwarz/ Wollenschläger., Europäisches Unternehmensrecht, S. 12.

113 Vgl. *Petri*, in v. Rosen, Die Europa- AG- Eine Perspektive für deutsche Unternehmen?, S. 95 ff.

114 Vgl. *Petri*, in v. Rosen, Die Europa- AG- Eine Perspektive für deutsche Unternehmen?, S. 97.

115 Vgl. *Petri*, in v. Rosen, Die Europa- AG- Eine Perspektive für deutsche Unternehmen?, S. 95 ff.; zur Einsatzmöglichkeit der SE auch *Wenz*, in Theisen/ Wenz, Die Europäische Aktiengesellschaft, Recht, Steuern und Betriebswirtschaft der Societas Europaea (SE), S. 557 ff.

116 Vgl. *El Mahi,* Die Europäische Aktiengesellschaft Societas Europaea –SE-, S. 5.

117 Vgl. *Kolvenbach*, Die Europäische Aktiengesellschaft- eine wohlgemeinte Utopie?, in Festschrift für Heinsius, S. 394.

118 Vgl. *Abeltshauser*, Europäische GmbH Fusion und Unternehmensverfassung. S. 5 ff.

Wunsch, die Möglichkeit der Niederlassung von Wirtschaftsunternehmen und der Zusammenführung von Produktionsfaktoren[119] sowie die weltweite Konkurrenzfähigkeit der europäischen Unternehmen zu verbessern, wobei man für diese Ziele eine sachgerechte Organisationsform suchte[120].

Unternehmen, die in mehreren Mitgliedstaaten operieren, können heute erstmals eine Rechtsform europäischen Zuschnitts nach Gemeinschaftsrecht wählen und somit ihren Geschäftsaktivitäten auf der Grundlage einheitlicher Regeln mit einheitlichem Management und Berichtssystem nachgehen, ohne mit erheblichem Zeit- und Kostenaufwand ein Netz von Tochtergesellschaften errichten zu müssen, für die unterschiedliche nationale Vorschriften gelten würden[121]. Dadurch können nicht nur Entscheidungsprozesse erheblich beschleunigt[122], sondern auch die jährlich in die Milliardenhöhe anfallenden Transaktions- und Reorganisationskosten eingespart werden[123].

Unternehmensgruppen, die in mehreren Wirtschaftszweigen tätig sind, ermöglicht die Europäische Aktiengesellschaft eine effizientere und kostengünstigere Geschäftsführung und führt zu Produktionszuwächsen, da sie ihre Aktivitäten in der Weise reorganisieren können, dass sie je eine Europäische Aktiengesellschaft je geographischen Geschäftsbereich, Wirtschaftszweig oder Produktionslinie gründen können[124]. Demnach versetzt die neue Rechtsform Unternehmen in die Lage, auf sich ändernde Rahmenbedingungen und Marktverhältnisse europaweit mit Veränderungen ihrer Organisation oder ihres Standortes schnell und flexibel zu reagieren und bietet aufgrund geringerer Verwaltungs- und Transaktionskosten Aussicht auf Produktionszuwächse[125]. So lassen sich auch Großprojekte auf europäischer Ebene, insbesondere in den Bereichen Verkehrswesen, Energie oder Telekommunikation im Rahmen der transeuropäi-

---

119 Dass ein Zusammenschluss von Unternehmen auch in den 90er Jahren noch aufwendig und mitunter für ein Unternehmen nachteilig war, lässt sich anhand der Gründung der Aventis SA nachvollziehen, vgl. *Hoffmann*, Die Bildung der Aventis- SA- ein Lehrstück des europäischen Gesellschaftsrechts, NZG 1999, S. 1085.

120 Vgl. *Hauschka*, Entwicklungslinien und Integrationsfragen der gesellschaftsrechtlichen Akttypen des Europäischen Gesellschaftsrechts, AG 1990, S. 94; *Hommelhoff*, in Roth, Das System der Kapitalgesellschaften im Umbruch- ein internationaler Vergleich, S. 59.

121 Vgl. Erwägungsgründe 3, 6, 7 SE- VO; *Monti*, Statut der Europäischen Aktiengesellschaft, WM 1997, S. 607 f.; *Bungert/ Beier*, Die europäische Aktiengesellschaft- Das Statut und seine Umsetzung in der Praxis, EWS 2002, S. 8 ff.

122 Vgl. *Blanquet*, Das Statut der Europäischen Aktiengesellschaft (Societas Europaea "SE"), ZGR 2002, S. 48.

123 So bezifferte die EU-Kommission dieses Einsparpotential auf 30 Milliarden US $ im Jahr, vgl. *Monti*, Statut der Europäischen Aktiengesellschaft, WM 1997, S. 607.

124 Vgl. *Schwarz*, Zum Statut der Europäischen Aktiengesellschaft, ZIP 2001, S. 1859; *Kallmeyer*, Europa- AG: Strategische Optionen für deutsche Unternehmen, AG 2003, S. 203.

125 Vgl. *Schwarz*, Zum Statut der Europäischen Aktiengesellschaft, ZIP 2001, S. 1859.

schen Netze nach Art. 154 – 156 EGV besser über eine Europäische Aktiengesellschaft realisieren[126]. Diese kann privates Kapital leichter mobilisieren als eine Reihe von nationalen Gesellschaften, die verschiedenen innerstaatlichen Rechtsordnungen unterliegen[127].

Das SE- Statut erlaubt es den Gesellschaften auch, sich innerhalb der Grenzen der Union entsprechend den Anforderungen ihrer Geschäftstätigkeit leichter zu bewegen, da für den Umzug in einen anderen Mitgliedstaat eine –kostspielige und zeitaufwendige- Auflösung und Neugründung, nicht mehr erforderlich ist[128].

(3) Psychologische Vorteile

Ein weiteres von den Verordnungsgebern mit dieser Rechtsform verfolgtes Ziel ist der Abbau von psychologischen Hemmnissen bei grenzüberschreitenden Transaktionen und Kooperationen[129]. Die Europäische Aktiengesellschaft verleiht ihren Gründern ein europäisches Image und erleichtert die Entwicklung einer eigenen europäischen Unternehmenskultur, die nicht nur extern, sondern auch intern bei der Integration des Managements und der Mitarbeiter von erheblicher psychologischer Bedeutung sein kann[130].

(4) Instrument für den Mittelstand

Im Gegensatz zur Verschmelzungs- SE, die auf grenzüberschreitende Transaktionen beschränkt und somit wesentlich auf Großunternehmen und Konzerne zugeschnitten ist, bietet die Holding- SE auch dem Mittelstand eine nicht zu unterschätzende Organisationsstruktur[131]. Verglichen mit einzelnen Unternehmensbeteiligungen erlangt diese Gesellschaftsform einen erhöhten Bekanntheitsgrad und ein besseres Image. Die Holding soll als Dachgesellschaft durch den Zusammenschluss von mehreren Unternehmen dazu beitragen, die spezifischen Probleme des Mittelstandes zu beseitigen. So leiden kleine und mittelständische Unternehmen unter erheblichen Problemen bei der Finanzierung und

---

126 Vgl. *El Mahi*, Die Europäische Aktiengesellschaft Societas Europaea –SE-, S. 6.

127 Vgl. *Monti*, Statut der Europäischen Aktiengesellschaft, WM 1997, S. 607.

128 Vgl. *Blanquet*, Das Statut der Europäischen Aktiengesellschaft (Societas Europaea "SE"), ZGR 2002, S. 36.

129 Vgl. Erwägungsgrund 3 SE- VO.

130 Vgl. *Kallmeyer*, in v. Rosen, Die Europa- AG- Eine Perspektive für deutsche Unternehmen?, S. 20 f.; *Wehlau,* Die Europäische Aktiengesellschaft vor der Vollendung?, DWiR 1992, S. 80; *Paschke/ Iliopoulos*, Europäisches Privatrecht, S. 552.

131 Vgl. *Blanquet*, Das Statut der Europäischen Aktiengesellschaft (Societas Europaea "SE"), ZGR 2002, S. 52.

auch bei der Beschaffung von Management- Know- How[132]. Indem diese Unternehmen sich als Konzern- oder Finanzholding zusammenschließen, können sie ohne den Verlust traditioneller mittelständischer Strukturen, vereinfachten Zugang zum Kapitalmarkt erlangen[133]. Damit soll insbesondere Gesellschaften mit beschränkter Haftung ermöglicht werden, sich mit Eigenkapital zu finanzieren und ihre Beteiligungen mit einer höheren Eigenkapitalquote auszustatten[134]. Bei einer zentralisierten Finanzierung und Fremdkapitalbeschaffung können darüber hinaus Größenvorteile generiert werden. Durch Finanzclearing und Cash- Management ließen sich auch finanzielle Synergien erzielen, was letztendlich zur Stärkung der gesamten Unternehmensposition gegenüber Fremd- und Eigenkapitalgebern führt[135].

(5) Fazit

Im Ergebnis stellt die SE nicht nur eine Rechtformalternative, sondern auch eine strategische Option dar, die trotz ihrer rechtlichen Unvollkommenheit und Komplexität gegenüber rein nationalen Rechtsformen enorme Nutzvorteile für grenzüberschreitende Unternehmen bietet. Sie soll die Aktiengesellschaft des Aktienrechts weder ersetzen noch verdrängen, sondern vielmehr eine Ergänzung der nationalen Gesellschaftsformen darstellen[136]. Aus all diesen Gründen war die Einführung einer SE nicht nur wünschenswert, sondern unverzichtbar.

d) Die Europäische Genossenschaft

Im Juli 2003 wurden vom Europarat ein Statut für die Europäische Genossenschaft[137] und eine Richtlinie über die Beteiligung der Arbeitnehmer verabschiedet. Der Vorschlag zur Europäischen Genossenschaft folgt in seiner Konzeption dem Entwurf zur SE und regelt nur die wichtigsten Rahmenpunkte der Rechtsform. Obwohl sie ab dem 18.08.2006 zur Verfügung stehen soll (Art. 80 SCE-VO), existieren noch keine nationalen Ausführungsregelungen. Die Genossenschaft ist rechtsfähig und die Haftung begrenzt sich auf die Höhe der Kapitalanteile (Art. 1 II, V SCE- VO).

---

132 Vgl. *El Mahi*, Die Europäische Aktiengesellschaft Societas Europaea –SE-, S. 14.

133 Vgl. *El Mahi*, Die Europäische Aktiengesellschaft Societas Europaea –SE-, S. 14.

134 So zählen zu den wichtigsten Insolvenzursachen neben ausgesprochenen Managementfehlern Finanzierungsschwierigkeiten in Verbindung mit einer geringen Ausstattung mit Eigenkapital, vgl. *Hansen*, Die Rechtsformen deutscher Unternehmen und ihr wirtschaftliches Gewicht- Die GmbH ist nach wie vor die umsatzstärkste Unternehmensform, GmbHR 2003, S. 25.

135 Vgl. *El Mahi*, Die Europäische Aktiengesellschaft Societas Europaea –SE-, S. 14.

136 So bereits *Wang*, Die Europäische AG in der EWG, S. 70.

137 Sie wird als Societas Cooperativa Europaea, abgekürzt SCE, bezeichnet.

Hauptzweck der Europäischen Genossenschaft ist es, den Bedarf der Mitglieder zu decken und/oder deren wirtschaftliche und/oder soziale Tätigkeiten zu fördern (Art. 1 III SCE- VO)[138]. Aus diesem beschränkten Zweck folgt auch zugleich, dass sie nicht geeignet ist, als Organisationsform kleiner und großer Unternehmen eingesetzt zu werden.

e) Die Europäische Privatgesellschaft

Da die Forderungen nach der Einführung einer Europäischen Privatgesellschaft[139] immer lauter werden, stellt sich hier die Frage, ob tatsächlich Handlungsbedarf für den Verordnungsgeber besteht.

(1) Praxisbedarf

Aus der Sicht kleinerer und mittlerer Unternehmen[140] gestaltet sich die Situation etwas anders als aus Sicht der Großunternehmen. Für sie wäre es sehr hilfreich, wenn sie auf eine einzige Gesellschaftsform zurückgreifen könnten, und zwar unabhängig davon, in welchem Mitgliedstaat sie ihre Aktivitäten organisieren wollen[141]. Nur wenige KMU[142] werden nämlich im Gegensatz zu Großunternehmen das notwenige juristische Know How für die Gründung und für die Führung solcher Tochtergesellschaften in ihrem Unternehmen oder dessen Umgebung finden. Um einiges gesteigert sind diese Schwierigkeiten, wenn im Ausland ein Joint Venture mit Gesellschaftern aus anderen EU- Mitgliedstaaten gegründet werden soll. Das mag den Willen, in anderen Regionen des Europäischen Binnenmarktes tätig zu werden, erheblich dämpfen[143].

---

138 Vgl. auch Erwägungsgrund 10 SCE- VO.

139 Im nachfolgenden als EPG bezeichnet.

140 Im nachfolgenden als KMU bezeichnet.

141 Vgl. *Hommelhoff*, Die „Société fermée européenne"- eine supranationale Gesellschaftsform für kleine und mittlere Unternehmen im Europäischen Binnenmarkt-, WM 1997, S. 2103; Bericht in FAZ vom 30.07.2002, S.18.

142 Die Abgrenzung dieser Unternehmensgruppe erfolgt in verschiedenen Rechtsordnungen unterschiedlich. Ohne Rücksicht auf Marktanteile oder Umsatz sollen darunter diejenigen Unternehmen gefasst werden, die bis zu 500 Arbeitnehmer haben, vgl. *Helms*, Die Europäische Privatgesellschaft- Rechtliche Strukturen und Regelungsprogramme einer supranationalen Gesellschaft des Gemeinschaftsrechts, S. 67 f.; *Braun*, Essay- The European Private Company: a supranational company form for small and medium- sized enterprises?, German Law Journal Vol. 5 No. 11 Nov. 2004, Rdnr. 5 ff.

143 Vgl. *Gutsche*, Die Eignung der Europäischen Aktiengesellschaft für kleine und mittlere Unternehmen in Deutschland, S. 31.

(2) Wirtschaftliche Vorteile

Durch die Schaffung einer supranationalen Gesellschaft mit einer Haftungsbeschränkung, würden sich auch die Risiken übersichtlich gestalten[144]. Dies ist von besonderer Bedeutung, wenn sich ein Unternehmen in einer ihm fremden Rechtsordnung bewegt. Aufgrund der Haftungsbeschränkung können somit sämtliche Gesellschafter rechtsgewiss darauf vertrauen, für den Erfolg oder Misserfolg nur mit den Beträgen eintreten zu müssen, die sie der Gesellschaft zur Verfügung gestellt haben. Allerdings dürfen bei der Schaffung des Statuts für eine EPG die nationalen Regelungen der Gesellschaft mit beschränkter Haftung nicht vollkommen außer acht bleiben. In allen nationalen Rechtsordnungen der EU- Mitglieder existiert mittlerweile eine Gesellschaft mit GmbH-vergleichbaren Charakterzügen[145]. So weisen alle den Ausschluss der persönlichen Haftung der Gesellschafter, sowie größere Vertragsfreiheit insbesondere bei der Ausgestaltung des Innenverhältnisses der Mitglieder untereinander und ihres Verhältnisses zur GmbH selbst auf. Dennoch bestehen trotz der fortgeschrittenen Harmonisierung im Gesellschaftsrecht zwischen den die GmbH betreffenden nationalen Rechtsordnungen noch zum Teil beträchtliche Unterschiede, die den grenzüberschreitenden Handel, die Gründung von ausländischen Tochtergesellschaften und die Kooperation mit anderen europäischen Unternehmen behindern und eine Belastung für die Wettbewerbsfähigkeit europäischer Unternehmen darstellen. Ist dann bei Gründung eines Gemeinschaftsunternehmens mit einem ausländischen Partner eine Einigung auf eine gemeinsame nationale Rechtsordnung für das Joint Venture erforderlich, wird immer einer von ihnen sich auf eine für fremde Rechtsordnung einlassen müssen[146].

Wird der Schritt dennoch gewagt, eine Tochtergesellschaft im Ausland zu gründen, ist eine rechtliche Betreuung unverzichtbar. Die mit der Zuziehung eines Rechtsanwalts verbundenen Kosten mögen dann durchaus abschreckend auf die kleineren und mittleren Unternehmen wirken[147]. Angesichts der hohen Mitgliederzahl und der damit verbundenen Anzahl von unterschiedlichen Rechtsordnungen, hat sich der Beratungsaufwand enorm gesteigert. Ein Statut zugeschnitten auf die Bedürfnisse der KMU, würde jedoch dazu beitragen, den Rechtsbe-

---

144 Vgl. *Gutsche*, Die Eignung der Europäischen Aktiengesellschaft für kleine und mittlere Unternehmen in Deutschland, S. 32.

145 Vgl. die synoptische Tabelle in *Boucourechliev/ Hommelhoff*, Vorschläge für eine Europäische Privatgesellschaft, S. 247 ff.

146 Vgl. hierzu *Decher*, Rechtsfragen des grenzüberschreitenden Merger of Equals, in Festschrift für Lutter, S. 1210.

147 So auch *Hommelhoff*, „Kleine Aktiengesellschaften" im System des deutschen Rechts, AG 1995, S. 531.

ratungsaufwand zu senken[148]. Die Gründung einer EPG könnte infolge ihrer geplanten „Uniformität ... überschaubare Kosten, einheitliche Strukturen, gleichförmige Hierarchien und eine einheitliche Finanzierung ermöglichen“[149].

(3) Psychologische Vorteile

Für die Vermarktung von Produkten über die Landes- und EU- Grenzen hinaus dürfte eine Gesellschaftsform, die eher einen europäischen als einen nationalen Charakter aufweist, auch psychologische Vorteile mit sich bringen[150]. Einen psychologischen Vorteil bringt auch die Möglichkeit einer Joint Venture Gründung durch den Einsatz einer EPG mit sich[151]. Nunmehr müssen sich die Partner nämlich nicht mehr auf das anzuwendende Recht einigen, sondern haben mit der EPG ein Rechtsinstrument in der Hand, das beiden bekannt ist. Damit ist die EPG nicht nur für KMU interessant, sondern auch für solche Unternehmen, die aufgrund ihrer Größenvorteile die vereinheitlichte Gesellschaftsform nicht so sehr für den Zutritt zu fremden Märkten benötigen[152].

(4) Entstehungsbedarf neben einer Europäischen Aktiengesellschaft

Eine Beschränkung auf die Rechtsform der Aktiengesellschaften verschafft den großen europäischen Unternehmen einen unangemessenen Wettbewerbsvorsprung gegenüber den KMU[153]. Zwar haben auch KMU Zugang zur Rechtsform der SE[154], die Verordnungsregelungen dürften den meisten KMU jedoch zu aufwendig und komplex sein[155]. Durch diese Komplexität des Statuts[156] und die

---

148 Vgl. *Helms*, Die Europäische Privatgesellschaft- Rechtliche Strukturen und Regelungsprogramme einer supranationalen Gesellschaft des Gemeinschaftsrechts, S. 15 ff.; denselben Ansatz verfolgend *Hahn*, "Kleine AG", eine rechtspolitische Idee zum unternehmerischen Erfolg, DB 1994, S. 1659.

149 *Schautes*, Jüngste Entwicklungen zum Projekt der Europäischen Privatgesellschaft, GmbHR 2000, S. 1255.

150 Vgl. *Hicks/ Drury*, in Boucourechliev/ Hommelhoff, Vorschläge für eine Europäische Privatgesellschaft, S. 94.

151 Vgl. *Helms*, Die Europäische Privatgesellschaft- Rechtliche Strukturen und Regelungsprogramme einer supranationalen Gesellschaft des Gemeinschaftsrechts, S. 15; *Fischer*, Brücken zur Europäischen Privatgesellschaft, ZEuP 2004, S. 740.

152 Vgl. *Ehricke*, in Hommelhoff/ Helms, Neue Wege in die Europäische Privatgesellschaft, S. 53 ff.

153 Vgl. *Dejmek*, Das künftige Europa und die Europäische Privatgesellschaft, NZG 2001, S. 882.

154 Vgl. Erwägungsgrund 13 SE- VO.

155 Vgl. *Gutsche*, Die Eignung der Europäischen Aktiengesellschaft für kleine und mittlere Unternehmen in Deutschland, S. 240; *Hommelhoff*, Gesellschaftsrechtliche Fragen im Entwurf eines SE- Statuts, AG 1990, S. 434; *Dejmek*, Neue Dynamik im Europäischen

daraus resultierenden Rechtsanwendungsprobleme dürften erhebliche Rechtsberatungskosten entstehen, die auf die KMU eine abschreckende Wirkung haben könnten. Auch wird das für eine SE- Gründung zu erbringende Mindestkapital in Höhe von 120.000 € in der Regel eine Hürde für die KMU darstellen[157]. Zu berücksichtigen ist darüber hinaus, dass das SE- Statut offensichtlich eher für Großunternehmen konzipiert ist. Der Lückenschluss in der SE- VO erfolgt in Deutschland nämlich durch das für Aktiengesellschaften geltende Recht[158]. So widerspricht auch das für die SE geltende Prinzip der Satzungsstrenge dem Bedürfnis der KMU nach einem gestaltungsoffenen Statut, das den Gesellschaftern erlaubt, ihre Satzung speziell auf die Besonderheiten ihrer Aktivitäten, ihrer Finanzierungserfordernisse und ihres Gesellschafterkreises zuzuschneiden[159]. Darüber hinaus ist den KMU, die insbesondere in der Rechtsform der GmbH bestehen, die Gründung einer SE nur bedingt möglich, nämlich über die Gründung einer Holding- SE oder einer Tochter- SE.

Den KMU muss daher eine auf ihre speziellen Bedürfnisse zugeschnittene Rechtsform für ihre europäische ausgerichteten Tätigkeiten offeriert werden. Ein Verzicht auf die EPG könnte eine Wettbewerbsbenachteiligung derjenigen Mitgliedstaaten zur Folge haben, in denen die Anzahl der Großunternehmen gering ist, wo also weniger Gesellschaften als anderswo für die Umwandlung in eine SE in Betracht kommen[160]. Somit ist die EPG eine notwendige Ergänzung zur SE.

Auch mit Blick auf die Nutzung der SE als Joint Venture, lässt sich ein Bedürfnis für eine EPG nicht verneinen. Vergleicht man für dessen Gründung die

Gesellschaftsrecht- eine Europäische Privatgesellschaft als Ergänzung zur Europäischen Aktiengesellschaft?, GmbHR 2002, S. 108; *Schulz/ Geismar*, Die Europäische Aktiengesellschaft- eine kritische Bestandsaufnahme, DStR 2001, S.1086.

156 So sieht die SE eine Reihe von Form- und Dokumentationserfordernissen vor und im Prozess der Gründung tragen umfangreiche Vorschriften den Interessen der Arbeitnehmer und der Gläubiger Rechnung. Das besondere Konzept der Verweisung auf EU- Recht und nationales Recht trägt weiter zu relativen Kompliziertheit der rechtlichen Anforderungen bei.

157 Vgl. *Hommelhoff*, Einige Bemerkungen zur Organisationsverfassung der Europäischen Aktiengesellschaft, AG 2001, S. 286.

158 Vgl. *Neye/ Teichmann*, Der Entwurf für das Ausführungsgesetz zur Europäischen Aktiengesellschaft, AG 2003, S. 176.

159 Vgl. *Hommelhoff*, Einige Bemerkungen zur Organisationsverfassung der Europäischen Aktiengesellschaft, AG 2001, S. 287.

160 Vgl. *Dejmek*, Das künftige Europa und die Europäische Privatgesellschaft, NZG 2001, S. 882, mit Verweis auf Dänemark, wo im Jahre 2002 nur 250 dänische AGs an der Kopenhagener Börse notiert waren; so wohl auch *Hicks/ Drury*, in Boucourechliev/ Hommelhoff, Vorschläge für eine Europäische Privatgesellschaft, S. 95, mit Hinweis auf die Ostblockstaaten.

Rechtsform der SE mit den bestehenden nationalen Rechtsformen, so bietet eine SE den Vorteil einer staatlich neutralen Rechtsform[161]. Ein großer Nachteil ist jedoch, dass eine SE mit Sitz in Deutschland im Gegensatz zu einer deutschen GmbH -als typischem Joint Venture- Vehikel- dem Prinzip der Satzungsstrenge unterliegt. Um die Strukturen der Gesellschaften genau auf die beiden Partner abstimmen zu können, ist für eine Joint Venture Gründung jedoch Gestaltungsfreiheit ein maßgebliches Kriterium[162]. Als rechtlichen Rahmen für einen Joint Venture sollte die EPG daher als grenzüberschreitende Rechtsform mit weitgehender Gestaltungsfreiheit zur Verfügung stehen.

(5) Fazit

Den KMU sollte dieser europäische Rechtsstatus angeboten werden, um eine Gleichbehandlung mit den größeren Unternehmen zu gewährleisten, die eher unter das SE- Statut fallen. Durch die Einführung einer EPG hätten die im Vergleich zu Großunternehmen wesentlich flexibleren KMU die Möglichkeit, sich nunher auch auf EU- Ebene günstige Produktionsbedingungen zu sichern und sich mit anderen Partnerunternehmen zu verbinden[163]. Aus all diesen Gründen ist die Einführung einer Europäischen Privatgesellschaft für die KMU unbedingt erforderlich.

f) Der Europäische Verein

Der sich noch in Planung befindende Europäische Verein (EUV)[164] soll als Idealverein gemeinnützige Zwecke verfolgen, darf auch mittelbar oder unmittelbar wirtschaftliche Ziele seiner Mitglieder fördern, allerdings ohne eigenen wirtschaftlichen Geschäftsbetrieb. Bereits aus dieser beschränkten Zwecksetzung folgt, dass diese Gesellschaftsform nicht als Instrument für grenzüberschreitende Transaktionen kleinerer und großer Unternehmen geeignet ist[165].

---

[161] Vgl. *Bungert/ Beier*, Die europäische Aktiengesellschaft- Das Statut und seine Umsetzung in der Praxis, EWS 2002, S. 11.

[162] Vgl. *Bungert/ Beier*, Die europäische Aktiengesellschaft- Das Statut und seine Umsetzung in der Praxis, EWS 2002, S. 11.

[163] Vgl. *Helms*, Die Europäische Privatgesellschaft- Rechtliche Strukturen und Regelungsprogramme einer supranationalen Gesellschaft des Gemeinschaftsrechts, S. 17.

[164] Vgl. Geänderter Vorschlag für eine Verordnung (EWG) des Rates über das Statut des Europäischen Vereins vom 06.07.1993; Geänderter Vorschlag für eine Richtlinie des Rates zur Ergänzung des Statuts des Europäischen Vereins hinsichtlich der Rolle der Arbeitnehmer vom 06.07.1993.

[165] Dem EUV ablehnend gegenüberstehend *Hahn*, Zukunftsperspektiven im Gesellschaftsrecht- Am Unternehmensinteresse orientierte Rechtsvereinfachung als Aufgabe des Gesetzgebers, in Festschrift für Helmrich, S. 650.

g) Die Europäische Gegenseitigkeitsgesellschaft

Die vorgeschlagene Europäische Gegenseitigkeitsgesellschaft (EUGGES)[166] soll eine Rechtsform schaffen, für Personenvereinigungen mit folgenden Zwecken: soziale Fürsorge, Hilfe im Gesundheitsbereich, Kreditgewährung und Versicherung. Diese Zweckbindung führt jedoch dazu, dass diese Gesellschaftsform kein geeignetes Instrument für eine Organisationsstruktur kleiner und großer Unternehmen ist.

h) Fazit

Auch wenn sich Großunternehmen mittlerweile mit dem Fehlen einer supranationalen Gesellschaftsform arrangiert haben, können keine ernsthaften Zweifel daran bestehen, dass die Entwicklung einheitlicher Organisationsformen für ein grenzüberschreitendes unternehmerisches Handeln in der EU integraler Bestandteil eines Europäischen Gesellschaftsrechts ist und die Schaffung supranationaler Gesellschaftsformen unverzichtbar ist[167]. Dabei spielen Faktoren wie Rechtssicherheit, Rechtsklarheit und niedrige Rechtsberatungskosten eine wesentliche Rolle.

Die Verwirklichung eines europäischen Binnenmarktes bleibt so lange unvollständig, als sich grenzüberschreitend tätige Unternehmen nicht in einer Rechtsform organisieren können, welche die Struktur und Funktionsweise in allen Mitgliedstaaten einheitlich regelt[168]. Mittels supranationaler Rechtsformen können innerhalb der EU vereinheitlichte Parameter für das Handeln von Unternehmen auf dem Markt geschaffen werden, die dazu beitragen, dass Unternehmensentscheidungen, insbesondere die Standortwahl in der EU, vorwiegend nach ökonomischen Rentabilitätsgesichtspunkten und nicht nach (gesellschafts-) rechtlichen Kriterien getroffen[169]. Ausgehend davon, dass der wesentliche Vorteil einer supranationalen Gesellschaftsform in der EU in der Einsparung von Informations- und Transaktionskosten bzw. von Managementkosten bei der grenzüberschreitenden unternehmerischen Tätigkeit liegt[170], führt die Schaffung supranationaler Gesellschaftsformen zu einer Wettbewerbsintensivie-

---

[166] Vgl. Vorschlag für eine Verordnung (EWG) des Rates über das Statut der Europäischen Gegenseitigkeitsgesellschaft (EUGGES) vom 06.07.1993; Vorschlag für eine Richtlinie des Rates zur Ergänzung des Statuts der Europäischen Gegenseitigkeitsgesellschaft hinsichtlich der Rolle der Arbeitnehmer vom 06.07.1993.

[167] Vgl. *Ehricke*, die Überwindung von Akzeptanzdefiziten als Grundlage zur Schaffung neuer Gesellschaftsformen in der EU, RabelsZ 2000, S. 501.

[168] Vgl. *Kolvenbach*, Die Europäische Aktiengesellschaft, Eine wohlgemeinte Utopie, in Festschrift Heinsius, S. 387; Erwägungsgrund 6 der Präambel zur SE- VO.

[169] Vgl. *Schwarz*, Zum Statut der Europäischen Aktiengesellschaft, ZIP 2001, S. 1860.

[170] Vgl. *Monti*, Statut der Europäischen Aktiengesellschaft, WM 1997, S. 607 f.

rung auf den einzelnen nationalen Märkten und damit letztendlich zur Verwirklichung des Binnenmarktes, weil die Grenzen und die unterschiedlichen Anforderungen an die Gründung einer Gesellschaft als Hindernis der Marktpräsenz von Unternehmen aus anderen Mitgliedstaaten wegfallen[171]. Supranationale Gesellschaftsformen, wie die SE und die geplante EPG, lassen folglich positive ökonomische Effekte für die EU- und damit verbunden für die Volkswirtschaften der einzelnen Mitgliedsstaaten- sowie Impulse für die weitere ökonomische Integration in der EU erwarten[172]. Zudem wird damit möglicherweise ein Stück weit auch auf die Anforderungen der Globalisierung an die Strukturen von Unternehmen in der EU reagiert[173].

3. Geschichtliche Entwicklung

Die Idee zur Schaffung einer vom nationalen Recht unabhängigen Organisationsform lässt sich in Deutschland bis zum 34. Juristentag in Köln 1926 zurückverfolgen. Auf Antrag von *Karl Geiler* wurde die Bildung einer internationalen Handelsgesellschaft, die optional neben den nationalen Rechtsformen gewählt werden kann, angeregt[174]. Diese Anregung blieb hierzulande jedoch zunächst unbeachtet. Allerdings wurden für bestimmte Zwecke auf Grundlage von Staatsverträgen spezielle internationale Gesellschaften gegründet, wie etwa die Bank für internationalen Zahlungsausgleich 1930 oder die Gesellschaft für die Finanzierung von Eisenbahnmaterial (Eurofirma) 1955, beide mit Sitz in Basel[175]. Darüber hinaus unterbreitete der Europarat in den Jahren 1949 und 1952 zwei Entwurfsvorschläge, eine Europäische Gesellschaft zu schaffen. Dabei ging es jedoch nicht um die Schaffung einer neuen Rechtsform, sondern um die Gewährung eines europäischen Statuts an staatlich genehmigte Unternehmen oder an solche, die lediglich öffentliche Zwecke verfolgen. Daher stießen diese auf weniger Begeisterung in der Öffentlichkeit und konnten aufgrund einer befürchteten Diskriminierung nationaler Rechtsformen nicht weiter verfolgt werden[176].

---

171 Vgl. *Ehricke*, die Überwindung von Akzeptanzdefiziten als Grundlage zur Schaffung neuer Gesellschaftsformen in der EU, RabelsZ 2000, S. 502.

172 Vgl. auch *Behrens*, Die Europäisierung des Gesellschaftsrechts, GmbHR 1993, S. 129 ff.

173 Vgl. *Wiesner*, Europäisches Unternehmensrecht im Umbruch, AG 1996, S. 391.

174 Vgl. *Theisen/ Wenz*, in Theisen/ Wenz, Die Europäische Aktiengesellschaft, S. 28.

175 Vgl. *El Mahi*, Die Europäische Aktiengesellschaft Societas Europaea –SE-, S. 7.

176 Vgl. *v. Caemmerer*, Europäische Aktiengesellschaft, in Festgabe für Heinrich Kronstein, S. 176; *Sanders*, Auf dem Wege zu einer Europäischen Aktiengesellschaft, RIW 1960, S. 1 ff.; *Heinze*, Die Europäische Aktiengesellschaft, ZGR 2002, S. 67 f.

a) Die Europäische Aktiengesellschaft

Die Idee zur Errichtung einer supranationalen Gesellschaft in Form der „Societas Europaea" ist schon fast so alt wie die Gemeinschaft selbst, und somit ist sie auch eines der ältesten Vorhaben der Europäischen Gemeinschaft im Unternehmens- und Gesellschaftsrecht überhaupt[177]. Ihre Geschichte beginnt nur wenige Jahre nach der Unterzeichnung des EWG- Vertrages und reicht in die ausgehenden 50er und beginnenden 60er Jahre zurück[178]. Ihre Entwicklung lässt sich dabei in mehrere Etappen aufteilen.

(1) Die Entwicklung bis zum Entwurf von 1991

Den Anstoß zu einer Europäischen Aktiengesellschaft gab *Thibièrge* auf dem 57. Kongress des französischen Notariats in Tours im Jahre 1959[179]. Diesen Anstoß nahm der niederländische Rechtswissenschaftler *Pieter Sanders* zum Anlass weiterführender Überlegungen und brachte die Gesellschaftsform der SE in die Diskussion[180].

Nachdem die französische Regierung 1965 dem Europäischen Rat den Vorschlag unterbreitet hatte, einen Staatsvertrag über die Einführung einer Europäischen Handelsgesellschaft durch einheitliche gleichlautende Gesetze in allen Mitgliedstaaten abzuschließen, beauftragte die Kommission im Jahre 1966 eine Sachverständigengruppe unter dem Vorsitz von *Pieter Sanders*, einen Vorentwurf für das Statut einer Europäischen Aktiengesellschaft[181]- als Verordnung nach Art. 308 EGV[182] auszuarbeiten[183]. Mit diesem Verordnungsvorschlag lag erstmals ein offizieller Ansatz eines Organs der Europäischen Wirtschaftsgemeinschaft zur Schaffung einer neuen europäischen Gesellschaftsform vor.

Auf der Grundlage dieses Vorentwurfs legte die Kommission den ersten einheitlich geregelten Verordnungsvorschlag mit 284 Artikeln über das Statut der Eu-

---

[177] Vgl. *Schwarz*, Europäisches Gesellschaftsrecht, Rdnr. 31 ff.

[178] Vgl. *Sanders*, Vorentwurf eines Statuts für eine europäische Aktiengesellschaft, S. I ff.; kritisch gegenüber der Einführung einer Europäischen Aktiengesellschaft *Wang*, Die Europäische AG in der EWG; S. 65 ff.

[179] Vgl. *Thibièrge*, Le statut des sociétés étrangères, 57ème Congrès des notaires de France tenu à Tours 1959, S. 270 ff.

[180] Vgl. *Sanders*, Auf dem Wege zu einer Europäischen Aktiengesellschaft, RIW 1960, S. 1 ff.

[181] Vgl. *Sanders*, Vorentwurf eines Statuts für eine europäische Aktiengesellschaft, S. I ff.

[182] Ex- Art. 235 EGV.

[183] Vgl. *Theisen/ Wenz*, in Theisen/ Wenz, Die Europäische Aktiengesellschaft, S. 30; *Blanquet*, Das Statut der Europäischen Aktiengesellschaft (Societas Europaea "SE"), ZGR 2002, S. 21 f.; *Hauschka*, Kontinuität und Wandel im Statut für die Europäische Aktiengesellschaft (SE) 1989, EuZW 1990, S. 181 f.

ropäischen Aktiengesellschaft dem Ministerrat 1970 vor[184]. Aufgrund umfangreicher Stellungnahmen des Wirtschafts- und Sozialausschusses, des Europäischen Parlaments[185] und verschiedener Verbände wurde der Vorschlag der Kommission überarbeitet und 1975 eine, nunmehr 400 Artikel umfassende, geänderte Fassung vorgelegt[186].

Gemeinsam war den Vorschlägen aus den Jahren 1970 und 1975, dass sie den Weg der Verordnung wählten und die Idee einer umfangreichen einheitlichen Kodifizierung des gesamten Rechts der SE auf supranationaler Ebene verfolgten[187]. Sie regelten sowohl sämtliche Fragen der Grundsätze, Gründung, Struktur, Beschlussfassung und Auflösung der Europäischen Aktiengesellschaft als auch Fragen des Konzern-, Rechnungslegungs-, Steuer-, Betriebsverfassungs- und Mitbestimmungsrechts[188]. In der Absicht, ein einheitliches Recht für die SE zu schaffen, hat die Verordnung auch den Rückgriff auf nationales Recht ausdrücklich untersagt[189]. Dies stieß jedoch bei den einzelnen Mitgliedstaaten auf erheblichen Widerstand, da sich die Europäische Aktiengesellschaft ihrem nationalen Recht völlig entziehen und somit gegen die nationalen Aktiengesellschaften konkurrieren würde[190]. Auch konnte diesmal keine Einigung zwischen den Mitgliedsstaaten über die Organstruktur, das Konzern- und Steuerrecht sowie über die Fragen der Arbeitnehmermitbestimmung erzielt werden. Besonders umstritten war die damals vom Europäischen Parlament entwickelte Mitbestimmungsregel des sogenannten Drei- Bänke- Modells nach Art. 74 a des SE-VO- Vorschlags von 1975[191]. 1982 wurden die Beratungen im Ministerrat daher ausgesetzt. Um den Anspruch auf eine supranationale Rechtsform als Be-

---

184 Vorschlag eines Statuts für Europäische Aktiengesellschaften vom 30.06.1970, ABl. EG C 124, S. 1 ff.

185 Stellungnahme des Europäischen Parlaments, ABl. EG C 93 vom 07.08.1974, S. 17 ff.

186 Vgl. *Pfister*, Europäisches Gesellschaftsrecht, § 14 I.

187 Vgl. *Grünwald*, Europäisches Gesellschaftsrecht, III C 1.

188 Vgl. *Blaurock*, Europäisches und deutsches Gesellschaftsrecht- Bilanz und Perspektiven eines Anpassungsprozesses, ZEuP 1998, S. 466; bereits *Bärmann*, Europäische Integration im Gesellschaftsrecht, S. 184 ff., der sich ausführlich mit den unterschiedlichen nationalen Gesellschaftsrechtsordnungen auseinander gesetzt hat.

189 Vgl. Art 7 I SE- VO- Vorschlag von 1975: „Vorbehaltlich entgegenstehender Vorschriften sind die vom Statut behandelten Gegenstände selbst hinsichtlich der Rechtsfragen, die nicht ausdrücklich geregelt werden, der Anwendung des Rechts der Mitgliedstaaten entzogen. Ist eine Rechtsfrage nicht ausdrücklich geregelt, wird sie entschieden.".

190 Vgl. *El Mahi*, Die Europäische Aktiengesellschaft Societas Europaea –SE-, S. 9 f.; *Blanquet*, Das Statut der Europäischen Aktiengesellschaft (Societas Europaea "SE"), ZGR 2002, S. 22 f.

191 Danach sollte sich der Aufsichtsrat aus 1/3 von Aktionärsvertretern, 1/3 Arbeitnehmervertreter, und 1/3 von Unabhängigen, die von beiden Seiten hinzugewählt werden, zusammensetzen. In der ersten Fassung hingegen sollten 2/3 Aktionärsvertreter und 1/3 Arbeitnehmervertreter bestellt werden.

standteil zur Verwirklichung des Gemeinsamen Marktes nicht aufzugeben, wollte man die Vorschläge der Kommission zur Harmonisierung des Konzernrechts abwarten[192].

Die Einsicht, dass eine Vereinheitlichung aller Rechtsgebiete aufgrund der unterschiedlichen aktienrechtlichen Standards in den Mitgliedstaaten unmöglich ist, veranlasste die Kommission im Jahre 1988 ein Memorandum[193] vorzulegen, in dem sie einen wesentlich vereinfachten Entwurf ankündigte. Dieser Vorschlag eines Statuts für Europäische Aktiengesellschaften[194] wurde am 25.08.1989 vorgelegt, und zeichnete sich durch ein neues Konzept aus, welches auch in den darauffolgenden Vorschlägen von 1991 erhalten blieb[195]:

- Das gesamte SE- Vorhaben wurde in eine Verordnung und in eine Richtlinie aufgeteilt, die eine untrennbare Einheit bildeten. Die auf Art. 95 EGV[196] gestützte Verordnung enthielt Vorschriften zur Gründung, inneren Struktur und Auflösung der SE. Die Richtlinie, welche auf der Grundlage von Art. 44 EGV[197] basiert, regelte die Rechte der Arbeitnehmer.
- Auf die Regelung des Konzern-, Insolvenz- und Betriebsverfassungsrechts wurde verzichtet, es wurde vielmehr uneingeschränkt auf das nationale Recht des Sitzstaates der SE oder der Gründungsgesellschaften verwiesen.
- Zwischen verschiedenen Mitbestimmungsmodellen für die unternehmerische Mitbestimmung und zwischen zwei unterschiedlichen Modellen für die Struktur der SE konnte ausgewählt werden[198].

(2) Die SE im Entwurf von 1991

Nach diversen Stellungnahmen[199] zu dem Entwurf aus dem Jahre 1989, unterzog die Kommission diesen Vorschlag von 1989 einer Revision und legte am

---

192 Vgl. *Theisen/ Wenz*, in Theisen/ Wenz, Die Europäische Aktiengesellschaft, Recht, Steuern und Betriebswirtschaft der Societas Europaea (SE), S. 31.

193 Dok. Kom (88) 320 endg. vom 15.07.1988.

194 Vorschlag der Kommission für eine Verordnung über das Statut der Europäischen Aktiengesellschaft vom 25.08.1989, ABl. EG Nr. C 263 vom 16.10.1989, S. 41 ff.

195 Vgl. *Trojan- Limmer*, Die geänderten Vorschläge für ein Statut der Europäischen Aktiengesellschaft (SE), RIW 1991, S. 1011.

196 Ex- Art. 100 a EGV.

197 Ex- Art. 54 EGV.

198 Vgl. *Von Maydell*, Die vorgeschlagenen Regeln zur Mitbestimmung für eine Europäische Aktiengesellschaft, AG 1990, S. 445; kritisch *Dreher*, Sockellösung statt Optionsmodell für die Mitbestimmung in der Europäischen Aktiengesellschaft, EuZW 1990, S. 476 ff.

16.05.1991 sowohl einen stark vereinfachten Verordnungsvorschlag[200] als auch eine überarbeitete Fassung des Richtlinienvorschlags[201] vor.

Der Verordnungsvorschlag von 1991 umfasst wegen der inhaltlichen Reduktion nur noch 108 Artikel. Dies wurde insbesondere durch die Ausklammerung des Konzernrechts, der Mitbestimmung, der Rechnungslegung und des Steuerrechts erreicht. Im Übrigen wurde auf das harmonisierte nationale Recht des Sitzstaates der betreffenden Europäischen Aktiengesellschaft verwiesen[202]. Aber auch dem Entwurf von 1991 war vorerst kein Erfolg beschieden. Ursache hierfür waren wiederum die unterschiedlichen Auffassungen bezüglich der Mitbestimmung[203]. Hier gehen die verschiedenen Rechtsordnungen von gänzlich divergierenden Voraussetzungen aus. Dies reicht von einer echten Unternehmensmitbestimmung der Arbeitnehmer im Aufsichtsrat[204] bis zur Ablehnung jeder rechtlichen Absicherung der Mitbestimmung[205]. Weitere Nachteile dieses Modells sind auch die zahlreichen Verweise auf die Normen der jeweiligen nationalen Rechtsordnungen.

Zur Überwindung der Widerstände hinsichtlich der Mitbestimmung beauftragte die Kommission Ende 1996 eine Sachverständigengruppe unter dem Vorsitz von *Etienne Davignon*, die im Mai des folgenden Jahres ihren Abschlußbericht[206] vorlegte. Dieser sah, angelehnt an die Euro- Betriebsräte- Richtlinie von

---

199 Bspw. Stellungnahme des Wirtschafts- und Sozialausschusses vom 28.03.1991; hierzu *Lutter*, Genügen die vorgeschlagenen Regelungen für eine "Europäische Aktiengesellschaft"?, AG 1990, S. 413 ff.

200 Geänderter Vorschlag für eine Verordnung über das Statut der Europäischen Aktiengesellschaft vom 16.05.1991.

201 Geänderter Vorschlag für eine Richtlinie zur Ergänzung des SE- Statuts hinsichtlich der Stellung der Arbeitnehmer; hinsichtlich der Mitbestimmung sah der Richtlinienentwurf zunächst vier verschiedene Modelle zur Wahl vor, wobei das Mitbestimmungsmodell der einzelnen Mitgliedstaaten als Standardmodell eingriff, wenn keine Wahl getroffen wurde.

202 Vgl. Erwägungsgrund 9 SE- VOV 1991, der dem heutigen Erwägungsgrund 9 SE- VO entspricht.

203 In Deutschland wurden die anderen Modelle gegenüber dem eigenen Mitbestimmungsmodell als ungleichwertig eingestuft und es wurde daher eine „Flucht der deutschen Unternehmen“ befürchtet, vgl. hierzu: *Wiesner*, Der Nizza- Kompromiss zur Europa AG- Triumph oder Fehlschlag?,ZIP 2001, S. 397; *Heinze*, Die Europäische Aktiengesellschaft, ZGR 2002, S. 68 ff.; *Maydell*, Die vorgeschlagenen Regeln zur Mitbestimmung für eine Europäische Aktiengesellschaft, AG 1990, S. 445 f.; *Lutter*, Europäische Aktiengesellschaft- Rechtsfigur mit Zukunft?, BB 2002, S. 2.

204 So in Deutschland.

205 So in Großbritannien, wo keine gesetzlich vorgeschriebene Arbeitnehmerbeteiligung existiert.

206 Abschlußbericht der Sachverständigengruppe „European Systems of Worker Involvement“ 1997, abrufbar unter: www.europa.eu.int/comm/employment_social/socdial/labour/davignon/davi_de.htm zum Inhalt und den Auswirkungen des Davignonbe-

1994[207], eine Verhandlungslösung mit einer gesetzlichen Auffanglösung anstelle von mehr oder minder gleichwertigen Mitbestimmungsmodellen vor[208]. Zudem schlug der britische Ratsvorsitz 1998 die sogenannte Vorher- Nachher- Lösung vor, um das bislang in einem Unternehmen bestehende Mitbestimmungsniveau gegebenenfalls auch auf Ebene der Europäischen Aktiengesellschaft fortführen zu können[209]. Dieser Lösung stimmten außer Spanien alle Mitgliedstaaten zu.

Eine Einigung mit Spanien konnte erst auf dem Gipfel der Mitgliedstaaten in Nizza Ende des Jahres 2000 durch rechtliche und finanzielle Zugeständnisse erzielt werden[210]. Der Rat hat daraufhin beide Rechtsentwürfe entsprechend angepasst und erneut auf Art. 308 EGV gestützt. Er billigte den Text der SE-Verordnung sowie der SE- Richtlinie am 20. Dezember 2000 einstimmig. Nach insgesamt über 40 Jahren Entstehungsgeschichte der SE hat der Ministerrat schließlich am 08. Oktober 2001 die –nur noch 70 Artikel umfassende- SE-Verordnung und die SE- Richtlinie verabschiedet[211]. Auf die vom Europäischen Parlament zunächst erwogene Nichtigkeitsklage nach Art. 230 II EGV angesichts der umstrittenen Rechtsgrundlage für beide Rechtsakte wurde vor allem auf Druck der Vereinigung der Wirtschafts- und Arbeitgeberverbände Europas (UNICE) verzichtet[212].

Die Europäische Aktiengesellschaft sollte den Unternehmen mit Inkrafttreten der SE- VO, also seit dem 08. Oktober 2004[213], als supranationale Rechtsform zur Verfügung stehen. Zwar gilt die Verordnung unmittelbar in allen Mitglied-

---

richts vgl. *Heinze*, Die Europäische Aktiengesellschaft, ZGR 2002, S. 70 ff.; *ders*. Ein neuer Lösungsweg für die Europäische Aktiengesellschaft, in AG 1997, S. 291 ff.

207 Die nationale Umsetzung erfolgte durch das Europäische Betriebsrätegesetz (EBRG) vom 28.10.2996 im BGBl. I 1996, 1548.

208 Vgl. *Mävers*, Die Mitbestimmung der Arbeitnehmer in der Europäischen Aktiengesellschaft, S. 254 ff., 294 ff.

209 Vgl. *Heinze*, Die Europäische Aktiengesellschaft, ZGR 2002, S. 75 f.; *Blanquet*, Das Statut der Europäischen Aktiengesellschaft (Societas Europaea "SE"), ZGR 2002, S. 32 f.

210 Vgl. *Pluskat*, Die Arbeitnehmerbeteiligung in der geplanten Europäischen AG, DStR 2001, S. 1484 ff.; Die Ausnahme- Regelung des Art. 7 III SE- RL wurde vor allem auf Wunsch Spaniens eingeführt.

211 Die SE- VO und SE- RL gelten aufgrund eines Beschluss des gemeinsamen Ausschuss' des EWR vom Juni 2002 auch in Liechtenstein, Island und Norwegen, vgl. EWR- Abkommen, Anhang XXII, Nr. 10a.01 (32001 R 2157).

212 Vgl. *Neye*, Kein Stolperstein für die Europäische Aktiengesellschaft, ZGR 2002, S. 377 ff.; *Hommelhoff*, Einige Bemerkungen zur Organisationsverfassung der Europäischen Aktiengesellschaft, AG 2001, S. 279 f.

213 Vgl. Art. 70 SE- VO.

staaten, sie muss jedoch noch ins nationale Recht eingepasst werden[214]. Bis zum 08. Oktober 2004 sollte auch die Richtlinie über die Beteiligung der Arbeitnehmer an der Europäischen Aktiengesellschaft[215] in nationales Recht umgesetzt werden. Die Unternehmer konnten sich in diesen drei Jahren auf die Gründung einer SE und die ihnen daraus erwachsenden Vorteile vorbereiten[216]. Die Bundesregierung hatte ein Gesetz geplant, in dem sowohl die nationalen Anpassungsregeln zu der Verordnung als auch die nationalen Regeln, die die Richtlinie umsetzen, enthalten sind. Allerdings hatten bis zu diesem Tag bislang nur sechs[217] der Mitgliedstaaten die für die Errichtung der Europäischen Aktiengesellschaften erforderlichen Rechtsvorschriften in nationales Recht umgesetzt. In Deutschland wurde das Gesetz zur Einführung der Europäischen Gesellschaft[218] am 29. Oktober 2004 vom Bundestag in zweiter und dritter Lesung beschlossen[219]. Den durch den Bundesrat eingelegten Einspruch[220] gegen das Gesetz zur Einführung der Europäischen Gesellschaft hat der Bundestag durch Mehrheitsbeschluss zurückgewiesen, nachdem die Suche nach einem Kompromiss im Vermittlungsausschuss gescheitert war. Das SEEG[221] wurde am 28.12.2004 im

---

214 Dies beruht auf den zahlreichen Regelungsaufträgen und Wahlrechten in der SE- VO, vgl. *Neye*, Kein neuer Stolperstein für die Europäische Aktiengesellschaft, ZGR 2002, S. 381 f.

215 Vgl. Art. 14 I SE- RL.

216 Vgl. Erwägung 22 SE- VO; Im Rahmen der Haushaltslinie B3-4003 wurde eine Ausschreibung (VP/2002/003) im Amtsblatt C 43 (vom 16.02.2002, S. 26) veröffentlicht, wonach zur Vorbereitung der Arbeitnehmer auf diese Verhandlungen im Budget der EU-Haushaltsbehörde ein Betrag vorgesehen ist. Wörtlich heißt es dort: Ein vorrangiges Ziel ist der "Austausch von Informationen und Erfahrungen zur Vorbereitung der Arbeitnehmer in der Europäischen Aktiengesellschaft auf Information, Anhörung und Mitwirkung." Darin finden sich auch Hinweise über förderfähige Kosten, Antragstellung und Modalitäten der Durchführung; darüber hinaus werden viele Seminare angeboten, in denen über Gründung, Besteuerung etc. einer SE informiert wird, so zum Beispiel von der Managementcircle AG oder auch Symosia event.

217 Belgien, Österreich, Dänemark, Schweden, Finnland und Island.

218 Nachfolgend SEEG genannt.

219 Ein Abschluss des Gesetzgebungsverfahrens bis zum 08.10.2004 war nicht möglich, da im Rechtsausschuss am 18. Oktober 2004 noch eine Sachverständigenanhörung stattgefunden hat. Dabei wurden insbesondere Mitbestimmungsregeln und Barabfindungsvorschriften kritisiert, vgl. FAZ vom 19.10.2004, S. 11.

220 Die Unionsmehrheit in der Länderkammer hat die Regeln zur Mitbestimmung kritisiert. So forderte sie eine Überarbeitung deshalb, weil die deutschen Regeln zur Mitbestimmung eine Beteiligung deutscher Unternehmen an einer SE erschweren werden, da ausländische Partner das Modell der paritätischen Mitbestimmung nicht übernehmen wollten, vgl. Bericht in FAZ vom 27.11.2004, S. 14.

221 Gegenüber dem Regierungsentwurf wurde die vom Bundestag beschlossene Fassung noch stark verändert. Insbesondere wurde in Artikel 1 § 35 Abs. 3 SEEG eine neue Regelung zur Beschlussfassung im Verwaltungsrat einer monistischen SE aufgenommen. Sie betrifft den Fall, dass geschäftsführende Direktoren, die zugleich für die Anteilseignerseite Mitglieder des Verwaltungsrats sind, bei Abstimmungen im Verwaltungsrat einem

Bundesgesetzblatt verkündet und trat am 29.12.2004 in Kraft. Somit steht den Unternehmen von nun an die Rechtsform einer Europäischen Aktiengesellschaft mit Sitz in Deutschland zur Verfügung.

(3) Fazit

Im Gegensatz zu heute liegt zu jenem Entwurf von 1970 nur noch eine kleinere, in das System des Europäischen Gesellschaftsrechts eingebettete Fassung der SE- Verordnung vor[222]. Der Umstand, dass 30 Jahre nach der Vorlage des ersten Statuts der SE bis zum Jahr 2001 keine Einigung im Rat über deren Einführung zu erzielen war, hatte überwiegend politische Gründe. Vor allem die Uneinigkeit über die Arbeitnehmermitbestimmung, das Postulat einer zweigliedrigen Struktur, das Konzernrecht und die Frage der Besteuerung hat das Entstehen der Europäischen Aktiengesellschaft lange Zeit verhindert.

Nachdem nun aber endlich Verordnung und Richtlinie verabschiedet worden sind, muss jetzt dafür Sorge getragen werden, dass die Europäische Aktiengesellschaft nicht nur reine Theorie bleibt. So hat sich in Österreich bereits eine Holding- SE gebildet, nämlich die Bauholding Strabag SE. Auch die Aktionäre des deutsch-französischen Pharma-Konzerns Aventis haben bereits beschlossen, ihre französische Aktiengesellschaft S.A. in eine SE umzuwandeln. Fest ausgemacht ist ebenfalls, die Projektgesellschaft zum Ausbau der Brenner-Achse über die Alpen in Form einer Societas Europaea zu gründen: An der Brenner Basis Tunnel SE wollen sich Italien, Österreich und Tirol zu gleichen Teilen beteiligen[223]. Damit alle Unternehmen die Möglichkeit haben, die mit der SE verbundenen Vorteile zu nutzen, sollten die übrigen Mitgliedstaaten schnellstmöglichst ihrer Verpflichtung nachkommen, den Rahmen für die Gründung der Europäischen Aktiengesellschaft zu schaffen. Versäumen sie dies, werden viele Unternehmen, die in mehr als einem Mitgliedstaat tätig sind, nicht die Möglichkeit haben, sich als Unternehmen nach Gemeinschaftsrecht zu organisieren und so EU- weit nach einheitlichem Recht Geschäfte zu erledigen.

Stimmverbot unterliegen (Verbot des Stimmens in eigener Sache). In diesem Fall sollen ihre Stimmrechte vom Vorsitzenden des Verwaltungsrats ausgeübt werden. Weitere inhaltliche Änderungen beruhen auf Anregungen des Bundesrats zum Gläubigerschutz und zu den Strafvorschriften.

222 Kritisch *Hauschka,* Die Europäische Aktiengesellschaft zwischen Einheitlichkeitsanspruch und Nationalisierung des Statuts, S. 13; *Pluskat*, Die neuen Vorschläge für die Europäische Aktiengesellschaft, EuZW 2001, S. 528.

223 Vgl. http://europa.tiscali.de/index.jsp?section=wirtschaft.home&level=preview&content =247541

b) Die Europäische Privatgesellschaft

Relativ neu ist ein Regelungsvorhaben, das sich mit der Schaffung einer eigenen supranationalen Rechtsform für kleine und mittlere Unternehmen befasst[224]. Das Interesse an der Einführung einer Europäischen Gesellschaft mit beschränkter Haftung beruht nicht nur auf ihrer großen wirtschaftlichen Bedeutung[225], sondern auch darauf, dass die Harmonisierung im Bereich des Gesellschaftsrechte sich bislang ganz überwiegend auf die Rechtsform der Aktiengesellschaft konzentriert hatte[226].

Nachdem eine durch das CREDA[227] 1973 veröffentlichten Studie[228] „Pour une S.A.R.L. Européenne" aus dem Jahr 1973 zunächst kaum Resonanz erhielt, arbeitete 20 Jahre später eine Arbeitsgruppe aus französischen, deutschen, englischen und niederländischen Juristen Leitlinien für eine GmbH- rechtlich inspierierte supranationale Gesellschaft heraus[229]. Anlass hierfür war die Notwendigkeit grenzüberschreitender Kooperationsmöglichkeiten zur Gründung von Gemeinschaftsunternehmen[230]. Den kleinen und mittleren Unternehmen, als den Stützen der wirtschaftlichen Prosperität in der Union, sollte nunmehr eine einheitliche, in allen Mitgliedstaaten einsetzbare Organisationsform des Gemeinschaftsrechts angeboten werden, damit diese die Chancen des europäischen Binnenmarktes in Konkurrenz mit den Großunternehmen im Gesellschaftsrecht

---

224 Erste Ansätze gab es bereits im Jahre 1962, allerdings haben diese Überlegungen kein Gehör in der Wissenschaft gefunden, vgl. *Duden*, Das Für und Wider einer europäischen GmbH, GmbHR 1962, S. 76 ff.

225 Vgl. *Hommelhoff*, in Boucourechliev/ Hommelhoff, Vorschläge für eine Europäische Privatgesellschaft, S.VII, so „das Ergebnis umfangreicher Unternehmensbefragungen, die die rechtswissenschaftliche Forschungsabteilung der Industrie- und Handelskammer Paris (CREDA) Anfang der 70er Jahre ... durchgeführt hatte." Heute sind bspw. in Deutschland mehr als 99 % aller Unternehmen dem Mittelstand (bzw. den kleinen und mittleren Unternehmen) zuzurechnen und produzieren knapp die Hälfte der Bruttowertschöpfung des Unternehmenssektors, vgl. Mittelstandsmonitor 2004, S. 10 ff., abrufbar unter http://monitor.mittelstand.info; Auch verschoben sich bei den Rechtsformen der deutschen Unternehmen die Gewichte deutlich zugunsten der Kapitalgesellschaften, insbesondere der GmbH, vgl. *Hansen*, Die Rechtsformen deutscher Unternehmen und ihr wirtschaftliches Gewicht- Die GmbH ist nach wie vor die umsatzstärkste Unternehmensform, GmbHR 2003, S. 22.

226 Vgl. *Hopt*, Harmonisierung im europäischen Gesellschaftsrecht -Status quo, Probleme, Perspektiven-, ZGR 1992, S. 267; *Lutter*, Europäisches Unternehmensrecht, S. 62.

227 Rechtswissenschaftliche Forschungsabteilung an der Industrie- und Handelskammer Paris.

228 Vgl. *Helms*, "Société Fermée Européenne", GmbHR 1998, R 1.

229 Dieses Projekt ging zurück auf eine gemeinsame Initiative der CREDA und des Heidelberger Institut für deutsches und europäisches Gesellschafts- und Wirtschaftsrecht.

230 Vgl. *Hirte*, Buchbesprechung von Boucourechliev, Jeanne/ Hommelhoff Peter- Vorschläge für eine Europäische Privatgesellschaft, ZHR 2001, S. 495.

wahrnehmen können[231]. Gleichzeitig sollten aber auch die Großunternehmen diese Gesellschaftsform als Konzernbaustein nutzen können[232].

Diese Studie „Propositions pour une société fermée européenne“ wurde zum Jahresende 1997 sowohl der EU- Kommission als auch der allgemeinen Öffentlichkeit vorgestellt, wo die Präsentation bei Verbänden, Unternehmensvertretern und in der europäischen Anwaltschaft auf großes Interesse stieß[233]. Die Vorschläge dieser Arbeitsgruppe griff wiederum der französische Wirtschaftsverband MEDEF (vormals CNPF) auf und entwickelte gemeinsam mit der Industrie- und Handelskammer Paris den Entwurf eines Statuts für die „Société Privée Européenne“[234]. In diesem Entwurf aus dem Jahr 1998 sind die Leitlinien der Arbeitsgruppe umgesetzt worden:

> „eine supranationale Gesellschaftsform mit beschränkter Haftung für einen geschlossenen Gesellschafterkreis; geordnet in einem schlanken und transparenten Regelwerk, das der Gestaltungsfreiheit der Initiatoren möglichst weiten Spielraum lässt“.[235]

Auch der Europäische Wirtschafts- und Sozialausschuss (EWSA) hat sich dieser Interessengruppe angenommen und Vorschläge für eine möglichst einfache Rechtsform erarbeitet[236]: Diese soll in einem einheitlichen europäischen Statut geregelt werden, ohne zusätzlichen Verweis auf das nationale Recht des Sitzstaates. Die Gesellschaft soll ihren Sitz grenzüberschreitend verlegen können, ohne dass sie zuvor aufgelöst werden muss. Als Gründungskapital schwebt dem EWSA ein Mindestkapital von 15.000 Euro vor. Hinsichtlich der Arbeitnehmerbeteiligung empfiehlt der EWSA ein Vorgehen, das sich an dem bei der Europäischen Aktiengesellschaft gefundenen Kompromiß orientiert.

---

231 Vgl. *Boucourechliev/ Hommelhoff*, Vorschläge für eine Europäische Privatgesellschaft, S.VII.

232 Vgl. *Boucourechliev/ Hommelhoff*, Vorschläge für eine Europäische Privatgesellschaft, S.VII.

233 Vgl. *Hommelhoff/ Helms*, Weiter auf dem Weg zur Europäischen Privatgesellschaft, GmbHR 1999, S. 53.

234 Zitiert als EPG-VOV, abgedruckt in: *Boucourechliev/ Hommelhoff*, Vorschläge für eine Europäische Privatgesellschaft, S. 281 ff., abrufbar unter: www.etudes.ccip.fr/dossiers/spe/de/index.html

235 Vgl. *Boucourechliev/ Hommelhoff*, Vorschläge für eine Europäische Privatgesellschaft, S.VIII.

236 Stellungnahme des Wirtschafts- und Sozialausschusses zum Thema „Ein europäisches Rechtsstatut für KMU“ vom 21.03.2002, vgl. hierzu *Dejmek*, Die europäische Kommission lädt zur Konsultation über die Ausformung des künftigen Gesellschaftsrechts ein, GmbHR 2002, R 217.

In dem am 04.11.2002 veröffentlichten Bericht der Expertengruppe über Gesellschaftsrecht und Unternehmensführung wurde der Kommission empfohlen, eine Machbarkeitsstudie durchzuführen, um weitere praktische Erfordernisse für ein EPG- Statut beurteilen zu können[237].

4. Fazit

Seit der Gründung der EU ist eine Diskussion über eine Einführung einer supranationalen Gesellschaftsform zu beobachten. Dabei stand stets die Einführung einer Europäischen Aktiengesellschaft im Mittelpunkt. Bei der Entwicklung eines Statuts für eine Europäische Privatgesellschaft kann man sich folglich an den langjährigen Diskussionen orientieren, die bereits im Zusammenhang mit der Einführung eines SE- Statuts geführt worden sind. Inwieweit die angestellten Überlegungen zu jenem Statut übernommen werden können, ist also zu untersuchen.

V. Fazit

Die Vision einer europaweit einheitlichen Gesellschaftsform lässt sich durch die Schaffung supranationaler Gesellschaftsformen, welche die Struktur und Funktionsweise in allen Mitgliedstaaten einheitlich regelt, verwirklichen. Man muss sich jedoch von dem Gedanken lösen, dass eine Beschränkung auf eine einzige Rechtsform möglich ist. Vielmehr ist es erforderlich, eine Differenzierung entsprechend der Zielsetzungen und Zielgruppen der Gesellschaft vorzunehmen. Während den Großunternehmen bereits die Rechtsform der SE zur Verfügung steht, scheint die geeignete Rechtsform für KMU die EPG zu sein.

---

[237] Vgl. Winter- Bericht, S. 129.

B. Stand und Entwicklungstendenzen des Europäischen Gesellschaftsrechts

Nachdem festgestellt wurde, dass ein Tätigwerden des Verordnungsgebers erforderlich ist, werden Stand und Entwicklungstendenzen des Europäischen Gesellschaftsrechts festgehalten.

I. Stand des Europäischen Gesellschaftsrechts

In keinem anderen Bereich des Privatrechts ist die Europäische Gemeinschaft als Gesetzgeber derart umfassend tätig geworden wie im Gesellschaftsrecht[238]. Dreizehn Richtlinien[239] sind in Kraft getreten. Dazu gibt es noch die Verordnungen über die Europäische Wirtschaftliche Interessenvereinigung, die Europäische Aktiengesellschaft, die Europäische Genossenschaft und die Vorschläge zu einem Europäischen Verein, sowie zu einer Europäischen Gegenseitigkeitsgesellschaft. Hinzu kommen ein Übereinkommen von 1968 über die gegenseitige Anerkennung von Gesellschaften und juristischen Personen[240], das mangels Hinterlegung der Ratifikationsurkunden aller Unterzeichnerstaaten nie in Kraft getreten ist.

Allerdings ist auffällig, dass die materielle Harmonisierung des Gesellschaftsrechts sich fast ausschließlich auf die Aktiengesellschaft bezieht[241]. Auch ist festzustellen, dass sich die Harmonisierung auf bestimmte Teilgebiete des Gesellschaftsrechts konzentriert hat, nämlich insbesondere auf die Gebiete der Publizität[242] sowie der Verschmelzung und Spaltung von Gesellschaften[243]. Er-

---

238 Vgl. Übersicht bei *Habersack*, Europäisches Gesellschaftsrecht, § 4 I; *Van Hulle*, in Scheuing/ Schwarz/ Wollenschläger, Europäisches Unternehmensrecht, S. 82 f.

239 Publizitätsrichtlinie; Kapitalrichtlinie; Verschmelzungsrichtlinie; Jahresabschlussrichtlinie; Spaltungsrichtlinie; Konzernrechnungslegungsrichtlinie; Prüferbefähigungsrichtlinie; Publizitätsrichtlinie für Zweigniederlassungen; Einpersonengesellschaftsrichtlinie; SE-Richtlinie; Richtlinie 2003/58/EG zur Änderung der Richtlinie 68/151/EWF auf die Offenlegungspflichten von Gesellschaften bestimmter Rechtsformen; EUGEN- Richtlinie und Übernahmerichtlinie.

240 Übereinkommen vom 29.02.1968 über die gegenseitige Anerkennung von Gesellschaften und juristischen Personen und das Protokoll vom 03.06.1971 betreffend die Auslegung des Übereinkommens vom 29.02.1968 über die gegenseitige Anerkennung von Gesellschaften und juristischen Personen.

241 Ebenso *Ebke*, Unternehmensrecht und Binnenmarkt- E pluribus unum?, RabelsZ 1998, S. 203 ff.; *Halbhuber*, Limited Company statt GmbH? Europarechtlicher Rahmen und deutscher Widerstand, S. 138; Auf die GmbH finden nur die Informationsnormen in gleicher Weise wie auf die AG Anwendung. Von den materiell- rechtlichen Regelungen gelten lediglich die Bestimmungen über Vertretungsregeln und Nichtigkeitsgründe. Die Einpersonengesellschaftsreichtlinie richtet sich ausdrücklich an die GmbH.

242 Vgl. Publizitäts- und Jahresabschlussrichtlinie sowie Publizitätsrichtlinie für Zweigniederlassungen.

fasst werden von den Reglungsbereichen auch das Recht der Vertretung[244], die Nichtigkeit der Gesellschaft[245] sowie die Aufbringung, Erhaltung, Erhöhung und Herabsetzung des Nennkapitals der Gesellschaft[246]. Hingegen auf europäischer Ebene ungeregelt sind Fragen betreffend die Rechte und Pflichten der Gesellschafter untereinander[247], Rechte der Gesellschafter gegenüber der Geschäftsführung[248] und das Verhältnis der Gesellschafter zu den Gläubigern der Gesellschaft. Daneben wird zum Teil auch die „Harmonisierungstiefe“ kritisch betrachtet. So weist *Halbhuber* darauf hin, dass die Kapitalrichtlinie zwar formell, jedoch nicht materiell zu einer Angleichung der Kapitalaufbringung geführt habe[249]. Zwar werde gemeinhin die „äußere Ordnung“ als harmonisiert beschrieben, so werde der Gläubigerschutz von den einschlägigen Richtlinien jedoch nur insoweit erfasst, als er durch das System des festen Nennkapitals und die Publizitätsvorschriften erreicht werden solle; materiell sei für Gläubiger der Gesellschaft die Durchlässigkeit des Haftungsschirms allerdings wesentlicher als eine feste Nominalkapitalziffer- Umfang und Struktur der Durchgriffshaftung seien jedoch gerade nicht harmonisiert[250]. Auch die Regeln über die „Finanzverfassung“ seien materiell nicht angeglichen; die zentrale Frage nach dem Verhältnis von Eigenkapital zu Fremdkapital sei europarechtlich noch völlig ungeregelt[251].

II. Entwicklungstendenzen des Europäischen Gesellschaftsrechts

Am 04.11.2002 legte die Hochrangige Expertengruppe um Prof. *Jaap Winter* dem EU Kommissar *Frits Bolkestein* ihren zweiten Bericht zum europäischen Gesellschaftsrecht[252] vor. Aufgabe dieser Expertengruppe war es, Vorschläge

---

243 Vgl. Verschmelzungs- und Spaltungsrichtlinie.

244 Art. 9 Publizitätsrichtlinie.

245 Art. 10 ff. Publizitätsrichtlinie.

246 Vgl. Kapitalrichtlinie.

247 Bspw. der Erwerb und der Verlust der Mitgliedschaft, mitgliedschaftliche Treuepflichten, Austritt, Ausschluss und Abfindung von Gesellschaftern.

248 Diese Frage sollte durch die Fünfte Richtlinie geregelt werden. Diese ist jedoch nicht über das Entwurfsstadium hinausgekommen, vgl. *Kolvenbach*, Neue Initiative zur Weiterentwicklung des Europäischen Gesellschaftsrechts?, EuZW 1996, S. 229 ff.

249 Vgl. *Halbhuber*, Limited Company statt GmbH? Europarechtlicher Rahmen und deutscher Widerstand, S. 130, mit weiteren Beispielen.

250 Vgl. hierzu auch *Drygala*, Stand und Entwicklung des europäischen Gesellschaftsrechts, ZEuP 2004, S. 340.

251 Vgl. *Halbhuber*, Limited Company statt GmbH? Europarechtlicher Rahmen und deutscher Widerstand, S. 139.

252 Abrufbar unter: http://www.europa.eu.int/comm/internal_market/en/company/company/modern/consult/report_de.pdf

zur Reform und Modernisierung des Europäischen Gesellschaftsrechts zu unterbreiten.

Der erste Bericht, welcher bereits im Januar 2002 vorgelegt worden war, befasste sich ausschließlich mit Möglichkeiten für die Schaffung einer neuen Übernahmerichtlinie[253]. Teil zwei des Mandats der Europäischen Kommission dehnte den Auftrag dahingehend aus, dass weiterer Vereinheitlichungsbedarf im europäischen Gesellschaftsrecht festgestellt werden sollte[254]. Die Hochrangige Expertengruppe hat dabei mittels eines online zugänglichen Konsultationspapiers[255] Praktiker und Öffentlichkeit zur Stellungnahme und Mitsprache bei der Ausformung eines künftigen Gesellschaftsrechts eingeladen[256]. Im Rahmen dieser Umfrage wurden für die Bereiche Corporate Governance, Kapitalvorschriften, Unternehmensstrukturen und Unternehmensformen Regelungsbedarf abgefragt.

Im Schlussbericht betonten die Experten, dass es aufgrund der unterschiedlichen gesellschaftsrechtlichen Regelungen noch immer zu Verzerrungen auf dem europäischen Kapitalmarkt kommt, dass eine schnelle Angleichung jedoch nicht zu realisieren sei[257]. Im Einzelnen schlägt die Expertengruppe vor, die Kollektivhaftung von Vorständen und Aufsichtsräten für fehlerhafte Jahresabschlüsse einzuführen[258]. Auch wurde -neben dem Bedarf an legislativen Maßnahmen hinsichtlich Unternehmensrestrukturierungen und –mobilität im grenzüberschreitenden Kontext[259]- weiterer einheitlicher Regulierungsbedarf für die Durchführung von Hauptversammlungen festgestellt, um Aktionären grenzübergreifend einen Zugang zur Hauptversammlung zu erleichtern[260]. Abgeraten hat die Expertengruppe hingegen von einem einheitlichen Musterkodex für die Coperate Governance ab[261]. Als mittelfristigen Handlungsbedarf empfiehlt sie die Einführung eines Anfragerechts für Minderheitsaktionäre, den Erlass von Vorschriften über Wertpapiergeschäfte von Vorstands- und Aufsichtsratsmitgliedern, einheitliche Vorschriften für die Bestrafung von Fehlverhalten von Vorstandmitgliedern und einheitliche Vorschriften zu Squeeze Out und Sell

---

253 Vgl. *Gebauer*, Zukunft des europäischen Gesellschaftsrechts, AG 2003, R 6.

254 Vgl. *Gebauer*, Zukunft des europäischen Gesellschaftsrechts, AG 2003, R 6.

255 Abrufbar unter: http://www.europa.eu.int/comm/internal_market/de/company/company/modern/index.htm

256 Beiträge konnten bis einschließlich 21.06.2002 eingeschickt werden.

257 Vgl. Winter- Bericht, S. 4.

258 Vgl. Winter- Bericht, S. 71 ff.

259 Vgl. Winter- Bericht, S. 110 ff.

260 Vgl. Winter- Bericht, S. 41 ff.

261 Vgl. Winter- Bericht, S. 77 ff.

Out[262]. Auch hat die hochrangige Expertengruppe grundsätzlich das Bedürfnis der Marktteilnehmer für die Schaffung einer Europäischen Privatgesellschaft, welche ausgerichtet ist auf mittlere und kleinere Unternehmen und geprägt ist vom Grundsatz der Vertragsfreiheit, bestätigt[263]. So soll die Kommission eine weitere Machbarkeitsanalyse durchführen, um das zusätzliche Bedürfnis und Probleme eines Statuts für eine Europäische Privatgesellschaft abzuschätzen, bevor entschieden wird, ob eine Vorlage gemacht werden kann[264]. Das Ergebnis dieser Analyse liegt bis jetzt noch nicht vor. Der Europäische Wirtschafts- und Sozialausschuss hat im Jahr 2004 erneut für die rasche Umsetzung eines Statuts, das den Bedürfnissen der KMU entgegenkommt, plädiert[265].

Seit der Vorlage dieses Berichts zum europäischen Gesellschaftsrecht ist die Kommission nicht untätig geblieben, so hat sie im Jahre 2003 bereits einen Vorschlag für eine Zehnte Richtlinie des Europäischen Parlaments und des Rates über die Verschmelzung von Kapitalgesellschaften aus verschiedenen Mitgliedstaaten[266] erarbeitet.

---

262 Vgl. *Dejmek*, Die europäische Kommission lädt zur Konsultation über die Ausformung des künftigen Gesellschaftsrechts ein, GmbHR 2002, R 217.

263 Vgl auch die zusätzlich abgegebene Presseerklärung, abrufbar unter: http://www.europa.eu.int/comm/internal_market/de/company/company/modern/index.htm

264 kritisch hierzu *Wiesner*, Neue Brüsseler Impulse für Corporate Governance und Gesellschaftsrecht, BB 2003, S. 216.

265 Vgl. Stellungnahme des EWSA zu der Mitteilung der Kommission an den Rat und das Europäische Parlament: Modernisierung des Gesellschaftsrechts und Verbesserung der Corporate Governance in dem EU- Aktionsplan, S. 16

266 Vgl. hierzu *Pluskat*, Der neue Entwurf für eine europäische Verschmelzungsrichtlinie-Transnationale Fusionen in Europa damit in greifbare Nähe gerückt?, EWS 2004, S. 1 ff.

KAPITEL 2: DIE EUROPÄISCHE AKTIENGESELLSCHAFT ALS VORBILD FÜR DIE EUROPÄISCHE PRIVATGESELLSCHAFT

Da die Europäische Aktiengesellschaft im Gegensatz zur Europäischen Privatgesellschaft bereits das Licht der Welt erblickt hat, werden zunächst die zu ihr erlassenen Vorschriften untersucht, um dann zu prüfen, ob es sich anbietet, diese Regelung auch für die Europäische Privatgesellschaft zu übernehmen.

A. Die Europäische Aktiengesellschaft

Die SE ist eine Handelsgesellschaft in Form einer Kapitalgesellschaft. Sie besitzt Rechtspersönlichkeit (Art. 1 III SE- VO) und die Aktionäre haften nur in Höhe ihrer Einlage (Art. 1 II 2 SE- VO). Da das Kapital der SE in Aktien zerlegt ist (Art. 1 II 1 SE- VO), sind die Anteile am Grundkapital der SE wertpapierrechtlich verbrieft und dem Kapitalmarkt zugänglich[267].

I. Rechtsgrundlage für die Schaffung einer SE

Nimmt man den EGV als Ausgangspunkt für diese Untersuchung, so stellt man schnell fest, dass dieser keine Regelung zur Schaffung eigenständiger gemeinschaftsrechtlicher Gesellschaftsformen enthält[268]. Es müssen also die im EGV enthaltenen Kompetenznormen untersucht werden, um zu entscheiden, ob diese als Rechtsgrundlage herangezogen werden können. Zu berücksichtigen ist dabei, dass dem Gesetzgeber entsprechend des in Art. 5 II EGV normierten Prinzips der begrenzten Einzelermächtigung, wonach der europäische Gesetzgeber den Rahmen der Kompetenznormen des EGV nicht überschreiten darf, Grenzen gesetzt sind[269].

---

[267] Vgl. *Thoma/ Leuering*, Die Europäische Aktiengesellschaft- Societas Europaea, NJW 2002, S. 1450.

[268] Vgl. *Hauschka*, Die Tätigkeit der Europäischen Gemeinschaft im Gesellschaftsrecht zwischen Rechtsangleichung und Funktionen allgemeiner Gesetzgebung, ZRP 1990, S. 182.

[269] Darüber, dass kein Verstoß gegen das in Art. 5 II EGV normierte Subsidiaritätsprinzip vorliegt, besteht Einigkeit und bedarf keiner weiteren Erläuterung; insoweit wird verwiesen auf die ausführliche Darstellung bei *Helms*, Die Europäische Privatgesellschaft- Rechtliche Strukturen und Regelungsprogramme einer supranationalen Gesellschaft des Gemeinschaftsrechts, S. 49 ff.

Als erstes stellt man fest, dass die SE- VO nicht auf Art. 44 II lit. g EGV[270] gestützt werden konnte, da dieser nur den Erlass von Angleichungsrichtlinien erlaubt[271]. Bis zur Vorlage des Statuts der Europäischen Aktiengesellschaft im Jahre 1989 waren deshalb alle Vorschläge auf Art. 308 EGV[272]- die Bestimmung für die „unvorhergesehenen Fälle" gestützt[273]. Nach Einführung des Art. 95 EGV[274] durch die Einheitliche Europäische Akte im Jahr 1986[275], hat die Kommission den Verordnungsvorschlag nicht mehr auf Art. 308 EGV, sondern auf die neugeschaffene Kompetenznorm gestützt, die im Gegensatz zu Art. 308 EGV einen qualifizierten Mehrheitsbeschluss zulässt[276]. Als Rechtsgrundlage für die SE- RL war hingegen Art. 44 II lit. g EGV vorgesehen. Sowohl die SE- VO als auch die SE- RL in der heutigen Fassung haben Kommission und Ministerrat allerdings auf Art. 308 EGV gestützt, mit der Folge, dass sie das Europäische Parlament lediglich zur Anhörung und gegebenenfalls zur Stellungnahme für berufen halten; während das Parlament in Straßburg eine Mitentscheidung gemäß Art. 251 II EGV forderte, weil es sich bei den Rechtsakten nach seiner Ansicht um Maßnahmen zur Angleichung der Rechts- und Verwaltungsvorschriften nach Art. 95 I EGV handele. Ob Art. 44 II lit. g, 95 I 2 EGV tatsächlich nicht als Rechtsgrundlage herangezogen werden können, bedarf einer genauen Analyse.

1. Art. 95 I EGV als Rechtsgrundlage für die SE- VO

Fraglich ist, ob das SE- Statut den in Art. 95 EGV normierten Voraussetzungen gerecht wird. Unter der Voraussetzung, dass der EGV keine spezielleren Regelungen enthält, und die Maßnahme der Verwirklichung des Binnenmarktes nach Art. 14 EGV dient, ermächtigt Art. 95 I 2 EGV den Rat zum Erlass von Maßnahmen zur Angleichung mitgliedschaftlicher Rechts- und Verwaltungsvorschriften. Eingeschränkt wird die Ermächtigung durch Art. 95 II EGV, welcher die Angleichung von Bestimmungen über die Steuern und die Rechte und Interessen der Arbeitnehmer untersagt.

---

270 Ex- Art. 54 III lit. g EGV.

271 Vgl. *Schön*, Mindestharmonisierung im europäischen Gesellschaftsrecht, ZHR 1996, S. 226; *Donath*, Das Gesellschaftsrecht in Europa, JA 1993, S. 290.

272 Ex- Art. 235 EGV.

273 Vgl. *Großfeld*, Europäisches Gesellschaftsrecht, WM 1992, S. 2126 f.

274 Ex- Art. 100 a EGV.

275 Abgedruckt im ABl. EG Nr. L 169 vom 29.6.1987, S. 1 ff.; BGBl. II 1986, S. 1102 ff.

276 Art. 308 EGV fordert eine Einstimmigkeit der Ratsmitglieder. Diese unterschiedlichen Anforderungen bzgl. der Beschlussfassung sollen wegen der Mitbestimmungsfrage auch Leitmotiv für die den Austausch der Rechtsgrundlage gewesen sein; vgl. *Leupold*, Die EAG unter besonderer Berücksichtigung des deutschen Rechts -Chancen und Probleme auf dem Weg zu einer supranationalen Gesellschaftsform, S. 7 f.

a) Anwendungsbereich des Art. 95 I EGV

Die Subsidiaritätsklausel in Art. 95 I 1 EGV stellt kein Hindernis für die Anwendung dieser Vorschrift dar, da der EGV offensichtlich keine speziellere Regelung enthält[277]. Sicherlich entspricht die mit der Konzeption der SE bezweckte Förderung grenzüberschreitender Kooperationen und Unternehmensaktivitäten der Zielsetzung der Verwirklichung des Binnenmarktes[278]. Zweifel existieren jedoch insoweit, als Art. 95 I EGV eine Maßnahme zur Angleichung der Rechts- und Verwaltungsvorschriften fordert. Um diese Zweifel auszuräumen oder zu bestätigen, ist Art. 95 I 2 EGV auszulegen. Dieser Auslegung wird die Auslegungsmethodik des EuGH zugrunde gelegt. Danach wird zunächst Wortlaut, dann Systematik und Entstehungsgeschichte der Norm und zuletzt Sinn und Zweck der Norm analysiert[279].

(1) Auslegung des Wortlauts von Art. 95 I 2 EGV

Zunächst ist zu klären, wie der Begriff der „Rechtsangleichung" zu verstehen ist. Der EGV hilft hier nicht weiter. Einigkeit besteht heute insoweit, als der Begriff Rechtsangleichung nicht nur die Rechtsangleichung durch Richtlinien erfasst, sondern auch die Angleichung nationaler Vorschriften durch den Erlass von Verordnungen[280].

Als nächstes ist zu untersuchen, ob divergierende Rechts- oder Verwaltungsvorschriften existieren müssen, welche durch sekundäres Gemeinschaftsrecht ersetzt oder modifiziert werden müssen[281]. Da keines der nationalen Rechte der

---

277 Insbesondere ist Art. 293 Unterabs. 3 EGV subsidiär zu Art. 95 EGV, vgl. anstatt vieler *Schwartz/ Mölls*, in v. d. Groeben/ Schwarze, Kommentar zum EGV, Art. 293, Rdnr. 41 ff., m.w.N.; dies verkennt jedoch *Helms*, Die Europäische Privatgesellschaft- Rechtliche Strukturen und Regelungsprogramme einer supranationalen Gesellschaft des Gemeinschaftsrechts, S. 42, der Art. 293 EGV als gleichwertig mit Art. 95 EGV einstuft.

278 Vgl. S. 20 ff.; *Abeltshauser*, Der neue Statutsvorschlag für eine Europäische Aktiengesellschaft, AG 1990, S. 289 f., *Goerdeler*, Überlegungen zum künftigen Gesellschaftsrecht in der EG, Festschrift für Steindorff, S. 1222 f.

279 Vgl. hierzu auch die Darstellung auf S. 69 ff.

280 Auf die Schwierigkeiten einer Abgrenzung von Rechtsangleichung und Rechtsvereinheitlichung hinweisend *v. Maydell*, Die vorgeschlagenen Regeln zur Mitbestimmung für eine Europäische Aktiengesellschaft, AG 1990, S. 443; *Pipkorn/ Bardenhewer- Rating/ Taschner*, in v. d. Groeben/ Schwarze, Kommentar zum EGV, Art. 95, Rdnr. 67; die den Gemeinschaftsorganen einen Beurteilungsspielraum bei der Wahl der Maßnahme überlassen.

281 Mit der Begründung Regelungslücken könnten keinen Regelungsgegenstand aufweisen *Klein*, in Hailbronner, Art. 100a, Rdnr. 4; ablehnend mit Hinweis auf die Verfahrensökonomie, *Wahlers*, Art. 100a EWGV- Unzulässige Rechtsgrundlage für den geänderten Vorschlag einer Verordnung über das Statut der Europäischen Aktiengesellschaft?, AG 1990, S. 453.

Mitgliedstaaten weder Regelungen für die SE aufgewiesen hatte noch solche geplant hat, kommt der SE- VO keine verdrängende oder verändernde Wirkung zu. Erachtet man die Existenz solcher Regelung für notwenig, wäre eine Rechtsangleichung auf diesem Gebiet auf der Grundlage von Art. 95 EGV nicht möglich.

Begrenzt man dagegen die Rechtsangleichungsbefugnis des Art. 95 I EGV auf Sachgegenstände, die vom nationalen Gesetzgeber regelbar sind[282], so liegt eine Rechtsangleichung vor, wenn der materielle Inhalt der Verordnung auch Inhalt eines nationalen Gesetzes eines Mitgliedstaates sein könnte. Regelungen für eine supranationale Gesellschaft können sich verständlicherweise nicht in den nationalen Rechten der Mitgliedstaaten finden, da es um die Schaffung eines neuen Rechtsrahmens geht, der von den Mitgliedstaaten selbst nicht eingeführt werden kann[283]. Die nationalen Vorschriften werden daher um unmittelbar anwendbares Gemeinschaftsrecht ergänzt[284]. Keinen Einfluss auf diese Bewertung hat die Tatsache, dass die Mitgliedstaaten durch die Verordnung veranlasst werden, innerstaatliche Ausführungsgesetze zu erlassen[285]. Denn Ziel der Verordnung ist nicht die Ausräumung von Rechtsunterschieden oder -gegensätzen in den einzelnen Mitgliedstaaten, sondern ausschließlich die effektive Anwendung des durch die Verordnung geschaffenen gemeinschaftsrechtlichen Einheitsrechts[286]. Somit kann die Verordnung über das Statut der SE nicht auf Art. 95 I EGV gestützt werden, da die Schaffung einer supranationalen Gesellschaftsform bereits dem Wortlaut nach keine Rechtsangleichung darstellt.

---

282 Vgl. *Müller- Graff*, Die Rechtsangleichung zur Verwirklichung des Binnenmarktes, EuR 1989, S. 129; dieses Erfordernis wird teilweise aus dem Wortlaut ableitet, so *Lutter*, Genügen die vorgeschlagenen Regelungen für eine "Europäische Aktiengesellschaft"?, in AG 1990, S. 415, oder auch aus der Regelungsebene abgeleitet, die ein supranationales Statut einnimmt, so *Wahlers*, Art. 100a EWGV- Unzulässige Rechtsgrundlage für den geänderten Vorschlag einer Verordnung über das Statut der Europäischen Aktiengesellschaft?, AG 1990, S. 453 f.

283 Vgl. *Pfister*, Europäisches Gesellschaftsrecht, § 14 II 1 a aa; *Abeltshauser*, Der neue Statutsvorschlag für eine Europäische Aktiengesellschaft, AG 1990, S. 294; *Lutter*, Genügen die vorgeschlagenen Regelungen für eine "Europäische Aktiengesellschaft"?, AG 1990, S. 415.

284 So auch *Schwartz*, 30 Jahre Rechtsangleichung, in Festschrift für v.d. Groeben, S. 365; *Tietje*, in Grabitz/ Hilf, Kommentar zur Europäischen Union, Art. 95, Rdnr. 52.

285 So aber *Pipkorn/ Bardenhewer- Rating/ Taschner*, in v. d. Groeben/ Schwarze, Kommentar zum EGV, Art. 95, Rdnr. 40 ff.

286 Ebenso *Herrnfeld*, in Schwarze, EU- Kommentar, Art. 95, Rdnr. 37.

(2) Systematische und historische Auslegung des Art. 95 I 2 EGV

Bei der systematischen Auslegung ist zunächst das Verhältnis des Art. 95 EGV zu Art. 94 EGV zu beachten. Art. 95 EGV weicht hinsichtlich der Verfahrensvorschriften ausdrücklich von Art. 94 EGV ab. Aus seiner Stellung und seiner Erleichterung der Beschlussfassung lässt sich folgern, dass Art. 95 EGV eine Dynamisierung und Intensivierung der Rechtsangleichung zum Ziel hat[287]. Gestützt wird dieses Ergebnis durch die historische Betrachtung. Mit Art. 95 EGV sollte der Gemeinschaft nämlich das notwendige Mittel an die Hand gegeben werden, um den Binnenmarkte bis zum 31.12.1992 vollenden zu können. Ob sich aus diesen Erwägungen heraus die Schaffung einer supranationalen Rechtsform auf Art. 95 I 2 EGV stützen lässt, ist jedoch nicht eindeutig beantworten.

Bei der Auslegung des Art. 95 I EGV ist allerdings auch Art. 95 IV EVG zu berücksichtigen. Der Verzicht des Einstimmigkeitserfordernisses ging mit dem Zugeständnis einer möglichen Anwendung strengerer nationaler Regelungen einher[288]. Art. 95 IV EGV erstreckt sich ausschließlich auf den Schutz des freien Warenverkehrs (Art. 30 EGV), der Arbeitswelt und den Umweltschutz. Legt man Absatz 1 mit Hinblick auf Absatz 4 so aus, dass die Rechtsangleichungsbefugnis sich im Wesentlichen auf die in Absatz 4 genannten Bereiche erstreckt[289], so fällt die Schaffung einer supranationalen Gesellschaftsform offensichtlich nicht unter Art. 95 I 2 EGV. Als Ausnahmevorschriften sind Art. 30 und 95 IV EGV[290] beide eng auszulegen und keiner Erweiterung der Schutzgüter zugänglich. Daher stehen auch systematische und historische Auslegung der Heranziehung des Art. 95 I 2 EGV als Rechtsgrundlage entgegen.

(3) Teleologische Auslegung des Art. 95 I 2 EGV

Sinn und Zweck des Art. 95 I 2 EGV sind die Überwindung der territorialen Beschränkungen der nationalen Rechtsordnungen, die für das Funktionieren des Binnenmarkts erforderlich sind[291]. Wegen dieser territorialen Beschränkungen der nationalen Rechtsordnungen kann nämlich kein Mitgliedstaat für sich in Anspruch nehmen, zum Zwecke der grenzüberschreitenden Verwirklichung des

---

287 Vgl. *Tietje*, in Grabitz/ Hilf, Kommentar zur Europäischen Union, Art. 95, Rdnr. 8.

288 Vgl. *Müller- Graff*, Die Rechtsangleichung zur Verwirklichung des Binnenmarktes, EuR 1989, S. 143 ff.

289 So *Leupold*, Die EAG unter besonderer Berücksichtigung des deutschen Rechts -Chancen und Probleme auf dem Weg zu einer supranationalen Gesellschaftsform, S. 9 f.

290 Für eine enge Auslegung des Art. 94 IV EGV spricht darüber hinaus seine systematische Stellung zu Art. 95 III EGV, vgl. *Tietje*, in Grabitz/ Hilf, Kommentar zur Europäischen Union, Art. 95, Rdnr. 96.

291 So auch *Pipkorn/ Bardenhewer- Rating/ Taschner*, in v. d. Groeben/ Schwarze, Kommentar zum EGV, Art. 95, Rdnr. 40 ff.

Binnenmarktes, eine Rechtsangleichung herbeizuführen, die in einem anderen Mitgliedstaat unmittelbar Rechtskraft entfaltet[292]. Solange also der Schwerpunkt einer Regelung bei der Ausräumung nationaler Rechtsunterschiede liegt, kann eine Maßnahme folglich auf Art. 95 EGV gestützt werden[293]. Das Anliegen der Rechtsangleichung, die Überwindung der Abschottungswirkung nationaler Rechtsordnungen, ist bei der SE als einer gemeinschaftsweit geltenden Rechtsform insoweit erfüllt, als sie eine grenzüberschreitende identitätswahrende Sitzverlegung ermöglicht[294]. Der Schwerpunkt der Maßnahme liegt aber gerade nicht auf der Ausräumung nationaler Rechtsunterschiede, sondern auf der Ergänzung der nationalen durch eine supranationale Rechtsform.

Dabei kann auch nicht ins Feld geführt werden, dass die SE- VO im Gegensatz zu einer das nationale Recht partiell verdrängenden rechtsvereinheitlichenden Verordnung als eine weniger stark in die Souveränität der Mitgliedstaaten einschneidende Maßnahme erst Recht auf Art. 95 I 2 EGV gestützt werden muss[295]. Durch die SE- VO wird vielmehr stärker in die Rechte der Mitgliedstaaten eingegriffen, weil diese verpflichtet werden, diese bisher unbekannte Rechtsform neben ihren nationalen Rechtsformen zuzulassen und die erforderlichen Ausführungsgesetze zu erlassen.

(4) Fazit

Die Gemeinschaft kann ihre Kompetenz zum Erlass der SE- VO nicht auf Art. 95 I 2 EGV stützen, da die Schaffung einer supranationalen Gesellschaftsform im Wege einer Verordnung keine Maßnahme zur Angleichung der Rechts- und Verwaltungsvorschriften darstellt.

b) Einschränkung des Art. 95 I EGV durch Art. 95 II 1. Alternative EGV

Unterstellt man trotz des gefundenen Ergebnisses, dass das SE- Statut auf der Grundlage von Art. 95 I EGV geregelt werden könnte, so könnte die Rechtsangleichungsbefugnis nach Art. 95 I 2 EGV durch Art. 95 II 1. Alt. EGV eingeschränkt sein. Diese Vorschrift schließt eine Angleichung von Bestimmungen über die Steuern auf der Grundlage von Art. 95 I EGV aus. Zieht man den Verordnungsvorschlag von 1991 über das SE- Statut heran, so findet sich in dessen

292 So auch *Pipkorn/ Bardenhewer- Rating/ Taschner*, in v. d. Groeben/ Schwarze, Kommentar zum EGV, Art. 95, Rdnr. 40.

293 So auch *Pipkorn/ Bardenhewer- Rating/ Taschner*, in v. d. Groeben/ Schwarze, Kommentar zum EGV, Art. 95, Rdnr. 41.

294 Vgl. hierzu die Darstellung auf S. 95 ff.

295 So *Helms*, Die Europäische Privatgesellschaft- Rechtliche Strukturen und Regelungsprogramme einer supranationalen Gesellschaft des Gemeinschaftsrechts, S. 46.

Art. 133 eine steuerliche Vorschrift, die es der SE erlaubt hat, Verluste ausländischer Betriebsstätten mit inländischen Gewinnen in ihrem Sitzstaat zu verrechnen. Die heutige Fassung der SE- VO hat jedoch auf die Aufnahme dieser Vorschrift verzichtet, so dass kein Verstoß gegen Art. 95 I EGV wegen der Regelung der Besteuerung der SE vorliegt.

c) Einschränkung des Art. 95 I EGV durch Art. 95 II 3. Alternative EGV

Eine weitere Einschränkung des Art. 95 I 2 EGV enthält Art. 95 II 3. Alt. EGV[296], wonach sich die Rechtsangleichungsbefugnis nicht auf Bestimmungen über die Rechte und Interessen der Arbeitnehmer erstreckt. Zwar enthält der EGV keinen Hinweis darauf, welche Vorschriften durch diese Norm erfasst werden, zweifellos gehören hierher aber auch die Regelungen über die Mitbestimmung der Arbeitnehmer[297]. Die SE- VO enthält sich jedoch jeder Aussage zur Mitbestimmung. Art. 12 II SE- VO bestimmt lediglich, dass die Eintragung erst erfolgen darf, wenn das in der SE- RL beschriebene Verfahren hinsichtlich der Arbeitnehmerbeteiligung ordnungsgemäß abgeschlossen wurde. Als Ausnahmevorschrift ist Art. 95 II EGV jedoch eng auszulegen[298]. Abzustellen ist somit nicht auf eine Einzelbestimmung, sondern auf den wesentlichen Regelungsgegenstand einer Gemeinschaftsmaßnahme[299]. Demzufolge enthält die SE- VO trotz der engen Verzahnung mit der SE- RL keine eigenständige Regelung über die Arbeitnehmerbeteiligung im Sinne von Art. 95 II 3. Alt. EGV[300] und kann somit auch nicht als Einschränkung des Art. 95 I 2 EGV verstanden werden.

d) Auslagerung der Arbeitnehmerbeteiligung aus der SE- VO

Es stellt sich die Frage nach der Zulässigkeit der Abspaltung der Richtlinie über die Stellung der Arbeitnehmer in der SE. Die Bestimmung des Art. 12 II SE- VO lässt die Gründung einer SE nur in einem Mitgliedstaat zu, der die vorgesehene Richtlinie zur Ergänzung des SE- Statuts umgesetzt hat. Die zwei formal

---

[296] Eine Einschränkung durch Art. 95 II 2. Alt. EGV scheidet offensichtlich aus, da der Begriff der Freizügigkeit nur die Freizügigkeit natürlicher Personen erfasst, vgl. *Pipkorn/ Bardenhewer- Rating/ Taschner*, in v. d. Groeben/ Schwarze, Kommentar zum EGV, Art. 95, Rdnr. 60 m.w.N.

[297] Bestätigt wird dies auch durch eine systematische Auslegung von Art. 95 II, 137 I EGV.

[298] Vgl. *Pipkorn/ Bardenhewer- Rating/ Taschner*, in v. d. Groeben/ Schwarze, Kommentar zum EGV, Art. 95, Rdnr. 61.

[299] Vgl. *Pipkorn/ Bardenhewer- Rating/ Taschner*, in v. d. Groeben/ Schwarze, Kommentar zum EGV, Art. 95, Rdnr. 54.

[300] So aber *Wahlers*, Art. 100a EWGV- Unzulässige Rechtsgrundlage für den geänderten Vorschlag einer Verordnung über das Statut der Europäischen Aktiengesellschaft?, AG 1990, S. 454 f.

selbständigen Rechtsakte bilden also eine untrennbare Einheit. Da die Begründung der Richtlinie keinen näheren Aufschluss über die Motive der Kommission für diese Vorgehensweise gibt, könnte diese Abspaltung der Arbeitnehmerbeteiligung als Umgehung des Art. 95 II 3. Alt. EGV zu sehen sein, der eine Regelung der Mitbestimmung auf der Grundlage von Art. 95 I 2 EGV nicht zulässt[301]. Diese Umgehung von Art. 95 II 3. Alt. EGV und somit auch des Einstimmigkeitserfordernisses würde eine unmittelbare Verletzung der bei der Durchführung des Vertrages anzuwendenden Rechtsnormen darstellen[302], die zur Anfechtung nach Art. 230 II EGV berechtigt und zur Nichtigerklärung durch den EuGH führen muss.

e) Fazit

Art. 95 I 2 EGV scheidet als Rechtsgrundlage für die SE- VO aus. Dies beruht zum einen darauf, dass die Schaffung einer supranationalen Gesellschaftsform nicht als Rechtsangleichung im Sinne von Art. 95 I 2 EGV qualifiziert werden kann, darüber hinaus steht die Aufspaltung des Vorhabens in Richtlinie und Verordnung im Widerspruch zu Art. 95 II 3. Alt. EGV.

2. Art. 44 II lit. g EGV als Rechtsgrundlage für die SE- RL

Zur Erfüllung ihrer Aufgaben ist es Rat und Kommission nach Art. 44 II lit. g EGV gestattet, soweit erforderlich die Schutzbestimmungen zu koordinieren, die in den Mitgliedstaaten den Gesellschaften im Sinne von Art. 48 II EGV[303] im Interesse der Gesellschafter sowie Dritter vorgeschrieben sind, um diese Bestimmungen gleichwertig zu gestalten. Gesellschaften im Sinne von Art. 48 II EGV sind die Gesellschaften des bürgerlichen Rechts und des Handelsrechts einschließlich der Genossenschaft und die sonstigen juristischen Personen des öffentlichen und privaten Rechts mit Ausnahme derjenigen, die keinen Erwerbszweck verfolgen. Zwar ist die SE eine juristische Person des Privatrechts, Art. 48 II EGV erfasst aber nur solche, die ausschließlich nach den Rechtsvorschriften ihres Mitgliedstaats gegründet worden sind[304]. Als supranationale Gesellschaft

---

301 Ebenso *von Maydell*, Die vorgeschlagenen Regeln zur Mitbestimmung für eine Europäische Aktiengesellschaft, AG 1990, S. 445; so wohl auch *Abeltshauser*, Der neue Statutsvorschlag für eine Europäische Aktiengesellschaft, AG 1990, S. 294 f.

302 Ebenso *Müller- Huschke*, in Schwarze, EU- Kommentar, Art. 44, Rdnr. 49.

303 Ex- Art. 58 EGV.

304 Dies entspricht auch der Auslegung des Art. 43 I EGV, der an die Staatsangehörigkeit bei natürlichen Personen anknüpft, vgl. auch *Wahlers*, Art. 100a EWGV- Unzulässige Rechtsgrundlage für den geänderten Vorschlag einer Verordnung über das Statut der Europäischen Aktiengesellschaft?, AG 1990, S. 456; *Leupold*, Die EAG unter besonderer

richtet sich die Gründung der SE jedoch nach der SE- VO. Art. 44 II lit. g EGV kann somit nicht als Rechtsgrundlage für die SE- RL herangezogen werden.

Folgt man nicht der hier vertretenen Ansicht, so sprechen aber auch folgende Erwägungen gegen Art. 44 II lit. g EGV als Rechtsgrundlage für die SE- RL: Erlaubt ist nur die Koordination von Schutzbestimmungen, die im Interesse der Gesellschafter[305] oder Dritter vorgeschrieben sind. Eine Definition oder Erläuterung, was hierunter zu verstehen ist, enthält der EGV nicht. Dritte im Sinne dieser Vorschrift sind in erster Linie Personen, die außerhalb der Gesellschaft stehen, also beispielsweise Gläubiger und Abnehmer der Gesellschaft. Dieses Ergebnis wird bestätigt durch eine systematische Auslegung[306] des Art. 44 II lit. g EGV zu Art. 44 II lit. d EGV, der die Arbeitnehmer ausdrücklich nennt. Sollte auch Art. 44 II lit. g EGV den Gemeinschaftsorganen eine Kompetenz für die Regelung der Arbeitnehmerrechte verleihen, so hätte dies auch in Art. 44 II lit. g EGV ausdrücklich bestimmt sein müssen. Soweit es also um die Wahrnehmung von Beteiligungsrechten in der Gesellschaft und nicht um die individuelle Beziehung eines Arbeitnehmers zur Gesellschaft geht[307], geht die Regelung in der SE- RL weit über die Richtlinienkompetenz des Art. 44 II lit. g EGV hinaus, so dass dieser als Rechtsgrundlage ausscheidet.

3. Art. 308 EGV als Rechtsgrundlage für SE- VO und SE- RL

Die Anwendbarkeit dieser Generalnorm hat zum einen die Voraussetzung, dass die Schaffung einer SE zur Verwirklichung eines Ziels der Gemeinschaft erforderlich ist und zum andern, dass die hierfür erforderlichen Befugnisse im EGV nicht vorgesehen sind. Dass die SE der Verwirklichung des Binnenmarktes dienen soll und somit für die Verwirklichung der Ziele der Gemeinschaft erforderlich ist, wurde bereits dargelegt[308]. Folglich erfüllt die SE- VO das Kriterium der Erforderlichkeit i.S.d. Art. 308 EGV. Da die vorangehende Untersuchung gezeigt hat, dass der EGV keine sonstigen Befugnisse zur Schaffung einer pan-

---

Berücksichtigung des deutschen Rechts- Chancen und Probleme auf dem Weg zu einer supranationalen Gesellschaftsform, S. 11 ff.

305 Nicht vertretbar ist, die Regeln über die Arbeitnehmerbeteiligung als „Schutz-“ Bestimmungen im Interesse der Gesellschafter (= Anteilseigner) einzuordnen, so aber *Eyles*, Das Niederlassungsrecht der Kapitalgesellschaften in der Europäischen Gemeinschaft, S. 135.

306 Soweit die These vertreten wurde, Art. 44 II lit. g EGV sei herausgelöst von den Vorschriften über die Niederlassungsfreiheit zu interpretieren, so ist dies nicht mit dessen systematischen Stellung im Kapitel 2 EGV zu vereinbaren, so aber *Bärmann,* Einheitliche Gesellschaftsform für die Europäische Wirtschaftsgemeinschaft, AcP 160 (1961), S. 117 ff.

307 So bereits *Sonnenberger*, Die Organisation der Aktiengesellschaften im Gemeinsamen Markt- Kommissionsvorschlag einer fünften Richtlinie zur Angleichung des Gesellschaftsrechts, AG 1974, S. 3.

308 Vgl. S. 20 ff.

europäischen Gesellschaft zur Verfügung stellt, liegt auch das erforderliche Merkmal der Subsidiarität vor[309]. Statut und Richtlinie zur SE können also auf Art. 308 EGV gestützt werden. Insbesondere entstehen mangels Existenz einer dem Art. 95 II 3. Alt. EGV entsprechenden Vorschrift auch keine Bedenken hinsichtlich der Aufspaltung von Richtlinie und Verordnung.

4. Fazit

SE- VO und SE- RL lassen sich ausschließlich auf Art. 308 EGV stützen, da die Schaffung einer SE keine Rechtsangleichung im Sinne dieser Norm darstellt und die Aufteilung von Verordnung und Richtlinie Art. 95 II 3. Alt. EGV zuwiderläuft[310]. So hat auch der Präsident des Europäischen Parlaments am 01.02.2002 unmittelbar vor Ablauf der Klagefrist zu Recht entschieden, auf die Einreichung einer Klage gegen den Rat zu verzichten[311].

II. Rechtsquellensystem

Als europäische Verordnung ist das SE- Statut in allen Mitgliedstaaten der Europäischen Gemeinschaft unmittelbar anwendbar (Art. 249 II EGV). Aus heutiger Sicht ist jedoch selbstverständlich, dass eine Satzung nicht alle in einer Privatrechtsordnung auftretende Probleme lösen kann, sondern vielmehr die Heranziehung einer subsidiär geltenden Rechtsordnung von Nöten ist. So verweist auch die SE- VO vielfach auf nationales Recht. Die Lücken der Verordnung werden dabei zum einen durch Anwendung des bestehenden allgemeinen Aktienrechts, zum anderen durch neu zu schaffendes, speziell auf die SE bezogenes nationales Recht geschlossen.

1. Struktur und Aufbau der Rechtsquellenpyramide

Da hier mehrere Rechtsebenen miteinander verzahnt sind, liegt in der Bestimmung des auf die SE anwendbaren Rechts eine besondere Schwierigkeit. Art. 9

---

309 So auch *Geiger*, in Scheuing/ Schwarz/ Wollenschläger, Europäisches Unternehmensrecht, S. 11.

310 Würde man die Auffassung vertreten, dass Art. 308 EGV nicht einschlägig ist, ist zu berücksichtigen, dass dies nach Art. 230 II EGV nicht notwendigerweise zu einer Nichtigkeitserklärung durch den EuGH führen muss. Dabei hat der EuGH Gründe der Rechtssicherheit zu berücksichtigen, sowie, dass der wesentliche Inhalt des Rechtsakts weder von den Organen der Gemeinschaft, noch von den Mitgliedstaaten in Frage gestellt wurde; vgl. EuGH Urteil vom 07.07.1992 Rs. C-295/90 Slg. 1992, S. 4193.

311 Vgl. Bericht in FAZ vom 02.02.2002; ungeachtet des Ablaufs der in Art. 230 V EGV genannten Frist kann es zu einer inzidenten Normenkontrolle im Sinne des Art. 241 EGV kommen, in deren Rahmen die Zuständigkeit durch den EuGH überprüft wird.

I SE- VO enthält eine hierarchische Ordnung[312], welche die Anwendung der gemeinschaftsrechtlichen Regelungen der SE- VO, der nationalen Rechtsvorschriften der Ausführungsgesetze und der Bestimmungen, die für nationale AGs gelten, koordiniert.

Innerhalb des Regelungsbereichs der SE- Verordnung gelten nach Art. 9 I a SE- VO vorrangig die gemeinschaftsrechtlichen Normen der SE- Verordnung, ergänzt durch die Richtlinien, auf die die SE- VO direkt verweist[313]. Subsidiär finden die in der Verordnung zugelassenen Satzungsbestimmungen Anwendung (Art. 9 I b SE- VO). Es gilt also auch für die SE der Grundsatz der Satzungsstrenge[314]. Auf nationaler Rechtsebene gelten nach Art. 9 I c SE- VO zuerst die Regelungen des SEEG und dann die gegebenenfalls bereits harmonisierten[315] Regelungen, die allgemein auf Aktiengesellschaften anzuwenden sind, also insbesondere das AktG und das UmwG[316]. Schließlich sind die Bestimmungen der Satzung der SE anzuwenden, soweit die SE- VO und das AktG im Rahmen des § 23 V AktG weitere Gestaltungen zulassen. Die nachfolgende Abbildung verdeutlicht die Rangordnung der einzelnen Normen:

312 Vgl. *Bungert/ Beier*, Die Europäische Aktiengesellschaft- das Statut und seine Umsetzung in der Praxis, EWS 2002, S. 2.

313 Vgl. Art. 17 II SE- VO

314 Vgl. *Bungert/ Beier*, Die Europäische Aktiengesellschaft- das Statut und seine Umsetzung in der Praxis, EWS 2002, S. 2.

315 Vgl. Art. 3 II SE- VO.

316 Einfache Verweisungen finden sich in Art. 3 II 3; 4 III; 5; 12 I; 13; 15 I; 18; 23 II 1; 24 I; 25 I; 28; 31 I 2, II Unterabs. 1; 32 III, VI Unterabs. 2 S. 1; 33 III; 36; 37 V, VII; 47 I Unterabs. 1; 49 Halbs. 2; 51; 52 Unterabs.1 lit. b und Unterabs. 2; 53; 54 I 1, II; 56 S. 2; 57; 59 I; 61; 62 I, II; 63; 66 IV, VI 2 SE- VO.

Abbildung 1: Rechtsquellenpyramide der SE[317]

2. Anwendungsbereich des Art. 9 I SE- VO

Um herauszufinden, welches Recht angewendet werden muss, ist die durch Art. 9 I SE- VO vorgegebene Prüfungsreihenfolge einzuhalten. Dabei wird der Anwendungsbereich der Vorschrift restriktiv zu bestimmen sein, was bedeutet, dass der Regelungsbereich der SE- VO eröffnet sein muss[318]. Gegen eine weite Auslegung, die sich auf Art. 7 SE- VO 1970 stützt, sprechen die mit ihr verbundenen praktischen Umsetzungsprobleme und Erwägungsgrund 20 der SE- VO, der bestimmte Bereiche ausdrücklich vom Regelungsbereich der SE- VO ausschließt. Das anwendbare Recht für diese Bereiche wird vielmehr nach den Regeln des Internationalen Privatrechts bestimmt werden müssen.

---

317 Leicht abgewandelt nach *Theisen/ Wenz*, in Theisen/Wenz, Die Europäische Aktiengesellschaft, Recht, Steuern und Betriebswirtschaft der Societas Europaea (SE), S. 48.

318 Ebenso *Brandt/ Scheifele*, Die Europäische Aktiengesellschaft und das anwendbare Recht, DStR 2002, S. 548 f.

3. Bestimmung des anwendbaren Rechts nach Art. 9 I SE- VO

Die in Art. 9 I SE- VO enthaltene hierarchische Ordnung gibt die Prüfungsreihenfolge für die Bestimmung des anwendbaren Rechts vor.

a) Bestimmung des anwendbaren Rechts nach Art. 9 I lit. a SE- VO

Das für die SE maßgebliche Recht wird in erster Linie durch die Rechtsanwendungsregel[319] des Art. 9 I lit. a SE- VO bestimmt[320], wonach die in der SE- VO normierten Sachregeln und die Spezialverweisungen[321] heranzuziehen sind. Spezialverweisungen sind wegen des auch im Europarecht geltenden Spezialitätsprinzips und des hierarchischen Aufbaus des Art. 9 I SE- VO vorrangig vor der Generalklausel nach Art. 9 I lit. c zu prüfen. Zwischen einer Sachregel und einer Spezialverweisung, welche dadurch gekennzeichnet ist, dass sie innerhalb eines sachlich begrenzten Anwendungsbereichs Bezug auf nationale Vorschriften nimmt, bestehen auch keine funktionalen Unterschiede, da beide die Klärung einer Rechtsfrage zum Ziel haben[322]. Zu Spezialverweisungen im weiteren Sinne gehören sowohl die Normen, die den nationalen Gesetzgeber noch zum Erlass weiterer Norm ermächtigen (Ermächtigungen)[323], als auch die Vorschriften der SE- VO, die ihn zu einem weiteren gesetzgeberischen Tätigwerden verpflichten (Verpflichtungen)[324]. Zwar spricht keine dieser Normen einen Rechtsanwendungsbefehl aus, solange der nationale Gesetzgeber nicht tätig geworden ist, mit Erlass einer entsprechenden Vorschrift setzt sie sich jedoch als einfache Verweisung fort[325].

Zugegebenermaßen kann die Grenze zwischen Sachregeln und Spezialverweisungen fließend sein[326]. Da Sach- und Verweisungsbestimmungen aber hierar-

319 Vertiefend *Teichmann*, Die Einführung der Europäischen Aktiengesellschaft- Grundlagen der Ergänzung des europäischen Statuts durch den deutschen Gesetzgeber, ZGR 2002, S. 395 ff.

320 So spricht *Blanquet*, vom „Rückgrat der Verordnung“, Das Statut der Europäischen Aktiengesellschaft (Societas Europaea "SE"), ZGR 2002, S. 47.

321 So zum Beispiel Art. 5; 15 I; 53 SE- VO.

322 Ebenso *Brandt/ Scheifele*, Die Europäische Aktiengesellschaft und das anwendbare Recht, DStR 2002, S. 553.

323 So zum Beispiel Art. 2 V; 8 V, VII Unterabs. 2, XIV Unterabs. 1; 12 IV Unterabs. 2; 19 Unterabs. 1; 21; 24 II; 31 II Unterabs. 2 SE- VO.

324 So zum Beispiel Art. 19 Unterabs. 2 S.2; 64 I, II, III 1; 68 I, II SE- VO.

325 Vgl. *Schwarz*, Europäisches Gesellschaftsrecht, Rdnr. 958, ablehnend dagegen *El Mahi*, Die Europäische Aktiengesellschaft Societas Europaea –SE, S. 18 f.

326 So zum Beispiel Art. 26 IV SE- VO.

chisch gleichrangig sind, ist eine Grenzziehung entbehrlich[327]. Erforderlich ist es hingegen, die Beziehung der Verweisungsnormen untereinander zu regeln. Maßgebend für deren Einordnung in ein hierarchisches Rangverhältnis ist der Aufbau der SE- VO[328].

b) Bestimmung des anwendbaren Rechts nach Art. 9 I lit. b SE- VO

Nach Art. 9 I lit. b SE- VO bestimmt sich das anwendbare Recht nach den Bestimmungen der Satzung, sofern die SE- VO dies ausdrücklich zulässt[329]. Dies wird auf zwei Arten durch die SE- VO verwirklicht. Zum einen hat der Verordnungsgeber den Satzungsgeber verpflichtet[330], in den Satzungen bestimmte Sachfragen aufzunehmen, zum anderen hat er den Satzungsgeber dazu ermächtigt[331].

c) Bestimmung des anwendbaren Rechts nach Art. 9 I lit. c SE- VO

Zur Schließung der vielfältigen Regelungslücken innerhalb der Verordnung, greift die SE- VO durch Generalverweisung des Art. 9 I lit. c SE- VO auf nationales Recht zurück. Dabei erfolgt der Lückenschluss auf der ersten Stufe durch neu zu schaffendes, speziell auf die SE bezogenes Recht, auf der nächsten Stufe durch das bereits bestehende deutsche Aktienrecht und auf der letzten Ebene schließlich durch die Satzungsbestimmung, deren Zulässigkeit an deutschem Aktienrecht zu messen ist.

(1) Schaffung SE- spezifischen Aktienrechts nach Art. 9 I lit. c i SE- VO

Neben dem Verweis auf nationales Recht, ermächtigt die Verordnung vereinzelt den nationalen Gesetzgeber, bestimmte Bereiche speziell für die SE zu regeln[332]. Diese Ermächtigung umfasst jedoch nicht das Recht, ein für die SE eigenes Aktienrecht zu schaffen[333]. Vielmehr bedürfen alle für die SE geschaffe-

---

327 Vgl. *Brandt/ Scheifele*, Die Europäische Aktiengesellschaft und das anwendbare Recht, DStR 2002, S. 554.

328 Näher hierzu *Brandt/ Scheifele*, Die Europäische Aktiengesellschaft und das anwendbare Recht, DStR 2002, S. 554 f.

329 Zum Prinzip der Satzungstrenge in der SE *Hommelhoff*, Satzungsstrenge und Gestaltungsfreiheit in der Europäischen Aktiengesellschaft, in Festschrift Ulmer, S. 272 f.

330 So die Art. 38 I Unterabs. b; Art. 39 IV 1;40 III 1; 43 II Unterabs. 1 S. 1; 44 I; 46 I; 47 III; 48 I Unterabs. 1; 56 S. 3 SE- VO.

331 So die Art. 40 II 2; 43 III 2; 46 II; 47 I Unterabs. 1; 50 I, II; 55 I Halbs. 2 SE- VO.

332 Diese Öffnung des Statuts ist meist auf die Intervention einzelner Mitgliedstaaten zurückzuführen, die bestimmte Besonderheiten ihres Aktienrechts bewahren wollten.

333 Vgl. auch Erwägungsgrund 5 SE- VO, Begründung zu Art. 1 SEEG, S. 76 f.

nen Normen einer konkreten Ermächtigungsgrundlage[334] im Gemeinschaftsrecht.

Der deutsche Gesetzgeber hat von diesen Ermächtigungen in dem Gesetz zur Einführung der Europäischen Gesellschaft[335] Gebrauch gemacht, welches in neun Artikel aufgeteilt ist. Dieses SEEG enthält sowohl einen aktienrechtlichen Teil, nämlich die Ausführung der SE- VO, als auch einen mitbestimmungsrechtlichen Teil über die Beteiligung der Arbeitnehmer nach der Richtlinie. Hier soll ein kurzer Überblick über den Aufbau dieses Artikelgesetzes gegeben werden. Eine nähere Erläuterung bleibt jedoch dem jeweiligen Themenkomplex vorbehalten.

(2) Das SE- Ausführungsgesetz

In Artikel 1 regelt der Gesetzgeber das Gesetz zur Ausführung der Verordnung (EG) Nr. 2157/2001 des Rates vom 08.Oktober 2001 über das Statut der Europäischen Gesellschaft (SE)- SE- Ausführungsgesetz. Es ist in sechs Abschnitte gegliedert: Allgemeine Vorschriften (Art. 1 §§ 1 – 4 SEEG); Gründung einer SE (Art. 1 §§ 5- 11 SEEG); Sitzverlegung (Art. 1 §§ 12 – 14 SEEG); Aufbau der SE (Art. 1 §§ 15 – 51 SEEG); Auflösung (Art. 1 § 52 SEEG) und Straf- und Bußgeldvorschriften (Art. 1 § 53 SEEG).

(a) Das SE- Beteiligungsgesetz

Mit Schaffung des Art. 2 SEEG setzt der deutsche Gesetzgeber, die zur SE- VO erlassene Richtlinie 2001/86/EG des Rates vom 08.10.2001 zur Ergänzung des Statuts der Europäischen Gesellschaft hinsichtlich der Beteiligung der Arbeitnehmer durch das Gesetz über die Beteiligung der Arbeitnehmer in einer Europäischen Gesellschaft- SE- Beteiligungsgesetz[336] um. Dabei ist zwischen solchen Regelungen zu unterscheiden, die in jedem Mitgliedstaat notwendig identisch umzusetzen sind[337] und solchen, bei denen nationaler Gestaltungsspielraum besteht[338]. Das SEBG, das sich in Systematik und Aufbau an der SE- RL orientiert, ist in fünf Teile gegliedert. Der erste Teil enthält allgemeine Vor-

---

[334] Neben der Generalklausel des Art. 9 c i SE- VO enthält die SE- VO noch weitere Spezialverweisungen und Regelungsaufträge, wie bspw. Art. 51; 53; 43 I SE- VO.

[335] Zum deutschen Gesetzgebungsverfahren vgl. die Darstellung auf S. 38 ff.

[336] Im Nachfolgenden kurz als SEBG bezeichnet.

[337] Dies sind bspw. Regelungen über den Vorrang für Verhandlungslösungen und das Abstimmungsverfahren im besonderen Verhandlungsgremium.

[338] Darunter fallen insbesondere Regelungen zur Bestimmung der nationalen Mitglieder im besonderen Verhandlungsgremium, im SE- Betriebsrat und im Aufsichts- bzw. Verwaltungsrat der SE.

schriften (Art. 2 §§ 1 – 3 SEEG). Der zweite Teil behandelt das besondere Verhandlungsgremium (Art. 2 §§ 4 – 20 SEEG) und der dritte Teil regelt die Beteiligung der Arbeitnehmer in der SE (Art. 2 §§ 21 – 39 SEEG). Grundsätze der Zusammenarbeit und Schutzbestimmungen enthält der vierte Teil (Art. 2 §§ 40 – 44 SEEG), während im fünften Teil Straf- und Bußgeldvorschriften, sowie eine Schlussbestimmung (Art. 2 §§ 45 – 47 SEEG) normiert sind.

(b) Änderungsgesetze

Art. 3 – 7 SEEG beschäftigen sich mit den durch die Einführung der SE erforderlichen Änderungen in den jeweiligen nationalen Gesetzen (beispielsweise Gerichtsverfassungsgesetz, Arbeitsgerichtsgesetz, Handelsregisterverordnung).

(3) Anwendung nationalen Aktienrechts nach Art. 9 I lit. c ii SE- VO

Ist eine Frage in der Verordnung ganz oder teilweise nicht geregelt, greift die Generalklausel des Art. 9 I lit. c ii SE- VO, wonach nationales Aktienrecht Anwendung findet.

Liest man diese Vorschrift[339], so stellt sich die Frage, ob der Verweis auf nationales Recht nur die gesetzlichen Normen oder auch die von der Rechtsprechung entwickelten Rechtsgrundsätze erfasst[340]. Der Wortlaut spricht für eine enge Auffassung, denn er verweist auf die „Rechtsvorschriften" des jeweiligen Mitgliedstaates. Dieses Ergebnis wird auch durch die französische[341] und die englische[342] Sprachfassung bestätigt. Legt man jedoch Sinn und Zweck der Vorschrift zugrunde, muss der Verweis auch die dazu ergangene Rechtsprechung bis hin zur richterlichen Rechtsfortbildung erfassen[343]. Der Verweis auf nationales Recht soll die in der Verordnung bestehende Lücke füllen. Ein Lückenschluss ist allerdings nur vollständig möglich, wenn auch die dazu ergangene

339 Dieselbe Frage stellt sich bei den Spezialverweisungen, wo man über die teleologische Auslegung konsequenterweise zu demselben Ergebnis kommt.

340 Zweifelnd *Schulz/ Geismar*, Die Europäische Aktiengesellschaft- eine kritische Bestandsaufnahme, DStR 2001, S. 1079; *Ulmer* in FAZ vom 21.03.2001.

341 So heißt es in der französischen Fassung: „*dispositions de la loi adoptées par les Etats membres*".

342 So heißt es in der englischen Fassung: „*provisions of laws adopted by the Member State*".

343 Vgl. *Hirte*, Die Europäische Aktiengesellschaft, NZG 2002, S. 2; *Grote*, Das neue Statut der europäischen Aktiengesellschaft zwischen europäischem und nationalem Recht, S. 43; *Leupold*, Die EAG unter besonderer Berücksichtigung des deutschen Rechts - Chancen und Probleme auf dem Weg zu einer supranationalen Gesellschaftsform, S. 21.

Rechtsprechung übernommen wird[344]. Eine andere Auffassung leitet zu einem Zuständigkeitsproblem über[345]. Schließt man nämlich die Regeln der Rechtsprechung inhaltlich von der Verweisungsnorm aus, führt dies konsequenterweise zu einem Ausschluss der Zuständigkeit der nationalen Gerichte zur Auslegung des nationalen Rechts. Hätte der Verordnungsgeber eine Zuständigkeit des EuGH für Auslegungsfragen des nationalen Rechts beabsichtigt, hätte man die Konzeption der Lückenfüllung durch europäische Rechtsgrundsätze beibehalten können. Richterliche Rechtsanwendung wird folgerichtig nicht als autonome Rechtsquelle verstanden, sondern als Rechtsanwendung, die an das geschriebene Recht gekoppelt ist[346].

(4) Anwendung der Satzungsbestimmungen nach Art. 9 I lit. c iii SE- VO

Auf letzter Ebene führen schließlich die Bestimmungen der Satzung zum anwendbaren Recht, sofern dies nach nationalem Recht zulässig[347] ist (Art. 9 I lit. c iii SE- VO).

(5) Richterliche Rechtsfortbildung

Es versteht sich von selbst, dass Regelungslücken, die sich spezifisch nur für die Rechtsform der SE stellen, nicht durch die Anwendung nationalen Rechts gefüllt werden können. Diese SE- spezifischen Regelungslücken sind daher auf der gemeinschaftsrechtlichen Ebene im Wege der Rechtsfortbildung durch den EuGH zu schließen[348]. SE- spezifische Fragestellungen erfassen zum einen die Besonderheiten, die den nationalen Gesellschaftsformen fremd sind und zum anderen die Konstellationen, für die die SE eine gemeinschaftseinheitliche Regelung verlangt.

---

344 Vgl. *Brandt/ Scheifele*, Die Europäische Aktiengesellschaft und das anwendbare Recht, DStR 2002, S. 553.

345 Hierzu *Teichmann*, Die Einführung der Europäischen Aktiengesellschaft- Grundlagen der Ergänzung des europäischen Statuts durch den deutschen Gesetzgeber, ZGR 2002, S. 399.

346 Ebenso *Teichmann*, Die Einführung der Europäischen Aktiengesellschaft- Grundlagen der Ergänzung des europäischen Statuts durch den deutschen Gesetzgeber, ZGR 2002, S. 399.

347 Also nach § 23 V AktG.

348 So bereits *Raiser*, Die Europäische Aktiengesellschaft und die nationalen Aktiengesetze, Festschrift für Semler, S. 283, kritisch jedoch *Hauschka*, Entwicklungslinien und Integrationsfragen der gesellschaftsrechtlichen Akttypen des Europäischen Gesellschaftsrechts, AG 1990, S. 92.

4. Verhältnis des Gemeinschaftsrechts zu nationalem Recht

Die Verzahnung nationalen Rechts mit Gemeinschaftsrecht führt zu der Frage nach einer Grenzziehung zwischen diesen beiden Ebenen. Als Mittel zur Grenzziehung bietet sich die Auslegung des europäischen Ausgangstextes an[349]. Auslegungsbedarf besteht jedoch nicht nur dort, wo die Reichweite derjenigen Normen festgelegt werden muss, die auf ein nationales Recht verweisen[350]. Einer Auslegung können sich auch die materiell- rechtlichen Reglungen der Verordnung nicht entziehen, da die dort verwendeten Begriffe in der Regel auf nationalen Rechtsordnungen basieren, die ein entsprechendes Vorverständnis fordern.

a) Auslegung innerhalb des Systems eines Europäischen Zivilrechts

Ein Blick in die historische Entwicklung der SE zeigt, dass die ersten Entwürfe zur SE- VO von 1970 und 1975 die nicht ausdrücklich geregelten Rechtsfragen nach den „allgemeinen Grundsätzen" entscheiden wollten, auf denen das Statut der SE beruhe[351]. Wo dies keine Lösung ergeben hätte, wollte man auf die „gemeinsamen allgemeinen Grundsätze der Rechte der Mitgliedstaaten" abstellen. Dieser Gedanke war nicht ganz neu. Auch in den Haager Kaufgesetzen und bei der Haftung der EG hatte man sich bereits ähnlich beholfen, allerdings ohne dass die Probleme dort praktische Bedeutung erlangt hatten[352]. Nach vielfacher Kritik[353] hat die Kommission diese „gemeinsamen Rechtsgrundsätze" im Entwurf von 1989 wieder herausgestrichen. Damit verblieb es bei den „allgemeinen Grundsätzen, auf denen die Verordnung beruht", die bereits zwei Jahre später, im Entwurf von 1991, auch gestrichen worden sind.

Einigkeit bestand jedoch insoweit, als eine Auslegung europäischen Einheitsrechts mit den Mitteln der nationalen Rechtsordnungen –gemessen am Einheitlichkeitsanspruch – stets ein Kompromiss war[354].

---

349 So auch *Wagner*, Die Bestimmung des auf die SE anwendbaren Rechts, NZG 2002, S. 988 f.

350 Zu anderen Ansätzen, diese jedoch auch ablehnend *Brandt/ Scheifele*, Die Europäische Aktiengesellschaft und das anwendbare Recht, DStR 2002, S. 549 f.

351 Vgl. auch *Lindacher*, in Lutter, Die Europäische Aktiengesellschaft: eine Stellungnahme zur Vorlage der Kommission an den Ministerrat der Europäischen Gemeinschaften über das Statut für Europäische Aktiengesellschaften vom 30. April 1975, S. 9 ff.; *Pfister*, Europäisches Gesellschaftsrecht, § 14 II 2 a) bb).

352 Vgl. *Hauschka*, Die Europäische Aktiengesellschaft zwischen Einheitlichkeitsanspruch und Nationalisierung des Statuts, S. 8 ff.

353 Vgl. *Grote*, Das neue Statut der europäischen Aktiengesellschaft zwischen europäischem und nationalem Recht; S. 57 ff.; *Lutter*, Genügen die vorgeschlagenen Regelungen für eine "Europäische Aktiengesellschaft"?, AG 1990, S. 416 ff.

354 Bereits *von Caemmerer*, Europäische Aktiengesellschaft, in Festgabe für Kronstein, S. 193 ff.

b) Autonome Auslegung europäischen Rechts

Führt man sich somit vor Augen, dass das europäische Recht eine autonome Rechtsordnung aus eigener Rechtsquelle ist[355], so kann auch die Auslegung europäischer Normen nur ihren eigenen Regeln folgen. Ziel der Auslegung ist eine autonome europäische Begriffsbildung. Rechtsbegriffe müssen von ihrer Herkunft aus einer bestimmten Sprache oder Rechtskultur losgelöst und vor dem Hintergrund des europäischen Regelungswerks analysiert werden[356]. Dabei greift der EuGH auch auf traditionelle Auslegungskriterien zurück[357]: Wortlaut, Entstehungsgeschichte, Systematik und Teleologie- jeweils unter der Berücksichtigung dir Besonderheiten des Gemeinschaftsrechts.

Bei der Auslegung der SE- VO ist darüber hinaus zu berücksichtigen, dass die SE- VO in Art. 9 I lit. c SE- VO selbst von ihrer Lückenhaftigkeit ausgeht, da sie zum Zweck der Lückenfüllung auf mitgliedstaatliches Recht zurückgreift[358].

(1) Wortlautauslegung

Für die Wortlautauslegung sind alle Amtssprachen der EU verbindlich (vgl. Art. 314 EGV). Da die unterschiedlichen Sprachversionen ohne rechtsvergleichenden Hintergrund nicht zuverlässig gelöst werden können, hat jede Auslegung im europäischen Recht einen rechtsvergleichenden Aspekt [359]. Da der Wortlaut aber nur selten weiterhelfen kann, knüpft auch der EuGH selbst im Rahmen seiner Auslegung nur selten ausschließlich daran an[360].

(2) Historische Auslegung

Weniger Bedeutung kommt auch der Entstehungsgeschichte einer Norm auf europäischer Ebene zu, da sie meist nicht in Form von Protokollen oder Ähnlichem dokumentiert wird[361]. Aufgrund der Jahrzehnte andauernden Entwicklung der SE- Verordnung, die sich anhand der jeweils veröffentlichen Vorschläge

---

355 Vgl. hierzu die Rechtsprechung des EuGH zum Vorrang des Gemeinschaftsrechts, deren Kernaussage heute allgemein akzeptiert sind, vgl. bspw. Urteil vom 17.12.1970, Rs 11/70, Slg. 1970, S. 1125 ff.

356 Vgl. *Großfeld*, Europäisches Wirtschaftsrecht und europäische Integration, S. 34 f.; *Wagner*, Die Bestimmung des auf die SE anwendbaren Rechts, NZG 2002, S. 988 f.

357 Vgl. *Schwarz*, Europäisches Gesellschaftsrecht, Rdnr. 77 ff.; *Völter*, Der Lückenschluß im Statut der Europäischen Privatgesellschaft, S. 51.

358 Vgl. *Jaeger*, Die Europäische Aktiengesellschaft- europäischen oder nationalen Rechts, S. 42.

359 Vgl. *Schwarz*, Europäisches Gesellschaftsrecht, Rdnr. 79 f.

360 Vgl. *Völter*, Der Lückenschluß im Statut der Europäischen Privatgesellschaft, S. 51 f.

361 Vgl. *Teichmann*, Die Einführung der Europäischen Aktiengesellschaft- Grundlagen der Ergänzung des europäischen Statuts durch den deutschen Gesetzgeber, ZGR 2002, S. 404.

und Stellungnahmen der europäischen Organe nachvollziehen lässt, nimmt diese hier allerdings eine Sonderstellung ein.

(3) Systematische Auslegung

Bei der systematischen Auslegung geht es einerseits um das Verhältnis der Verordnungsnormen untereinander, andererseits aber auch um das Verhältnis der Sekundärnormen zu Primärrecht. Möglicherweise lassen sich aus der Zusammenschau des Sekundärrechts im Wege der Rechtsanalogie allgemeine Grundsätze des betreffenden Rechtsgebiets entwickeln, die bei der Auslegung einzelner Normen behilflich sein können[362]. Aufgrund einer beachtlichen Normfülle europäischen Gesellschaftsrechts, erscheinen erste Ansätze einer Systematisierung[363] möglich, welche in Zweifelsfällen der Auslegung weiterhelfen können.

(4) Teleologische Auslegung

Die teleologische Auslegung stellt auf den Sinn und Zweck der Gemeinschaftsrechtsnormen ab, wobei die den Rechtsakten vorangestellten Erwägungsgründen von großer Bedeutung sind[364]. Das wichtigste Kriterium der teleologischen Auslegung ist das Kriterium des *effet utile*, wonach die Auslegung zur effizienten Umsetzung der gemeinschaftsrechtlichen Ziele beitragen soll[365]. Eine teleologische Auslegung der SE- Verordnung muss demzufolge immer berücksichtigen, dass mit der SE eine funktionsfähige supranationale Rechtsform geschaffen werden soll[366]. Ergänzend sind auch die allgemeinen Ziele nahezu jeder europäischen Norm heranzuziehen, nämlich Rechtsvereinheitlichung und Herstellung des Binnenmarktes.

---

362 Vgl. *Teichmann*, Die Einführung der Europäischen Aktiengesellschaft- Grundlagen der Ergänzung des europäischen Statuts durch den deutschen Gesetzgeber, ZGR 2002, S. 404.

363 So haben *Hommelhoff/ Riesenhuber*, in Grundmann, Systembildung und Systemlücken in Kerngebieten des Europäischen Privatrechts, S. 272 ff., die Verfahrensregeln bei Umstrukturierungen herausgearbeitet. Charakteristisch sind die Aufstellung eines Plans durch die Leitungsorgane über die Prüfung durch Sachverständige, die Information der Anteilseigner und der Abschluss des Verfahrens durch einen Beschluss der Anteilseignerversammlung mit qualifizierter Mehrheit.

364 Vgl. *Schwarz*, Europäisches Gesellschaftsrecht, Rdnr. 83 f.

365 Vgl. *Hopt*, Harmonisierung im europäischen Gesellschaftsrecht -Status quo, Probleme, Perspektiven-, ZGR 1992, S. 285;hinsichtlich der Auslegung der SE- VO *Brandt/ Scheifele*, Die Europäische Aktiengesellschaft und das anwendbare Recht, in DStR 2002, S. 551.

366 Vgl. *Teichmann*, Die Einführung der Europäischen Aktiengesellschaft- Grundlagen der Ergänzung des europäischen Statuts durch den deutschen Gesetzgeber, ZGR 2002, S. 406.

c) Zuständigkeit

Für die Auslegung europäischen Rechts ist ausschließlich der EuGH nach Art. 234 EGV zuständig. Auf die Schaffung eines SE- spezifischen Gerichtsstandes ist zu Recht verzichtet worden[367]. Zum einen würde dies im Widerspruch zu Art. 10 SE- VO stehen, der eine Gleichbehandlung von nationaler und supranationaler Gesellschaft einfordert, zum anderen wäre dies mit einer Vielzahl von praktischen Problemen verbunden gewesen[368]. Zu Beginn eines gerichtlichen Prozesses ist häufig noch unklar, ob es auf die Klärung nationaler Rechtsfragen oder europäischen Rechts ankommt. Um zu gewährleisten, dass alle SE- spezifischen Fragen konzentriert einer Klärung zugeführt werden, müsste ein Gericht geschaffen werden, das für alle Streitigkeiten, an denen eine SE beteiligt ist, zuständig ist. Dies wiederum könnte zur Folge haben, dass dieses Gericht auch mit Fragen konfrontiert wird, die überhaupt nichts mit der Stellung der Gesellschaft als SE zu tun hat.

5. Fazit

Das Statut der SE enthält gesellschaftsrechtliche Regelungen zur Verfassung der SE, und zwar einerseits einheitliche europarechtliche Vorgaben und andererseits zahlreiche Verweisungen auf das –teilweise harmonisierte- nationale Aktienrecht der einzelnen Mitgliedstaaten der Europäischen Union[369]. Es liegt also kein in sich geschlossenes rein europäisches Gesellschaftsstatut vor[370], vielmehr wird jede SE ungeachtet ihrer europäischen Grundlage eine starke Prägung durch das Recht ihres Sitzstaats erhalten.

Angesichts der zahlreichen Rückgriffe auf nationale Vorschriften, wird sich auch das deutsche Aktienrecht zu bewähren haben. Allerdings ist ein Wettbewerb der Rechtsformen nicht nur zwischen den einzelnen unterschiedlich ausgestalteten SEs zu erwarten, sondern auch zwischen der SE als supranationaler Rechtsform einerseits und den nationalen Rechtsformen andererseits. Zu berücksichtigen ist zwar, dass die SE nach Vorstellung des Verordnungsgebers keinen grundlegend anderen Status haben soll als nationale Aktiengesellschaf-

---

[367] Entgegen des Vorschlags von *Brandt*, Überlegungen zu einem SE- Ausführungsgesetz, NZG 2002, S. 995; *ders.*, Der Diskussionsentwurf zu einem SE- Ausführungsgesetz, DStR 2003, S. 1215.

[368] So auch *Neye/ Teichmann*, Der Entwurf für das Ausführungsgesetz zur Europäischen Aktiengesellschaft, in AG 2003, S. 174.

[369] Vgl. *Pluskat*, Die neuen Vorschläge für die Europäische Aktiengesellschaft, EuZW 2001, S. 526.

[370] Vgl. *Schulz/ Geismar*, Die Europäische Aktiengesellschaft- eine kritische Bestandsaufnahme, DStR 2001, S. 1079.

ten[371], die SE so zu konzipieren, dass sie für grenzüberschreitend tätige Unternehmen besonders gut geeignet ist, ist jedoch keine Diskriminierung, denn gerade für diesen Zweck ist sie vorgesehen. Völlig gleichartige Rechtsformen kann es daher nicht geben.

Die Nachteile eines Rechtsquellen- durchmischten Regelungskonzeptes offenbaren sich insbesondere einem ausländischen SE- Gesellschafter. Aufgrund der engen Verflechtung der unterschiedlichen Nationalrechte mit dem SE- Statut des Gemeinschaftsrechts, ist der Zugang zur SE für ihn mit erheblichen Problemen verbunden[372], was sich wahrscheinlich in einem enormen Beratungsaufwand für teure Spezialisten niederschlagen wird. Darüber hinaus sind mit der Gemengelage aus Gemeinschaftsrecht und nationalem Recht aber auch gewisse Unsicherheiten in der Auslegung und Anwendung des Rechts auf die konkrete SE verbunden[373]. Diesem Nachteil sollte allerdings nicht zu viel Bedeutung beigemessen werden. So zeigt die Erfahrung, dass sich gewisse Probleme durch die Fortentwicklung in der konkreten Anwendungspraxis, durch weitere Durchdringung von Lehre und Wissenschaft sowie durch Ergänzungen und Korrekturen durch den europäischen Verordnungsgeber in den Griff bekommen lassen[374].

III. Mehrstaatlichkeit

Grundsätzlich müssen alle Gründungsformen mindestens zwei Mitgliedstaaten berühren. Dies hat einerseits zur Folge, dass jede SE- Gründung einen Aspekt der Mehrstaatlichkeit aufweisen muss; andererseits kann eine SE grundsätzlich nur von juristischen Personen gegründet werden, die ihren satzungsmäßigen Sitz und ihre Hauptverwaltung in einem Mitgliedstaat der Europäischen Gemeinschaft haben.

1. Anforderungen an die Mehrstaatlichkeit

Bedenkenlos bejahen kann man die Mehrstaatlichkeit bei der Beteiligung von Gründungsgesellschaften aus verschiedenen Mitgliedstaaten. Das Erfordernis der Mehrstaatlichkeit schlägt sich aber nicht nur darin nieder, dass bei der Ver-

---

371 Vgl. Erwägungsgrund 3 SE- VO.

372 Vgl. *Hirte*, Die Europäische Aktiengesellschaft, NZG 2002, S. 2; *Leupold*, Die EAG unter besonderer Berücksichtigung des deutschen Rechts -Chancen und Probleme auf dem Weg zu einer supranationalen Gesellschaftsform, S. 25.

373 Vgl. *Hommelhoff*, Einige Bemerkungen zur Organisationsverfassung der Europäischen Aktiengesellschaft, AG 2001, S. 285.

374 So auch *Hommelhoff*, Einige Bemerkungen zur Organisationsverfassung der Europäischen Aktiengesellschaft, AG 2001, S. 285.

schmelzung mindestens zwei Gründungsgesellschaften dem Recht verschiedener Mitgliedstaaten unterliegen müssen (Art. 2 I SE- VO), sondern auch darin, dass es bei der Gründung einer Holding- SE und der Tochter- SE ausreicht, wenn mindestens zwei Gründungsgesellschaften seit mindestens zwei Jahren eine dem Recht eines anderen Mitgliedstaats unterliegende Tochtergesellschaft oder eine Zweigniederlassung in einem Mitgliedstaat haben (Art. 2 II, III SE-VO). Weiter entschärft wird das Mehrstaatlichkeitserfordernis auch insoweit, als es sich um eine Gründung durch Umwandlung handelt. Art. 2 IV SE- VO fordert, dass diese Aktiengesellschaft seit mindestens zwei Jahren eine, dem Recht eines anderen Mitgliedstaates unterliegende, Tochtergesellschaft aufweisen kann[375].

Aus dieser stufenweise Reduzierung des Mehrstaatlichkeitserfordernis könnte man den Grundgedanken ableiten, dass es ausreichen müsste, wenn zumindest einer der beteiligten Rechtsträger Auslandsbezug aufweist[376]. Zunächst spricht die historische Entwicklung des Art. 2 SE- VO gegen eine Eingrenzung des Mehrstaatlichkeitserfordernisses. Erst im Entwurf von 1991 ist die Umwandlung enthalten. Bis 1989 war auch Gründungsvoraussetzung, dass mindestens zwei der Gründungsgesellschaften ihre Hauptverwaltung in verschiedenen Mitgliedstaaten hatten. Die Unterschiede in der Formulierung der Gründungsvarianten dürften daher beabsichtigt sein[377]. So bestimmt auch Art. 2 II b SE- VO ausdrücklich, dass bei der Gründung einer Holding- SE „mindestens zwei" der beteiligten Gesellschaften eine Tochtergesellschaft oder eine Niederlassung im Ausland „haben" müssen[378]. Durch die Verwendung des Plurals wird deutlich, dass beide Gründungsgesellschaften diese Voraussetzung erfüllen müssen[379]. Dies scheint in Hinblick auf die Gründung einer SE durch Umwandlung widersprüchlich zu sein. Es ist jedoch zu berücksichtigen, dass die Holding- SE sowohl Aktiengesellschaften als auch Gesellschaften mit beschränkter Haftung offen, während ausschließlich Aktiengesellschaften in eine SE umwandeln können. Außerdem reichen im Falle einer Holding SE Niederlassungen im Ausland, während es bei der Umwandlung Tochtergesellschaften sein müssen. Somit emtsprechen Verschärfungen bei der Mehrstaatlichkeit Erleichterungen bei an-

375 Über diese Zeitvorgabe sollen offenbar Ausgründungen zur Umgehung entgegengewirkt werden.

376 In diesem Sinne *Hommelhoff*, Einige Bemerkungen zur Organisationsverfassung der Europäischen Aktiengesellschaft, AG 2001, S. 281.

377 Ebenso *Teichmann*, Die Einführung der Europäischen Aktiengesellschaft- Grundlagen der Ergänzung des europäischen Statuts durch den deutschen Gesetzgeber, ZGR 2002, S. 410.

378 So auch *Schwarz*, Zum Statut der Europäischen Aktiengesellschaft, ZIP 2001, S. 1850, dagegen jedoch *Hommelhoff*, Einige Bemerkungen zur Organisationsverfassung der Europäischen Aktiengesellschaft, AG 2001, S. 281.

379 Vgl. hierzu *Kallmeyer*, Europa- AG: Strategische Optionen für deutsche Unternehmen, AG 2003, S. 199.

deren Gründungsvoraussetzungen. Daher sollte jede Gründungsform als in sich geschlossenes Konzept der Verordnung respektiert werden[380].

Gegen das Mehrstaatlichkeitserodernis spricht auch die Tatsache, dass es leicht durch Umgehungsstrategien ausgehebelt werden kann. Dies war der Kommission jedoch bereits bei dem Diskussionsentwurf aus dem Jahr 1989 bewusst gewesen und dürfte dem Verordnungsgeber nicht entgangen sein[381]. Das ausdifferenzierte System der Gründungsarten und dessen Voraussetzungen sollte vor diesem Hintergrund nicht korrigiert, sondern vielmehr respektiert werden. Zu berücksichtigen ist vielmehr, dass die Mehrstaatlichkeit nicht mehr ist, als eine formale Eintrittsschwelle in die SE[382]. Aus diesem Grund sollte hier eine formale Betrachtung der Gründungsvorschriften ausreichen. Ob eine andere Beurteilung geboten ist, wenn Mechanismen zum Schutz der Gesellschafter oder Dritter umgangen werden sollen, kann an dieser Stelle dahingestellt bleiben[383].

2. Beteiligung von Unternehmen außerhalb der Gemeinschaft

Art. 2 I bis IV SE- VO bestimmt, dass eine SE nur von juristischen Personen gegründet werden kann, die nach dem Recht eines Mitgliedstaates der Gemeinschaft gegründet worden sind und sowohl ihren satzungsmäßigen Sitz als auch ihre Hauptverwaltung in der Gemeinschaft haben. Gesellschaften außerhalb der EU ist damit der unmittelbare Zugang zur SE grundsätzlich versperrt. Es stellt sich allerdings die Frage, ob die Rechtsform der SE für die europäische Zentrale ausländischer Konzerne nicht dennoch nutzbar gemacht werden kann. Hierzu bieten sich mehrere Lösungsmöglichkeiten an[384]: Die europäische Konzernzentrale ausländischer Unternehmen kann in eine SE umgewandelt werden, wenn sie seit mindestens zwei Jahren eine Tochtergesellschaft in einem anderen Mitgliedstaat der Europäischen Gemeinschaft hat (vgl. Art. 2 IV SE- VO). Auch sind Verschmelzungen von Tochtergesellschaften über die Grenze möglich, vorausgesetzt beide Tochtergesellschaften haben die Rechtsform der Aktiengesellschaft (vgl. Art. 2 I SE- VO). Einen weitere Möglichkeit offeriert Art. 2 V SE-

380 Vgl. *Neun*, in Theisen/ Wenz, Die Europäische Aktiengesellschaft, Recht, Steuern und Betriebswirtschaft der Societas Europaea (SE), S. 63.

381 Vgl. *Trojan- Limmer*, Die geänderten Vorschläge für ein Statut der Europäischen Aktiengesellschaft (SE), RIW 1991, S. 1013.

382 Kritisch *Lange*, Überlegungen zur Umwandlung einer deutschen in eine Europäische Aktiengesellschaft, EuZW 2003, S. 302.

383 Ablehnend *Neun*, in Theisen/ Wenz, Die Europäische Aktiengesellschaft, Recht, Steuern und Betriebswirtschaft der Societas Europaea (SE), S. 64, dafür *Teichmann*, Die Einführung der Europäischen Aktiengesellschaft- Grundlagen der Ergänzung des europäischen Statuts durch den deutschen Gesetzgeber, ZGR 2002, S. 412 f.

384 Vgl. *Blanquet*, Das Statut der Europäischen Aktiengesellschaft (Societas Europaea "SE"), ZGR 2002, S. 37 mit Beispielen.

VO an; so können Einzelstaaten in einem eng begrenzten Ausnahmefall auch Gesellschaften, deren Hauptverwaltung außerhalb der Gemeinschaft liegt, zur SE- Gründung zulassen. Eingeschränkt wird die Zulassung dadurch, dass es sich dabei um Gesellschaften handeln muss, die nach dem Recht eines Mitgliedstaates gegründet wurden, ihren satzungsmäßigen Sitz in diesem Staat haben und mit der Wirtschaft eines Mitgliedstaates in tatsächlicher und dauerhafter Verbindung stehen müssen. Diese Voraussetzungen können jedoch nur in einem Staat erfüllt werden, welcher der Gründungstheorie folgt[385]. Deshalb hat der deutsche Gesetzgeber von dieser Ermächtigung konsequenterweise auch keinen Gebrauch gemacht[386].

3. Fazit

An dem Mehrstaatlichkeitserfordernis sollte entsprechend des eindeutigen Willens des Gesetzgebers festgehalten und mögliche Umgehungen dieser formellen Gründungsvoraussetzung in Kauf genommen werden. Auch bei konsequenter Anwendung des Mehrstaatlichkeitsprinzips wird ausländischen Unternehmen nicht der Zugang zur SE verwehrt.

IV. Gründungsvorgang

Eine SE kann auf mehrere Arten gegründet werden. Dabei unterscheidet man zwischen vier originären Gründungsformen[387]. Allerdings hat nicht jede Rechtsperson Zugang zu jeder Gründungsform. So sind bei Verschmelzung und Umwandlung nur Aktiengesellschaften zugelassen, bei der Holding- SE auch die GmbH und bei der Tochter- SE jede juristische Person des öffentlichen oder privaten Rechts. Die Gründung einer SE durch eine direkte Zeichnung des Ge-

---

[385] Nach der Sitztheorie würde eine Gesellschaft, die ihren satzungsmäßigen Sitz innerhalb und ihre Hauptverwaltung außerhalb der Gemeinschaft hat, allein dem Recht des außerhalb der Gemeinschaft gelegenen Staates unterfallen.

[386] Ausführlich hierzu *Neye/ Teichmann*, Der Entwurf für das Ausführungsgesetz zur Europäischen Aktiengesellschaft, AG 2003, S. 170 f.

[387] Als sog. sekundäre -zum Teil auch „abgeleitete" oder „derivative" genannte- Gründungsform ist es auch möglich, dass die SE an weiteren SE- Gründungen als Gründungsmitglied teilnimmt, da sie gem. Art. 3 I SE- VO einer Aktiengesellschaft nationalen Rechts gleichgestellt wird. Art. 3 II 1 SE- VO bestimmt, dass eine SE selbst eine Tochter- SE gründen kann, vgl. *Lutter*, Europäische Aktiengesellschaft- Rechtsfigur mit Zukunft?, BB 2002, S. 4, *Pluskat*, Die neuen Vorschläge für die Europäische Aktiengesellschaft, EuZW 2001, S. 526 f.

sellschaftskapitals ist hingegen nicht möglich. Dies erklärt sich überwiegend entstehungsgeschichtlich[388].

Bevor auf die einzelnen Gründungsformen eingegangen wird, wird noch darauf hingewiesen, dass die Gründung einer SE im Wege einer Verschmelzung, Holding und Umwandlung in ihren Voraussetzungen und ihrem Verfahren der Verschmelzungsrichtlinie von 1978 folgt, deren Regeln im Umwandlungsgesetz verwirklicht sind. Dies schlägt sich dann auch im Aufbau der nachfolgenden Darstellung nieder.

1. Gründung durch Verschmelzung

Die SE kann durch Verschmelzung zweier oder mehrerer Aktiengesellschaften unterschiedlichen nationalen Rechts in einer neu gegründeten SE oder durch Aufnahme[389] der einen Gesellschaft durch die andere, wobei die aufnehmende Gesellschaft gleichzeitig in eine SE umgewandelt wird, errichtet werden (Art. 2 I SE- VO i.V.m. Anhang I zur Verordnung, Art. 17 – 31 SE- VO). Die GmbH ist für diese Art der Gründung somit nicht zugelassen.

a) Verschmelzungsrecht

Das Verschmelzungsrecht ist in der SE- VO nur teilweise geregelt und wird daher in vielen Bereichen durch das nationale Aktienrecht ergänzt. Maßgebend sind hier insoweit die Vorschriften der Art. 15 I; 18 SE- VO. Nach Art. 15 I SE-VO findet auf die Gründung der SE grundsätzlich das Recht ihres Sitzstaates Anwendung[390]. Nach Art. 18 SE- VO gilt in den Bereichen, die im Abschnitt über die Verschmelzung nicht oder nur teilweise geregelt sind, für jede Gründungsgesellschaft das Recht ihres Sitzstaates, soweit es mit der Verschmelzungsrichtlinie in Einklang steht.

Es stellt sich nun die Frage, wie das Verhältnis der Art. 15 I SE- VO und Art. 18 SE-VO zu verstehen ist. Berücksichtigt man, dass nach der Umsetzung der Dritten Richtlinie alle Mitgliedstaaten über harmonisiertes Verschmelzungsrecht verfü-

---

388 Vgl. *Blanquet*, Das Statut der Europäischen Aktiengesellschaft (Societas Europaea "SE"), ZGR 2002, S. 44.

389 Die stellt gegenüber dem Entwurf von 1991, der keine Verschmelzung durch Aufnahme vorsah, eine wesentliche Verbesserung dar, so auch *Buchheim*, Europäische Aktiengesellschaft und grenzüberschreitende Konzernverschmelzung- Der aktuelle Entwurf der Rechtsform aus betriebswirtschaftlicher Sicht, S. 137.

390 Die allgemeine Verweisungsregel des Art. 9 I SE- VO greift hier nicht, da sie die Existenz der SE voraussetzt. Dies folgt aus Systematik und Wortlaut. Hielte man Art. 9 SE-VO für anwendbar, wäre Art. 15 I SE- VO überflüssig.

gen, rechtfertigt dies, für das Verfahren innerhalb der Gründungsgesellschaften auf nationales Recht zu verweisen[391]. Allerdings regelt das nationale Recht in den meisten Fällen keine grenzüberschreitenden Verschmelzungen[392], was es erforderlich machte, in der SE- VO eigene Regelungen zu treffen. Dabei steht es nicht im Widerspruch zu Art. 18 SE- VO, dass Art. 15 I SE- VO für die Gründung die Anwendung des Rechts im künftigen Sitzstaat der SE vorschreibt. Dies ist vielmehr Ausdruck eines zweistufigen Verfahrens[393], wonach die erste Stufe die Vorgänge umfasst, die sich innerhalb der Gründungsgesellschaften ereignen und daher dem für diese Gesellschaft geltenden Recht unterworfen sind, und die zweite Stufe die neu entstehende SE betrifft[394].

b) Verschmelzungsverfahren

Der Ablauf einer Verschmelzung zu einer SE vollzieht sich ebenso wie rein nationale Verschmelzungen in mehreren Phasen[395]. Nachdem sich die Vertretungsorgane der beteiligten Aktiengesellschaften auf eine Verschmelzungsvariante geeinigt haben, stehen in der sich anschließenden Phase alle für die Vorbereitung und Durchführung der Hauptversammlung der beteiligten Gründungsgesellschaften erforderlichen Maßnahmen im Fokus. Da gerade der Verschmelzungsplan die Grundlage jedes Verschmelzungsvorhabens zur Gründung einer SE darstellt, wird dieser im Folgenden ausführlicher dargelegt.

(1) Verschmelzungsplan

Die Leitungs- oder Verwaltungsorgane der sich verschmelzenden Gesellschaften stellen einen Verschmelzungsplan[396] auf, dessen Mindestinhalt sich nach Art. 20 I SE- VO bestimmt und auch um weitere Punkte ergänzt werden kann (Art. 20 II SE- VO).

---

391 Vgl. *Teichmann*, Die Einführung der Europäischen Aktiengesellschaft- Grundlagen der Ergänzung des europäischen Statuts durch den deutschen Gesetzgeber, ZGR 2002, S. 416.

392 So beschränkt bspw. § 1 I UmwG den Anwendungsbereich ausdrücklich auf „Rechtsträger mit Sitz im Inland".

393 Vgl. *Teichmann*, Die Einführung der Europäischen Aktiengesellschaft- Grundlagen der Ergänzung des europäischen Statuts durch den deutschen Gesetzgeber, ZGR 2002, S. 416.

394 Vgl. *Neun*, in Theisen/ Wenz, Die Europäische Aktiengesellschaft, Recht, Steuern und Betriebswirtschaft der Societas Europaea (SE), S. 66 f.

395 Im Einzelnen lassen sich Planungs-, Vorbereitungs-, Beschluss- und Vollzugsphase unterscheiden; wobei hier auf eine solche Aufteilung verzichtet wird.

396 Ein dem deutschen Recht bekannter Verschmelzungsvertrag nach § 4 UmwG ist dagegen nicht erforderlich. Um für die SE- Gründung zu einem einheitlichen Standard zu gelangen, ist die SE- VO hinsichtlich des Verschmelzungsplans als abschließend zu betrachten.

Beide Verschmelzungspläne sollten inhaltlich gleichlautend sein. Zwar enthält Art. 20 I SE- VO keine dem Art. 32 II 1 SE- VO entsprechende Bestimmung. Allerdings kontrolliert die Registerbehörde vor Eintragung der Verschmelzung nach Art. 26 III SE- VO, ob die verschmelzenden Gesellschaften einem gleichlautenden Verschmelzungsplan zugestimmt haben[397]. Dies setzt jedoch inhaltlich gleichlautende Verschmelzungspläne voraus.

(a) Form des Verschmelzungsplans

Da Art. 20 I SE- VO keine Regelung hinsichtlich der Form des Verschmelzungsplans trifft, ergibt sich aus Art. 18 SE- VO i.V.m. § 6 UmwG dessen notarielle Beurkundungsbedürftigkeit. Dies setzt zugegebenermaßen voraus, dass der Verschmelzungsplan vom Sinn und Zweck des § 6 UmwG erfasst wird. Die § 6 UmwG zugrunde liegende gesetzgeberische Wertung gebietet jedoch die Bejahung der Beurkungspflicht[398]. So ist die Situation bei einem Verschmelzungsvertrag mit derjenigen eines Verschmelzungsplans nämlich identisch. In beiden Fällen soll der Inhalt beweiskräftig festgehalten und die Beteiligten umfassend belehrt werden[399]. Auch stellt sich die notarielle Beurkundung als Instrument der Rechtsstaatlichkeitskontrolle dar, welche aufgrund Art. 16 Verschmelzungsrichtlinie geboten ist[400].

(b) Zuleitung an den Betriebsrat

Der Verschmelzungsplan muss gemäß Art. 18 SE- VO i.V.m. § 5 III UmwG spätestens einen Monat vor der Hauptversammlung, die über die Verschmelzung beschließen soll, dem Betriebsrat der Gesellschaft zugeleitet werden.

(2) Bekanntmachung der Verschmelzung

Die geplante Verschmelzung ist im Amtsblatt des Mitgliedstaates, dessen Recht die jeweilige Gründungsgesellschaft unterliegt, bekannt zu machen (Art. 21 SE- VO). Diese Bekanntmachung hat insbesondere den Zweck, die Aktionäre und Gläubiger der Gesellschafter über die Modalitäten, nach denen sie Schutz bean-

---

397 Deshalb spricht *Teichmann* von einem redaktionellen Versäumnis, in Die Einführung der Europäischen Aktiengesellschaft- Grundlagen der Ergänzung des europäischen Statuts durch den deutschen Gesetzgeber, ZGR 2002, S. 416.

398 Vgl. hierzu *Sagasser/ Swienty*, Die Gründung einer Europäischen Aktiengesellschaft im Wege der Verschmelzung- Zur Praktikabilität des SE- Statuts in der Entwurfsfassung vom 6./16.5.1991, DStR 1991, S. 1194.

399 Vgl. *Heckschen*, Die Europäische AG aus notarieller Sicht, DNotZ 2003, S. 258.

400 Ebenso *Heckschen*, Die Europäische AG aus notarieller Sicht, DNotZ 2003, S. 257 ff.

spruchen können, zu informieren[401]; sie muss daher eine Anschrift enthalten, unter der Aktionäre und Gläubiger kostenlos Auskünfte über die Rechte einholen können (Art. 21 Unterabs. d SE- VO). Zusätzlich sind Angaben zu den sich verschmelzenden Gesellschaften zu machen; bezüglich der neu entstehenden SE wird die vorgesehene Firma und ihr zukünftiger Sitz bekannt gemacht (Art. 21 Unterabs. a, e SE- VO).

Art. 21 SE- VO gibt dem nationalen Gesetzgeber die Möglichkeit, weitere Regelungen zu schaffen. Davon hat der deutsche Gesetzgeber in Art. 1 § 5 SEEG Gebrauch gemacht, indem er bestimmt, dass die bekannt zu machenden Tatsachen dem Register bei Einreichung des Verschmelzungsplans mitzuteilen hat.

(3) Verschmelzungsbericht und Prüfung durch Sachverständige

Die SE- VO selbst schreibt keinen Verschmelzungsbericht vor. In einer sich verschmelzenden Gesellschaft, die deutschem Recht unterliegt, muss entsprechend der Verweisung des Art. 18 SE- VO der Vorstand den nach § 8 I UmwG vorgesehenen Verschmelzungsbericht erstatten. Die SE- Verordnung bestimmt nur, dass für alle sich verschmelzenden Gesellschaften gemeinsam ein oder mehrere Sachverständige[402] bestellt werden können, um einen für alle Aktionäre der betroffenen Gesellschaften einheitlichen Bericht über die Prüfung der Verschmelzung zu erstellen (Art. 22 Unterabs. 1 SE- VO)[403].

In Art. 22 II SE- VO ist das Auskunftsrecht des Sachverständigen gegenüber allen sich verschmelzenden Gesellschaften ausdrücklich geregelt. Dabei haben die Sachverständigen im Gegensatz zur Fassung der SE- VO von 1991[404] nur noch das Recht, „alle zweckdienlichen Auskünfte zu verlangen, die sie zur Erfüllung ihrer Aufgaben für erforderlich halten". Eine Einschränkung der Rechte

---

401 Kritisch hinsichtlich des Gläubigerschutzes *Sagasser/ Swienty*, Die Gründung einer Europäischen Aktiengesellschaft im Wege der Verschmelzung- Zur Praktikabilität des SE-Statuts in der Entwurfsfassung vom 6./16.5.1991, DStR 1991, S. 1194.

402 Dies sind entgegen *Schwarz* unabhängige Sachverständige. Schwarz vertritt die Auffassung, dass auch abhängige Prüfer die Prüfung vernehmen können. Dies widerspricht jedoch der Systematik des europäischen Verschmelzungsrechts, vgl. *Schwarz*, Zum Statut der Europäischen Aktiengesellschaft, ZIP 2001, S. 1851.

403 Dies musste ausdrücklich geregelt werden, da Art. 10 I 2 Verschmelzungsrichtlinie insoweit nur ein Mitgliedstaatenwahlrecht vorsieht und gem. deren Art. 2 für grenzüberschreitende Verschmelzungen keine Anwendung findet.

404 Die Fassung von 1991 gewährte den Sachverständigen in Art. 21 III SE- VOV das Recht, „alle zweckdienlichen Auskünfte und Unterlagen zu verlangen und alle erforderlichen Nachprüfungen vorzunehmen".

der Sachverständigen wird man hierin jedoch nicht erblicken können[405] Da der Wortlaut der SE- VO- Fassung von 1991 mit dem der Verschmelzungsrichtlinie übereinstimmt, und die heute geltende SE- VO auf diesem Regelungsstand aufbaut, ist es erforderlich, ihnen dieselben Rechte zu gewähren, wie es auch bereits der SE- VOV von 1991 tat[406].

(4) Beschluss der Hauptversammlung der Gründungsgesellschaften

Die Hauptversammlung jeder der sich verschmelzenden Gesellschaften stimmt dem Verschmelzungsplan zu (Art. 23 I SE- VO). Dabei richten sich Einberufung, Ablauf und Durchführung der Hauptversammlung nach dem nationalen Recht der Gründungsgesellschaft[407]. Der Beschluss bedarf einer Mehrheit, die mindestens drei Viertel des bei der Beschlussfassung vertretenen Grundkapitals umfasst (Art. 18 SE- VO i.V.m. § 65 I UmwG).

(5) Schutz der widersprechenden Minderheitsaktionäre

Zur Wahrung der Interessen der Minderheitsaktionären[408] ermächtigt Art. 24 II SE- VO ausdrücklich den nationalen Gesetzgeber, entsprechende Vorschriften zu erlassen. Von dieser Befugnis hat der Gesetzgeber in Art. 1 §§ 6, 7 SEEG Gebrauch gemacht, um den Schutz der widersprechenden Minderheitsaktionäre bei Gründung einer SE nicht hinter demjenigen bei rein nationalen Verschmelzungen zurückfallen zu lassen[409].

(a) Anspruch auf bare Zuzahlung

Zum einen steht den Aktionären ein Anspruch auf bare Zuzahlung nach Art. 1 § 6 II SEEG zu, wenn das Umtauschverhältnis zwischen den Anteilen der Grün-

---

405 Anderer Ansicht, aber ohne Begründung *Schwarz*, Zum Statut der Europäischen Aktiengesellschaft, ZIP 2001, S. 1851.

406 Vgl. *Teichmann*, Die Einführung der Europäischen Aktiengesellschaft- Grundlagen der Ergänzung des europäischen Statuts durch den deutschen Gesetzgeber, ZGR 2002, S. 424 f.

407 Dies wird aus Art. 18 SE- VO hergeleitet, der so zu verstehen ist, dass er auch allgemeine aktienrechtliche Vorschriften umfasst soweit sie für die Durchführung einer Verschmelzung relevant sind, so bereits *Sagasser/ Swienty*, Die Gründung einer Europäischen Aktiengesellschaft im Wege der Verschmelzung- Zur Praktikabilität des SE- Statuts in der Entwurfsfassung vom 6./16.5.1991, DStR 1991, S. 1224.

408 Zur Terminologie „Minderheitsaktionär" *Kalss*, Der Minderheitenschutz bei Gründung und Sitzverlegung der SE nach dem Diskussionsentwurf, ZGR 2003, S. 601 ff.

409 Vgl. *Teichmann*, Minderheitenschutz bei Gründung und Sitzverlegung der SE, ZGR 2003, S. 379 ff.

dungsgesellschaft und der SE nicht angemessen ist[410]. Die Geltendmachung des Anspruchs auf bare Zuzahlung besteht dabei unabhängig davon, wie der Aktionär im Verschmelzungsbeschluss abgestimmt, und ob er gegen den Beschluss Widerspruch eingelegt hat[411]. Es reicht vielmehr aus, dass ein Gesellschafter lediglich mit dem Umtauschverhältnis nicht einverstanden ist[412]. Wird ein Anspruch auf bare Zuzahlung anerkannt, so ist dieser gemäß Art. 1 § 6 III SEEG mit Zinsen in Höhe von zwei Prozentpunkten über dem Basiszinssatz zu verzinsen; der Zinslauf beginnt mit der Eintragung und Bekanntmachung der Verschmelzung.

(b) Abfindungsanspruch

Zum andern sieht Art. 1 § 7 I SEEG einen Abfindungsanspruch vor. Diejenigen Aktionäre, die gegen den Verschmelzungsplan der sich verschmelzenden Gesellschaften Widerspruch zur Niederschrift erklärt haben, können gegen eine angemessene Barabfindung aus der Gesellschaft ausscheiden. Allerdings besteht das Austrittsrecht nur dann, wenn vorgesehen ist, dass die zu gründende SE ihren Sitz im Ausland haben soll. Dem liegt der Gedanke zugrunde, dass kein Aktionär gezwungen werden soll, die mit dem Wechsel in der Rechtsform der SE verbundenen Änderung seiner Rechte und Pflichten hinzunehmen[413]. Hat die künftige SE dagegen ihren Sitz in Deutschland, besteht für ein Austrittsrecht keine Veranlassung, weil das anwendbare Recht sich nicht grundlegend ändert. Auch dieser Anspruch ist entsprechend Art. 1 § 7 II 2 SEEG zu verzinsen. Dieses Abfindungsangebot kann nur innerhalb zweier Monate nach Eintragung und Bekanntmachung der Verschmelzung gemacht werden (Art. 1 § 7 IV 1 SEEG).

(c) Spruchverfahren

Die Angemessenheit der Barabfindung und des Umtauschverhältnisses kann gegebenenfalls nach Art. 1 § 6 IV; § 7 VII SEEG i.V.m. dem Spruchverfahrens-

---

410 Kritisch gegenüber dem Anspruch auf Barabfindung *Kübler*, Barabfindung bei Gründung einer Europa- AG, ZHR 2003, S. 628 ff.

411 So auch *Kalss*, Der Minderheitenschutz bei Gründung und Sitzverlegung der SE nach dem Diskussionsentwurf, ZGR 2003, S. 616 ff; kritisch hingegen *Brandt*, Der Diskussionsentwurf zu einem SE- Ausführungsgesetz, DStR 2003, S. 1210; *Handelsrechtsausschuss des Deutschen Anwaltsvereins*, Stellungnahme zu dem Regierungsentwurf eines Gesetzes zur Einführung der Europäischen Gesellschaft (SEEG), NZG 2004, S. 957.

412 Vgl. Begründung zum SEEG, S. 80.

413 Vgl. Begründung zum SEEG, S. 81, wo ausdrücklich darauf hingewiesen wird, dass mit der Fassung des Art. 1 § 7 I SEEG keine Negativbewertung ausländischen Rechts verbunden wird; zu dem Minderheitenschutz sich kritisch äußernd *Waclawik*, Der Referentenentwurf des Gesetzes zur Einführung der Europäischen (Aktien-)Gesellschaft, DB 2004, S. 1193.

gesetz im Spruchverfahren überprüft werden[414]. Durch den Verweis auf das Spruchverfahren soll eine zügige Durchführung der Verschmelzung und damit die Gründung der SE bewirkt werden. Anfechtungsklagen gegen den Verschmelzungsbeschluss, die die Ausstellung der Rechtsmäßigkeitsbescheinigung verhindern, sind bei wertbezogenen Streitigkeiten somit grundsätzlich ausgeschlossen (Art. 1 §§ 6 I, 7 V SE- VO).

Das deutsche Spruchverfahren gelangt nach Art. 25 III 1 SE- VO allerdings nur dann zur Anwendung, wenn die ausländischen Aktionäre dem ausdrücklich zugestimmt haben. Ziel dieser Bestimmung ist es, Benachteiligungen der ausländischen Aktionäre zu vermeiden. Aktionäre der übertragenden Gesellschaft könnten nämlich durch ein nach der Durchführung der Verschmelzung ergangenes Urteil im Spruchstellenverfahren Nachzahlungen erlangen, die aus dem Vermögen der neu gegründeten SE zu zahlen wäre und somit zu Lasten der Aktionäre gingen, denen ein solches Verfahren nach ihren eigenen nationalen Regeln nicht offeriert wird[415]. Fehlt jedoch die Zustimmung nach Art. 25 III 1 SE-VO, so kann das Spruchstellenverfahren nicht zur Anwendung gelangen. Dies hat zur Folge, dass Anfechtungsklagen mit der Behauptung eines fehlerhaften Umtauschverhältnisses oder einer zu niedrig bemessenen Barabfindung gegen den Verschmelzungsbeschluss möglich sind. Daher ist in Art. 1 §§ 6 I, 7 V SE-VO bestimmt, dass auch Aktionäre einer Gründungsgesellschaft mit Sitz in einem anderen Mitgliedstaat der Europäischen Union eine Überprüfung des Umtauschverhältnisses und der Barabfindung vornehmen lassen können, sofern nach dem Recht dieses Staates ein Verfahren zur Kontrolle und Änderung des Umtauschverhältnisses der Aktien vorgesehen ist[416] und deutsche Gerichte für die Durchführung eines solchen Verfahrens international zuständig[417] sind[418]. Mit dieser Regelung dürfte es einfacher sein, die Zustimmung der Aktionäre ausländischer Gesellschaften zu erlangen[419].

(6) Vereinbarung über die Beteiligung der Arbeitnehmer

Die Verhandlungen mit den Arbeitnehmern sollen nach Offenlegung des Verschmelzungsplans aufgenommen werden (Art. 3 I SE- RL). Die Verhandlungen

---

414 Diese Vorschrift ist in Anlehnung an § 24 UmwG eingeführt worden.

415 Kritisch hinsichtlich dieser Vorschrift *Teichmann*, Die Einführung der Europäischen Aktiengesellschaft- Grundlagen der Ergänzung des europäischen Statuts durch den deutschen Gesetzgeber, ZGR 2002, S. 428.

416 So in Österreich.

417 Die Zuständigkeit kann auf einer Gerichtsstandsvereinbarung oder der EuGVVO beruhen.

418 Kritisch *El Mahi*, Die Europäische Aktiengesellschaft Societas Europaea –SE-, S. 52.

419 Zustimmend *Brandt*, Der Diskussionsentwurf zu einem SE- Ausführungsgesetz, DStR 2003, S. 1213 f.

führen die Leitungsorgane und das besondere Verhandlungsgremium der Arbeitnehmer der sich verschmelzenden Gesellschaften (Art. 4 I SE- RL)[420].

Die Hauptversammlung kann sich in ihrem Zustimmungsbeschluss die Genehmigung der mit den Arbeitnehmern ausgehandelten Vereinbarung vorbehalten (Art. 23 II 2 SE- VO), was unter anderem zu einer erheblichen Verfahrensverzögerung führen kann. Die Satzung der SE darf nicht im Widerspruch zu der ausgehandelten Vereinbarung stehen (Art. 12 IV Unterabs. 1 SE- VO)[421].

(7) Verfahren bei Konzernverschmelzung

Art. 31 SE- VO enthält eine Sonderregel für Konzernverschmelzungen, wonach einige der beschriebenen Verfahrensregeln keine Anwendung finden.

Diese Regelung erfasst in Absatz 1 Verschmelzungen auf eine Gesellschaft, die sämtliche Stimmrechte in der Hauptversammlung der anderen Gesellschaft hält. In dem Fall sind bestimmte Angaben im Verschmelzungsplan entbehrlich, und es kann kein gemeinsamer Sachverständiger im Sinne des Art. 22 SE- VO bestellt werden. Darüber hinaus enthält Art. 31 I SE- VO einen Verweis auf die nationalen Vorschriften, die in Umsetzung der Verschmelzungsrichtlinie ergangen sind. Dies führt dazu, dass Verschmelzungsbericht und –prüfung also § 8 III 1 und § 9 II UmwG entbehrlich sind. Dasselbe dürfte auch für den Beschluss der Hauptversammlung gelten, der nach § 62 I 1 UmwG entfallen kann[422].

Zum zweiten enthält Art. 31 II SE- VO für eine Verschmelzung durch Aufnahme, bei der mindestens 90 %, nicht aber alle Stimmrechte in Händen der aufnehmenden Gesellschaft sind, einen Verweis auf die Verfahrensregeln des nationalen Rechts der beteiligten Gesellschaften.

(8) Eintragung

Nach Abschluss des Verhandlungsverfahren mit den Arbeitnehmern wird die SE in ihrem künftigen Sitzstaat in das Register eingetragen, das der Mitglied-

---

420 Ausführliche Darstellung auf S. 113 ff.

421 Vgl. hierzu *Teichmann*, Vorschläge für das deutsche Ausführungsgesetz zur Europäischen Aktiengesellschaft, ZIP 2002, S. 1112.

422 Auch wenn der Verweis der SE- VO sich nicht ausdrücklich auf Art. 25 der Verschmelzungsrichtlinie bezieht, sondern nur Art. 24 der Richtlinie angesprochen wird, wird der Hinweis auf Art. 24 der Verschmelzungsrichtlinie so verstanden, dass das richtlinienkonforme Recht Geltung beanspruchen kann. Dazu gehört auch § 62 UmwG, so auch *Teichmann*, Die Einführung der Europäischen Aktiengesellschaft- Grundlagen der Ergänzung des europäischen Statuts durch den deutschen Gesetzgeber, ZGR 2002, S. 431.

staat dafür bestimmt (Art. 12 I, II SE- VO). Die Verordnung über das Statut der SE ist dadurch untrennbar mit der Richtlinie zur Ergänzung des SE- Statuts hinsichtlich der Stellung der Arbeitnehmer verbunden. Zuständiges Register in Deutschland ist nach Art. 1 § 3 SEEG das Handelsregister[423].

Erforderlich ist eine zweistufige Rechtmäßigkeitskontrolle. Auf das Verfahren in den Gründungsgesellschaften findet nach Art. 18 SE- VO das nationale Recht der Gründungsgesellschaften Anwendung. Daher wird die Rechtmäßigkeit dieses Verfahrens von der dort zuständigen Behörde geprüft (Art. 25 I SE- VO). Sie stellt eine Bescheinigung darüber aus, dass das Verfahren ordnungsgemäß abgelaufen ist (Art. 25 II SE- VO) und die Vorlage dieser Bescheinigung ist im Sitzstaat der SE Eintragungsvoraussetzung (Art. 26 II SE- VO). Aufgabe der zuständigen Behörde im Sitzstaat der SE ist es dann, zu prüfen, ob die nationalen Gründungsvorschriften eingehalten wurden (Art. 26 I SE- VO). Dies entspricht der Verweisung von Art. 15 I SE- VO, wonach die Gründung der SE grundsätzlich nach nationalem Recht verläuft[424].

Die nach Art. 14 I SE- VO erforderliche Bekanntmachung der Eintragung der SE im Amtsblatt der EG, enthält neben dort normierten Angaben auch die Firma der SE. Die SE muss ihrer Firma den Zusatz "SE" voran- oder nachstellen, wobei der Zusatz exklusiv für die SE steht (Art. 11 I, II SE- VO).

(9) Einspruchsrecht einer Behörde

Jeder Mitgliedstaat kann anordnen, dass Gesellschaften, die seinem Recht unterliegen, sich im Falle des Einspruchs einer bestimmten Behörde nicht an der Gründung einer SE durch Verschmelzung beteiligen dürfen (Art. 19 S. 1 SE- VO) [425]. Eine vergleichbare Vorschrift enthielt bereits die EWIV- Verordnung in Art. 14 IV EWIV- VO. Von ihr hat der deutsche Gesetzgeber weder seinerzeit noch heute Gebrauch gemacht.

---

423 Nach Art. 68 II SE- VO benennt jeder Mitgliedstaat die nach Art. 26 zuständige Behörde.

424 Vgl. *Bungert/ Beier*, Die europäische Aktiengesellschaft- Das Statut und seine Umsetzung in der Praxis, EWS 2002, S. 7; *Hirte*, Die Europäische Aktiengesellschaft, NZG 2002, S. 3, *Buchheim*, Europäische Aktiengesellschaft und grenzüberschreitende Konzernverschmelzung- Der aktuelle Entwurf der Rechtsform aus betriebswirtschaftlicher Sicht, S. 202 f.

425 Die Ermächtigung beruht offenbar auf Besonderheiten des englischen Rechts, das bei einem Fortzug von Gesellschaften ein Einspruchsrecht der Steuerbehörde vorsieht.

(10) Rechtsfolge

Wenn alle Gründungsvoraussetzungen erfüllt sind, bestimmen sich die Rechtsfolgen nach Art. 29 SE- VO. So geht mit der Wirksamkeit der Verschmelzung das gesamte Aktiv- und Passivvermögen jeder übertragenden Gesellschaft auf die übernehmende bzw. neugegründete SE über; die Aktionäre der übertragenden Gesellschaft werden Aktionäre der SE und die übertragenden Gesellschaften erlöschen und die zum Zeitpunkt der Eintragung aufgrund der einzelstaatlichen Rechtsvorschriften und Gepflogenheiten sowie aufgrund individueller Arbeitsverträge oder Arbeitsverhältnisse bestehenden Rechte und Pflichten der beteiligten Gesellschaften hinsichtlich der Beschäftigungsbedingungen gehen mit der Eintragung der SE auf diese über.

2. Gründung einer Holding- SE

Auch möglich ist die Gründung einer SE als Holding zweier nationaler Aktiengesellschaften oder GmbHs entweder unterschiedlichen nationalen Rechts oder gleichen nationalen Rechts, soweit die nationalen Gesellschaften nur seit mindestens zwei Jahren eine Tochtergesellschaft oder eine Niederlassung in einem anderen Mitgliedstaat haben (Art. 2 II i.V.m. Anhang II zur Verordnung, Art. 32 – 34 SE- VO)[426].

Die Holding- SE kann gemäß Art. 32 II 4; 33 II SE- VO nur gegründet werden, wenn jede an der Gründung beteiligte Gesellschaft mehr als 50 % der durch die Aktien bzw. die Anteile verliehenen Stimmrechte in die Holding einbringt. Aufgrund der entstehenden Organisationsstruktur wird die SE somit zur Dachgesellschaft der beteiligten Gesellschaften, da diese anders als bei der Verschmelzung hier fortbestehen, worauf auch Art. 32 I Unterabs. 1 SE- VO klarstellend hinweist. Im Austausch gegen ihre eingebrachten Anteile erhalten die Anteilseigner der beteiligten Gesellschaften gemäß Art. 33 IV SE- VO Anteile an der gegründeten Holding- SE.

a) Gründungsrecht

Art. 32 – 34 SE- VO geben die erforderlichen Verfahrensschritte für die Gründung einer Holding- SE vor. Im Gegensatz zu den für die Verschmelzung maßgebenden Art. 17 ff. SE- VO enthalten die Art. 32 ff. SE- VO keinen Verweis auf nationales Recht, sondern nehmen lediglich Bezug auf das harmonisierte

---

426 Zwar ist diese Strukturmaßnahme dem deutschen Recht neu, allerdings ist die Transaktionsform selbst u.a. aus der Zusammenführung der Daimler Benz AG und der Chrysler Corp bekannt, vgl. dazu *Thoma/ Leuering*, Die Europäische Aktiengesellschaft- Societas Europaea, NJW 2002, S. 1452.

Gesellschaftsrecht[427]. Mit Art. 34 SE- VO existiert eine Ermächtigung des nationalen Gesetzgebers, ergänzende Rechtsvorschriften zum Schutz der Anteilseigner und der Gläubiger der beteiligten Gesellschaften vorzusehen.

b) Gründungsverfahren

Da die Art. 32 f. SE- VO dem Grundmuster gleichen, das sich generell für Umstrukturierungen im europäischen Gesellschaftsrecht herausgebildet hat[428], wird nach einer kurzen Übersicht dieses Grundmusters, noch auf die Besonderheiten eingegangen, die mit der Gründung einer Holding- SE einhergehen.

(1) Verfahren bis zum Hauptversammlungsbeschluss

Durch die rudimentären Regelungen der Art. 32 f. SE- VO gebietet es sich, eine Aufgliederung des Verfahrens vorzunehmen, wonach zunächst auf die Vorschriften eingegangen wird, die das Gründungsverfahren im SE- Statut ausdrücklich regeln. Anschließend wird untersucht, wie eventuell auftretende Regelungslücken geschlossen werden können.

(a) Regelungen des Gründungsverfahrens in der Verordnung

Das in Art. 32 f. SE- VO beschriebene Grundmuster soll wie folgt ablaufen[429]: Zunächst erstellen die Leitungsorgane der beteiligten Gesellschaften einen gleichlautenden Gründungsplan, der Angaben zu bestimmten Punkten der Umstrukturierung enthalten muss (Art. 32 II SE- VO). Dieser Plan muss einen Bericht enthalten, der die Gründung aus rechtlicher und wirtschaftlicher Sicht erläutert und begründet. Ferner ist in dem Bericht darzulegen, welche Auswirkungen die Holding-SE für die Aktionäre und für die Arbeitnehmer hat. Unabhängige Sachverständige prüfen den Plan und erstatten einen schriftlichen Bericht für die Aktionäre der einzelnen Gesellschaften (Art. 32 IV 1 SE- VO). Ebenso wie bei der Verschmelzung ist es auch hier möglich, gemeinsame Sachverständige für beide Gesellschaften zu bestellen (Art. 32 IV 2 SE- VO). Auf der Grundlage dieses Gründungsplans trifft die Hauptversammlung die Entscheidung über die Gründung einer Holding- SE (Art. 32 VI SE- VO).

---

427 Bemerkenswert ist, dass diese Gründungsform trotz Fehlens nationaler und gemeinschaftsrechtlicher Regelungen mit drei Vorschriften auskommt.

428 Vgl. *Teichmann*, Die Einführung der Europäischen Aktiengesellschaft- Grundlagen der Ergänzung des europäischen Statuts durch den deutschen Gesetzgeber, ZGR 2002, S. 433.

429 Gemäß Art. 32 VII SE- VO gilt dieses Verfahren sinngemäß für GmbHs.

Mindestens einen Monat vor der Hauptversammlung, die über die Gründung zu beschließen hat, ist der Gründungsplan nach den gemäß Art. 3 der Publizitätsrichtlinie vorgesehenen nationalen Verfahrensregeln offen zu legen (Art. 32 III SE- VO). Erforderlich ist somit die Hinterlegung des Gründungsplans beim zuständigen Register und die Bekanntmachung der Hinterlegung in einem Amtsblatt (vgl. Art. 3 II, IV Publizitätsrichtlinie), wobei in Deutschland der Gründungsplan somit zum Handelsregister einzureichen ist, das den Gründungsplan daraufhin im Bundesanzeiger und mindestens einem anderen Blatt bekannt macht (vgl. § 61 UmwG).

(b) Regelungslücken

Auffallend ist, dass dieses in der SE- VO normierte Verfahren weder Vorschriften zum Schutz der Interessen der Aktionäre enthält, noch findet sich eine Regelung über die für den Hauptversammlungsbeschluss nötige Mehrheit. Es stellt sich nun also die Frage, wie diese Regelungslücken zu schließen sind.

α Vorbereitung der Hauptversammlung

Obwohl die SE- VO keine Regeln hinsichtlich der Vorbereitung der Hauptversammlung trifft, ist davon auszugehen, dass Gründungsplan und Sachverständigenbericht den Aktionären zugänglich gemacht werden sollen. Eine dem Art. 18 SE- VO entsprechende Spezialverweisung fehlt. Auch Art. 9 I lit. c SE-VO hilft nicht weiter, da diese Vorschrift die SE und nicht die Gründungsgesellschaft betrifft. Nationale Vorschriften, welche die Gründung einer Holding-SE regeln, existieren nicht.

Einigkeit besteht darin, dass dem Interesse der Aktionäre Genüge getan werden muss, streitig ist in der Literatur hingegen, auf welchem Weg[430]. *Neun* stützt dieses Ergebnis auf eine Analogie zu Art. 18 SE- VO und gelangt auf diesem Weg in den Anwendungsbereich des § 63 UmwG, der bestimmt, dass der Verschmelzungsvertrag, ebenso wie die Berichte der Unternehmensleitung und der Prüfer, den Aktionären mindestens einen Monat vor dem Tag der Hauptversammlung am Sitz der Gesellschaft zur Kenntnisnahme bereitgestellt werden müssen[431]. *Teichmann* hingegen lehnt diese Analogie mit Hinweis auf § 1 II UmwG („numerus clausus“ der Umwandlungsformen) ab[432]. Ausgangspunkt

[430] Vgl. *Oplustil*, Selected problems concerning formation of a holding SE (societas europaea), German Law Journal Vol. 4 No. 2 Feb. 2003; S. 2 ff.

[431] Vgl. *Neun*, in Theisen/ Wenz, Die Europäische Aktiengesellschaft, Recht, Steuern und Betriebswirtschaft der Societas Europaea (SE), S. 139 f.

[432] Vgl. *Teichmann*, Die Einführung der Europäischen Aktiengesellschaft- Grundlagen der Ergänzung des europäischen Statuts durch den deutschen Gesetzgeber, ZGR 2002, S. 433 f.

seiner Überlegung ist die Feststellung, dass das oben beschriebene und in der SE- VO normierte Verfahren dem der Verschmelzungs- und Spaltungsrichtlinie zugrunde liegenden Gründungsmuster entspricht. Konsequenterweise müssten die Dokumente den Aktionären auch entsprechend den Regeln der gesellschaftsrechtlichen Richtlinien zugänglich gemacht werden. Auch er gelangt somit zur Anwendung der in Umsetzung der Richtlinien ergangenen nationalen Regeln- gestützt aber nicht auf eine Analogie zum deutschen Umwandlungsrecht, sondern auf eine vom europäischen Recht getragenen Lückenfüllung der SE- Verordnung. Da beide Ansätze zu demselben Ergebnis führen, kann eine Entscheidung zwischen ihnen dahingestellt bleiben.

β Beschlussmehrheit

Während der SE- VO von 1991 noch ausdrücklich auf die gemäß Art. 7 der Verschmelzungsrichtlinie erlassenen nationalen Vorschriften verwiesen hatte, verzichtet die SE- VO auf eine Regelung über die für den Hauptversammlungsbeschluss nötige Mehrheit. Allerdings enthält das SE- Statut einen solchen Verweis für die Verschmelzung in Art. 18 SE- VO und in Art. 37 VII SE- VO für die Umwandlung. In Art. 1 § 10 I SEEG hat der nationale Gesetzgeber bestimmt, dass bei einer Aktiengesellschaft der Beschluss einer Mehrheit von mindestens drei Viertel des bei der Beschlussfassung vertretenen Grundkapitals und bei einer GmbH mindestens drei Viertel der abgegebenen Stimmen bedarf. Ob man dieses Mehrheitserfordernis aus einer Analogie zu § 65 I UmwG herleitet, mit der Begründung, dass es unstimmig und als redaktionelles Versehen zu erklären sei, dass die Gründungsformen der Verschmelzung und der Umwandlung im Gegensatz zur Holding- SE einen entsprechenden Verweis hierauf enthalten[433], oder ob man über einen Verweis auf die Verschmelzungsrichtlinie[434] zu demselben Ergebnis gelangt, kann dahin gestellt werden.

(2) Umtausch der Anteile

Der Umtausch der Anteile erfolgt in einem zweistufigen Verfahren nach Art. 33 SE- VO. Zunächst haben die Gesellschafter der beteiligten Gesellschaften innerhalb einer Frist von drei Monate, ihrer jeweiligen Gesellschaft mitzuteilen, ob sie ihre Anteile in Anteile der Holding- SE umtauschen wollen (Art. 33

---

433 So etwa *Teichmann*, The European Company- A Challenge to Academics, Legislatures and Practitioners, German Law Journal Vol. 4 No. 4 Apr. 2003, Rdnr. 46 ff.; hiergegen erhebt *El Mahi* Bedenken wegen struktureller Unterschiede der Gründungsalternativen, Die Europäische Aktiengesellschaft Societas Europaea –SE-, S. 62 f.

434 Vgl. *Neun*, in Theisen/ Wenz, Die Europäische Aktiengesellschaft, Recht, Steuern und Betriebswirtschaft der Societas Europaea (SE), S. 142.

I 1 SE- VO). Diese Frist beginnt zu laufen, wenn der Gründungsplan „endgültig festgelegt" worden ist (Art. 33 II 2 SE- VO). Die SE- VO enthält keine Definition des Begriffs der „endgültigen Festlegung". Hintergrund für die Fassung des Art. 33 I 2 SE- VO könnte Art. 32 VI Unterabs. 2 SE- VO sein[435], wonach die Hauptversammlung sich die Zustimmung zur Vereinbarung über die Beteiligungsrechte der Arbeitnehmer vorbehalten kann. Behält sich die Hauptversammlung dieses Recht ausnahmsweise ausdrücklich vor, wird nach Abschluss der Verhandlungen zur Arbeitnehmerbeteiligung ein weiterer Hauptversammlungsbeschluss erforderlich.

Ein weiteres Auslegungsproblem birgt die Formulierung, die Aktionäre hätten „mitzuteilen, ob sie beabsichtigen, ihre Gesellschaftsanteile bei der Gründung der SE einzubringen" (Art. 33 I 1 SE- VO). Die Absichtserklärung wird als Einbringung zu verstehen sein, also einer rechtsverbindlichen Erklärung über den Umtausch der Anteile[436]. Dafür spricht die systematische Auslegung des Art. 33 II SE- VO, der bestimmt, dass die SE nur dann gegründet ist, wenn genügend Gesellschafter innerhalb der in Absatz 1 genannten Frist ihre Anteile „eingebracht haben". Darüber hinaus wäre eine unverbindliche Absichtserklärung keine tragfähige Grundlage für die Gründung einer neuen Gesellschaft[437].

Wurde schließlich ein hinreichender Prozentsatz von Anteilen zum Umtausch angemeldet, wird diese Information offen gelegt (Art. 33 III Unterabs. 1 SE- VO). Innerhalb einer weiteren Monatsfrist haben die verbleibenden Gesellschafter die Möglichkeit, sich für einen Umtausch ihrer Anteile zu entscheiden (Art. 33 III Unterabs. 2 SE- VO). Da Art. 33 V SE- VO als Eintragungsvoraussetzung nur die Erfüllung der in Art. 33 II SE- VO genannten Bedingungen nennt -also das Erreichen des Mindestprozentsatzes innerhalb von drei Monaten- kann die Eintragung der SE bereits vor Ablauf dieses Monats betrieben werden[438].

(3) Schutz der widersprechenden Minderheitsaktionäre

Ebenso wie bei der Verschmelzung können die Mitgliedstaaten für die Gründung einer Holding- SE Regeln für den Schutz widersprechender Minderheits-

---

[435] Vgl. *Teichmann*, Die Einführung der Europäischen Aktiengesellschaft- Grundlagen der Ergänzung des europäischen Statuts durch den deutschen Gesetzgeber, ZGR 2002, S. 436.

[436] Vgl. *Teichmann*, Die Einführung der Europäischen Aktiengesellschaft- Grundlagen der Ergänzung des europäischen Statuts durch den deutschen Gesetzgeber, ZGR 2002, S. 436 f.

[437] Vgl. *Teichmann*, Die Einführung der Europäischen Aktiengesellschaft- Grundlagen der Ergänzung des europäischen Statuts durch den deutschen Gesetzgeber, ZGR 2002, S. 436 f.

[438] Anderer Ansicht jedoch *Kersting*, Societas Europaea: Gründung und Vorgesellschaft, DB 2001, S. 2084.

aktionäre erlassen (Art. 34 SE- VO). Einzelheiten regelt die SE-VO nicht. Von dieser Ermächtigung hat der deutsche Gesetzgeber in Art. 1 §§ 9, 11 SEEG Gebrauch gemacht. Auch wenn bei der Gründung einer Holding die Gesellschafter nicht Gefahr laufen, ihre Anteile gegen ihren Willen zu verlieren und in den Anteil der aufnehmenden Gesellschaft eintauschen zu müssen, ist hier ein Minderheitenschutz erforderlich[439]. Da das Gründungsverfahren einer Holding-SE dem einer Verschmelzung stark angenähert ist, bietet es in vielfacher Hinsicht Angriffsfläche für Klagen durch die Minderheitsaktionäre[440].

(a) Anspruch auf bare Zuzahlung

Der Anspruch auf bare Zuzahlung ist angelehnt an die entsprechende Regelung im Verschmelzungsrecht. Insoweit wird auf die obige Darstellung verwiesen[441].

(b) Abfindungsanspruch

Gemäß Art. 1 § 9 I SEEG ist ein Austrittsrecht für zwei Fälle vorgesehen. Parallel zu Art. 1 § 7 I 1 SEEG ist ein Austrittsrecht zu bejahen, wenn die Holding-SE ihren Sitz im Ausland haben soll. Darüber hinaus gewährt Art. 1 § 9 1 SEEG ein Austrittsrecht, wenn es sich bei Holding- SE um eine abhängige Gesellschaft handelt, da in diesem Fall allein der Umtausch der Anteile an der Gründungsgesellschaft gegen die Anteile an der Holding- SE keinen ausreichenden Minderheitenschutz darstellt[442]. Das Austrittsrecht ist beschränkt auf die Gesellschafter einer Gründungsgesellschaft in Form der Aktiengesellschaft. Grund hierfür ist, dass Gesellschafter einer GmbH sich durch eine entsprechende Ausgestaltung des Gesellschaftsvertrages weitestgehend gegen eine unerwünschte Konzernierung schützen können[443]. Hinsichtlich der näheren Ausgestaltung des Austrittsrechts verweist Art. 1 § 9 II SEEG auf die entsprechenden Regelungen zur Verschmelzung.

---

439 Vgl. *Neye/ Teichmann*, Der Entwurf für das Ausführungsgesetz zur Europäischen Aktiengesellschaft, AG 2003, S. 172.

440 Ausführlich zum Minderheitenschutz *Teichmann*, Austrittsrecht und Pflichtangebot bei Gründung einer Europäischen Aktiengesellschaft, AG 2004, S. 70 ff.; *ders.* Minderheitenschutz bei Gründung und Sitzverlegung der SE, ZGR 2003, S. 387 ff.

441 Vgl. S. 80 f.

442 Vgl. Begründung zum SEEG, S. 85.

443 Kritisch hierzu *Kalss*, Der Minderheitenschutz bei Gründung und Sitzverlegung der SE nach dem Diskussionsentwurf, ZGR 2003, S. 633 ff.

(c) Spruchverfahren

Die Angemessenheit der Barabfindung und des Umtauschverhältnisses kann gegebenenfalls nach Art. 1 §§ 11 II, 6 IV SEEG i.V.m. dem Spruchverfahrensgesetz im Spruchverfahren überprüft werden[444].

Zwar fehlt eine Art. 25 III SE- VO entsprechende Regelung in dem Verfahrensabschnitt über die Gründung einer Holding- SE, die den Aktionären der anderen beteiligten Gesellschaften ein Veto- Recht zugestehen würde, deren Schutz erscheint hier allerdings nicht weniger nötig als bei einer Verschmelzung[445]. Vielmehr ist die Interessenlage dieselbe: Auch bei der Gründung einer Holding- SE kann es den Aktionären der einen Gesellschaft nicht recht sein, wenn die Aktionäre der anderen Gesellschaft die Barabfindung oder das Umtauschverhältnis zu ihren Gunsten revidieren[446].

(4) Vereinbarung über die Beteiligung der Arbeitnehmer

Nach Art. 32 VI Unterabs. 2 S. 1 SE- VO folgt dann die Beteiligung der Arbeitnehmer entsprechend der SE- RL. Insoweit gelten die oben gemachten Ausführungen sinngemäß[447]. Darüber hinaus kann sich jede Hauptversammlung der die Gründung anstrebenden Gesellschaften das Recht vorbehalten, die Eintragung der SE von der Zustimmung zur Vereinbarung über die Arbeitnehmerbeteiligung abhängig zu machen (Art. 32 VII Unterabs. 2 S. 2 SE- VO).

(5) Eintragung

Erste Voraussetzung für die Eintragung im Register ist der Abschluss des Verhandlungsverfahren mit den Arbeitnehmern. Zuständiges Register in Deutschland ist auch hier das Handelsregister (Art. 1 § 3 SEEG i.V.m. §§ 125 ff. FGG).

Als zweite Voraussetzung verlangt Art. 33 V SE- VO, dass die Holding- SE einen Nachweis darüber erbringt, dass die in Art. 32 SE- VO genannten Voraussetzungen und Formalitäten erfüllt sind. Dazu, wie dieser Nachweis zu erbringen ist, schweigt die SE- VO. Deshalb verlangt Art. 1 § 10 II SEEG auf der Grundlage des Art. 15 I SE- VO und nach dem Vorbild des § 16 II UmwG, die Abgabe einer Negativerklärung, um auszuschließen, dass die Eintragung der SE

---

444 Diese Vorschrift ist in Anlehnung an § 24 UmwG eingeführt worden.
445 Vgl. Begründung zum SEEG, S. 85.
446 Vgl. *Oplustil*, Selected problems concerning formation of a holding SE (societas europaea), in German Law Journal Vol. 4 No. 2 Feb. 2003, S. 13.
447 Vgl. S. 82 f.

erfolgt, obwohl bei einer der Gründungsgesellschaften der Zustimmungsbeschluss nach Art. 32 VI SE- VO angefochten wurde.

(6) Rechtsfolge

Sobald alle Voraussetzungen vorliegen, ist die Holding- SE gegründet. Im Gegensatz zur Verschmelzung führt die Gründung der Holding- SE nicht zum Erlöschen der Ausgangsgesellschaften (vgl. Art. 32 I Unterabs. 1 SE- VO).

3. Gründung einer Tochter- SE

Im Unterschied zur Gründung einer SE im Wege der Verschmelzung oder durch Formierung einer Holding, ist die Gründung einer Tochter- SE im Grundsatz jeder juristischen Person gestattet (Art. 2 III SE- VO).

a) Gründungsrecht

Im Gegensatz zu den übrigen Gründungsformen regelt die SE- VO das Verfahren bei der Gründung einer Tochter- SE nicht. Statt dessen beschränkt sich Art. 36 SE- VO auf einen Verweis auf das nationale Recht der Gründungsgesellschaften.

Diese Gründungform eröffnet den Unternehmen viele Gestaltungsmöglichkeiten. Problematisch wird es, wenn diese Gestaltungsfreiheit zur Umgehung wesentlicher Schutzvorschriften der Gründungsformen missbraucht wird. Wer die strengen Vorschriften der Verschmelzung meiden möchte, könnte eine Tochter-SE gründen und sie alle betriebsnotwendigen Wirtschaftsgüter im Wege der Einzelrechtsnachfolge übertragen. Im deutschen Recht würde man in diesem Fall über die Grundsätze der Holzmüller- Entscheidung[448] zu einer Beteiligung der Anteilseigner gelangen[449]. Ob bereits das europäische Recht eine Umgehung seiner Schutzvorschriften verbietet, muss der weiteren Rechtsentwicklung überlassen werden[450].

---

448 Vgl. BGH, Urteil vom 22.02.1982, in BGHZ 83, 106 ff.

449 Vgl. *Teichmann*, Minderheitenschutz bei Gründung und Sitzverlegung der SE, ZGR 2003, S. 396 f.; ders. Die Einführung der Europäischen Aktiengesellschaft- Grundlagen der Ergänzung des europäischen Statuts durch den deutschen Gesetzgeber, ZGR 2002, S. 438, mit dem Hinweis, dass man hierbei möglicherweise sogar die Einhaltung eines Verfahrens verlangen könnte, das demjenigen der SE- Verschmelzung gleich käme.

450 So auch *Neun*, in Theisen/ Wenz, Die Europäische Aktiengesellschaft, Recht, Steuern und Betriebswirtschaft der Societas Europaea (SE), S. 168.

b) Gründungsverfahren

Das Gründungsverfahren der Tochter- SE richtet sich gemäß Art. 15 I SE- VO nach dem nationalen Aktienrecht des angestrebten Sitzstaats der SE. Aufgrund des hohen Harmonisierungsniveaus im Bereich der AG, insbesondere der Kapitalrichtlinie, kommen weitgehend angeglichene Gründungsvorschriften zur Anwendung. Da für die Gründung einer Tochter- SE mit Sitz in Deutschland die für die Gründung einer deutschen AG Vorschriften maßgebend sind, wird auf eine ausführliche Darstellung des Gründungsvorgangs verzichtet.

Es besteht jedoch eine wichtige Abweichung zum deutschem Recht; unmittelbar nach Vereinbarung eines Plans zur Gründung einer Tochter- SE müssen die, die Gründung anstrebenden Gesellschaften dafür Sorge tragen, dass die Verhandlungen über die Beteiligung der Arbeitnehmer aufzunehmen sind (Art. 3 I SE-RL)[451].

4. Gründung einer SE durch Umwandlung

Die nun letzte Gründungsform der Umwandlung einer bestehenden Gesellschaft in eine SE, steht allein Aktiengesellschaften offen (Art. 2 IV; 37 SE- VO). Diese müssen nach dem Recht eines Mitgliedstaates gegründet worden sein, ihren Sitz und ihre Hauptverwaltung in der Gemeinschaft haben und außerdem seit mindestens zwei Jahren eine Tochtergesellschaft in einem anderen Mitgliedstaat haben (Art. 2 IV SE- VO). Um einer Flucht aus dem innerstaatlichen Recht vorzubeugen, das in allen nicht von der Verordnung geregelten Bereichen anwendbar bleibt, darf der Sitz der Gesellschaft anlässlich der Umwandlung nicht an einen anderen Sitz verlegt werden (Art. 37 III SE- VO).

a) Umwandlungsrecht

Das auf den Formwechsel anzuwendende Recht bestimmt sich nach Art. 37 SE-VO, ergänzt um die Verweisungsnorm des Art. 15 I SE- VO. Art. 37 SE- VO enthält nur wesentliche Grundzüge, nach denen der Formwechsel herbeigeführt wird.

b) Umwandlungsverfahren

Das Verfahren der Umwandlung weist starke Ähnlichkeiten zu dem deutschen Formwechsel (§§ 190 ff. UmwG) auf[452]. Das Leitungs- und Überwachungsor-

---

451 Vgl. hierzu Darstellung auf S. 113 ff.

452 Vgl. *Thoma/ Leuering*, Die Europäische Aktiengesellschaft- Societas Europaea, NJW 2002, S. 1452.

gan der betreffenden Gesellschaft erstellt zunächst einen Umwandlungsplan und einen Umwandlungsbericht (Art. 37 IV SE- VO). Die Hauptversammlung muss der Umwandlung zustimmen (Art. 37 VI SE- VO), wobei die Beschlussfassung nach Maßgabe der zu Art. 7 der Verschmelzungsrichtlinie ergangenen einzelstaatlichen Durchführungsbestimmungen erfolgt; also nach § 65 I 1 UmwG einer Mehrheit von mindestens drei Viertel des bei der Beschlussfassung vertretenen Grundkapitals bedarf. Der Umwandlungsplan ist gemäß Art. 37 V SE-VO mindestens einen Monat vor dem Tag der Hauptversammlung offen zu legen. Folgen müsste also nach Art. 3 der Publizitätsrichtlinie in Verbindung mit § 61 UmwG eine Einreichung des Umwandlungsplans zum Handelsregister mit darauf folgender Bekanntmachung. Zusätzlich ist vor der Hauptversammlung von einem unabhängigen Sachverständigen sinngemäß zu bescheinigen, dass die Gesellschaft über Nettovermögenswerte von mindestens in Höhe ihres Kapitals zuzüglich der kraft Gesetzes oder Statut nicht ausschüttungsfähigen Rücklagen verfügt (Art. 37 VI SE- VO).

Es stellt sich jedoch wie bei der Gründung einer Holding- SE die Frage, ob die Offenlegung des Umwandlungsplans dem Informationsinteresse der Aktionäre ausreichend Befriedigung verschafft. So haben auch sie sicherlich Interesse daran, Umwandlungsplan und Umwandlungsbericht in den Geschäftsräumen der Gesellschaft einzusehen und sich auf Wunsch Abschriften erteilen zu lassen. Allerdings lässt sich aus der SE- VO nicht eindeutig entnehmen, ob sie eine Ergänzung durch § 63 UmwG zulässt. Art. 15 SE- VO scheidet aus, da sich dieser auf Verfahrensschritte der Gründungsgesellschaft bezieht[453] und eine dem Art. 18 SE- VO entsprechende Norm fehlt. Diese Regelungslücke führt zu einer Anwendung des nationalen Aktienrechts, ergänzt um den Grundsatz, dass über Strukturentscheidungen nur abgestimmt werden kann, wenn die vorher von der Unternehmensleitung erstellten Pläne und Berichte den Aktionären zu Informationszwecken zugänglich gemacht wurden[454]. Ein weitergehender Schutz dissertierenden Minderheitsaktionäre ist nicht vorgesehen[455].

Die Vereinbarung über die Arbeitnehmerbeteiligung ist auch nach Art. 3 I SE-RL durchzuführen. Gegenüber den anderen Gründungsformen weist Art. 4 IV SE-RL die Besonderheit eines Bestandsschutzes für die bestehende Arbeitnehmerbeteiligung einschließlich der Mitbestimmung auf. Nach Abschluss des Ver-

---

453 Vgl. Darstellung auf S. 76 f.

454 So auch *Neun*, in Theisen/ Wenz, Die Europäische Aktiengesellschaft, Recht, Steuern und Betriebswirtschaft der Societas Europaea (SE), S. 162.

455 Zustimmend *Kalss*, Der Minderheitenschutz bei Gründung und Sitzverlegung der SE nach dem Diskussionsentwurf, ZGR 2003, S. 613 f., wonach der Minderheitenschutz ausreichend gesichert durch Vorweginformation sowie Mitwirkung bei der Beschlussfassung ist.

handlungsverfahrens kann die Gesellschaft gemäß Art. 12 I, IV SE- VO ins Register eingetragen werden.

Die Umwandlung einer AG in eine SE führt nach Art. 37 II SE- VO weder zur Auflösung der AG noch zur Gründung einer neuen juristischen Person. Dennoch bestimmt Art. 37 IX SE- VO, dass die zum Zeitpunkt der Eintragung anlässlich der Umwandlung bestehenden Rechte und Pflichten aus Arbeitsverhältnissen der umzuwandelnden Gesellschaft mit der Eintragung der SE auf diese übergehen[456]. Die AG bleibt also in ihrer wirtschaftlichen und rechtlichen Identität erhalten[457]. Grenzen findet die rechtliche Identität in der nunmehr anzuwendenden Rechtsordnung.

5. Fazit

Die Gründungsalternativen einer SE sind durch den numerus clausus der Gründungsformen sehr stark begrenzt[458]. So haben nur juristische Personen Zugang zur SE, wobei innerhalb der einzelnen Gründungsvarianten nochmals eine Abstufung nach einzelnen Arten von Gesellschaften vorgenommen wird.

Das Gründungsverfahren selbst ist in der SE- VO nur teilweise geregelt und bedarf in vielen Fällen der Ergänzung, welche häufig durch Rückgriff auf nationales Aktienrecht erfolgt. In selteneren Fällen führt eine lückenfüllende Auslegung zum Erfolg. Der nationale Gesetzgeber musste insbesondere deshalb tätig werden, um einen Schutz der Minderheitsgesellschafter sicherzustellen. Dadurch, dass er sich dabei an den nationalen Regelungen orientiert hat, sind die Gründungsverfahren durchaus zu beherrschen.

V. Sitz der Gesellschaft und Sitzverlegung

Nach Art. 7 S. 1 SE- VO muss der Sitz der SE in der Gemeinschaft liegen, und zwar in dem Mitgliedstaat, in dem sich die Hauptverwaltung der SE befindet. Gemäß Art. 8 I SE- VO kann die Gesellschaft ihren Sitz ohne Auflösung und Neugründung einer juristischen Person nachträglich in einen anderen Mitgliedstaat verlegen. Somit wird demzufolge eine Sitzverlegung unter Wahrung ihrer

---

[456] Von der in Art. 37 VIII SE- VO Ermächtigung, dem mitbestimmten Aufsichtsrat einen Zustimmungsvorbehalt zu gewähren, hat der deutsche Gesetzgeber keinen Gebrauch gemacht.

[457] Vgl. *Blanquet*, Das Statut der Europäischen Aktiengesellschaft (Societas Europaea "SE"), ZGR 2002, S. 46.

[458] Vgl. *Kübler*, Leitungsstrukturen der Aktiengesellschaft und die Umsetzung des SE- Statuts, ZHR 2003, S. 226.

Rechtspersönlichkeit ermöglicht[459]. Beachtet werden müssen lediglich die in Art. 8 SE- VO normierten Voraussetzungen. Hierdurch soll insbesondere ein wirksamer Schutz der Minderheitsaktionäre, die sich gegen die Sitzverlegung aussprechen, sowie der Gläubiger erreicht werden[460].

1. Der Sitz der SE

Es stellt sich zunächst die Frage, was unter der Terminologie „Sitz", so wie er in der Verordnung verwandt wird, zu verstehen ist. Zum einen kann der „Sitz" den Ort der Eintragung in das Handelsregister und zum anderen den Ort der Hauptverwaltung bezeichnen. Ausgehend vom Wortlaut der deutschen Fassung des Art. 7 SE- VO müssen Sitz und Hauptverwaltung der SE in demselben Mitgliedstaat liegen. Mit „Sitz" der Gesellschaft kann die Verordnung demnach allein den satzungsmäßigen Sitz oder Registersitz, also den Ort, an dem sie im Handelsregister eingetragen ist, meinen[461]. Der Verwaltungssitz wird dagegen als „Hauptverwaltung" bezeichnet (vgl. Art. 7; 64 SE- VO). Dieses Verständnis entspricht auch Art. 48 EGV, in dem von „satzungsmäßigem Sitz" einerseits und von der „Hauptverwaltung" andererseits die Rede ist.

a) Einheit von Registersitz und Verwaltungssitz

Der Sitz der SE muss in der Europäischen Gemeinschaft liegen, und zwar in dem Mitgliedstaat, in dem sich auch die Hauptverwaltung befindet (Art. 7 S. 1 SE-VO)[462]. Die SE soll somit in demjenigen Staat im Register eingetragen sein, in dem sich auch ihre Hauptverwaltung befindet. Der europäische Gesetzgeber hat es bewusst vermieden, sich zwischen den beiden in Europa vertretenen Theorien, nämlich der Sitz- und der Gründungstheorie, zu entscheiden[463].

Europarechtlich erforderlich ist allerdings nicht, dass Registersitz und Hauptverwaltung an demselben Ort anzusiedeln sind. Um jedoch einen Gleichlauf mit § 5 II AktG herzustellen, hat der nationale Gesetzgeber von der Ermächtigung

---

459 Vgl. *Behrens*, Die Umstrukturierung von Unternehmen durch Sitzverlegung oder Fusion über die Grenze im Licht der Niederlassungsfreiheit im Europäischen Binnenmarkt (Art. 52 und 58 EWG), ZGR 1994, S. 24 f.

460 Vgl. Erwägungsgrund Nr. 24 zur SE- VO.

461 Vgl. *Schwarz*, Zum Statut der Europäischen Aktiengesellschaft, ZIP 2001, S. 1849. Der Vergleich mit englischer (*„registered seat"*) und französischer (*„siège statuaire"*) Fassung von Art. 7 I 1 SE- VO bestätigt diese Interpretation.

462 Nach Art. 69 I a SE- VO soll diese Regelung fünf Jahre nach Inkrafttreten der SE- VO auf ihre Zweckmäßigkeit überprüft werden und ggf. aufgehoben werden.

463 Vgl. Erwägungsgrund 27 SE- VO, so auch *Wenz*, in Theisen/ Wenz, Die Europäische Aktiengesellschaft, Recht, Steuern und Betriebswirtschaft der Societas Europaea (SE), S. 203.

des Art. 7 S. 2 SE- VO Gebrauch gemacht und für Registersitz und Hauptverwaltung denselben Ort vorgeschrieben (Art. 1 § 2 SEEG)[464].

b) Auseinanderfallen von Registersitz und Verwaltungssitz

Fallen Registersitz und Hauptverwaltung auseinander, trifft der Mitgliedstaat, in dem die SE ihren Sitz hat, geeignete Maßnahmen, um die SE zu verpflichten, den vorschriftswidrigen Zustand innerhalb einer bestimmten Frist zu beenden (Art. 64 I SE- VO). Ob die Gesellschaft dabei den Registersitz zum Ort der Hauptverwaltung verlegt oder umgekehrt, bleibt ihr überlassen. Kommt die SE der Aufforderung nicht nach, droht ihr die Liquidierung[465].

c) Vereinbarkeit des Art. 7 S. 1 SE- VO mit der Niederlassungsfreiheit

Es drängt sich die Frage auf, ob Art. 7 S. 1 SE- VO mit der Niederlassungsfreiheit des EGV vereinbar ist. Es darf jedoch nicht übersehen werden, dass auch die SE ein „Geschöpf" der europäischen Rechtsordnung ist[466]. Der Verordnungsgeber hat sie geschaffen und kann ihr auch Beschränkungen auferlegen, unter denen sie ihren Sitz verlegen und fortbestehen kann. Darüber hinaus sind dem Gemeinschaftsrecht gesetzliche Regeln, die eine mitgliedstaatliche Identität von Satzungs- und Verwaltungssitz anordnen, nicht fremd. Eine ähnliche Regelung ist nicht nur für die EWIV in Art. 12 EWIV – VO vorgeschrieben, sondern auch für Investmentgesellschaften in Art. 3 Investmentrichtlinie.

2. Sitzverlegung

Anders als die nationalen Gesellschaften, die jenseits der deutschen Rechtsordnung, die ihre Gründung und Existenz regelt, keine Realität haben, kann die SE als Gesellschaftsform europäischen Rechts gemäß Art. 8 I SE- VO ihren Sitz unter Wahrung ihrer Identität von einem Mitgliedstaat in einen anderen verlegen[467]. Ausgeschlossen ist die Sitzverlegung allerdings, wenn gegen die SE ein

---

464 Zwingend war die Übernahme des § 5 II AktG nicht. Eine Freistellung der SE von § 5 II AktG wäre durchaus möglich gewesen. Rechtfertigung für die unterschiedliche Behandlung zur nationalen AG wäre der grenzüberschreitende Charakter der SE. Allerdings ist § 5 II AktG auch flexibel genug, um in begründeten Ausnahmefällen Abweichungen zu erlauben, kritisch hierzu *Wenz*, in Theisen/ Wenz, Die Europäische Aktiengesellschaft, Recht, Steuern und Betriebswirtschaft der Societas Europaea (SE), S. 203.

465 Vgl. die Umsetzung ins deutsche Recht in Art. 1 § 52 SEEG.

466 Vgl. EuGH Urteil vom 05.11.2002- Rs.C-208/00.

467 Eine identitätswahrende Verlegung des Satzungssitzes und/ oder Verwaltungssitzes ins Ausland sehen weder das Aktienrecht, noch das Steuerrecht oder die Rechtsprechung vor. Der EuGH hat sich bislang nur mit der Verlegung des Verwaltungssitzes auf der Grund-

Verfahren wegen Auflösung, Liquidation, Zahlungsunfähigkeit, Zahlungseinstellung oder ein ähnliches Verfahren eröffnet worden ist (Art. 8 XV SE- VO). Ein weiteres Verbot der Sitzverlegung ist in Art. 37 III SE- VO normiert, wonach die Sitzverlegung nicht anlässlich einer Umwandlung einer AG in eine SE vorgenommen werden darf.

Eine Sitzverlegung einer SE ist grundsätzlich in drei Fallkonstellationen[468] möglich. So kann eine SE den Sitz von Deutschland in einen anderen Mitgliedstaat der EU (Wegzug) oder von einem anderen Mitgliedstaat der EU nach Deutschland (Zuzug) verlegen. Möglich ist aber auch, dass eine SE ihren Sitz von einem Mitgliedstaat der EU in einen anderen Mitgliedstaat der EU verlegt und dieser Umzug deutschen Inlandsbezug aufweist. Die vorliegende Darstellung beschränkt sich auf den Wegzug einer SE. Dies hat den Vorteil, dass auch die, ergänzend zur SE- VO erlassenen, Vorschriften des SEEG näher beleuchtet werden können. Innerhalb des Sitzverlegungsverfahrens ist nochmals zwischen dem Verfahren im Wegzugstaat und dem Verfahren im Zuzugstaat zu unterscheiden.

a) Verfahren im Wegzugstaat

Damit weder Aktionäre noch Gläubiger der Gesellschaft durch die Sitzverlegung Nachteile erleiden, normiert die Verordnung ein Sitzverlegungsverfahren (Art. 8 SE- VO), das an das bekannte Verfahren bei Umstrukturierungen erinnert.

(1) Verlegungsplan

Zunächst erstellt das Leitungs- oder Verwaltungsorgan der Gesellschaft einen Verlegungsplan und legt diesen offen (Art. 8 II S. 1 SE- VO). Dieser Plan muss neben der bisherigen Firma, dem bisherigen Sitz und der bisherigen Registriernummer als Mindestinhalt den vorgesehenen neuen Sitz, die vorgesehene Satzung sowie gegebenenfalls die neue Firma enthalten. Ferner sind Angaben zu machen über die etwaigen Folgen der Verlegung für die Beteiligung der Arbeit-

---

lage der Gründungstheorie beschäftigt. Die Möglichkeit der Verlegung des Satzungssitzes, wie dies die SE- VO bestimmt, ist gerade vom Standpunkt der Gründungstheorie nicht möglich und in den Rechtsordnungen der meisten Mitgliedstaaten nicht vorgesehen. Da der EuGH nur im Einzelfall entscheiden kann, müssen nationale Unternehmen zu einer endgültigen Beseitigung der Mobilitätshindernisse weiterhin auf die Sitzverlegungsrichtlinie warten; vgl. *Teichmann*, The European Company- A Challenge to Academics, Legislatures and Practitioners, German Law Journal Vol. 4 No. 4 Apr. 2003, Rdnr. 13 ff.

468 Vgl. hinsichtlich der Einteilung *Wenz*, in Theisen/ Wenz, Die Europäische Aktiengesellschaft, Recht, Steuern und Betriebswirtschaft der Societas Europaea (SE), S. 208 ff.

nehmer, den vorgesehenen Zeitplan für die Verlegung und etwaige zum Schutz der Aktionäre und/ oder Gläubiger vorgesehenen Rechte (Art. 8 II S. 2 SE-VO).

(2) Verlegungsbericht

Die rechtlichen und wirtschaftlichen Aspekte der Verlegung sind in einem Bericht zu erläutern und zu begründen (Art. 8 III SE- VO). In diesem Bericht sind auch die Auswirkungen der Verlegung für die Aktionäre, die Gläubiger sowie die Arbeitnehmer im Einzelnen darzulegen.

Die SE- VO schreibt weder die Form des Verlegungsplans noch die des Verlegungsberichts vor. Um jedoch den inhaltlichen Anforderungen beider Verlegungsdokumente nachkommen zu können, ist zumindest Schriftform des § 126 BGB zu fordern[469].

(3) Einsichtsrecht

Die Aktionäre und die Gläubiger der SE haben gemäß Art. 8 IV SE- VO das Recht, den Verlegungsplan und den Verlegungsbericht mindestens einen Monat lang vor dem Tag der Hauptversammlung, die über die Sitzverlegung zu beschließen hat, am Sitz der SE einzusehen und Abschriften von diesen Unterlagen unentgeltlich zu verlangen.

(4) Verlegungsbeschluss

Die Hauptversammlung kann den Verlegungsbeschluss nach Art. 8 VI 1 SE-VO erst zwei Monate nach der Offenlegung (vgl. Art. 13 SE- VO) des Verlegungsplans fassen. Aufgrund seines satzungsändernden Charakters[470] bedarf der Verlegungsbeschluss gemäß Art. 8 VI i.V.m. Art. 59 I SE- VO und § 179 II AktG der satzungsändernden Mehrheit, die mindestens drei Viertel des bei der Beschlussfassung vertretenen Grundkapitals umfasst. Beim Vorhandensein von mehreren Aktiengattungen ist zudem durch jede Gruppe von Aktionären eine gesonderte Abstimmung nach Art. 60 II SE- VO vorzunehmen.

---

[469] Ob der Plan einer notariellen Beurkundung bedarf lässt die SE- VO offen, dafür *Heckschen*, Die Europäische AG aus notarieller Sicht, DNotZ 2003, S. 265 f.

[470] Der Satzungssitz ist notwendiger Bestandteil der Satzung der SE, vgl. Art. 9 I c ii; 59 SE-VO i.V.m. § 23 III Nr. 1 AktG.

Die SE- VO trifft keine Aussage hinsichtlich der Form des Verlegungsbeschlusses, so dass über die in Art. 53 SE- VO normierte Verweisung § 130 I AktG Anwendung findet, wonach der Beschluss der notariellen Beurkundung bedarf.

(5) Aktionärs- und Gläubigerschutz

Die Verordnung selbst statuiert bereits einen Minderheitenschutz durch das Zusammenspiel von Vorweginformation durch den Verlegungsplan und den Verlegungsbericht, die Prüfung durch Verlegungsprüfer sowie Offenlegung und Zugänglichmachung vor der Hauptversammlung und Erläuterungspflicht in der Hauptversammlung[471]. Ergänzend hierzu ermächtigt Art. 8 V SE- VO den nationalen Gesetzgeber ausdrücklich, Vorschriften zum Schutz widersprechender Minderheitsaktionäre zu erlassen. Zur Ausübung dieses Rechts hat der deutsche Gesetzgeber in Art. 1 § 12 I SEEG bestimmt, dass entsprechend der Regelungen bei Verschmelzungs- und Holding- SE den widersprechenden Minderheitsaktionären die Möglichkeit gegeben wird, gegen Zahlung einer Barabfindung aus der Gesellschaft auszuscheiden[472]. Bei Streitigkeiten über eine fehlende oder unangemessene Barabfindung sind die der Sitzverlegung widersprechenden Aktionäre entsprechend Art. 1 §§ 12 II, 7 II SEEG auf das Spruchverfahren zu verweisen.

Zum Schutz der Gläubiger hat der Verordnungsgeber Art. 8 VII SE- VO geschaffen. Die Eintragung der Sitzverlegung im Zielstaat kann danach erst vorgenommen werden, wenn eine Bescheinigung mit dem Nachweis vorgelegt wird, dass die Interessen der Gläubiger der SE und sonstigen Forderungsberechtigten in Bezug auf alle vor der Offenlegung des Verlegungsplans entstandenen Verbindlichkeiten - nach Wahl der Mitgliedsstaaten auch auf alle Forderungen, die bis zum Zeitpunkt der Verlegung entstehen oder entstehen können - angemessen geschützt sind (Art. 8 VII SE- VO). In Art. 1 § 13 I SEEG ist daher vorgesehen, dass die Gläubiger eine angemessene Sicherheitsleistung verlangen können[473]. Dies entspricht der Regelung des § 22 UmwG für Verschmelzungen und ist auch in Art. 8 des Vorentwurfs einer Sitzverlegungsrichtlinie vorgese-

---

[471] Ebenso *Kalss*, Der Minderheitenschutz bei Gründung und Sitzverlegung der SE nach dem Diskussionsentwurf, S. 607 f.

[472] Diese Vorschrift wurde in Anlehnung an § 207 UmwG erlassen, da die Sitzverlegung angesichts der starken Prägung der SE durch das jeweilige im Sitzstaat geltende Recht durchaus einem Rechtsformwechsel vergleichbar ist, vgl. Begründung zu Art. 1 § 12 SEEG.

[473] Vgl. hierzu auch *Brandt*, Der Diskussionsentwurf zu einem SE- Ausführungsgesetz, in DStR 2003, S. 1214; kritisch *Waclawik*, Der Referentenentwurf des Gesetzes zur Einführung der Europäischen (Aktien-) Gesellschaft, DB 2004, S. 1194; *Handelsrechtsausschuss des Deutschen Anwaltsvereins*, Stellungnahme zu dem Regierungsentwurf eines Gesetzes zur Einführung der Europäischen Gesellschaft (SEEG), NZG 2004, S. 959.

hen. Eingeschränkt wird der Gläubigerschutz jedoch durch Art. 1 § 13 I 2 SEEG, der eine „Glaubhaftmachung" der Gefährdung des Anspruchs verlangt. Dies dient dazu, den Ausgleich zwischen Gläubigerinteresse an einer Sicherung seines Anspruchs und dem Interesse der Gesellschaft an einer zügigen Abwicklung der Sitzverlegung zu schaffen[474]. Auch macht dieses Erfordernis deutlich, dass die Sitzverlegung an sich kein Gefährdungstatbestand ist, denn Art. 8 XVI SE-VO sichert den Altgläubigern auch weiterhin den inländischen Gerichtsstand[475]. Daher muss der Anspruch auch nicht vor Vollzug der Sitzverlegung erfüllt werden.

(6) Verlegungsbescheinigung

Ebenso wie es die Regelung über Verschmelzungen (vgl. Art. 25 II SE- VO) vorsieht, verpflichtet Art. 8 VIII SE- VO die zuständige Behörde auch bei der Sitzverlegung eine Bescheinigung darüber auszustellen, dass die der Verlegung vorangehenden Rechtshandlungen und Förmlichkeiten durchgeführt wurden. Zuständig ist auch hierfür das Handelsregister (Art. 1 § 3 SEEG i.V.m. §§ 125 ff. FGG). Eine Überprüfung derjenigen Maßnahmen, welche die SE im Zuzugstaat zu erfüllen hat, oder ob die neugefasste Satzung mit dem Recht des angestrebten Sitzstaates vereinbar ist, findet jedoch nicht statt. Dies obliegt ausschließlich dem Zuzugstaat. Gemäß Art. 1 § 13 III SEEG darf eine solche Bescheinigung erst ausgestellt werden, wenn allen Gläubigern mit einem Anspruch auf Sicherheitsleistung eine angemessene Sicherheit geleistet wurde[476]. Vor Ausstellung der Bescheinigung müssen die Vertretungsorgane auch eine Negativerklärung nach Art. 1 § 14 SEEG abgegeben haben.

(7) Widerspruchsrecht staatlicher Behörden

Nationales Recht kann für die Sitzverlegung, die zu einer Änderung des anwendbaren Rechts führt, ein Widerspruchsrecht[477] einer staatlichen Behörde vorsehen (Art. 8 XIV SE- VO). Da bereits für den parallel gelagerten Fall der Verschmelzung darauf verzichtet wurde, wurde auch hier zu recht auf die Aufnahme einer solchen Regelung verzichtet.

---

474 Vgl. *Neye/ Teichmann*, Der Entwurf für das Ausführungsgesetz zur Europäischen Aktiengesellschaft, AG 2003, S. 174.

475 Vgl. *Brandt*, Der Diskussionsentwurf zu einem SE- Ausführungsgesetz, in DStR 2003, S. 1211.

476 Eine solche Verpflichtung begründet jedoch bereits Art. 8 VII SE- VO, so dass Art. 1 § 13 III SEEG insoweit nur deklaratorischer Art ist.

477 Dieses Widerspruchsrecht kollidiert nicht mit der Rechtsprechung des EuGH. In „Überseering" hat er insbesondere die Interessen des Fiskus' als zwingende Gründe des Allgemeininteresses anerkannt.

b) Verfahren im Zuzugstaat

Die Sitzverlegung der SE sowie die hieraus resultierenden Satzungsänderungen werden nach Art. 8 X SE- VO zu dem Zeitpunkt wirksam, in dem die SE gemäß Art. 12 I SE- VO im Register des neuen Sitzes eingetragen wird. Für ihre Eintragung in das neue Register hat die SE sowohl nach der SE- VO als auch nach der Rechtsordnung ihres neuen Sitzstaates erforderlichen Voraussetzungen und Formalitäten zu erfüllen. Die neue Eintragung kann erst vorgenommen werden, wenn die Bescheinigung nach Art. 8 VIII SE- VO vorgelegt und die Erfüllung der für die Eintragung der SE im Zuzugstaat erforderlichen Formalitäten nachgewiesen wurden (Art. 8 IX SE- VO).

(1) Mitteilung der neuen Eintragung

Das Register des neuen Sitzstaates der SE hat gemäß Art. 8 XI SE- VO dem bisherigen deutschen Handelsregister die vorgenommene Eintragung der SE, sobald diese erfolgt ist, von Amts wegen mitzuteilen. Eine Löschung der bisherigen Eintragung ist erst nach Eingang dieser Mitteilung möglich.

(2) Eintragung

Die Sitzverlegung einer SE ist mit der Offenlegung abgeschlossen. Das für die SE im Zuzugstaat zuständige Register hat die Löschung der bisherigen Eintragung gemäß Art. 8 XII SE- VO nach den durch die Publizitätsrichtlinie harmonisierten Bestimmungen offen zu legen. Sowohl Eintragung als auch Löschung sind darüber hinaus von den jeweils zuständigen Registern nach Art. 14 I, II SE- VO zu Informationszwecken im Amtsblatt der EG bekannt zu machen.

Gemäß Art. 8 XIII 1 SE- VO ist mit der Offenlegung der neuen Eintragung der SE der neue Sitz der SE Dritten gegenüber wirksam. Allerdings können sich Dritte, solange die Löschung der Eintragung im bisherigen Handelsregister nicht offengelegt worden ist, weiterhin auf den alten Sitz berufen, es sei denn, die SE weist nach, dass dem Dritten der neue Sitz bekannt war, Art. 8 XIII 2 SE- VO.

3. Fazit

Mit der Einführung der SE wird den Unternehmen erstmals die Möglichkeit eröffnet, ihren Sitz europaweit ohne Auflösung im Wegzugstaat und Neugründung im Zuzugstaat zu verlegen. Mit dieser neuen Rechtsform kann die Niederlassungsfreiheit somit uneingeschränkt genutzt werden. Aufgrund der starken Prägung der SE durch das nationale Aktienrecht ist mit jeder Sitzverlegung ein Wechsel des bisherigen anwendbaren Rechts verbunden. Die rechtliche Identität der Sitzverlegung ist daher begrenzt durch die, bei der auf die SE mit neuem Sitz, anzuwendende Rechtsordnung[478].

VI. Organisationsverfassung

Die SE verfügt gemäß Art. 38 SE- VO über eine Hauptversammlung und entsprechend der satzungsmäßig gewählten Form entweder über ein dualistisches oder ein monistisches Leitungssystem.

1. Hauptversammlung

Jede SE hat als Grundorgan eine Hauptversammlung, für deren Ablauf das Statut eigene Regelungen trifft, im Wesentlichen aber auf nationales Recht am Sitz der SE verweist (Art. 52 – 60 SE- VO). Diese Verweisung gilt auch für ihre Zuständigkeit (Art. 52 II SE- VO), was gerade keine Vereinheitlichung nach sich zieht, sondern vielmehr zur Folge hat, dass sich sehr große Unterschiede in den Zuständigkeiten von Hauptversammlungen der SE wiederfinden- bis hin zur Frage, wer den Jahresabschluss feststellt und die Direktoren ernennt[479].

Die in den Art. 55 I; 56 S. 3 und 59 II SE- VO enthaltenen Ermächtigungsnormen zur Einberufung und Ergänzung der Tagesordnung auf Verlangen einer Minderheit sowie zu der einfachen Mehrheit bei Satzungsänderungen setzen Art. 1 §§ 50 f. SEEG im Gleichlauf mit den Bestimmungen des AktG um. Die Einberufung der ordentlichen Hauptversammlung regeln für das monistische System Art. 1 §§ 48 f. SEEG. Während im dualistischen System das Leitungsorgan der Hauptversammlung zur Rechenschaft verpflichtet ist, ist es im monistischen System das Verwaltungsorgan in Gestalt der geschäftsführenden Direktoren.

a) Kompetenzen

Der Zuständigkeitsbereich der Hauptversammlung einer SE wird durch Art. 52 SE- VO festgelegt. Zusätzliche Kompetenzen der Hauptversammlung ergeben sich durch den Verweis des Art. 52 Unterabs. 2 SE – VO aus nationa-

---

[478] Ebenfalls kritisch *El Mahi*, Die Europäische Aktiengesellschaft Societas Europaea –SE-, S. 115; *Thoma/ Leuering*, Die Europäische Aktiengesellschaft- Societas Europaea, NJW 2002, S. 1453.

[479] Vgl. *Schulz/ Geismar*, Die Europäische Aktiengesellschaft- eine kritische Bestandsaufnahme, DStR 2001, S. 1082; *Schwarz*, Zum Statut der Europäischen Aktiengesellschaft, ZIP 2001, S. 1856; kritisch bzgl. der entsprechenden Regelung in SE- VOV 1991 bereits *Jaeger*, Wie europäisch ist die Europäische Aktiengesellschaft?, ZEuP 1994, S. 212.

lem Aktienrecht[480]. Die Hauptversammlung der SE ist demnach für alle Angelegenheiten zuständig, für die auch die Hauptversammlung einer nationalen AG zuständig ist oder die ihr durch Satzung im Einklang mit dem nationalen Recht übertragen wurden[481]. Demnach finden auf eine SE mit Sitz in Deutschland die §§ 118 ff. AktG Anwendung[482].

(1) Satzungsänderungen

Der Hauptversammlung ist für Satzungsänderungen zuständig. Nach Art. 59 I SE-VO hat die Hauptversammlung über jede Satzungsänderung mit einer Mehrheit von mindestens zwei Drittel der abgegebenen Stimmen zu beschließen, sofern die für AGs geltenden nationalen Rechtsvorschriften keine größere Mehrheit vorschreiben. Der nationale Gesetzgeber kann gemäß Art. 59 II SE- VO auch eine einfache Mehrheit der abgegebenen Stimmen erlauben, wenn mindestens die Hälfte des gezeichneten Kapitals vertreten ist. Diese Option wird in Anlehnung an § 179 II 2 AktG durch Art. 1 § 51 S. 1 SEEG ausgeübt[483], wonach die Satzung bestimmen kann, dass für einen Hauptversammlungsbeschluss über die Satzungsänderung eine einfache Mehrheit ausreicht, sofern mindestens die Hälfte des Grundkapitals vertreten ist. Davon wird jedoch keine Änderung des Unternehmensgegenstandes erfasst, wie etwa der Verlegungsbeschluss nach Art. 8 VI SE- VO. Sind mehrere Aktiengattungen vorhanden, so erfordert Art. 60 II SE- VO eine gesonderte Abstimmung durch jede Gruppe von Aktionären, deren spezifische Rechte durch den Beschluss berührt werden. Dieser Sonderbeschluss ist mit der gleichen Mehrheit wie der Hauptversammlungsbeschluss zu fassen. Abschließend ist jede Satzungsänderung gemäß Art. 59 III; 13 SE- VO offen zu legen.

---

480 Kritisch hierzu *Lutter*, Europäische Aktiengesellschaft- Rechtsfigur mit Zukunft?, BB 2002, S. 4; *Hirte*, Die Europäische Aktiengesellschaft, in NZG 2002, S. 8.

481 Ausführlich *Brandt*, Die Hauptversammlung der europäischen Aktiengesellschaft (SE)- Eine Untersuchung der methodischen Grundlagen und der Unterschiede zu den nationalen Gesellschaften, insbesondere zur deutschen Aktiengesellschaft, S. 120 ff.

482 Wie bereits auf S. 66 f. dargestellt, wird von dem Verweis auch die dazu ergangene Rechtsprechung erfasst. Dies hat zur Folge, dass auch die durch die Rechtsprechung („Holzmüller"- Entscheidung BGHZ 83 , 106 ff.) geschaffenen sog. ungeschriebenen Hauptversammlungszuständigkeiten auch berücksichtigt werden müssen, kritisch *Brandt*, Die Hauptversammlung der europäischen Aktiengesellschaft (SE)- Eine Untersuchung der methodischen Grundlagen und der Unterschiede zu den nationalen Gesellschaften, insbesondere zur deutschen Aktiengesellschaft, S. 127 ff.

483 So auch *Teichmann*, Vorschläge für das deutsche Ausführungsgesetz zur Europäischen Aktiengesellschaft, ZIP 2002, S. 1115.

(2) Sitzverlegung und Rückumwandlung

Die Hauptversammlung der SE hat auch gemäß Art. 8 VI SE- VO unter den Voraussetzungen des bereits dargestellten Art. 59 SE- VO über die Sitzverlegung und gemäß Art. 66 VI SE- VO i.V.m. § 65 UmwG über die Umwandlung der SE in eine nationale AG zu beschließen.

(3) Personalkompetenz

Nach Art. 40 II 1 SE- VO bestellt die Hauptversammlung im dualistischen System die Mitglieder des Aufsichtsorgans und beim monistischen System nach Art. 43 III 1 SE- VO die Mitglieder des Verwaltungsorgans.

b) Verfahren

Unbeschadet der Art. 52 ff. SE- VO beanspruchen nach Art. 53 SE- VO die aktienrechtlichen Regelungen des nationalen Rechts Geltung, die die Organisation und die Durchführung der Hauptversammlung sowie das Abstimmungsverhalten regeln[484]. Somit unterliegen alle Verfahrensfragen betreffend der Hauptversammlung der SE, wie Einberufung, Durchführung, Leitung und Beurkundung, dem nationalen Aktienrecht, und zwar bei einer SE mit Sitz in Deutschland den §§ 118 – 147 AktG.

(1) Einberufung

Die Hauptversammlung hat nach Art. 54 I 1 SE- VO mindestens einmal im Kalenderjahr binnen sechs Monaten nach Abschluss des Geschäftsjahres stattzufinden. Außerordentlich kann sie jedoch gemäß Art. 54 II SE- VO jederzeit vom Leitungs-, Aufsichts-, oder Verwaltungsorgan oder von jeder anderen zuständigen Behörde nach den für die AGs maßgeblichen Rechtsvorschriften[485] einberufen werden. Die Einberufung der Hauptversammlung und die Aufstellung der Tagesordnung kann nach Art. 55 I SE- VO auch von einer Minderheit der Aktionäre beantragt werden, sofern ihr Anteil am gezeichneten Kapital mindestens zehn Prozent beträgt. Um einen Gleichlauf mit § 122 I 1, II AktG herzustellen[486], bestimmen Art. 1 § 50 I, II SEEG, entsprechend den in Art. 55 I, 56 III SE-VO normierten Ermächtigungen, dass auch ein Anteil von fünf Prozent am

484 Ausführlich *Brandt*, Die Hauptversammlung der europäischen Aktiengesellschaft (SE)- Eine Untersuchung der methodischen Grundlagen und der Unterschiede zu den nationalen Gesellschaften, insbesondere zur deutschen Aktiengesellschaft, S. 173 ff.

485 Als Gründe Einberufungsgründe kommen §§ 92, 121 I, 122, 124 IV 2 AktG in Betracht.

486 Vgl. *Ihrig/ Wagner*, Diskussionsentwurf für ein SE- Ausführungsgesetz, BB 2003, S. 976.

Grundkapital[487] ausreicht. Falls die Hauptversammlung spätestens zwei Monate nach Antragstellung nicht einberufen worden ist, so kann am Sitz der SE das zuständige Gericht anordnen, dass die Hauptversammlung innerhalb einer bestimmten Frist einzuberufen ist (Art. 55 III SE- VO). Dabei kann das Gericht auch die Antragsteller oder deren Vertreter zur Einberufung ermächtigen. Unberührt bleiben hiervon die nationalen Regelungen, aufgrund derer die Aktionäre selbst die Hauptversammlung einberufen können. Der Minderheit steht nach Art. 56 SE- VO und Art. 1 § 50 II SEEG auch das Recht zur Ergänzung der Tagesordnung zu, wobei sich das Verfahren und die Fristen nach geltendem Aktienrecht richten.

(2) Beschlussfassung

Die Hauptversammlung fasst ihre Beschlüsse nach Art. 57 SE- VO grundsätzlich mit der Mehrheit der abgegebenen gültigen Stimmen[488]. Zu den abgegebenen Stimmen zählen gemäß Art. 58 SE- VO nicht die Stimmen, die mit den Aktien verbunden sind, deren Inhaber nicht an der Abstimmung teilgenommen und die, die sich der Stimme enthalten oder einen leeren bzw. ungültigen Stimmzettel abgegeben haben. Für die Nichtigkeit und Anfechtbarkeit von Hauptversammlungsbeschlüssen gelten mangels spezieller Regelungen in der SE- VO über Art. 9 I lit. c ii SE- VO die §§ 241 ff. AktG entsprechend[489].

2. Verwaltungsstruktur der SE

Die SE- VO respektiert die beiden in der EU vorhandenen Verfassungsarten der Aktiengesellschaft und übernimmt sowohl das monistische als auch das dualistische System als Wahlalternativen für die SE[490]. Jede SE muss sich folglich in ihrer Satzung für die monistische oder dualistische Verwaltungsstruktur entscheiden (Art. 38 SE- VO). Das kann durch den nationalen Gesetzgeber nicht verhindert werden[491]. Über Art. 43 IV SE- VO soll gewährleistet werden, dass beide Modelle in jedem Mitgliedstaat errichtet werden können[492].

---

487 Aus Gründen des einheitlichen Sprachgebrauchs wird der im deutschen Aktiengesetz gebräuchliche Begriff des „Grundkapitals" verwendet, der inhaltlich aber nicht vom „gezeichneten Kapital" nach der europäischen Terminologie abweicht, vgl. Begründung zu Art. 1 § 50 SEEG.

488 Der deutsche Gesetzgeber hat von der Ermächtigung, eine hiervon abweichende Mehrheitsquote zu schaffen, abgesehen.

489 Der Verweis des Art. 53 SE- VO erfasst nur den organisatorischen Bereich.

490 Vgl. *Habersack*, Europäisches Gesellschaftsrecht, § 12 IV; *Jahn/ Herfs- Röttgen*, Die Europäische Aktiengesellschaft- Societas Europaea, DB 2001, S. 633.

491 Vgl. *Nagel*, Die Europäische Aktiengesellschaft (SE) in Deutschland- der Regierungsentwurf zum SE- Einführungsgesetz, NZG 2004, S. 835; kritisch *Bungert /Beier*, Die eu-

Hinter dem dualistischen Modell versteckt sich das deutsche und hinter dem monistischen das angelsächsische Board- Modell[493]. Für den Fall, dass das Aktienrecht einzelner Mitgliedstaaten eines der beiden Systeme nicht vorsieht, können diese nach Art. 39 V und Art. 43 IV SE- VO entsprechende Regelungen für die SE erlassen. Im Unterschied zu dem, dem deutschen Juristen bekannten, dualistischen Modell, besteht das monistische System aus einem einheitlichen Verwaltungsorgan, dem sowohl Leitungs- als auch Überwachungsfunktionen obliegen. Dieses sogenannte „board system“ wird in den Art. 43 – 51 SE- VO näher geregelt und auf nationaler Ebene durch Art. 1 §§ 20 – 47 SEEG ergänzt.

a) Das dualistische System

Das dualistische System zeichnet sich durch eine Trennung von Leitungs- und Aufsichtsorgan aus[494]. Da die SE- VO das dualistische System nur rudimentär regelt, muss über den Verweis des Art. 9 I lit. c ii SE- VO das Aktienrecht neben Art. 39 ff. SE- VO ergänzend Anwendung finden [495]. Ausgangspunkt dieser Überlegung ist Art. 39 V SE- VO, wonach Staaten, die das dualistische System nicht kennen, entsprechende Vorschriften in Bezug auf die SE erlassen können. Damit bringt die Verordnung selbst zum Ausdruck, dass sie nicht den Anspruch erhebt, das dualistische Modell vollständig zu regeln[496]. Umgekehrt ergibt sich aus Art. 39 V SE- VO, dass Staaten, die das dualistische System bereits kennen, keine speziell die SE betreffenden Ergänzungsvorschriften erlassen können. Es gilt demzufolge im Prinzip das bekannte System der §§ 76 ff. AktG. Im Unterschied zum deutschen Aktienrecht ist die maximale Amtszeit der Organe auf sechs Jahre begrenzt (Art. 46 I SE- VO). Auch kann die Satzung vorsehen, dass Gesellschaften und andere juristische Personen Mitglied im Leitungs- oder Aufsichtsrat der SE werden, sofern das für Aktiengesellschaften maßgebliche Recht

ropäische Aktiengesellschaft- Das Statut und seine Umsetzung in der Praxis, EWS 2002, S. 3; sogar anderer Ansicht *Schulz/ Geismar*, Die Europäische Aktiengesellschaft- eine kritische Bestandsaufnahme, DStR 2001, S. 1082.

492 Vgl. Erwägungsgrund 14 SE- VO.

493 Vgl. *Blaurock*, Europäisches und deutsches Gesellschaftsrecht- Bilanz und Perspektiven eines Anpassungsprozesses, ZEuP 1998, S. 477; zu den Vorteilen einer monistischen Verwaltungsstruktur *Davies*, Struktur der Unternehmensführung in Großbritannien und Deutschland; Konvergenz oder fortbestehende Divergenz?, ZGR 2001, S. 268 ff.

494 Vgl. *Thoma/ Leuering*, Die Europäische Aktiengesellschaft- Societas Europaea, NJW 2002, S. 1451.

495 Nur an wenigen Stellen ermächtigt die SE- VO zu einer SE- spezifischen Regelung, so für das Informationsrecht des Aufsichtsrats und die Wahl des Aufsichtsratsvorsitzenden. Wegen Art. 41 III SE- VO ist in Art. 1 § 18 SEEG ausdrücklich Bezug genommen werden auf § 90 III 2 AktG, wonach jedes Aufsichtsratsmitglied ein Informationsrecht hat.

496 Vgl. *Neye/ Teichmann*, Der Entwurf für das Ausführungsgesetz zur Europäischen Aktiengesellschaft, AG 2003, S. 175.

des Sitzstaates der SE nichts anderes bestimmt (Art. 47 I SE- VO). Wegen der §§ 76 III, 100 I AktG kommt eine solche Möglichkeit in Deutschland zur Zeit nicht in Betracht[497].

b) Das monistische System

Die Einführung einer monistischen Leitungsstruktur dürfte aus deutscher Sicht die größte Innovation sein, die mit der Einführung der SE verbunden ist[498]. Im monistischen System obliegt die Verwaltung der Gesellschaft allein dem Verwaltungsorgan (Art. 43 I 1 SE- VO). Dieses Verwaltungsorgan heißt in Deutschland Verwaltungsrat (Art. 1 § 20 SEEG)[499]. Grundsätzlich ist vorgesehen, dass alle seine Mitglieder die Geschäfte der SE führen. Jedoch wird den Mitgliedstaaten die Möglichkeit eröffnet, eine Unterteilung in Geschäftsführer für laufende und für außergewöhnliche Geschäfte vorzusehen (Art. 43 I 2 SE-VO). Diese Unterscheidung zwischen geschäftsführenden und weiteren Direktoren hat zentrale Bedeutung[500]. Die Ausdifferenzierung monistischer Organe in „*inside*" und „*outside directors*"[501] beruht ebenso auf diesem Gedanken wie die Trennung von „*chief executive officer CEO*" und „*chairman of the board*"[502] und „*executive*" und „*non- executive*"- Mitglieder[503].

---

497 Hierzu ausführlich *Fleischer*, Juristische Personen als Organmitglieder im Europäischen Gesellschaftsrecht, RIW 2004, S. 16 ff; *Brandes*, Europäische Aktiengesellschaft: Juristische Person als Organ?, NZG 2004, S. 642 ff.

498 Bemerkenswert ist der Bericht in FAZ vom 11.01.2003, wonach ein aus hochrangigen Finanzexperten und Managern bestehendes Sachverständigengremium amerikanische Unternehmen aufgefordert hat, die Trennung des Vorsitzes von Geschäftsführung und Verwaltungsrat zu erwägen, um eine unabhängigere Rolle der Geschäftsführung zu gewährleisten. Wenn die Unternehmen keinen unabhängigen Geschäftsführer berufen wollten, sollte zumindest ein unabhängiges Verwaltungsratmitglied als Leiter benannt werden, um Sitzungen auch ohne die Geschäftsführung abhalten zu können. Hintergrund ist die Diskussion um die amerikanische Unternehmensverfassung nach den Bilanzskandalen in den vergangenen Jahren. Allerdings sind die Empfehlungen dieses Gremiums nicht bindend. Diese Kommission präsentierte auch Alternativen zu einer radikalen Ämtertrennung.

499 Kritisch hinsichtlich des Namens *Ihrig/ Wagner*, Diskussionsentwurf für ein SE- Ausführungsgesetz, BB 2003, S. 974.

500 Vgl. *Bungert/ Beier*, Die europäische Aktiengesellschaft- Das Statut und seine Umsetzung in der Praxis, EWS 2002, S. 4.

501 So *Hirte*, Die Europäische Aktiengesellschaft, NZG 2002, S. 8.

502 So *Hommelhoff*, Einige Bemerkungen zur Organisationsverfassung der Europäischen Aktiengesellschaft, AG 2001, S. 284; *Eder*, Die monistisch verfasste Societas Europaea- Überlegungen zur Umsetzung eines CEO- Modells, NZG 2004, S. 544.

503 So *Teichmann*, Gestaltungsfreiheit im monistischen Leitungssystem der europäischen Aktiengesellschaft, BB 2004, S. 54.

Diese funktionale Unterscheidung von Geschäftsführung und Überwachung gestattet die Integration der Vorgaben von Konzernrecht[504] und Mitbestimmung[505] in das monistische System. Aufgabenbereiche, die traditionell den unterschiedlichen Organen des dualistischen Systems zugewiesen sind, können nun an die dahinter stehenden Funktion anknüpft werden[506]. Die genauere Ausgestaltung des Modells[507] kann der Satzung vorbehalten bleiben. Um diese Trennung nachzuweisen, bestimmt Art. 1 § 21 IV SEEG, dass offen zu legen ist, welche Person, welche Funktion wahrnimmt.

(1) Zahl und Organisation des Verwaltungsrats

Die Zahl der Mitglieder des Verwaltungsrats richtet sich nach der Satzung, wobei die Mitgliedstaaten Mindest- und Höchstzahlen festlegen können (Art. 43 II Unterabs. 1 SE- VO). Die persönlichen Voraussetzungen bestimmen sich nach Art. 47 II SE- VO und Art. 1 § 27 SEEG, der die Inkompatibilitätsgründe für Aufsichtsratsmitglieder nach § 100 II AktG inhaltlich übernimmt. In Deutschland ist in Art. 1 § 23 I 1 SEEG bestimmt, dass der Verwaltungsrat aus drei Mitgliedern besteht, zulässig sind jedoch unter Einhaltung gewisser Vorgaben auch Abweichungen nach oben[508]. Die SE- VO bestimmt in Art. 43 II Unterabs. 2 SE- VO eine Mindestzahl von drei Mitgliedern im Falle eine Mitbestimmung.

Aus seiner Mitte wählt der Verwaltungsrat einen Vorsitzenden (Art. 45 1 SE- VO), der im Falle hälftiger Bestellung der Mitglieder des Verwaltungsorgans durch Arbeitnehmer zu den von der Hauptversammlung gewählten Mitgliedern des Aufsichtsrats gehören muss (Art. 45 S. 2 SE- VO). Der Verwaltungsrat wiederum bestellt einen oder mehrere geschäftsführende Direktoren (Art. 1 § 40 I SEEG). Diese können Mitglieder des Verwaltungsrats sein. Sofern dies der

---

[504] Dies war deshalb besonders problematisch, weil das Konzernrecht von einer strengen Trennung von Vorstand und Aufsichtsrat ausgeht. So weist bspw. das Recht des faktischen Konzerns beiden Organen getrennte Aufgabenbereiche zur Ausbalancierung der konzernspezifischen Interessenskonflikte zu: der Vorstand erstellt den Abhängigkeitsbericht (§ 312 AktG), der Aufsichtsrat überprüft diesen Bericht (§ 314 AktG), hierzu eingehend *Maul,* Die faktisch abhängige SE (Societas Europaea) im Schnittpunkt zwischen deutschem und europäischen Recht, S. 155 f.

[505] Die deutsche Mitbestimmung bereitete Probleme, da sie auf ein dualistisches System ausgerichtet ist: Arbeitnehmer sind im Aufsichtsrat vertreten und sind damit an der Überwachung des Unternehmens, nicht aber an der Geschäftsführung beteiligt.

[506] Für Gesellschaften, die dem Konzernrecht unterliegen, hat der deutsche Gesetzgeber eine Funktionstrennung zwingend vorgeschrieben (vgl. Art. 1 § 49 SEEG).

[507] Bspw. die Bestellung der Geschäftsleiter.

[508] Nach *Kübler* ist die Festlegung der Zahl im Verwaltungsorgan nicht erforderlich; in Leitungsstrukturen der Aktiengesellschaft und die Umsetzung des SE- Statuts, ZHR 2003, S. 232.

Fall ist, muss darauf geachtet werden, dass die Mehrheit des Verwaltungsrats weiterhin aus nicht geschäftsführenden Mitgliedern besteht (Art. 1 § 40 2 SEEG).

(2) Bestellung des Verwaltungsrats

Die Mitglieder des Verwaltungsorgans werden von der Hauptversammlung bestellt; die des ersten Verwaltungsrats werden durch die Satzung bestimmt (Art. 43 III SE- VO). Daneben sieht Art. 1 § 28 II SEEG durch den Verweis auf § 101 II AktG auch die Möglichkeit satzungsmäßiger Entsendungsrechte vor. Auch die Bestimmungen über die Abberufung der Mitglieder des Verwaltungsrats, ihre gerichtliche Bestellung, sowie die Nichtigkeit und Anfechtung der Wahl der Verwaltungsmitglieder entsprechen inhaltlich den für den Aufsichtsrat der AG geltenden Vorschriften oder verweisen auf sie[509].

(3) Aufgaben und Pflichten des Verwaltungsrats

Der Verwaltungsrat führt die Geschäfte (Art. 43 I 1SE- VO), er leitet also die Gesellschaft, bestimmt die Grundlinien ihrer Tätigkeit und überwacht deren Umsetzung (Art. 1 § 22 I SEEG)[510]. Die Letztveranwortlichkeit für die Unternehmenspolitik sowie die strategischen Entscheidungen liegen also allein beim Verwaltungsrat[511]. Damit korrespondieren die Rechten und Pflichten des Verwaltungsrats: Er hat ein Einsichts- und Prüfungsrecht (Art. 1 § 22 II, IV 1 SEEG) und erteilt dem Abschlussprüfer den Prüfungsauftrag für den Jahres- und Konzernabschluss (Art. 1 § 22 IV 3 SEEG). Auch trifft ihn die Verlust- und Insolvenzantragspflicht (Art. 1 § 22 V SEEG). Um einen kontinuierlichen Informationsfluss zwischen den Mitgliedern zu sichern, muss das Verwaltungsorgan nach Art. 44 I SE- VO mindestens alle drei Monate tagen und über den Geschäftsverlauf der Gesellschaft und deren voraussichtlichen Entwicklung beraten (Art. 44 1 SE- VO).

Die geschäftsführenden Direktoren sind für die laufende Geschäftsführung zuständig und vertreten die SE nach außen unbeschränkt (Art. 1 §§ 41 I, 44 1 SEEG)[512]. Die weiteren Zuständigkeitsfelder lehnen sich an einzelne Kompetenzen an, die

---

509 Vgl. Art. 1 §§ 29 ff. SEEG.

510 Die Formulierung ist dem französischen Code de commerce (Art. L225- 35) entlehnt, so die Begründung zu Art. 1 § 22 SEEG, S. 91.

511 So auch *Eder*, Die monistisch verfasste Societas Europaea- Überlegungen zur Umsetzung eines CEO- Modells, NZG 2004, S. 544 f.; *Pluskat*, Die neuen Vorschläge für die Europäische Aktiengesellschaft, EuZW 2001, S. 527; *Brandt*, Der Diskussionsentwurf zu einem SE- Ausführungsgesetz, DStR 2003, S. 1212.

512 Für eine Einzelvertretungsbefugnis jedoch *Eder*, Die monistisch verfasste Societas Europaea- Überlegungen zur Umsetzung eines CEO- Modells, NZG 2004, S. 546.

in deutschem Recht grundsätzlich dem Vorstand obliegen[513]. Den geschäftsführenden Direktoren obliegt nach Art. 1 § 40 VI SEEG eine Berichtspflicht gegenüber dem Verwaltungsrat, sofern nicht die Satzung oder die Geschäftsordnung etwas anderes vorsehen[514].

c) Gemeinsamer Regelungsbedarf für monistisches und dualistisches Modell

Es existieren Regelungsfragen, die sowohl das monistische als auch das dualistische Leitungssystem betreffen. So äußert sich die SE- Verordnung zwar in einzelnen Vorschriften zur Geschäftsführung der Gesellschaft, die Vertretungsbefugnis nach außen ist in der heutigen SE- VO im Gegensatz zu dem Entwurf von 1989[515] jedoch nicht mehr geregelt. Im dualistischen System gelangt kraft der Verweisung auf nationales Recht § 78 AktG zur Anwendung. Für das monistische System hat der deutsche Gesetzgeber aufgrund der allgemeinen Ermächtigung in Art. 43 IV SE- VO eine Gesamtvertretungsbefugnis der geschäftsführenden Direktoren (Art. 1 § 41 I, II SEEG) bestimmt[516].

Auch enthält die heutige Fassung der SE- VO im Gegensatz zu den vorhergegangenen[517] keinen Katalog zustimmungspflichtiger Geschäfte[518]. Nach Art. 48 I Unterabs. 1 SE- VO kann die Satzung die Arten von Geschäften aufführen, die zustimmungspflichtig sind. Daneben können auch die Mitgliedstaaten festlegen, welche Arten von Geschäften in die Satzung aufzunehmen sind (Art. 48 II SE-VO). Somit unterliegt auch diese Frage der Gestaltungsfreiheit oder den nationalen Vorschriften der Mitgliedstaaten. Da das deutsche Recht einen solchen Katalog nicht kennt, wurde von dieser Ermächtigung keinen Gebrauch gemacht[519]. Für das dualistische System gilt § 111 IV 2 AktG, wonach die Satzung oder das Aufsichtsorgan selbst festlegen können, dass bestimmte Geschäfte nur mit seiner Zustimmung vorgenommen werden dürfen, bereits aufgrund der Ergänzungsfunktion nationalen Rechts. Um einen Gleichlauf mit § 111 IV 2 AktG sicherzustellen, ordnet Art. 1 § 19 SEEG ausdrücklich an, dass der Aufsichtrat selbst bestimmte Arten von Geschäften von seiner Zustimmung abhängig machen kann. Auch für das monistische System hat der deutsche Gesetzgeber

---

513 Vgl. *Ihrig/ Wagner*, Diskussionsentwurf für ein SE- Ausführungsgesetz, BB 2003, S. 975.

514 Vgl. hierzu *Merkt*, Die monistische Unternehmensverfassung für die Europäische Aktiengesellschaft aus deutscher Sicht- Mit vergleichendem Blick auf die Schweiz, das Vereinigte Königreich und Frankreich, ZGR 2003, S. 669 f.

515 Vgl. Art. 71 SE- VOV 1989.

516 So auch *Teichmann*, Vorschläge für das deutsche Ausführungsgesetz zur Europäischen Aktiengesellschaft, ZIP 2002, S. 1115.

517 Vgl. Art. 72 SE- VOV 1989 und 1991.

518 Zustimmend *Schwarz*, Zum Statut der Europäischen Aktiengesellschaft, ZIP 2001, S. 1856.

519 Zustimmend *Hirte*, Die Europäische Aktiengesellschaft, NZG 2002, S. 8.

durch den Generalverweis des Art. 1 § 22 VI SEEG die Anwendung des § 111 AktG gewährleistet.

3. *Organhaftung*

Hinsichtlich der Organhaftung wird zwischen der Innenhaftung und der Außenhaftung unterschieden.

a) Innenhaftung

Die Organmitglieder haben für alle Schäden aufzukommen, welche der SE durch Verletzung der ihnen bei der Ausübung ihres Amtes obliegenden gesetzlichen, satzungsmäßigen oder sonstigen Pflichten entstehen (Art. 51 SE- VO). Diese in Art. 51 SE- VO normierte Organhaftung ist also eine Innenhaftung der jeweiligen Organmitglieder gegenüber der SE und richtet sich sowohl im dualistischen als auch im monistischen System nach nationalem Aktienrecht, also in Deutschland nach den §§ 93, 116 AktG[520].

Zuständig für die Geltendmachung von Ersatzansprüchen gegen Leitungsorganmitglieder ist im dualistischen System grundsätzlich das Aufsichtsorgan gemäß Art. 51 SE-VO, § 112 AktG und umgekehrt gegen Aufsichtsorganmitglieder das Leitungsorgan gemäß Art. 51 SE- VO, § 78 I AktG. Im monistischen System wird die SE dagegen von den geschäftsführenden Direktoren vertreten. Gegenüber den Direktoren wird die SE gemäß Art. 1 § 41 V SEEG durch das Verwaltungsorgan vertreten, der dem § 112 AktG entspricht. Die geschäftsführenden Direktoren sind dem Verwaltungsrat nach Art. 1 § 40 VIII SEEG verantwortlich[521]. Bei der Ausfüllung der unbestimmten Rechtsbegriffe des § 93 AktG ist darauf zu achten, dass die Stellung der geschäftsführenden Direktoren wegen deren Weisungsabhängigkeit und jederzeitigen Abberufbarkeit (Art. 1 § 40 V SEEG) derjenigen eines GmbH- Geschäftsführers gleicht[522].

---

520 Kritisch bzgl. der entsprechenden Regelung im SE- VOV 1991 bereits *Jaeger*, Wie europäisch ist die Europäische Aktiengesellschaft?, ZEuP 1994, S. 215.

521 Vgl. hierzu *Merkt*, Die monistische Unternehmensverfassung für die Europäische Aktiengesellschaft aus deutscher Sicht- Mit vergleichendem Blick auf die Schweiz, das Vereinigte Königreich und Frankreich, ZGR 2003, S. 671 ff.

522 Vgl. Begründung zu Art. 1 § 40 SEEG, S. 98; ausführlich zu den Weisungsbefugnissen *Merkt*, Die monistische Unternehmensverfassung für die Europäische Aktiengesellschaft aus deutscher Sicht- Mit vergleichendem Blick auf die Schweiz, das Vereinigte Königreich und Frankreich, ZGR 2003, S. 671 ff.

b) Außenhaftung

Die Außenhaftung der Organmitglieder richtet sich über den Generalverweis des Art. 9 I c ii SE- VO ebenfalls nach nationalem Recht der Aktiengesellschaften, also nach § 31 BGB.

4. Fazit

Hinsichtlich ihrer Corporate Governance weist die SE aufgrund der vielfältigen Verweisungen ins nationale Recht gegenüber der AG -mit Ausnahme des monistischen Leitungsmodells- keine Besonderheiten auf. Mit der Einführung von geschäftsführenden Direktoren wird das monistische System dem dualistischen System angenähert. Der entscheidende Unterschied besteht jedoch darin, dass es im monistischen System keine vollständige Funktions- und Personaltrennung gibt. Die dort vorgesehenen Direktoren haben nämlich gerade keine dem Vorstand entsprechende Position und leiten die Gesellschaft nicht in eigener Verantwortung, wie das in § 76 AktG für den deutschen Vorstand gilt. Auch die strenge Inkompatibilität der Ämter ist im monistischen System nicht vorgesehen, während das dualistische System auf diesem Grundsatz beruht (§ 105I AktG). Bei den geschäftsführenden Direktoren handelt es sich also nicht um ein neben dem Verwaltungsrat existierendes zweites Organ[523].

VII. Beteiligung der Arbeitnehmer

Mehr als 40 Jahre hat der Streit der Mitgliedsstaaten um den Grad der Mitwirkung der Arbeitnehmer in den Entscheidungsorganen der Unternehmen die Verabschiedung des Status der SE verhindert[524]. Die Mitgliedstaaten haben sich schließlich auf einen Kompromiss geeinigt[525], der seinen Niederschlag in der Richtlinie zur Ergänzung des Statuts der Europäischen Gesellschaft hinsichtlich der Beteiligung der Arbeitnehmer gefunden hat, welche durch die Mitgliedstaa-

---

523 Vgl. *Neye*, in Baums/ Cahn, Die Europäische Aktiengesellschaft- Umsetzungsfragen und Perspektiven S. 136; *Teichmann* weist darauf hin, dass die Funktionstrennung erforderlich ist, weil die SE- VO nicht dazu ermächtigt, SE- spezifisches Recht zu schaffen, Gestaltungsfreiheit im monistischen Leitungssystem der europäischen Aktiengesellschaft, BB 2004, S. 60; kritisch hierzu *Handelsrechtsausschuss des Deutschen Anwaltsvereins*, Stellungnahme zu dem Regierungsentwurf eines Gesetzes zur Einführung der Europäischen Gesellschaft (SEEG), NZG 2004, S. 959.

524 Vgl. zur Arbeitnehmerbeteiligung in den einzelnen Entwürfen *Mävers*, Die Mitbestimmung der Arbeitnehmer in der Europäischen Aktiengesellschaft, S. 97 ff., 109 ff., 135 ff., 213 ff., 254 ff.

525 Diese Einigung wird auch als Einigung auf dem kleinsten gemeinsamen Nenner bezeichnet, *Pluskat*, Die neuen Vorschläge für die Europäische Aktiengesellschaft, EuZW 2001, S. 528.

ten in nationales Recht umgesetzt werden musste[526]. Ziel der Richtlinie ist es, zu verhindern, dass die Mitbestimmung absinkt, sobald ein Unternehmen in eine SE eingeht[527].

Die Richtlinie entscheidet zwischen drei Arten der Arbeitnehmerbeteiligung, der Unterrichtung, der Anhörung und der Mitbestimmung (Art. 2 i, j, k SE-RL)[528]. Entsprechend der jeweiligen Beteiligungsformen nimmt der Einfluss der Arbeitnehmer schrittweise zu. Während die Arbeitnehmervertreter im Rahmen der Unterrichtung reine Informationsempfänger sind, haben sie auf der Stufe der Anhörung bereits beratende Funktion[529]. Erst auf der Ebene der Mitbestimmung hat die Arbeitnehmervertretung durch partielle Besetzung des Aufsichts- oder Verwaltungsorgans der Gesellschaft mit Arbeitnehmervertretern die Möglichkeit, auf die Geschicke der Gesellschaft ein- und am Prozess der Entscheidungsfindung mitzuwirken[530]. Dem europäischen Standard entsprechend, muss ein Verfahren der Unterrichtung und Anhörung in jeder SE eingerichtet werden[531]. Mitbestimmung gilt hingegen dort, wo dies freiwillig vereinbart wird oder eine der beteiligten Gesellschaften bereits mitbestimmt war.

Eine Festlegung der Mitbestimmung sieht die Richtlinie primär im Wege freier Verhandlungen zwischen der Unternehmensführung und einem besonderen Verhandlungsgremium der Arbeitnehmerseite[532] vor. Für den Fall, dass die Verhandlungen scheitern, greift eine Auffangregelung, die hinsichtlich der Beteiligung der Arbeitnehmer bestimmte Standardanforderungen sichert. Die nachfolgende Darstellung soll einen Überblick über die Beteiligung der Arbeitnehmer in einer SE geben.

---

526 Kritisch zu Art. 2 SEEG *Grobys*, Das geplante Umwandlungsgesetz zur Beteiligung von Arbeitnehmern in der Europäischen Aktiengesellschaft, NZA 2004, S. 780 f.

527 Vgl. *Bezzenberger*, Die Europäische Aktiengesellschaft, JURA 2003, S. 230.

528 Zur Terminologie im Vergleich mit deutschem Recht *Nagel*, Ist die europäische Aktiengesellschaft (SE) attraktiv?, DB 2004, S. 1300.

529 Vgl. *Pluskat*, Die Arbeitnehmerbeteiligung in der geplanten Europäischen AG, DStR 2001, S. 1486.

530 Vgl. *Pluskat*, Die Arbeitnehmerbeteiligung in der geplanten Europäischen AG, DStR 2001, S. 1486.

531 Vgl. Richtlinie über europäische Betriebsräte, die grundsätzlich keine Anwendung findet, Art. 13 I SE- RL, Erwägungsgrund 11 SE- RL.

532 Dieses besondere Verhandlungsgremium der Arbeitnehmer wird nachfolgend mit BVG abgekürzt.

1. Vorher- Nachher- Prinzip

Die Richtlinie folgt dem sogenannten Vorher- Nachher- Prinzip, also dem Grundsatz, dass bestehende Mitbestimmungsrechte erhalten bleiben[533]. Damit wurde der Befürchtung Rechnung getragen, dass die SE der „Flucht aus der Mitbestimmung" dienen könne [534]. Der Mitbestimmungsstatus in einem deutschen Unternehmens kann bei der Gründung einer SE grundsätzlich nicht reduziert werden, es sei denn, die Arbeitnehmer stimmen einer Minderung oder Modifizierung ihrer Mitbestimmung ausdrücklich zu. Umgekehrt müssen Staaten, die eine Mitbestimmung nicht kennen, diese auch nicht anlässlich einer SE-Gründung einführen.

2. Verhandlungslösung

Unverzüglich nach Offenlegung des Verschmelzungsplans bzw. Plans zur Gründung einer Holding- SE, Tochter- SE oder zur Umwandlung in eine SE haben die Leitungs- oder Verwaltungsorgane der beteiligten Gesellschaften die notwendigen Schritte zur Aufnahme von Verhandlungen mit den Arbeitnehmervertretern -gerichtet auf die einvernehmliche Ausgestaltung der künftigen Arbeitnehmerbeteiligung- einzuleiten (Art. 3 I SE- RL). In Anlehnung an die Richtlinie über europäische Betriebsräte[535] übergibt die SE- RL in ihrem Art. 3 die Entscheidung über Art und Umfang der unternehmerischen Mitbestimmung in der SE in die Hände eines besonderen Verhandlungsgremiums der Arbeitnehmer einerseits und der Vertreterorgane der beteiligten Gesellschaften andererseits[536]. Die mit der Einsetzung des BVG verbundenen erforderlichen Kosten tragen die beteiligten Gesellschaften (Legaldefinition in Art. 2 § 2 II SEEG) und nach ihrer Gründung die SE als Gesamtschuldner (Art. 2 § 19 SEEG)[537].

Das für das Verhandlungsverfahren maßgebliche Recht richtet sich nach den durch den nationalen Gesetzgeber erlassenen Vorschriften, in Deutschland also nach Art. 2 §§ 4 – 21 SEEG.

---

533 Vgl. Begründung zu Art. 2 SEEG, S. 102.

534 Vgl. speziell zur Umwandlung *Lange*, Überlegungen zur Umwandlung einer deutschen in eine Europäische Aktiengesellschaft, EuZW 2003, S. 304.

535 Vgl. *Kleinsorge*, in Baums/ Cahn, Die Europäische Aktiengesellschaft- Umsetzungsfragen und Perspektiven, S. 141; *Köstler*, Die Mitbestimmung in der SE, ZGR 2003, S. 802.

536 Diese Umsetzung in nationales Recht erfolgte durch Art. 2 § 4 SEEG.

537 So werden i.d.R. Dolmetscher benötigt, weil wahrscheinlich nicht alle Mitglieder des BVG ausreichend ausländische Sprachkenntnisse aufweisen werden.

a) Zusammensetzung des besonderen Verhandlungsgremiums

Das Bestellungsverfahren für die Mitglieder des BVG bestimmen Art. 2 §§ 4-10 SEEG[538]. Danach wurde in Art. 2 § 7 SEEG entsprechend der Vorgaben der Richtlinie aus Art. 3 II lit. b SE- RL angeordnet, dass jede Gesellschaft, die in dem jeweiligen Mitgliedstaat Arbeitnehmer beschäftigt, grundsätzlich durch mindestens ein Mitglied im Verhandlungsgremium vertreten sein soll.

Zur Bestimmung der Zahl der Sitze pro Mitgliedstaat sieht die Richtlinie in Art. 3 II lit. a SE- RL ein Verfahren vor, das eine Proportionalität zwischen Mitgliedstaaten, Unternehmen und Arbeitnehmerzahlen herstellen soll. Diese Verteilung ist in Art. 2 § 5 SEEG geregelt. Danach wird zunächst entschieden, wie viele Sitze aus jedem Mitgliedstaat zu besetzen sind. Grundsätzlich[539] ist zu ermitteln, wie die Gesamtarbeitnehmerzahl der beteiligten Gesellschaften, betroffenen Tochtergesellschaften und Betrieben auf die einzelnen Mitgliedstaaten prozentual verteilt ist. Je angefangene zehn Prozent aus jedem Mitgliedstaat ist ein Sitz zu besetzen. Daraus ergibt sich eine Mindestzahl von zehn Mitgliedern, bei der Verteilung auf mehrere Mitgliedstaaten kann sich aber auch eine größere Zahl ergeben[540].

Im Anschluss daran ist zu entscheiden, welche Personen die Sitze aus dem einzelnen Mitgliedstaat einnehmen. Die an sie gestellten Anforderungen sind Art. 2 § 6 I SEEG zu entnehmen. Im Einklang mit Art. 3 II lit. b SE- RL bestimmt Art. 2 § 6 I SEEG, dass auch Gewerkschaftsvertreter dem BVG angehören können[541]. Allerdings bestimmt Art. 2 § 6 III SEEG, dass jedes dritte Mitglied des BVG Gewerkschaftsmitglied sein muss, sobald dem Gremium mehr als drei Personen angehören. Ob dies noch durch die Richtlinie gedeckt ist, erweckt Zweifel. Ein charakteristisches Merkmal der SE- RL ist es gerade, dass nicht die Gewerkschaften maßgeblichen Einfluss auf die Zusammensetzung des BVG haben, sondern die Arbeitnehmer[542]. Deshalb sollen allein sie entscheiden, ob sie Gewerkschaftsvertreter in das BVG hineinwählen. Im Vordergrund der Verhandlung stehen nämlich gerade nicht die allgemeinen Arbeitnehmerinteressen, son-

---

538 Vgl. hierzu Begründung zu Art. 2 § 5 SEEG, S. 114; kritisch zu Recht *Heinze*, Die Europäische Aktiengesellschaft, ZGR 2002, S. 81.

539 Abweichungen ergeben sich bspw. bei der Gründung einer SE durch Verschmelzung, vgl. Art. 2 § 5 II SEEG.

540 Vgl. insoweit auch das Rechenbeispiel in der Begründung zu Art. 2 § 5 SEEG, S. 115.

541 Kritisch mit Hinweis auf eine mögliche Überforderung der Arbeitnehmer hinweisend *Herfs- Röttgen*, Probleme der Arbeitnehmerbeteiligung in der Europäischen Aktiengesellschaft, NZA 2002, S. 360.

542 Vgl. *Kallmeyer*, Die Beteiligung der Arbeitnehmer in einer Europäischen Gesellschaft, ZIP 2004, S. 1443.

dern die Vereinbarung einer unternehmensadäquaten Beteiligungsregel[543]. Da die Vereinbarung nicht auf die Mitbestimmung beschränkt ist, sondern auch Unterrichtung und Anhörung auf betrieblicher Ebene erfasst, ist die Berufung auf die Tradition des Mitbestimmungsgesetzes gemäß der Begründungen[544] zu dieser Vorschrift verfehlt[545]. Schließlich kann das Verhandlungsgremium selbst zusätzlich Sachverständige in beliebiger Zahl zu den Verhandlungen hinzuziehen (Art. 2 § 14 I SEEG)[546].

Das BVG selbst wird durch ein Wahlgremium bestellt, dessen Zusammensetzung und Einberufung in Art. 2 §§ 8 f. SEEG vorgegeben ist[547].

b) Beschlussfassung

Für eine wirksame Beschlussfassung im BVG ist eine doppelte Mehrheit der Stimmen erforderlich: eine „nach Köpfen" der abstimmenden Mitglieder, sowie die Mehrheit der vertretenen Arbeitnehmer, wobei jedes Mitglied eine Stimme hat (Art. 2 § 15 II 1 SEEG). Einer qualifizierten Mehrheit von zwei Dritteln der Stimmen, die mindestens zwei Drittel der Arbeitnehmer in mindestens zwei Mitgliedstaaten vertreten, bedarf es hingegen, wenn die Verhandlungen zu einer Minderung der Mitbestimmungsrechte führen (Art. 2 § 15 III 1 SEEG)[548]. Auf diese Weise wird der Grundgedanke der „Vorher- Nachher- Betrachtung" und der Schutz erworbener Rechte sichergestellt[549].

---

543 Vgl. *Kallmeyer*, Die Beteiligung der Arbeitnehmer in einer Europäischen Gesellschaft, ZIP 2004, S. 1443.

544 Vgl. Begründung zu Art. 2 § 6 III SEEG, S. 116.

545 Vgl. *Kallmeyer*, Die Beteiligung der Arbeitnehmer in einer Europäischen Gesellschaft, ZIP 2004, S. 1443.

546 Das Fehlen einer zahlenmäßigen Begrenzung entsprechend der Richtlinie über europäische Betriebsräte wird kritisiert von *Heinze*, Die Europäische Aktiengesellschaft, ZGR 2002, S. 81.

547 Demzufolge kann nicht unklar sein, an wen die schriftliche Aufforderung der Leitungsorgane zur Bildung eines BVG (Art. 2 § 4 I SE- BG) zu richten ist. Dies ergibt sich aus der ergänzenden Heranziehung von Art. 2 § 9 SEEG, anders *Waclawik*, Der Referentenentwurf des Gesetzes zur Einführung der Europäischen (Aktien-)Gesellschaft, DB 2004, S. 1197.

548 Besonderheiten gelten bei einer Gründung einer SE im Wege der Verschmelzung und einer SE- Holding, vgl. Art. 2 § 15 III 2 SEEG; zu Art. 2 § 15 III SEEG sehr kritisch *Kallmeyer*, Die Beteiligung der Arbeitnehmer in einer Europäischen Gesellschaft, ZIP 2004, S. 1443.

549 Vgl. *Herfs- Röttgen*, Arbeitnehmerbeteiligung in der Europäischen Aktiengesellschaft, NZA 2001, S. 427; kritisch, da dies zu einer erheblichen Einschränkung des Vereinbarungsspielraums führt *Heinze*, Die Europäische Aktiengesellschaft, ZGR 2002, S. 83.

c) Nachträgliche strukturelle Veränderungen in der SE

Um die Sicherung erworbener Rechte der Arbeitnehmer zu gewährleisten[550], sieht Art. 2 § 18 III 1 SEEG vor, dass im Falle einer Planung struktureller Änderungen der SE, welche geeignet sind, die Beteiligung der Arbeitnehmer zu mindern, erneut Verhandlungen über deren Rechte stattfinden müssen[551]. An Stelle des neu zu bildenden BVG können die Verhandlungen mit der Leitung der SE einvernehmlich von dem SE- Betriebsrat[552] gemeinsam mit Vertretern der von der geplanten strukturellen Änderung betroffenen Arbeitnehmer, die bisher nicht im vom SE- Betriebsrat vertreten werden, geführt werden (Art. 2 § 18 III 2 SEEG). Wird in diesen Verhandlungen keine Einigung erzielt, kommt die Auffangregelung zum tragen (Art. 2 § 18 III 3 SEEG). Mit dieser Regelung soll verhindert werden, dass die Beteiligungsrechte der Arbeitnehmer dadurch reduziert werden, dass beispielsweise eine nicht mitbestimmte SE eine mitbestimmte Gesellschaft aufnimmt[553]. Im Unterschied zu den allgemeinen Vorschriften zum Verfahrensmissbrauch verzichtet Art. 2 § 18 III SEEG auf das Erfordernis eines engen zeitlichen Zusammenhangs zwischen SE- Gründung und nachfolgender Strukturveränderung[554].

d) Beendigung des Verhandlungsverfahrens

Das Verhandlungsverfahrenen kann bis zu sechs Monaten dauern (Art. 2 § 20 I 1 SEEG). Im gegenseitigen Einvernehmen der Sozialpartner ist eine Ausdehnung dieses Zeitraums bis auf ein Jahr möglich (Art. 2 § 20 II SEEG). Die Frist der Verhandlungen zwischen Arbeitgeber- und Arbeitnehmerseite beginnt mit Einsetzung des BVG (Art. 2 § 20 I 2 SEEG).

---

550 Vgl. *Nagel*, Die Europäische Aktiengesellschaft (SE) in Deutschland- der Regierungsentwurf zum SE- Einführungsgesetz, NZG 2004, S. 839.

551 Sehr kritisch zu Art. 2 § 18 III SEEG *Kallmeyer*, Die Beteiligung der Arbeitnehmer in einer Europäischen Gesellschaft, ZIP 2004, S. 1444, er bemängelt zum einen, dass entsprechend der Legaldefinition nach Art. 2 § 2 IX SEEG auch die Beeinträchtigung der Rechte aus dem BetrVG zur Anwendung der Auffanglösung führt. Darüber hinaus sei die Anwendung der ganzen Auffanglösung einschließlich der unternehmerischen Mitbestimmung nicht mit Erwägungsgrund 18 SE- RL zu vereinbaren, welcher Art. 2 § 18 III 1 SEEG zugrunde liegt. Nach dem Wortlaut der SE- RL beziehe sich der Bestandsschutz nur auf die Mitbestimmung im Sinne einer Beteiligung an den Organen.

552 Zum SE- Betriebsrat vgl. S. 120 f.

553 Vgl. *Nagel*, Ist die europäische Aktiengesellschaft (SE) attraktiv?, DB 2004, S. 1302 f.

554 Vgl. *Nagel*, Die Europäische Aktiengesellschaft (SE) in Deutschland- der Regierungsentwurf zum SE- Einführungsgesetz, NZG 2004, S. 839; kritisch hierzu *Kallmeyer*, Die Beteiligung der Arbeitnehmer in einer Europäischen Gesellschaft, ZIP 2004, S. 1444.

Ist die Frist für die Verhandlungen abgelaufen und keine Vereinbarung erzielt worden, findet die sogenannte Auffanglösung Anwendung. Die Verhandlungen können aber auch innerhalb der Frist enden, entweder durch den Abschluss einer Verhandlungsvereinbarung[555], deren Inhalt sich an Art. 2 § 21 SEEG misst[556] oder dann, wenn das Verhandlungsgremium ein ergebnisloses Ende der Verhandlungen ausdrücklich beschließt (Art. 2 § 16 I 1 SEEG)[557]. Dieser Beschluss erfordert eine qualifizierte Mehrheit von zwei Dritteln der Stimmen, die mindestens zwei Drittel der Arbeitnehmer in mindestens zwei Mitgliedstaaten vertreten (Art. 2 § 16 I 2 SEEG)[558]. Es finden dann die Vorschriften für die Unterrichtung und Anhörung der Arbeitnehmer Anwendung, die in den Mitgliedsstaaten gelten, in denen die SE Arbeitnehmer beschäftigt. Die nachfolgend beschriebene Auffangregelung kommt in diesem Fall nicht zur Anwendung (Art. 2 § 16 II 2 SEEG)[559]. Sofern die Parteien eine frühere Wiederaufnahme nicht vereinbaren, kann das BVG frühestens nach Ablauf von zwei Jahren wieder einberufen werden (Art. 2 § 18 I 1 SE- RL). In einer bislang mitbestimmten Gesellschaft, die in eine SE umgewandelt werden soll, schließt Art. 2 § 16 III SEEG einen Beschluss, keine Verhandlungen über die künftige Mitbestimmung aufzunehmen oder diese abzubrechen, ausdrücklich aus[560]. Damit soll einer „Flucht aus der Mitbestimmung" begegnet werden[561].

---

555 Die Rechtsnatur dieser Vereinbarung ist noch nicht geklärt, dazu *Herfs- Röttgen*, Probleme der Arbeitnehmerbeteiligung in der Europäischen Aktiengesellschaft, NZA 2002, S. 363 f.

556 Den Verhandlungsparteien ist weitgehende Gestaltungsfreiheit eingeräumt. Dieser geht sogar soweit, dass ein –wohl in der Praxis selten vorkommender- Verzicht auf die Unterrichtungs- und Anhörungsrechte möglich ist, zu recht *Herfs- Röttgen*, Probleme der Arbeitnehmerbeteiligung in der Europäischen Aktiengesellschaft, NZA 2002, S. 361; zum Vereinbarungsinhalt ausführlich *Heinze*, Die Europäische Aktiengesellschaft, ZGR 2002, S. 84 ff.

557 Da das Verhandlungsgremium nicht gezwungen werden kann, Verhandlungen aufzunehmen, kann es auch den Beschluss fassen, keine Verhandlungen aufzunehmen, Art. 2 § 16 SEEG; darüber verwundert und eine Verpflichtung des BVG fordernd *Waclawik*, Der Referentenentwurf des Gesetzes zur Einführung der Europäischen (Aktien-) Gesellschaft, DB 2004, S. 1197.

558 Aus der Möglichkeit eines Nichtaufnahmebeschlusses wird hergeleitet, dass auch ein Verzicht auf unternehmerische Mitbestimmung möglich ist, vgl. *Reichert/ Brandes*, Mitbestimmung der Arbeitnehmer in der SE: Gestaltungsfreiheit und Bestandsschutz, ZGR 2003, S. 774.

559 Insoweit spricht man auch von der sog. Sperrwirkung, vgl. *Kraushaar*, Europäische Aktiengesellschaft (SE) und Unternehmensmitbestimmung, BB 2003, S. 1617.

560 Kritisch hierzu *Reichert/ Brandes*, Mitbestimmung der Arbeitnehmer in der SE: Gestaltungsfreiheit und Bestandsschutz, ZGR 2003, S. 775 f., die darauf hinweisen, dass ein Zwang zur Aufnahme der Verhandlungen besteht, und so das BVG von vornherein ein Druckmittel in der Hand hat.

561 Vgl. *Herfs- Röttgen*, Arbeitnehmerbeteiligung in der Europäischen Aktiengesellschaft, NZA 2001, S. 427; *Pluskat*, Die Arbeitnehmerbeteiligung in der geplanten Europäischen AG, DStR 2001, S. 1488.

3. *Auffanglösung*

Kommt eine Einigung zwischen den Vertretungsorganen der beteiligten Gesellschaften und dem BVG der Arbeitnehmer nicht zustande, oder erklären beide Vertretungsorgane ihr Einverständnis, so kommt die Auffanglösung des Art. 7 SE- RL zur Anwendung. Inhaltlich wird Art. 7 SE- RL ergänzt durch den Richtlinien- Anhang. Der deutsche Gesetzgeber hat die Auffanglösung in Art. 2 §§ 22 ff. SEEG umgesetzt. Maßgeblich ist die Auffangregelung des Mitgliedstaates, in dem die SE ihren Sitz haben wird. Sie regelt zum einen das Unterrichtungs- und Anhörungsverfahren in der SE, zum anderen die Mitbestimmung.

a) Unterrichtungs- und Anhörungsrechte

Zunächst einmal wird aus den Arbeitnehmern aller beteiligten Gesellschaften und ihrer Konzernunternehmen ein Vertretungsorgan als Arbeitnehmervertretung gebildet, das ein umfassendes Unterrichtungs- und Anhörungsrecht gegenüber dem Vertretungsorgan der SE hat. Dabei handelt es sich bei diesem, in Deutschland als SE- Betriebsrat bezeichneten[562], Vertretungsorgan der Arbeitnehmer im Grunde um den Europäischen Betriebsrat mit dessen Befugnissen[563]. Die Kosten, die durch die Bildung und Tätigkeit des SE- Betriebsrates entstehen, trägt die SE (Art. 2 § 33 SEEG).

Dem SE- Betriebsrat[564] sind im Rahmen der Auffangregelung Anhörungs- und Unterrichtungsrechte einzuräumen, die gegenständlich auf grenzüberschreitende Sachverhalte beschränkt bleiben[565]. Er kann verlangen, von dem zuständigen Leitungs- oder Verwaltungsorgan auf der Grundlage jährlich erstellter Berichte über die Entwicklung der Geschäftslage und die Perspektiven der SE unterrichtet und gehört zu werden (Art. 2 § 28 I 1 SEEG). Das Gesellschaftsorgan übermittelt ihm überdies die Tagesordnung aller Sitzungen des Leitungs- und Aufsichts- oder Verwaltungsorgans sowie Kopien aller Unterlagen, die der Hauptversammlung der Aktionäre unterbreitet werden (Art. 2 § 28 I 2 SEEG). Außerhalb dieser regelmäßigen Beteiligung des SE- Betriebsrats ist ihm ein besonde-

---

562 Vgl. Art. 2 § 23 SEEG.

563 Vgl. *Heinze*, Die Europäische Aktiengesellschaft, ZGR 2002, S. 90; *Kleinsorge*, in Baums/ Cahn, Die Europäische Aktiengesellschaft- Umsetzungsfragen und Perspektiven, S. 146.

564 Seine Zusammensetzung richtet sich nach Art. 2 §§ 23 ff. SEEG, die Wahl seiner Mitglieder entspricht der Wahl der Mitglieder des BVG.

565 Auf die Schwierigkeit zur Abgrenzung transnationaler – nationaler Sachverhalte hinweisend *Herfs- Röttgen*, Probleme der Arbeitnehmerbeteiligung in der Europäischen Aktiengesellschaft, NZA 2002, S. 362.

res Unterrichtungsrecht bei außergewöhnlichen Umständen, die erhebliche Auswirkungen auf die Interessen der Arbeitnehmer haben können, wie etwa Verlegungen, Stilllegungen, Massenentlassungen, einzuräumen (Art. 2 § 29 I SEEG). Der SE- Betriebsrat kann in diesen Fällen ein Zusammentreffen mit dem Unternehmensorgan zum Zwecke seiner Unterrichtung und Anhörung verlangen, das auf Antrag zu wiederholen ist, wenn die Unternehmensführung beschließt, abweichend von der Stellungnahme des Vertretungsorgans vorzugehen (Art. 2 § 29 II, IV SEEG). Die abschließende Entscheidung über die Durchführung der Maßnahme bleibt allerdings stets der Unternehmensführung vorbehalten. Der SE- Betriebsrat selbst unterrichtet die Arbeitnehmer der SE über Inhalt und Ergebnisse der Anhörungs- und Unterrichtungsverfahren (Art. 2 § 30 SEEG).

b) Mitbestimmung

Während ein SE- Betriebsrat in jeder SE zu bilden ist, greift die Auffangregelung in ihrem Mitbestimmungsteil nur ein, wenn die bisherige Mitbestimmungssituation in den beteiligten Gesellschaften die Sicherung von Mindeststandards auch gebietet. Um das Mitbestimmungsniveau in einer SE festlegen zu können, stellt sich zunächst die Frage, welche Gesellschaften[566] der Mitbestimmung unterliegen[567]. In einem zweiten Schritt ist dann der Umfang der Mitbestimmung zu ermitteln.

(1) Umwandlung

Im Falle einer Umwandlung unterliegt die SE nur dann der Mitbestimmung, wenn in der Gesellschaft auch bereits vorher Bestimmungen über die Mitbestimmung der Arbeitnehmer im Aufsichts- oder Verwaltungsorgan galten (Art. 2 § 34 I lit. a SEEG). Ist dies der Fall, gilt die bisherige Lösung der Mitbestimmung fort (Art. 2 § 35 I SEEG).

(2) Verschmelzung, Tochter- SE und Holding- SE

Bei den anderen Gründungsformen ist die Prüfung umfangreicher. Es bietet sich eine Unterteilung danach an, ob die Auffangregelung Anwendung findet, und falls dies bejaht wird, muss geprüft werden, wie sie umgesetzt wird.

---

566 Nach Art. 2 § 39 SEEG findet die Mitbestimmung auf Tendenzunternehmen keine Anwendung.

567 Diese Aufteilung wird dem Vorher- Nachher- Prinzip gerecht und sichert auch den Schutz erworbener Rechte, so auch *Mävers,* Die Mitbestimmung der Arbeitnehmer in der Europäischen Aktiengesellschaft, S. 423.

(a) Voraussetzungen für die Anwendung der Auffangregelung

Maßgeblich für die anderen Formen der Gründung ist Art. 2 § 34 I lit. b SEEG. Bei der Verschmelzung soll die Mitbestimmung einer oder mehrerer der beteiligten Gesellschaften zur Anwendung der Auffangregelung führen, wenn sie sich auf mindestens 25 % der Gesamtzahl der beschäftigen Arbeitnehmer aller beteiligten Gesellschaften erstreckt (Art. 2 § 34 I lit. b aa SEEG). Wird dieser Prozentsatz nicht erreicht, soll die Auffangregelung nur dann greifen, wenn das BVG einen entsprechenden Beschluss fasst (Art. 2 § 34 I lit. b bb SEEG)[568]. Für die Errichtung einer Holding-SE oder Tochter-SE trifft der Richtlinienvorschlag eine zur Verschmelzungs-SE parallele Vorschrift mit der einzigen Abweichung, dass sich der für die Anwendung der Auffangregelung maßgebliche Prozentsatz für den bisherigen Mitbestimmungsumfang auf 50 % aller in den beteiligten Gesellschaften beschäftigten Arbeitnehmer bezieht (Art. 2 § 34 I lit. c SEEG)[569]. Zusammenfassend lässt sich feststellen, dass die SE nicht verpflichtet ist, eine gesetzliche Mitbestimmung der Arbeitnehmer einzuführen, wenn in keiner der beteiligten Gesellschaften vor der Eintragung der SE Vorschriften über die Mitbestimmung bestanden. Anderenfalls ist die Anwendung der Mitbestimmung kraft Gesetzes davon abhängig, dass die genannten Schwellenwerte überschritten werden.

Bestanden in den beteiligten Gesellschaften verschiedene Mitbestimmungsformen, befindet das BVG darüber, welche Mitbestimmungsform[570] für die SE gelten soll (Art. 2 § 34 II 1 SEEG). Fasst das BVG keinen Beschluss, ist bei Beteiligung einer deutschen mitbestimmten Gesellschaft die deutsche Mitbestimmung maßgeblich (Art. 2 § 34 II 2 SEEG). Ist hingegen keine inländische Gesellschaft beteiligt, wird auf die Mitbestimmungsform der Gesellschaft mit der größten Arbeitnehmerschaft abgestellt (Art. 2 § 34 II 3 SEEG). War allerdings keine der beteiligten Gesellschaften zuvor mitbestimmt, ist eine Unternehmensmitbestimmung auch für die SE nicht verpflichtend.

---

568 Von der auf Wunsch Spaniens eingeführten sog. Opting- Out- Regelung nach Art. 7 III SE- RL hat der deutsche Gesetzgeber keinen Gebrauch gemacht. Macht ein Mitgliedstaat hiervon Gebrauch, kann er allerdings eine durch Verschmelzung errichtete SE nur registrieren, wenn es eine Verhandlungslösung zur Beteiligung der Arbeitnehmer - einschließlich Mitbestimmung - gibt oder wenn alle betroffenen Arbeitnehmer zuvor ohne Mitbestimmung waren.

569 Die unterschiedlichen Prozentsätze erklären sich dadurch, dass die Gefahr von Mitbestimmungsverlusten bei der Verschmelzung größer ist als bei anderen Gründungsformen, vgl. *Waclawik*, Der Referentenentwurf des Gesetzes zur Einführung der Europäischen (Aktien-) Gesellschaft, DB 2004, S. 1198.

570 Dabei wird unter Form der Mitbestimmung das Prinzip der Mitbestimmung i.S.d. Art. 2 § 2 XII SEEG verstanden. Darunter fällt bspw. die Mitbestimmung nach dem Drittelbeteiligungsgesetz oder auch das niederländische Kooptationsmodell.

(b) Umsetzung der Auffangregelung

Was den Umfang der vorzusehenden Unternehmensmitbestimmung anbelangt, ist den Arbeitnehmern der SE, ihrer Tochtergesellschaften und Betriebe das Recht einzuräumen, einen Teil der Mitglieder des Verwaltungs- oder des Aufsichtsorgans der SE zu wählen oder zu bestellen oder deren Bestellung zu empfehlen oder abzulehnen (Art. 2 § 35 II 1 SEEG). Dabei bemisst sich die Zahl der Arbeitnehmer im Aufsichts- oder Verwaltungsorgan bei diesen Gründungsformen nach dem höchsten Anteil an Arbeitnehmervertreter, der in den Organen der beteiligten Gesellschaften vor der Eintragung der SE bestanden hat (Art. 2 § 35 II 2 SEEG)[571].

Eine dualistisch strukturierte SE wird daher denselben Anteil Arbeitnehmervertreter im Aufsichtsrat haben wie die beteiligte deutsche Gesellschaft vor Eintragung der SE hatte[572]. Bei einer monistisch strukturierten SE stellt sich die Sachlage etwas komplizierter dar, weil dem deutschen Recht dieses Verwaltungssystem bisher fremd ist, und das SEEG hier nicht weiterhilft[573]. Vorgeschlagen wird, die Parität nur auf die nichtgeschäftsführenden Mitglieder des Verwaltungsrats zu beziehen, wenn diese gleichzeitig Mitglieder des Verwaltungsrats sind[574]. Ausgangspunkt dieser Überlegung ist ein Vorher- Nachher- Vergleich. Dass die Arbeitnehmer vorher im dualistischen System über den Aufsichtsrat Einfluss genommen haben, muss nachher auch bei dem monistischen System Beachtung finden[575]. Über Art. 45 S. 2 SE- VO, der den Stichentscheid des Vorsitzenden regelt, ist schließlich auch das Übergewicht der Anteilseignervertreter gesichert[576]. Diese Auslegung ist jedoch nicht zwingend. Auf Erwägungsgrund

---

571 Dabei kommt es nicht auf quantitative, sondern auf die qualitative Gleichheit an, vgl. *Teichmann*, Gestaltungsfreiheit im monistischen Leitungssystem der europäischen Aktiengesellschaft, BB 2004, S. 56.

572 Das Abstellen auf den Anteil hat allerdings zur Folge, dass die bisherige Zahl von Sitzen für die Arbeitnehmervertreter nicht garantiert ist, vgl. Begründung zu Art. 2 § 35 II SEEG, S. 137.

573 Sicher ist jedoch, dass die Stellung der Arbeitnehmer im Verwaltungsrat qualitativ stärker ist als im Aufsichtsrat- sie haben größere Einflussmöglichkeiten, aber auch eine größere Verantwortung, dazu *Gruber/ Weller*, Societas Europaea: Mitbestimmung ohne Aufsichtsrat?, NZG 2003, S. 299 ff.

574 Vgl. *Teichmann,* Gestaltungsfreiheit im monistischen Leitungssystem der europäischen Aktiengesellschaft, BB 2004, S. 56 f.; *Kraushaar*, Mindestrepräsentation leitender Angestellter in der Europäischen Aktiengesellschaft, NZA 2004, S. 592; *Henssler*, Unternehmerische Mitbestimmung in der Societas Europaea- Neue Denkanstösse für die „Corporate Governance"- Diskussion, in Festschrift für Ulmer, S. 209 f.

575 Vgl. *Reichert/ Brandes*, Mitbestimmung der Arbeitnehmer in der SE: Gestaltungsfreiheit und Bestandsschutz, ZGR 2003, S. 788 ff.

576 *Teichmann,* Gestaltungsfreiheit im monistischen Leitungssystem der europäischen Aktiengesellschaft, BB 2004, S. 56.

18 SE- VO gestützt, wird auch die Meinung vertreten, dass stets eine nominale Parität im Verwaltungsrat erforderlich sei[577]. Begründet wird dies damit, dass der Verwaltungsrat im Gegensatz zu Vorstand und Aufsichtsrat alle Personen in sich vereinigt. Nur durch diese Auslegung seien monitisches und dualistisches System gleichwertig. Dies hätte jedoch eine Mehrheit der Arbeitnehmervertreter in der Gruppe der nichtgeschäftsführenden Direktoren zur Folge[578]. Wären diese und die Anteilseigener unterschiedlicher Ansicht, hätten sie die Beschlussmehrheit. Dies würde jedoch dem in Erwägungsgrund 14 SE- VO niedergelegten Grundgedanken der Funktionstrennung im monistischen System widersprechen[579]. Eine verbindliche Entscheidung über die Auslegung der SE- RL kann nur der EuGH treffen[580].

Der SE- Betriebsrat entscheidet über die Verteilung der Sitze im Verwaltungs- oder im Aufsichtsorgan (Art. 2 § 36 I SEEG). Dabei soll sich der grenzüberschreitende Charakter in der Besetzung der Arbeitnehmervertreter im Aufsichts- oder Verwaltungsrat widerspiegeln[581]. Die über die Arbeitnehmerseite bestellten Mitglieder sind vollberechtigte Mitglieder mit denselben Rechten und Pflichten wie die Mitglieder, die die Anteilseigner vertreten (Art. 2 § 38 I SEEG)[582].

Das beschriebene Modell der Arbeitnehmerbeteiligung wird anhand der nachfolgenden Darstellung verdeutlicht:

577 Vgl. *Köstler*, Die Mitbestimmung in der SE, ZGR 2003, S. 804 f.

578 Vgl. *Gruber/ Weller*, Societas Europaea: Mitbestimmung ohne Aufsichtsrat?, NZG 2003, S. 299.

579 Vgl. *Teichmann,* Gestaltungsfreiheit im monistischen Leitungssystem der europäischen Aktiengesellschaft, BB 2004, S. 57.

580 Einen Lösungsweg, welcher auf Gründung einer SE durch deutsche und niederländische Gesellschaften beschränkt ist, zeigt *Kallmeyer*, Die Beteiligung der Arbeitnehmer in einer Europäischen Gesellschaft, ZIP 2004, S. 1444 f.

581 Vgl. die entsprechende Regelung des Art. 2 § 36 SEEG.

582 Neben einer ausgewogenen Besetzung der Organe sind die Grundsätze der Zusammenarbeit in Art. 2 §§ 40 ff SEEG geregelt. Geprägt sein sollte die Zusammenarbeit durch Vertrauen und Vertraulichkeit. Auf eine nähere Erläuterung wird im Rahmen dieser Darstellung jedoch verzichtet.

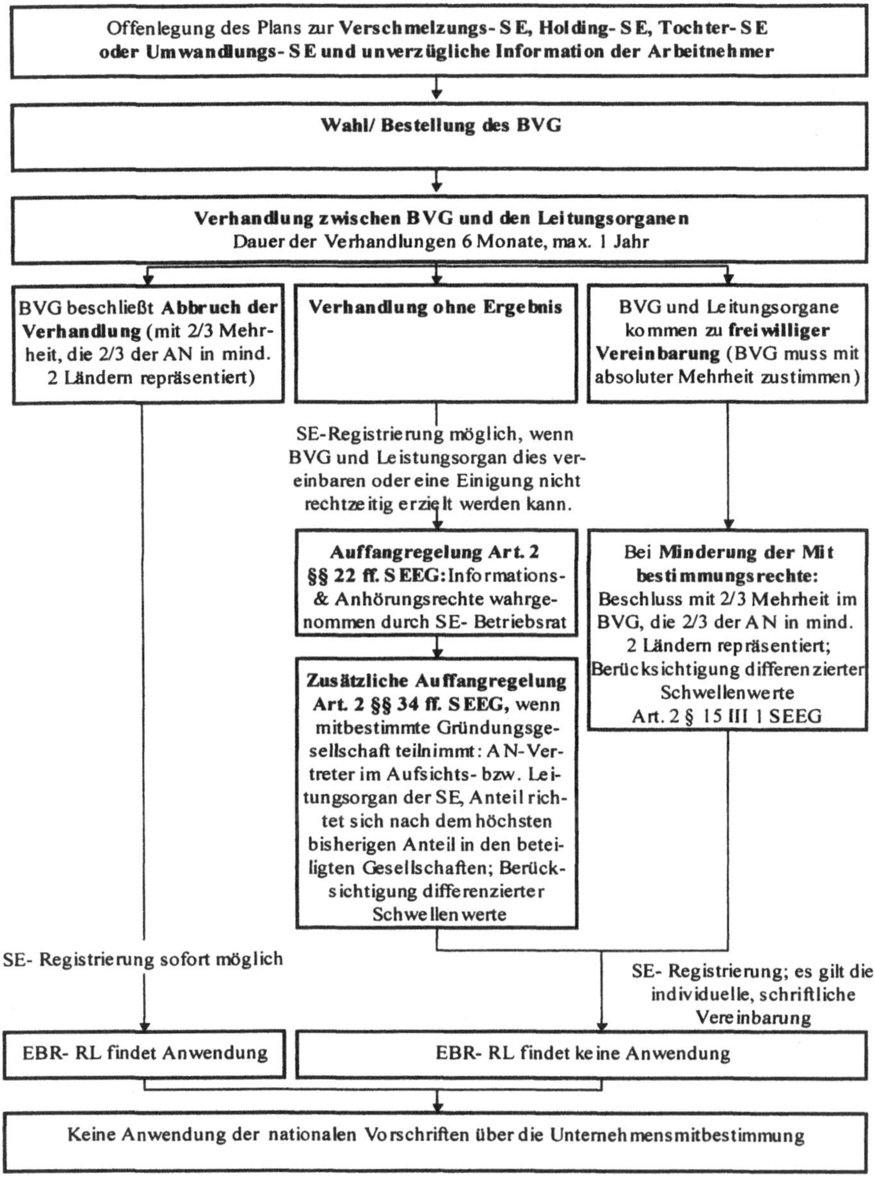

Abbildung 2: Ablaufübersicht zu den Verhandlungen über die Arbeitnehmerbeteiligung in einer SE mit Sitz in Deutschland[583]

---

[583] Leicht abgewandelt nach *Köstler*, in Theisen/ Wenz, Die Europäische Aktiengesellschaft,

4. Fazit

Der europäische Gesetzgeber hat mit der SE- RL ein überaus kompliziertes Regelungswerk[584] geschaffen, welches die nationalen Gesetzgeber in nationale Regelungen transformieren müssen. Durch das Fehlen von zwingenden europarechtlichen Mitbestimmungsregelungen und Mindestbeteiligungsvorgaben wurde jedoch der uneinheitliche Arbeitnehmerbeteiligungsstandard der einzelnen Mitgliedstaaten auf europäischer Ebene übernommen[585]. Ergebnis hiervon ist nicht die gewünschte Angleichung, sondern die Aufrechterhaltung unterschiedlicher nationaler Standards und deren Verfestigung auf europäischer Ebene[586]. Dadurch besteht die Gefahr, dass der höchste Mitbestimmungsstandard einer beteiligten Gesellschaft auf die gesamte neue Rechtsform der SE übertragen wird, gleichgültig, wo diese ihren Sitz hat[587].

Genau dies ist auch der Ansatzpunkt für die Kritik an diesem Modell der Arbeitnehmermitbestimmung. Nach Auffassung deutscher Spitzenverbände kommt die SE wegen der in Art. 7 SE- RL normierten Auffanglösung und des qualifizierten Mehrheitserfordernisses bei Absenken des Mitbestimmungsniveaus[588] als alternative Gesellschaftsform nicht in Betracht. Bei deutscher Beteiligung kommen nämlich die hiesigen Mitbestimmungsmodelle einer paritätischen Mitbestimmung im Leitungsorgan zum Durchbruch, wenn die Verhandlungen mit den Arbeitnehmervertretern keine Lösung gebracht haben[589]. Aber auch das umständliche und schlimmstenfalls zwölf Monate dauernde Verhandlungsverfahren wird als großes Hindernis empfunden, weil es den Gründungsvorgang stark in die Länge zieht[590]. Bedenklich sind auch die hohen Kosten, die

Recht, Steuern und Betriebswirtschaft der Societas Europaea, S. 331.

584 So auch *Herfs- Röttgen*, Probleme der Arbeitnehmerbeteiligung in der Europäischen Aktiengesellschaft, NZA 2002, S. 365.

585 Vgl. *Pluskat*, Die neuen Vorschläge für die Europäische Aktiengesellschaft, EuZW 2001, S. 528.

586 Diese Umsetzung positiv bewertend *Weiss*, Arbeitnehmermitwirkung in Europa, NZA 2003, S. 184.

587 So bspw. wenn eine deutsche mitbestimmte Gesellschaft und eine englische Gesellschaft, welche bisher keiner Mitbestimmung unterlag, eine SE mit Sitz in Deutschland gründen, und die Auffanglösung zum Tragen kommt.

588 Vgl. *Lutter*, Europäische Aktiengesellschaft- Rechtsfigur mit Zukunft?, BB 2002, S. 6, wonach „die Mitbestimmung deutscher Unternehmen auch beim Übergang in die SE gemauert ist, gleich welche Partner daran beteilt sind".

589 Kritisch auch *Wiesner*, Mitbestimmungsexport durch grenzüberschreitende Fusion?, ZIP 2004, S. 243; *Herfs- Röttgen*, Arbeitnehmerbeteiligung in der Europäischen Aktiengesellschaft, NZA 2001, S. 429.

590 Vgl. Bericht in FAZ vom 7.06.2003, S. 18.

mit der Bildung eines BVG einhergehen und letztlich von den Gründungsgesellschaften und der SE getragen werden[591].

Es darf jedoch nicht übersehen werden, dass es den Mitgliedstaaten freisteht, die Auffangregelung für die Mitbestimmung für den Fall auszuschließen, dass sie sich nicht über eine Beteiligung der Arbeitnehmer einigen können[592]. Auch die Möglichkeit, Beteiligungsverfahren und –rechte der Arbeitnehmer an unternehmerischen Entscheidungen frei auszuhandeln, stellen einen aus deutscher Sicht neuen Weg und damit eine Herausforderung dar, die die Praxis nutzen sollte[593].

Es bleibt jedoch letztendlich abzuwarten, inwieweit die Scheu vor dem deutschen Mitbestimmungsmodell tatsächlich dazu führt, dass deutsche Gesellschaften als Partner von Unternehmenszusammenschlüssen ausgeschlossen werden[594].

VIII. Finanzierung und Rechnungslegung

Die Unternehmensfinanzierung hatte entsprechend Erwägungsgrund 13 SE- VO konkrete Auswirkungen auf die Ausgestaltung der neuen Rechtsform. Demnach muss die SE selbst „eine Kapitalgesellschaft in Form einer Aktiengesellschaft sein, die sowohl von der Finanzierung als auch von der Geschäftsführung her am besten den Bedürfnissen der gemeinschaftsweit tätigen Unternehmen entspricht“. Da die Kapitalausstattung und das Finanzierungspotential einer Gesellschaft im Wesentlichen auch durch die anzuwendenden Rechnungslegungsnormen beeinflusst werden, setzt sich dieser Abschnitt auch mit diesem Bereich kurz auseinander.

---

591 Vgl. *Heinze*, Die Europäische Aktiengesellschaft, ZGR 2002, S. 94.

592 Vgl. auch *Henssler*, Unternehmerische Mitbestimmung in der Societas Europaea- Neue Denkanstösse für die „Corporate Governance“- Diskussion, in Festschrift für Ulmer, S. 199f.

593 Vgl. *Kraushaar*, Europäische Aktiengesellschaft (SE) und Unternehmensmitbestimmung, BB 2003, S. 1619 f.; *Köstler*, Die Mitbestimmung in der SE, ZGR 2003, S. 809; bereits Vorschläge unterbreitend für die Mitbestimmung in einer SE mit monistischem Verwaltungssystem *Gruber/ Weller*, Societas Europaea: Mitbestimmung ohne Aufsichtsrat?, NZG 2003, S. 300 ff.; kritisch *Heinze*, Die Europäische Aktiengesellschaft, ZGR 2002, S. 94, der darauf hinweist, dass die Arbeitnehmervertreter die Auffanglösung als Mindestbedingung stellen werden.

594 Vgl. *Thoma/ Leuering*, Die Europäische Aktiengesellschaft- Societas Europaea, NJW 2002, S. 1454, zu den Vor- und Nachteilen des deutschen Mitbestimmungssystems *Teichmann*, The European Company- A Challenge to Academics, Legislatures and Practitioners, German Law Journal Vol. 4 No. 4 Apr. 2003, Rdnr. 28.

1. Kapital- und Finanzverfassung

Die für die Kapital- und Finanzverfassung grundlegenden Vorschriften im SE-Statut sind die Art. 1; 4 SE- VO. Art. 4 I, II SE- VO legen fest, dass das gezeichnete Kapital mindestens 120 000 €[595] betragen muss[596]. Hintergrund für diese Regelung ist Erwägungsgrund 13 der SE- VO, wonach zur Gewährleistung einer sinnvollen Größe der in der Rechtsform der SE verfassten Unternehmen, die Aktionäre der SE ein Mindestkapital aufzubringen haben, das die Gewähr dafür bietet, dass ihre Gesellschaft über eine ausreichende Vermögensmasse verfügt. Dieses Kapital ist gemäß Art. 1 II 1 SE- VO in Aktien zerlegt, dadurch sind die Anteile am Grundkapital der SE wertpapierrechtlich verbrieft und dem Kapitalmarkt zugänglich[597]. Jeder Aktionär haftet nur bis zur Höhe des von ihm gezeichneten Kapitals (Art. 2 II 2 SE- VO).

Vorbehaltlich der dargestellten Regelungen finden für das Kapital der SE, die Kapitalaufbringung und -erhaltung sowie für die Kapitalmaßnahmen und die Ausgabe von Wertpapieren die Vorschriften Anwendung, die für eine Aktiengesellschaft im Sitzstaat der SE gelten würden (Art. 5 SE- VO)[598]. Aufgrund der rudimentären Regelung in der SE- VO hat folglich das Recht des Sitzstaates großen Einfluss auf die Finanzierung und Kapitalausstattung einer SE[599]. Da durch diesen Verweis für eine SE mit Sitz in Deutschland weitgehend ein Gleichlauf mit deutschem Aktienrecht hergestellt wird, wird auf eine Darstellung dieses Themenkomplexes verzichtet.

2. Rechnungslegung

Um Rechenschaft über ihre Vermögens-, Finanz- und Ertragslage zu legen und den aktienrechtlichen Schutz der Gewinnverwendungs- und Kapitalerhaltungsregeln zu gewährleisten, hat auch die SE einen Jahres- bzw. Konzernabschluss einschließlich des dazugehörenden Lageberichts aufzustellen, prüfen zu lassen und offen zu legen (Art. 61 SE- VO)[600]. Die in der SE- VO hierfür vorgesehenen Regelungen der Art. 61, 62 SE- VO sind als spezielle Verweisungsnormen

---

595 Für Mitgliedsstaaten, die nicht der Eurozone beigetreten sind, gilt Art. 67 I SE- VO.

596 Die nationalen Rechtsvorschriften, die für Unternehmen bestimmter Tätigkeiten wie bspw. Kapitalanlegegesellschaften, Kreditinstitute und Versicherungsunternehmen ein höheres Grundkapital vorsehen, bleiben gem. Art. 4 III SE- VO allerdings unberührt.

597 Vgl. *Thoma/ Leuering*, Die Europäische Aktiengesellschaft- Societas Europaea, NJW 2002, S. 1450.

598 Ablehnend *El Mahi*, Die Europäische Aktiengesellschaft Societas Europaea –SE-, S. 97; die die Anwendung nationalen Aktienrechts über Art. 15 I SE- VO herleiten will.

599 So auch *Theisen/ Widmeyer*, in Theisen/ Wenz, Die Europäische Aktiengesellschaft, Recht, Steuern und Betriebswirtschaft der Societas Europaea (SE), S. 359.

600 Für Kredit- und Finanzinstitute und Versicherungsunternehmen gilt Art. 62 SE- VO.

konzipiert. Da somit eine SE mit Sitz in Deutschland deutschem Recht[601] unterliegt, wird auch hier auf eine Darstellung dieses Themenkomplexes verzichtet[602].

3. Fazit

Die rechtlichen Grundlagen der Finanzierung, der Kapitalausstattung und der Rechnungslegung der SE werden über die einzelnen Verweisungen weitgehend durch das nationale Recht bestimmt.

IX. Beendigung

Eine SE kann aus unterschiedlichen Gründen beendet werden. So regelt die SE-VO unter dem fünften Titel nicht nur deren endgültige, gesellschaftsrechtliche Beseitigung wegen Auflösung, Liquidation, Zahlungsunfähigkeit, Zahlungseinstellung und ähnlicher Verfahren, sondern auch deren identitätswahrende Umwandlung in eine nationale AG. Im Folgenden wird daher neben den endgültigen Beendigungsmöglichkeiten auch das Beenden der SE nur der Rechtsform nach dargestellt.

1. Auflösung, Liquidation, Zahlungsunfähigkeit und Zahlungseinstellung

Als spezielle Verweisungsnorm ist Art. 63 SE- VO die maßgebliche Norm für den Regelungsbereich der Auflösung, Abwicklung und ähnlicher Beendigungsverfahren der SE. Für die Auflösung und Abwicklung einer SE mit Sitz in Deutschland gelten somit grundsätzlich §§ 262 ff., 396 ff. AktG[603]. Allerdings sind Eröffnung und Abschluss eines Beendigungsverfahrens sowie der Be-

---

601 Um der Besonderheit im monistischen System gerecht zu werden, wurde in Art. 1 § 47 I 1, II, V SEEG eine eigenständige Regelung getroffen, wonach die Aufstellung des Jahresabschlusses den geschäftsführenden Direktoren obliegt, während die Prüfung und Billigung dem Verwaltungsrat zugeordnet wird. Einerseits stehen die geschäftsführenden Direktoren dem Tagesgeschäft näher, andererseits wird hierdurch das im AktG angelegt „Vier- Augen- Prinzip“ bei der Aufstellung und Feststellung von Jahresanschlüssen gewahrt, vgl. Begründung zu Art. 1 § 47 SEEG, S. 99.

602 Hier kommt es zu großen Unterschieden innerhalb der einzelnen Staaten, da bisher nur die Anwendung einheitlicher internationaler Standards, den IAS/ IFRS, für Konzernrechnungslegung kapitalmarktorientierter Unternehmen gewährleistet ist, vgl. *Plendl/ Niehues*, in Theisen/ Wenz, Die Europäische Aktiengesellschaft, Recht, Steuern und Betriebswirtschaft der Societas Europaea (SE), S. 398.

603 Die SE kann nach Art. 63 SE- VO, §§ 275 ff. AktG auch für nichtig erklärt werden. Dabei ist die Nichtigerklärung der SE als ähnliches Verfahren i.S.v. Art. 63 SE- VO einzustufen, so wohl auch *Hirte*, Die Europäische Aktiengesellschaft, NZG 2002, S. 10.

schluss über die Fortsetzung der Gesellschaft gemäß Art. 65 SE- VO unbeschadet zusätzlicher nationaler Anforderungen nach den in Art. 13 SE- VO vorgesehenen Modalitäten offen zu legen. Die Löschung der SE ist darüber hinaus gemäß Art. 14 I SE- VO zu Informationszwecken auch im Amtsblatt der EG bekannt zu machen. Nachfolgend wird nur auf die Besonderheiten eingegangen, die sich aus der Rechtsstellung der SE als europäische Rechtsform ergeben.

a) Auseinanderfallen von Satzungssitz und Hauptverwaltungssitz

Die SE- VO hat in Art. 64 I bestimmt, dass die SE bei einem nachträglichen Auseinanderfallen von Satzungs- und Verwaltungssitz zu beenden ist, falls sie innerhalb einer eingeräumten Frist den gegen Art. 7 SE- VO verstoßenden Zustand nicht beendet. Kommt die SE dieser Verpflichtung nicht nach, kann das Registergericht den Mangel der Satzung nach Art. 1 § 52 SEEG, § 262 I Nr. 5 AktG feststellen. Hierdurch hat der deutsche Gesetzgeber gewährleistet, dass die SE aufgelöst und liquidiert wird (Art. 64 I SE- VO). Verlegt eine SE mit Sitz im Ausland die Hauptverwaltung nach Deutschland, so ist das Registergericht nach Kenntnisnahme dieses Verstoßes gegen Art. 7 SE- VO nach Art. 64 IV SE- VO verpflichtet, dies dem Mitgliedstaat, in dem die SE ihren satzungsmäßigen Sitz hat, unverzüglich mitzuteilen.

b) Fehlende Rechtmäßigkeitskontrolle

Einen weiteren Auflösungsgrund enthält Art. 30 Unterabs. 2 SE- VO. Demnach kann das Fehlen der in Art. 25; 26 SE- VO normierten Rechtmäßigkeitskontrolle einen Grund für die Auflösung der SE darstellen. Ob diese Bestimmung auch zwingend ist oder einen Regelungsauftrag an den nationalen Gesetzgeber darstellt, lässt sich dem Wortlaut nach allerdings nicht eindeutig feststellen[604]. Im Zweifelsfalle muss diese Frage dem EuGH zur Entscheidung vorgelegt werden.

c) Verlust der Mehrstaatlichkeit

Die SE- VO enthält selbst keine Regelung, wonach der Verlust der Mehrstaatlichkeit einen Auflösungsgrund darstellt. Dies wird im Ergebnis auch abzulehnen sein. Wie bereits festgestellt wurde, stellt das Mehrstaatlichkeitserfordernis nur eine formale Eintrittsschwelle in die SE dar[605]. Darin ist also keine fortlebende Voraussetzung für deren Existenz zu sehen. Bestätigt wird dieses Ergebnis auch durch einen Vergleich der SE- VO mit dem Verordnungsvorschlag von

---

604 Vgl. *Bungert/ Beier*, Die europäische Aktiengesellschaft- Das Statut und seine Umsetzung in der Praxis, EWS 2002, S. 7.

605 Vgl. S. 72 ff.

1991[606]; so sahen auch Art. 115 ff. SE- VO 1991 das nachträgliche Entfallen der Mehrstaatlichkeit bei der SE nicht als Auflösungsgrund vor. Auch ein Blick in Art. 31 III; 4 II EWIV- VO verdeutlicht, dass dem europäischen Gesetzgeber diese Fragestellung bewusst ist. Hätte er gewollt, dass das Entfallen der Grenzüberschreitung eine Auflösung der SE zur Folge hat, hätte er dies regeln müssen[607].

2. Insolvenz

Es stellt sich die Frage, wie die Insolvenz einer SE rechtlich zu behandeln ist. Nach deutschem Aktienrecht löst die Eröffnung eines Insolvenzverfahrens über das Vermögen der SE laut § 264 I AktG nicht die aktienrechtliche Liquidation aus, sondern das Insolvenzverfahren entsprechend der Vorschriften der Insolvenzordnung. Bestimmt man zunächst den Anwendungsbereich des Statuts, so wird in dessen Erwägungsgrund 20 ausdrücklich bestimmt, dass das Konkursrecht nicht von der SE- VO erfasst wird. Dies wiederum hat zur Folge, dass das Insolvenzrecht weder über den Spezialverweis des Art. 63 SE- VO[608] noch über den des Art. 9 I lit. b ii SE- VO Anwendung findet. Die Anwendung des deutschen Insolvenzrechts richtet sich vielmehr nach den Regeln des Internationalen Privatrechts[609].

3. Formwechsel

Der in Art. 66 SE- VO vorgesehene Formwechsel führt weder zur Auflösung der ursprünglichen Gesellschaft noch zur Gründung einer neuen juristischen Person. Es wird den in der SE organisierten Unternehmen nur die Möglichkeit gewährt, ihre rechtliche Organisationsform zu ändern, ohne sich erst auflösen oder neu gründen zu müssen. Die SE kann nach Art. 66 I SE- VO durch einen Beschluss ihrer Hauptversammlung identitätswahrend in eine AG umgewandelt

---

606 Vgl. *El Mahi*, Die Europäische Aktiengesellschaft Societas Europaea –SE-, S. 117.

607 So wohl auch *Hirte*, Die Europäische Aktiengesellschaft, NZG 2002, S. 10.

608 So, jedoch ohne Begründung, *Lutter*, Europäische Aktiengesellschaft- Rechtsfigur mit Zukunft?, BB 2002, S. 5; *Hirte*, Die Europäische Aktiengesellschaft, NZG 2002, S. 2.

609 Irritierend ist zugegebenermaßen, dass Art. 63 SE- VO für die Zahlungsunfähigkeit, Zahlungseinstellung und ähnliche Verfahren auf das, für AGs maßgebliche Recht verweist. Auch der SE- VOV 1991 gibt darüber keine nähere Auskunft. Zwar sah er neben dem Liquidationsverfahren der Art. 120 ff SE- VOV 1991 nach Art. 129 f SE- VOV 1991 die Möglichkeit eines Verfahrens wegen Zahlungsunfähigkeit oder –einstellung vor, dem eine gerichtliche Entscheidung vorausgeht, um welches Verfahren es sich dabei konkret handelt, präzisiert der SE- VOV 1991 allerdings nicht, zur möglichen Auslegung des Art. 129 SE- VO 1991 *Kunz*, Die Insolvenz der Europäischen Aktiengesellschaft, S. 35 ff.

und somit vollständig nationalisiert werden[610]. Um einem möglichen Missbrauch der SE vorzubeugen[611], legt Art. 66 I 2 SE- VO für die Herleitung des Formwechsels eine Zeitspanne fest, wonach der Umwandlungsbeschluss erst zwei Jahre nach der Eintragung der SE oder nach der Genehmigung der ersten beiden Jahresabschlüsse gefasst werden darf.

a) Umwandlungsrecht

Ebenso wie das Gründungsverfahren ist auch das Umwandlungsverfahren der SE ist nur fragmentarisch geregelt. Über Art. 9 lit. c ii SE- VO finden die Regelungen der §§ 190 ff. UmwG Anwendung. Dabei ist die SE als formwechselnder Rechtsträger im Sinne von § 191 I Nr. 2 UmwG zu qualifizieren. Da die SE im Vergleich zu den nationalen Rechtsformen eine Kapitalgesellschaft anderer Rechtsform ist, richtet sich das Verfahren insbesondere nach den §§ 226 f., 238 ff. UmwG.

b) Umwandlungsverfahren

Das Umwandlungsverfahren nach Art. 66 SE- VO zeigt starke Parallelen zu dem in Art. 37 SE- VO normierten Gründungsverfahren der SE durch Umwandlung einer AG auf, so dass nachfolgend nur auf das Wesentliche eingegangen wird.

Leitungs- oder Verwaltungsorgan müssen nach Art. 66 III SE- VO einen Umwandlungsplan, dessen Inhalt sich nach §§ 190 ff. UmwG bestimmt, und einen Umwandlungsbericht erstellen. Mindestens ein Monat vor dem Tag der Hauptversammlung, die über die Umwandlung zu beschließen hat, ist der Umwandlungsplan nach Art. 66 IV SE- VO offen zu legen. Er ist also nach § 61 UmwG beim Handelsregister einzureichen. Ebenfalls vor der Hauptversammlung ist gemäß Art. 66 SE- VO von einem oder mehreren Sachverständigen eine Bescheinigung darüber auszustellen, dass die Gesellschaft über Vermögenswerte

---

610 Streitig ist, ob darüber hinaus weitere formwechselnde Umwandlungen in Rechträger anderer Rechtsformen möglich sind, bejahend und auf den Sinn und Zweck der Norm verweisend *Oplustil/ Schneider*, Zur Stellung der Europäischen Aktiengesellschaft im Umwandlungsrecht, NZG 2003, S. 17; ablehnend und ausschließlich auf den Wortlaut der Vorschrift gestützt, *El Mahi*, Die Europäische Aktiengesellschaft Societas Europaea –SE, S. 120.

611 So bereits *Kraft/ Hönn*, in Lutter, Die Europäische Aktiengesellschaft: eine Stellungnahme zur Vorlage der Kommission an den Ministerrat der Europäischen Gemeinschaften über das Statut für Europäische Aktiengesellschaften vom 30. April 1975, S 336; *Oplustil/ Schneider*, Zur Stellung der Europäischen Aktiengesellschaft im Umwandlungsrecht, NZG 2003, S. 14 f.

mindestens in Höhe ihres Kapital verfügt. Um die Interessen der Aktionäre zu wahren, sind Umwandlungsplan, Umwandlungsbericht und Umwandlungsbescheinigung gemäß §§ 238, 230 II UmwG in den Geschäftsräumen der Gesellschaft auszulegen, und auf ihr Verlangen ist ihnen kostenlos eine Abschrift von diesen Dokumenten zu erteilen. Die Hauptversammlung der SE muss schließlich dem Umwandlungsplan zustimmen und die Satzung der AG genehmigen (Art. 66 VI SE- VO). Einberufung und Durchführung der Hauptversammlung richten sich gemäß Art. 53 SE- VO nach den nationalen Vorschriften des Aktienrechts, ergänzt durch die Vorschriften §§ 238 ff. UmwG. Auch für Minderheiten- und Gläubigerschutz, Anmeldung, Eintragung, Wirkung und Bekanntmachung des Formwechsels gilt das nationale Aktien- und Umwandlungsrecht (Art. 9 lit. c ii SE- VO).

4. Fazit

Die Beendigung einer SE kann auf mehreren Gründen beruhen. Abgesehen von der Möglichkeit des Formwechsels und der Auflösung bei Auseinanderfallen von Satzungs- und Verwaltungssitz, unterscheiden sich ihre Auflösung und Liquidation kaum von der einer nationalen Aktiengesellschaft. Auch wenn hinsichtlich der Herleitung Rechtsunsicherheit besteht, so findet bei der Insolvenz einer SE mit Sitz in Deutschland jedenfalls im Ergebnis das für nationale Aktiengesellschaften geltende Insolvenzrecht Anwendung.

X. Konzernrecht

Die Einführung der SE als supranationale Gesellschaftsform dient vorwiegend dem Ziel, einen grenzüberschreitenden Unternehmens- und Konzernaufbau zu erleichtern. Vor dem Hintergrund, dass es sich bei den Gründern der SE in der Regel um Unternehmen aus zwei Mitgliedstaaten handelt, wird deutlich, dass die SE in den meisten Fällen als Konzerngesellschaft in einen Unternehmensverbund eingebunden sein wird, sei es als herrschendes, sei es als abhängiges Unternehmen unterhalb der nationalen Mutterunternehmen oder unterhalb der SE[612].

Die ursprünglich an das deutsche Aktiengesellschaft angelehnte umfängliche Regelung findet man heute in der SE- VO nicht mehr vor[613]. Das SE- Statut enthält weder ein eigenes Konzernrecht noch vereinzelte konzernrechtliche Re-

---

612 Vgl. *Wenz*, Die Societas Europaea (SE)- Analyse der geplanten Rechtsform und ihre Nutzungsmöglichkeiten für eine Konzernunternehmung, S. 111 f.

613 Allerdings wird noch in den Erwägungsgründen (Nr. 15 –18 SE- VO) zu konzernrechtlichen Fragen Stellung genommen.

gelungen. Auch wurde das Konzernrecht bislang nicht durch Richtlinien harmonisiert[614]. Die Schaffung eines SE- spezifischen Konzernrechts scheidet aus, weil hierfür die Ermächtigungsgrundlage in der SE- VO fehlt[615].

1. Anwendbares Recht

Es stellt sich die Frage, welches Recht für die Lösung konzernrechtlicher Fragen herangezogen werden kann. Zur Bestimmung des anwendbaren Rechts sind zwei Wege gangbar, zum einen der Weg über Art. 9 I lit. c ii SE- VO und zum anderen derjenige über die Erwägungsgründe.

Wählt man den Weg über die allgemeine Verweisungsvorschrift, so setzt dies zunächst voraus, dass das Konzernrecht vom Anwendungsbereich des SE- Statuts erfasst wird. Erwägungsgrund 20 S. 1 SE- VO zählt Rechtsbereiche auf, die nicht vom SE- Statut erfasst werden, ohne jedoch das Konzernrecht zu nennen. Allerdings nehmen sich die Erwägungsgründe der Frage des anwendbaren Rechts im grenzüberschreitenden Unternehmensverbund ausdrücklich an. Nach Erwägungsgrund 15 SE- VO richtet sich der Schutz von Minderheiten und Gläubigern nach den Vorschriften und allgemeinen Grundsätzen des Internationalen Privatrechts nach dem für das kontrollierte Unternehmen geltende Recht. Daran knüpft Erwägungsgrund 16 SE- VO an, indem er bestimmt, dass unbeschadet des sich möglicherweise aus einer späteren Koordinierung des Rechts der Mitgliedstaaten ergebenden Handlungsbedarfs eine Sonderregel für die SE nicht erforderlich sei, vielmehr empfehle sich sowohl für den Fall, dass die SE die Kontrolle ausübt, als auch für den Fall, dass die SE das kontrollierte Unternehmen ist, auf die allgemeinen Vorschriften und Grundsätze zurückzugreifen. In Erwägungsgrund 17 SE- VO ist schließlich für den Fall, dass die SE von einem anderen Unternehmen beherrscht wird, anzugeben, welches Recht anwendbar ist[616]. Gerade aus Erwägungsgrund 15 SE- VO lässt sich schließen, dass sich das anwendbare Konzernrecht nach den Regeln des Internationalen Privatrecht bestimmt und somit vom Anwendungsbereich der SE- VO ausgenommen ist[617]. Folglich kann nicht auf die allgemeine Verweisungsvorschrift des Art. 9 I lit. c ii SE- VO zurückgegriffen werden.

---

614 Die Konzernrechtsrichtlinie wurde dem Rat nicht wie geplant vorgelegt, vgl. *Hopt*, Europäisches Konzernrecht?, EuZW 1999, S. 577.

615 Zum Rechtsquellensystem in der SE- VO vgl. Darstellung auf S. 60 ff.

616 Erwägungsgrund 17 SE- VO wird richtigerweise auch als „Redaktionsversehen“ bezeichnet, vgl. *Teichmann*, Die Einführung der Europäischen Aktiengesellschaft- Grundlagen der Ergänzung des europäischen Statuts durch den deutschen Gesetzgeber, ZGR 2002, S. 445.

617 Ebenso *Habersack*, Das Konzernrecht der „deutschen“ SE – Grundlagen, ZGR 2003, S. 727, *Jaecks/ Schoenborn*, Die Europäische Aktiengesellschaft, das Internationale und das deut-

Handelt es sich also bei der SE um das beherrschte Unternehmen, gelangt man über das Kollisionsrecht zur Anwendung des deutschen Konzernschutzrechts[618]. Hat die herrschende SE dagegen ihren Sitz in Deutschland, gilt deutsches Recht im Bereich der Konzernbildungs- und Konzernleitungskontrolle sowie des Konzernorganisationsrechts[619]; es finden also die Grundsätze der Holzmüller- Entscheidung[620] Anwendung[621]. Nachfolgende Abbildung soll das gefundene Ergebnis verdeutlichen:

Abbildung 3: Das anwendbare Konzernrecht

sche Konzernrecht, RIW 2003, S. 255; anders jedoch *Hommelhoff*, Zum Konzernrecht in der Europäischen Aktiengesellschaft, AG 2003, S. 180.

618 Zur Bestimmung des anwendbaren Rechts ist, soweit es um den Schutz von Minderheitsgesellschaftern und Gläubigern der abhängigen Gesellschaft geht, an deren Gesellschaftsstatut anzuknüpfen. Umgekehrt ist der Sitz der Obergesellschaft entscheidend, soweit es um den Schutz deren Aktionären und die Frage des Konzernorganisationsrechts geht. Näher hierzu *Jaecks/ Schoenborn*, Die Europäische Aktiengesellschaft, das Internationale und das deutsche Konzernrecht, RIW 2003, S. 255 ff.

619 Nachfolgend kurz als Konzernrecht „von oben“ bezeichnet.

620 Unerheblich ist, ob man zu diesem Ergebnis dabei über den Weg des Kollisionsrechts oder über Art. 52 II SE- VO gelangt.

621 Auch dieses differenzierende Ergebnis bestätigt, dass der Weg über das Kollisionsrecht der richtige ist. Nur so können nämlich grenzüberschreitende und nationale Sachverhalte zuverlässig bewältigt werden.

2. Anwendung des deutschen Konzernrechts

Die §§ 15 ff., 311 ff. AktG können in der Auslegung durch die herrschende Meinung[622] ohne Modifikationen auf eine abhängige SE mit Sitz in Deutschland angewendet werden, sofern diese mit einem dualistischen System strukturiert ist[623]. Insofern bestehen hinsichtlich der Rechtsanwendung keine Unterschiede zu dem, dem deutschen Juristen bisher vertrauten Weg. Von einer Darstellung kann deshalb auch abgesehen werden.

Allerdings scheint das Grundmodell des monistischen Systems auf den ersten Blick nicht vereinbar mit den §§ 311 ff. AktG zu sein. In einem streng monistischen System, in welchem die Mitglieder des Verwaltungsorgans die laufenden Geschäfte führen, kann der dem Konzernrecht eigene Überwachungsmechanismus wegen der Identität von Geschäftsführendem und Überwachendem keine Wirkung entfalten[624]. Zur Ausräumung dieser Inkompatibiltät hat Art. 1 § 49 I, II SEEG jedoch bestimmt, dass Leitungsmacht und Verantwortlichkeit bei konzernrechtlichen Sachverhalten zu trennen sind[625]. So werden die konzernrechtlichen Pflichten des Vorstands ausdrücklich den geschäftsführenden Direktoren zugewiesen[626]. Da Art. 1 § 49 I, II SEEG also einen weitgehenden Gleichlauf mit dem bekannten Konzernrecht mit sich bringt, soll an dieser Stelle auf eine Darstellung verzichtet werden.

3. Fazit

Da ein einheitliches Konzernrecht für die SE nicht vorgesehen ist, richtet sich das Konzernrecht entsprechend den Erwägungsgründen nach den Grundsätzen

622 Vgl. *Habersack*, Das Konzernrecht der „deutschen" SE – Grundlagen, ZGR 2003, S. 731 ff.; *Veil*, Das Konzernrecht der Europäischen Aktiengesellschaft, WM 2003, S. 2171; entgegen, *Hommelhoff*, Zum Konzernrecht in der Europäischen Aktiengesellschaft, AG 2003, S. 182.

623 Vgl. *Maul*, in Theisen/ Wenz, Die Europäische Aktiengesellschaft, Recht, Steuern und Betriebswirtschaft der Societas Europaea (SE), S. 409 ff.; *Habersack*, Das Konzernrecht der „deutschen" SE – Grundlagen, ZGR 2003, S. 735.

624 So ist die Überprüfung des Berichts durch das Organ, das ihn erstellt hat, nicht gerade sinnvoll.

625 Zustimmend *Maul*, in Theisen/ Wenz, Die Europäische Aktiengesellschaft, Recht, Steuern und Betriebswirtschaft der Societas Europaea (SE), S. 409 ff.; kritisch *Jaecks/ Schoenborn*, Die Europäische Aktiengesellschaft, das Internationale und das deutsche Konzernrecht, RIW 2003, S. 263 f.

626 Sofern Bedenken hinsichtlich der Funktionsfähigkeit des Informations- und Kontrollsystems bestehen, können dies bspw. durch den Einsatz von Ausschüssen behoben werden, so auch *Maul*, Konzernrecht der „deutschen" SE- Ausgewählte Fragen zum Vertragskonzern und den faktischen Unternehmensverbindungen, ZGR 2003, S. 758 ff.

des Internationalen Konzernrechts[627]. Soweit es um den Schutz der abhängigen SE geht, gilt das Recht am Sitz der abhängigen Gesellschaft. Die abhängige SE mit Sitz in Deutschland untersteht vollumfänglich den §§ 15 ff., 291 ff. AktG. Handelt es sich bei der SE hingegen um das im Unternehmensverbund herrschende Unternehmen, so ist das Konzernschutzrecht am Sitz des abhängigen Unternehmens anzuwenden. Soweit es das Konzernorganisationsrecht betrifft, gilt das Recht am Sitz des herrschenden Unternehmens. Ist die in Deutschland ansässige SE herrschendes Unternehmen, so finden die Vorschriften des Aktienkonzernrechts sowie die „Holzmüller"- Grundsätze Anwendung[628]. Soweit deutsches Recht angewandt wird, weist das Konzernrecht auch keine allzu großen Besonderheiten auf, da sowohl monistisches als auch dualistisches System von einer Funktionstrennung ausgehen[629].

XI. Steuerrecht

Die SE- VO enthält selbst keine Vorschrift zur Regelung des Steuerrechts. Es finden die allgemeinen Regeln des deutschen Steuerrechts sowie das Doppelbesteuerungsrecht und die europäischen Richtlinien Anwendung. Auch hier ist zu überlegen, auf welchem Weg man zu der Anwendung deutschen Steuerrechts gelangt. So wird vertreten, dass Art. 9 I lit. c SE- VO anzuwenden sei[630]. Allerdings ist auch hier zu berücksichtigen, dass der Anwendungsbereich des Art. 9 I lit. c ii SE- VO nicht eröffnet ist, und das jeweils anwendbare Recht somit über die Regeln des Internationalen Steuerrechts zu ermitteln ist. Dabei ist für die Feststellung der Steuerpflichtigkeit einer Gesellschaft und ihrer Gesellschafter auf das Wohnsitzprinzip abzustellen[631].

Eine steuerliche Sonderstellung oder Begünstigung der SE ist zu vermeiden[632]. Soweit zwischen den in einem Mitgliedstaat ansässigen nationalen und Europä-

---

627 Ebenso *Veil*, Das Konzernrecht der Europäischen Aktiengesellschaft, WM 2003, S. 2175.

628 Vgl. *Habersack*, Das Konzernrecht der „deutschen" SE – Grundlagen, ZGR 2003, S. 742.

629 Für der Abberufbarkeit des geschäftsführenden Direktors sollte in der Satzung ein Beschluss mit qualifizierter Mehrheit verlangt werden, so auch *Maul*, in Theisen/ Wenz, Die Europäische Aktiengesellschaft, Recht, Steuern und Betriebswirtschaft der Societas Europaea (SE), S. 422 f.; *Veil*, Das Konzernrecht der Europäischen Aktiengesellschaft, WM 2003, S. 2175.

630 Vgl. *Korts*, Die Europäische Aktiengesellschaft Societas Europaea (SE)- im Gesellschafts- und Steuerrecht, S. 35; anderer Ansicht jedoch *Schindler*, Die europäische Aktiengesellschaft- gesellschafts- und steuerrechtliche Aspekte, S. 84.

631 Soweit es um die Körperschaftssteuer geht vgl. § 1 KStG, hinsichtlich der Einkommenssteuer vgl. § 1 I 1 EStG.

632 Vgl. *Pluskat*, Die Arbeitnehmerbeteiligung in der geplanten Europäischen AG, DStR 2001, S. 1489; *Klapdor*, Überlegungen zur Besteuerung der europäischen Aktiengesellschaft, EuZW 2001, S. 677.

ischen Aktiengesellschaften steuerliche Rechtsformneutralität garantiert werden soll, ist dies sachgerecht[633]. Um den Erfolg der dieser Rechtsform nicht zu gefährden, muss andererseits jedoch gewährleistet sein, dass die Gründung einer SE nicht durch prohibitive Steuerlasten konterkariert wird[634]. Soweit den Staaten kein Steuersubstrat entzogen wird, sollten daher insbesondere steuerneutrale Gründung und Sitzverlegung ermöglicht werden. Dabei wird im folgenden Überblick zwischen drei Situationen unterschieden, die zu einer Besteuerung der SE führen können: die Gründung einer SE, deren Sitzverlegung und die laufende Besteuerung.

1. Gründung

Um die steuerliche Neutralität des Gründungsvorgangs zu erreichen, muss die Besteuerung hinsichtlich der vier einzelnen Gründungsarten untersucht werden.

a) Verschmelzung

Eine SE kann im Wege der Verschmelzung einerseits durch Aufnahme und andererseits durch Neugründung formiert werden[635]. Diese beiden gesellschaftsrechtlich zu unterscheidenden Untervarianten einer Gründung durch Verschmelzung weisen jedoch hinsichtlich der Besteuerung keine grundlegenden Unterschiede auf. Aus steuerlicher Sicht empfiehlt sich vielmehr eine Unterscheidung danach, in welchem Staat sich übertragende und aufnehmende Gesellschaft befinden[636].

Nationales Steuerrecht, welches eine grenzüberschreitende Verschmelzung regelt, existiert derzeit nicht. Die Vorschrift des § 1 I UmwStG mit dem Verweis auf § 1 UmwG ergreift keine ausländischen Rechtsträger[637]. § 1 V UmwStG begrenzt den Anwendungsbereich vielmehr auf die unbeschränkt steuerpflichtigen Körperschaften. Diese Gesetzgebung ist möglicherweise noch auf die früher

---

633 Vgl. *Hommelhoff*, Einige Bemerkungen zur Organisationsverfassung der Europäischen Aktiengesellschaft, AG 2001, S. 285 f.; *Schulz/ Geismar*, Die Europäische Aktiengesellschaft- eine kritische Bestandsaufnahme, DStR 2001, S. 1085 f.

634 Vgl. *Wiesner*, Europa- AG: Steuerneutralität der Fusionsgründung soll erst in der nächsten Legislaturperiode angegangen werden- wird der EuGH die Rechtsform für nichtig erklären?, GmbHR 2001, R 461; *Lutter*, Europäische Aktiengesellschaft- Rechtsfigur mit Zukunft?, BB 2002, S. 6.

635 Vgl. Darstellung auf S. 76 ff.

636 Vgl. *Thömmes*, Theisen/ Wenz, Die Europäische Aktiengesellschaft, Recht, Steuern und Betriebswirtschaft der Societas Europaea (SE), S. 492.

637 Vgl. *Korts*, Die Europäische Aktiengesellschaft Societas Europaea (SE)- im Gesellschafts- und Steuerrecht, S. 35.

vorherrschende Rechtsauffassung zurückzuführen, wonach ausländische Kapitalgesellschaften mangels gesellschaftsrechtlicher Grundlage steuerrechtlich nicht existent sind.

Auch die auf europäischer Ebene erlassene steuerliche Fusionsrichtlinie[638] und die Mutter- Tochter- Richtlinie[639] helfen nicht weiter. Beide müssen überarbeitet werden[640], da sich keine von ihnen ausdrücklich auf die SE erstreckt[641].

(1) Hinausverschmelzung

Die Hinausverschmelzung erfasst die Konstellation, dass die übertragende Gesellschaft ihren Sitz im Inland hat, während die aufnehmende Gesellschaft im Ausland ansässig ist[642]. Im Falle der Neugründung durch Verschmelzung, müsste zumindest eine der Gesellschaften den Sitz im Inland, die neu zu errichtende SE in einem anderen Mitgliedstaat der EU haben.

(a) Ebene der beteiligten Gesellschaften

Durch den Übergang des Vermögens der übertragenden Gesellschaft und den damit verbundenen Untergang besteht für den Staat die Gefahr, dass die übertragende Gesellschaft als Steuersubjekt wegfällt und ihm damit der Zugriff auf die vor der Verschmelzung unter seiner Steuerhoheit gelegten stillen Reserven[643] im Vermögen der übertragenden Gesellschaft entzogen wird[644].

---

638 Nach dieser Richtlinie müssen bspw. stille Reserven bei grenzüberschreitenden Vorgängen nicht aufgelöst werden. Sie wurde in Deutschland bisher noch nicht gänzlich umgesetzt, weil man wegen des fehlenden gesellschaftsrechtlichen Rahmens bislang keinen Bedarf sah.

639 Ziel dieser Richtlinie ist die Beseitigung von Behinderungen aufgrund steuerlicher Vorschriften der Mitgliedstaaten bei Zusammenschlüssen in Form von aus Mutter- und Tochtergesellschaften bestehenden Unternehmensgruppen.

640 Vgl. zu den geplanten Änderungen der steuerlichen Fusionsrichtlinie *Haritz/ Wisniewsky*, Steuerneutrale Umwandlung über die Grenze- Anmerkungen zum Vorschlag der Europäischen Kommission zur Änderung der steuerlichen Fusionsrichtlinie, GmbHR 2004, S. 28 ff.

641 Vgl. *Neye*, in v. Rosen, Die Europa- AG- Eine Perspektive für deutsche Unternehmen?, S. 68, zum Inhalt dieser Richtlinie, kritisch hierzu *Schindler*, Die europäische Aktiengesellschaft- gesellschafts- und steuerrechtliche Aspekte, S. 88; *Jahn- Herfs- Röttgen*, Die Europäische Aktiengesellschaft- Societas Europaea, DB 2001, S. 636 f.; kritisch wegen der nicht vollständigen Umsetzung dieser Richtlinie in Deutschland *Lutter*, Umstrukturierung von Unternehmen über die Grenze: Versuch eines Resümmes, ZGR 1994, S. 87 f.

642 Vgl. *Thömmes*, in Theisen/ Wenz, Die Europäische Aktiengesellschaft, Recht, Steuern und Betriebswirtschaft der Societas Europaea (SE), S. 492.

643 Stille Reserven bilden häufig den Großteil des Vermögens, so jedenfalls *Grundmann*, in v. Rosen, Die Europa- AG- Eine Perspektive für deutsche Unternehmen?, S. 60.

Da die übertragende Gesellschaft infolge der Verschmelzung erlischt (Art. 29 I lit. c SE- VO) und somit auch das Steuersubjet verloren geht, löst die Verschmelzung nach nationalem Recht keine steuerlichen Folgen aus [645]. Einigkeit besteht, soweit die in § 11 KStG normierte Liquidationsbesteuerung nicht zur Anwendung gelangt, weil die Gesellschaft zwar aufgelöst, aber nicht liquidiert wird. Dies wird bestätigt durch einen Vergleich von Art. 3 I bzw. Art. 4 I der Verschmelzungsrichtlinie, wo es heißt, dass das Vermögen der übertragenden Gesellschaft ohne Liquidation auf die aufnehmende Gesellschaft übergeht[646]. Eine Erfassung der stillen Reserven ist auch nicht nach § 12 I KStG vorzunehmen, da bei der grenzüberschreitenden Verschmelzung die übertragende Gesellschaft erlischt und gerade nicht ihren Sitz oder die Geschäftsleitung verlegt[647]. Des weiteren ist § 12 II KStG nicht anwendbar, da dieser sich nur auf beschränkt körperschaftssteuerpflichtige Gesellschaften bezieht. Demgegenüber hatte die übertragende Körperschaft im Falle der Hinausverschmelzung ihren Sitz im Inland und war somit unbeschränkt körperschaftssteuerpflichtig[648]. Erwägt man eine entsprechende Anwendung der vorbenannten Normen, so wird auch dies übereinstimmend abgelehnt[649].

Soweit von *Förster/ Lange*[650] die Ansicht vertreten wird, dass es hier um eine sogenannte „Sachauskehrung" seitens der übertragenden Gesellschaft handele, welche zur Aufdeckung der stillen Reserven führe, ist diese Ansicht abzulehnen. Zum einen findet dieser Ansatz im Gesetz keine Stütze und zum anderen führt diese Aufteilung zu einer künstlichen Aufspaltung der Gesamtrechtsnachfolge in „Sachauskehrung" und „Einlage", obwohl das Vermögen auch nicht in einer juristischen Sekunde auf die Gesellschafter übergeht[651]. Die Schaffung eines Besteuerungstatbestandes durch eine Fiktion ist abzulehnen, vielmehr ist

644 Vgl. *Thömmes*, in Theisen/ Wenz, Die Europäische Aktiengesellschaft, Recht, Steuern und Betriebswirtschaft der Societas Europaea (SE), S. 489.

645 So auch *Schön*, in v. Rosen, Die Europa- AG- Eine Perspektive für deutsche Unternehmen?, S. 79.

646 Vgl. *Thömmes*, in Theisen/ Wenz, Die Europäische Aktiengesellschaft, Recht, Steuern und Betriebswirtschaft der Societas Europaea (SE), S. 492.

647 Entgegen *Schulz/ Petersen*, Die Europa- AG: Steuerlicher Handlungsbedarf bei Gründung und Sitzverlegung, DStR 2002, S. 1511.

648 Vgl. *Korts*, Die Europäische Aktiengesellschaft Societas Europaea (SE)- im Gesellschafts- und Steuerrecht, S. 36; *Schulz / Petersen*, Die Europa- AG: Steuerlicher Handlungsbedarf bei Gründung und Sitzverlegung, DStR 2002, S. 1511.

649 Vgl. *Förster/ Lange*, Steuerliche Aspekte der Gründung einer Europäischen Aktiengesellschaft (SE), DB 2002, S. 288; *Schön*, in v. Rosen, Die Europa- AG- Eine Perspektive für deutsche Unternehmen?, S. 80.

650 Vgl. *Förster/ Lange*, Steuerliche Aspekte der Gründung einer Europäischen Aktiengesellschaft (SE), DB 2002, S. 289.

651 So auch *Thömmes*, in Theisen/ Wenz, Die Europäische Aktiengesellschaft, Recht, Steuern und Betriebswirtschaft der Societas Europaea (SE), S. 493.

der Gesetzgeber gefragt, wenn er eine drohende Besteuerungslücke vermeiden will[652].

Auf einen Besteuerungsentzug der stillen Reserven werden sich die jeweiligen Staaten wahrscheinlich nicht einlassen wollen[653]. Solange jedoch eine Regelung fehlt, sollte die jeweilige hinausverschmelzende Gesellschaft deshalb die Gefahr der Besteuerung der stillen Reserven im Zweifel kalkulieren müssen[654]. Ist jedoch an Stelle der stillen Reserven ein Verlustvortrag aus früheren Wirtschaftsjahren vorhanden, so kann dieser Verlust nicht in den neuen SE- Sitzstaat mitgenommen werden[655].

(b) Ebene der Gesellschafter der übertragenden Gesellschaft

Auch auf der Ebene der Gesellschafter der übertragenden Gesellschaft führt die Verschmelzung zu einem Untergang der Anteile, die der Gesellschafter an der übertragenden Gesellschaft hält. Im Gegenzug erhält er dafür die Anteile an der aufnehmenden SE.

Befürwortet man den Übergang des Vermögens zu Buchwerten, hat der Gesellschafter der übertragenden Gesellschaft seine Anschaffungskosten auf die aufnehmende SE zu übertragen; es fällt keine Steuer an[656]. Geht man hingegen davon aus, dass die Gesellschafter der übertragenden Gesellschaft eine fiktive Sachauskehrung erhalten, so unterliegt bei ihnen das im Wege der Sachauskehrung fiktiv zufließende Vermögen der übertragenden Gesellschaft der Halbeinkünftbesteuerung nach § 3 Nr. 40 EStG, vorausgesetzt der ausgekehrte Betrag stammt nicht aus dem steuerlichen Einlagekonto oder dem Stammkapital der übertragenden Gesellschaft[657].

---

652 Vgl. *Schön*, in v. Rosen, Die Europa- AG- Eine Perspektive für deutsche Unternehmen?, S. 80.

653 So jedenfalls *Hommelhoff*, Einige Bemerkungen zur Organisationsverfassung der Europäischen Aktiengesellschaft, AG 2001, S. 286.

654 Kritisch *Schön*, in v. Rosen, Die Europa- AG- Eine Perspektive für deutsche Unternehmen?, S. 80, wonach der Bundesfinanzhof eine Rechtsgrundlage finden wird, wenn er danach sucht.

655 So auch *Korts*, Die Europäische Aktiengesellschaft Societas Europaea (SE)- im Gesellschafts- und Steuerrecht, S. 36.

656 Vgl. *Thömmes*, in Theisen/ Wenz, Die Europäische Aktiengesellschaft, Recht, Steuern und Betriebswirtschaft der Societas Europaea (SE), S. 494.

657 Vgl. *Förster/ Lange*, Steuerliche Aspekte der Gründung einer Europäischen Aktiengesellschaft (SE), DB 2002, S. 290.

(2) Hereinverschmelzung

Eine „Hereinverschmelzung" liegt vor, wenn eine ausländische Gesellschaft gemeinsam mit einer inländischen Gesellschaft auf eine inländische SE verschmolzen wird. Da die untergehende Gesellschaft im Ausland ansässig ist, kann sich deutschem Steuerrecht zunächst nur die Frage stellen, wie die steuerliche Erfassung der inländischen Betriebsstätten vorzunehmen ist[658]. Gemäß § 12 II 2 KStG kommt eine Besteuerung nur dann in Betracht, soweit das deutsche Besteuerungsrecht nicht verloren geht. Gerade dieses bleibt jedoch erhalten, da der neue Rechtsträger eine deutsche SE ist[659]. Eine Besteuerung auf Ebene der Gesellschaft scheidet also aus.

Der unbeschränkt einkommenspflichtige Gesellschafter muss seinen Zufluss nach dem Halbeinkünfteverfahren (§ 3 Nr. 40 EStG) versteuern. Bei einer unbeschränkt oder beschränkt körperschaftssteuerpflichtigen Gesellschaft als Gesellschafterin der übertragenden Gesellschaft wäre ein solcher Zufluss nach § 8 b I KStG frei. Die Besteuerung des Zuflusses für den beschränkt einkommenspflichtigen Gesellschafter richtet sich nur dann nach deutschem Recht, wenn die Beteiligung an der übertragenden Gesellschaft der beschränkten Steuerpflicht nach § 49 I Nr. 2 a EStG unterliegt. Hinsichtlich des Untergangs der Anteile an der übertragenden Gesellschaft und Ausgabe von Anteilen an der aufnehmenden inländischen SE gelten bei einem deutschen unbeschränkten oder beschränkten einkommenspflichtigen Gesellschafter die gleichen Rechtsfolgen wie bei der Hinausverschmelzung[660].

(3) Ausländische Verschmelzung mit Inlandsbezug

Unabhängig von diesen zwei unterschiedlichen Untervarianten der Verschmelzung, kann ein Bezug zu deutschem Steuerrecht auch in folgendem Fall hergestellt werden: Geht im Rahmen der Verschmelzung von im Ausland ansässigen Gesellschaften eine deutsche Betriebsstätte über, so kann die Aufdeckung stiller Reserven durch Buchwertfortführung vermieden werden, soweit die deutsche Steuerverhaftung erhalten bleibt (§ 12 II KStG). Soweit die Anteile an der übertragenden Gesellschaft dem deutschen Steuerrecht unterliegen, werden durch

---

658 Soweit das übergehende Vermögen in Deutschland nicht steuerverhaftet ist, wirft die Hineinverschmelzung aus deutscher Sicht keine Probleme auf.

659 Vgl. *Förster/ Lange*, Steuerliche Aspekte der Gründung einer Europäischen Aktiengesellschaft (SE), DB 2002, S. 291.

660 Das deutsche Steuerrecht bietet keine dem § 13 UmwStG parallele Vorschrift für ausländische Verschmelzungen an. Lösungen nach der steuerlichen Fusionsrichtlinie werden diskutiert, vgl. *Schön*, in v. Rosen, Die Europa- AG- Eine Perspektive für deutsche Unternehmen?, S. 84 f.

den Austausch dieser Anteile gegen Anteile an der übernehmenden Gesellschaft die stillen Reserven in den untergehenden Anteilen aufgedeckt und bei natürlichen Anteilseignern im Rahmen des Halbeinkünfteverfahrens besteuert[661]. Bei körperschaftssteuerpflichtigen Gesellschaftern hingegen bleiben die aufgedeckten stillen Reserven nach § 8 b I KStG steuerfrei, soweit man den Vermögensübergang bei der Verschmelzung als weitergeleitete Sachdividende ansieht- ansonsten ergibt sich die Steuerfreiheit aus § 8 b II KStG[662].

b) Gründung einer Holding- SE

Neben der Verschmelzung kommt die Gründung einer Holding- SE in Betracht. Die an der Gründung beteiligten Gesellschaften bleiben bestehen, die Anteile gehen im Wege der Einzelrechtsnachfolge, Einbringung gegen Gewährung von Gesellschaftsrechten, über.

Weder auf der Ebene der beteiligten Gesellschaften noch auch auf der Ebene der neu gegründeten SE entstehen bei einer in Deutschland errichteten Holding-SE steuerliche Folgen[663]. Allenfalls kommt eine Überprüfung der Grunderwerbsteuer über § 1 III GrEStG in Betracht.

Auf der Ebene der Gesellschafter, der jeweils an der Gründung beteiligten Gesellschafter, ist zu bedenken, dass der mit der Gründung einer Holding einhergehende tauschähnliche Vorgang hinsichtlich der in den eingebrachten Anteilen enthaltenen stillen Reserven grundsätzlich eine Gewinnrealisierung auslöst. Der beschränkt oder unbeschränkt körperschaftssteuerpflichtige Gesellschafter kann sich allerdings auf die Steuerfreistellung nach § 8 b II KStG berufen, wobei es nicht darauf ankommt, wo der Sitz der Gesellschaft ist, um deren Anteile es geht. Seinen Gewinn aus der Veräußerung von Anteilen an einer in- oder ausländischen Kapitalgesellschaft muß der Gesellschafter jedoch grundsätzlich nach § 17 EStG im Rahmen des Halbeinkünfteverfahrens (§ 3 Nr. 40 EStG) versteuern[664], es sei denn zugunsten des Steuerpflichtigen greift § 20 I 2 UmwStG

---

661 Vgl. *Schön*, in v. Rosen, Die Europa- AG- Eine Perspektive für deutsche Unternehmen?, S. 85.

662 Vgl. *Förster/ Lange*, Steuerliche Aspekte der Gründung einer Europäischen Aktiengesellschaft (SE), DB 2002, S. 291 f.

663 Die bis einschließlich 1991 erhobene Gesellschaftssteuer wurde durch das Finanzmarktförderungsgesetz abgeschafft, vgl. *Thömmes*, in Theisen/ Wenz, Die Europäische Aktiengesellschaft, Recht, Steuern und Betriebswirtschaft der Societas Europaea (SE), S. 517.

664 Beachte insofern auch die zwischen Deutschland und den anderen EU- Staaten abgeschlossenen Doppelbesteuerungsabkommen, wonach das Besteuerungsrecht für den Gewinn aus der Veräußerung von Anteilen an Kapitalgesellschaften dem Wohnsitzstaat zugeordnet wird.

oder § 23 IV UmwStG[665], wonach die Einbringung der Anteile zu Buchwerten zulässig ist[666]. Nicht zu vernachlässigen ist für den einkommenssteuerpflichtigen Gesellschafter auch die Besteuerungspflicht eines möglichen Spekulationsgewinns (§ 23 I 1 Nr. 2 EStG).

c) Gründung einer SE durch Errichtung einer Tochtergesellschaft

Gesellschaften können eine SE als Tochter gründen, wenn zwei von ihnen dem Recht von verschiedenen Mitgliedstaaten unterliegen oder seit mindestens zwei Jahren eine Tochtergesellschaft oder Niederlassung in einem anderen Staat der EU als dem ihrer Hauptverwaltung haben (Art. 2 III SE- VO). Es handelt sich dabei um eine Einbringung, die nach §§ 20 I, 23 I bis III UmwStG steuerneutral durchgeführt werden kann[667].

Kritik wird an dem Buchwertfortführungzwang durch die ausländische Gesellschaft geübt; diese sei europarechtlich unsinnig[668]. Gleichermaßen wird die Siebenjahresfrist des § 26 II UmwStG gerügt, die von der (noch nicht umgesetzten) Verschmelzungsrichtlinie nicht gedeckt sei[669].

d) Gründung durch Umwandlung einer nationalen Aktiengesellschaft

Die Gründung einer SE durch Umwandlung[670] ist ein Vorgang, der steuerneutral gestaltet werden kann. Die aus der Umwandlung hergehende SE unterliegt unbeschränkten Körperschaftssteuerpflicht in dem Land, in dem sie errichtet worden ist. Grund hierfür ist, dass beim Formwechsel das Vermögen nicht auf einen

---

665 Nach herrschender Ansicht kann sich der Steuerpflichtige auf die für ihn günstigere Norm berufen, *Schulz/ Geismar*, Die Europäische Aktiengesellschaft- eine kritische Bestandsaufnahme, DStR 2001, S. 1083.

666 Vgl. *Korts*, Die Europäische Aktiengesellschaft Societas Europaea (SE)- im Gesellschafts- und Steuerrecht, S. 38; *Kloster*, Societas Europaea und europäische Unternehmenszusammenschlüsse, EuZW 2003, S. 299.

667 So auch *Schulz/ Geismar*, Die Europäische Aktiengesellschaft- eine kritische Bestandsaufnahme, DStR 2001, S. 1084; *Kloster*, Societas Europaea und europäische Unternehmenszusammenschlüsse, EuZW 2003, S. 299.

668 Mit dem Hinweis darauf, dass dieser Zwang zur Buchwertfortsetzung in der steuerlichen Fusionsrichtlinie nicht enthalten ist, vgl. *Schön*, in v. Rosen, Die Europa- AG- Eine Perspektive für deutsche Unternehmen?, S. 77 f.

669 Vgl. *Thömmes*, in Theisen/ Wenz, Die Europäische Aktiengesellschaft, Recht, Steuern und Betriebswirtschaft der Societas Europaea (SE), S. 527; *Förster/ Lange*, Steuerliche Aspekte der Gründung einer Europäischen Aktiengesellschaft (SE), DB 2002, S. 293 f.

670 Hierunter fällt auch die formwechselnde Umwandlung nach Art. 66 SE- VO.

anderen Rechtsträger übertragen wird und auch eine Sitzverlegung nicht zulässig ist[671].

2. Sitzverlegung

Im deutschen Steuerrecht gibt es bislang keine Regelung, welche die grenzüberschreitende Sitzverlegung nach Art. 8 SE- VO erfasst. Verlegt eine SE ihren statuarischen Sitz im Sinne von Art. 7 SE- VO aus Deutschland ins Ausland, kommt es nach §§ 12 I, 11 KStG zu einer Schlussbesteuerung[672].

Verlegt eine SE ihren Sitz nach Deutschland, so wird sie unbeschränkt steuerpflichtig. Hatte sie schon vorher eine Betriebsstätte in Deutschland, so ist für diese eine Besteuerung nach § 12 II KStG ausgeschlossen[673]. Die Besteuerungen in dem anderen Land sind nach dem nationalen Steuerrecht dieses Landes separat zu betrachten.

Verlegt eine in einem anderen Mitgliedstaat errichtete beschränkt körperschaftssteuerpflichtige SE mit inländischer Betriebsstätte ihren Sitz in einen dritten Mitgliedstaat, so bleibt dieser Vorgang mangels steuerlicher Regelungen ohne Besteuerungsfolgen für die inländische Betriebsstätte.

3. Laufende Besteuerung

Bezüglich der laufenden Besteuerung der SE wird gefordert, dass von den Organen der EU ein eigenes und einheitliches Steuersystem für die SE entwickelt wird[674]. Das hätte jedoch zur Folge, dass alle SE steuerlich begünstigt und alle nationalen Kapitalgesellschaften benachteiligt wären[675]. Um dies zu vermeiden, ließe sich nur denken, punktuelle Schwierigkeiten bei der internationalen Besteuerung der SE durch eine Richtlinie zu beseitigen und im Übrigen die allge-

---

671 Vgl. *Grundmann*, Europäisches Gesellschaftsrecht- eine systematische Darstellung unter Einbeziehung des Europäischen Kapitalmarktrechts, Rdnr. 1062.

672 Kritisch zur Anwendung des § 12 KStG und der damit verbundenen Liquidationsbesteuerung *Thömmes*, in Theisen/ Wenz, Die Europäische Aktiengesellschaft, Recht, Steuern und Betriebswirtschaft der Societas Europaea (SE), S. 534; *Hommelhoff*, Einige Bemerkungen zur Organisationsverfassung der Europäischen Aktiengesellschaft, AG 2001, S. 286; *Schulz/ Petersen*, Die Europa- AG: Steuerlicher Handlungsbedarf bei Gründung und Sitzverlegung, DStR 2002, S. 1513.

673 Vgl. *Korts*, Die Europäische Aktiengesellschaft Societas Europaea (SE)- im Gesellschafts- und Steuerrecht, S. 39; *Schulz/ Petersen*, Die Europa- AG: Steuerlicher Handlungsbedarf bei Gründung und Sitzverlegung, DStR 2002, S. 1513.

674 Kritisch *Lutter*, Europäische Aktiengesellschaft- Rechtsfigur mit Zukunft?, BB 2002, S. 6.

675 Vgl. *Klapdor*, Überlegungen zur Besteuerung der europäischen Aktiengesellschaft, EuZW 2001, S. 677.

meinen Regeln des Internationalen Steuerrechts anzuwenden. Damit würde steuerliche Gleichheit zwischen einer „deutschen“ SE und einer deutschen Kapitalgesellschaft erreicht, zugleich aber auch der Steuerwettbewerb zwischen den Mitgliedstaaten bekräftigt[676].

Im Rahmen der laufenden Besteuerung gibt es also keine Sonderrechte der SE. Zu beachten sind vielmehr die jeweils geltenden nationalen Regelungen einschließlich der Doppelbesteuerungsabkommen und der Mutter- Tochter- Richtlinie[677].

4. Fazit

Bisher richtet sich die Besteuerung der SE ausschließlich nach nicht harmonisiertem nationalem Recht. Es sollten daher im Bereich des Steuerrechts noch Lösungen auf Gemeinschaftsebene gefunden werden, wenn das gesellschafts- und mitbestimmungsrechtlich fundierte und ausgebaute Statut der SE nicht auf Dauer ungenutzt bleiben soll[678]. Das Steuerrecht muss endlich anerkennen, dass ausländische Kapitalgesellschaften eine reale Existenz in den jeweilig anderen Nationalstaaten haben. Hervorzuheben ist, dass das deutsche Steuerrecht die SE im Vergleich zu deutschen AGs weder bevorzugt noch benachteiligt[679].

Über die vielfältigen innerhalb der EU noch bestehenden steuerlichen Hindernisse, die sich der grenzüberschreitenden Unternehmenstätigkeit der SE in den Weg stellen können, ist sich auch die Europäische Kommission bewusst. So beabsichtigt sie, diese Steuerschranken im Rahmen ihrer steuerlichen Strategie einheitlich für alle Unternehmen gleich abzubauen[680]. Dabei sollen vor allem

---

676 Vgl. *Jahn/ Herfs- Röttgen,* Die Europäische Aktiengesellschaft- Societas Europaea, DB 2001, S. 636.

677 So wohl auch *Grundmann*, Europäisches Gesellschaftsrecht- eine systematische Darstellung unter Einbeziehung des Europäischen Kapitalmarktrechts, Rdnr. 1060; *Korts*, Die Europäische Aktiengesellschaft Societas Europaea (SE)- im Gesellschafts- und Steuerrecht,
S. 40; *Schulz / Geismar*, Die Europäische Aktiengesellschaft- eine kritische Bestandsaufnahme, DStR 2001, S. 1085.

678 So ist bspw. zu befürchten, dass die mit der Sitzverlegung einer deutschen SE verbundene Liquidationsbesteuerung nach § 12 I KStG die Möglichkeit der grenzüberschreitenden Sitzverlegung nach Art. 8 SE- VO ins Leere laufen lässt, auch die Besteuerung im Verlustfall wird kritisiert, vgl. *Kloster*, Societas Europaea und europäische Unternehmenszusammenschlüsse, EuZW 2003, S. 297.

679 Ebenso für das österreichische Steuerrecht *Schindler*, Die europäische Aktiengesellschaft- gesellschafts- und steuerrechtliche Aspekte, S. 124.

680 Zu den Hindernissen und zum Vorhaben der Kommission vgl. bereits Mitteilung der Kommission an den Rat, das Europäische Parlament und den Europäischen Wirtschafts- und Sozialausschuss - Ein Binnenmarkt ohne unternehmens-steuerliche Hindernisse: Er-

die Mutter- Tochter- Richtlinie und die Verschmelzungsrichtlinie überarbeitet werden, sowie ausstehende Richtlinienvorhaben durchgesetzt werden[681]. Nicht zuletzt soll auch die Möglichkeit überprüft werden, eine einheitliche konsolidierte Körperschaftssteuer- Bemessungsgrundlage[682] auf europäischer Ebene einzuführen[683]. Erste Schritte in die richtige Richtung sind bereits getan: am 18.11.2003 hat die Kommission einen Vorschlag für die Zehnte Richtlinie über die Verschmelzung von Kapitalgesellschaften aus verschiedenen Mitgliedstaaten unterbreitet[684].

XII. Fazit

Das neue SE- Statut hat an Flexibilität und Gradlinigkeit gewonnen. Der heute nur noch 70 Artikel umfassende Verordnungstext wurde von Zwängen wie dem obligatorischen Konzernrecht, der verbindlichen Mitbestimmung in den Gesellschafterorganen und der Verpflichtung zur Einführung eines dualistischen Systems befreit. Dadurch, dass die organbezogene Mitbestimmung nicht mehr Teil einer vorgegebenen Organisationsverfassung ist, sondern verhandelbar ist, kann es möglicherweise zu einem faktischen Anpassungsprozess kommen, der die Vielfalt der wirtschaftlichen und sozialen Aspekte in der EU widerspiegelt[685]. Auch der Richtlinientext wurde flexibler gestaltet, um den unterschiedlichen Gepflogenheiten der Mitgliedstaaten Rechung zu tragen.

Wegen der häufigen Verweise auf nationale Rechte werden allerdings statt der erhofften einheitlichen Rechtsform in Wahrheit eher 28 nationale als europäi-

gebnisse, Initiativen, Herausforderungen, abrufbar unter: http://europa.eu.int/prelex/detail_dossier_real.cfm?CL=de&DosId=168921

681 Vgl. die die Mitteilung aus dem Jahr 2001 bestätigende Mitteilung der Kommission an den Rat, das Europäische Parlament und den Europäischen Wirtschafts- und Sozialausschuss - Ein Binnenmarkt ohne unternehmenssteuerliche Hindernisse: Ergebnisse, Initiativen, Herausforderungen aus dem Jahr 2003 abrufbar unter: http://europa.eu.int/comm/taxation_customs/taxation/company_tax/common_tax_base/index_de.htm

682 Kritisch *Kloster*, Societas Europaea und europäische Unternehmenszusammenschlüsse, EuZW 2003, S. 300.

683 Vgl. Mitteilung der Kommission an den Rat, das Europäische Parlament und den Europäischen Wirtschafts- und Sozialausschuss Ein Binnenmarkt ohne unternehmenssteuerliche Hindernisse Ergebnisse, Initiativen, Herausforderungen, abrufbar unter: http://europa.eu.int/comm/taxation_customs/taxation/company_tax/common_tax_base/index_de.htm

684 Vgl. *Pluskat*, Der neue Entwurf für eine europäische Verschmelzungsrichtlinie- Transnationale Fusionen in Europa damit in greifbare Nähe gerückt?, EWS 2004, S. 1 ff.

685 So *Wiesner*, Der Nizza- Kompromiss zur Europa AG- Triumph oder Fehlschlag?, ZIP 2001, S. 398.

sche Aktiengesellschaften existieren[686]. Harmonisierungsbestrebungen der EU auf dem Gebiet des Gesellschaftsrechts werden jedoch zu einer weiteren Nivellierung der unterschiedlichen Rechtsformen führen[687]. Alternative wäre mithin gewesen, auf die SE weitere Jahrzehnte lang zu warten oder ihr Scheitern gänzlich zu akzeptieren. Der europäische Gesetzgeber musste allerdings handeln, weil die binnenmarktwidrigen Mobilitätshindernisse für Unternehmen nicht mehr tolerabel waren[688].

Insgesamt kann behauptet werden, dass die SE aufgrund der unterschiedlichen Gründungsmodalitäten gegenüber anderen Rechtsformen viele Vorteile für europaweite Umstrukturierungen bietet. Durch die SE- VO haben die Unternehmen im Binnenmarkt mehr Freiheit gewonnen; so haben sie mit der SE ein Instrument, mit dem sie sich leichter grenzüberschreitend strukturieren, reorganisieren und fusionieren können[689]. Darüber hinaus können Gesellschaften künftig ihren Sitz in der EU frei verlegen, soweit sie die Gesellschaftsform der SE wählen. Auch haben Unternehmen die Freiheit, ein flexibles monistisches oder dualistisches Managementsystem zu wählen und neue interessante, unternehmensspezifische Formen der Arbeitnehmerbeteiligung zu vereinbaren. Nicht zu vernachlässigen ist, dass Unternehmen, die gemeinsame europäische Projekte über eine SE realisieren, privates Kapital leichter beschaffen können als rein nationale Rechtsformen, die unterschiedlichen Rechtsordnungen unterliegen. Letztendlich kann somit durch die SE die Wettbewerbsfähigkeit Europas und dessen Unternehmen gesteigert werden.

Alle diese Vorteile werden sich aber nur dann realisieren lassen, wenn zugleich ein entsprechendes europaweites steuerliches Umfeld geschaffen wird, das die grundsätzliche Steuerneutralität dieser grenzüberschreitenden Vorgänge gewährleistet[690]. Unabhängig von der vorgesehenen Steuerstrategie der Europäischen Kommission ist jedoch festzuhalten, dass die SE für die Unternehmen aus steuerlicher Sicht weder Vorteile noch Nachteile gegenüber den nationalen Aktiengesellschaften bringt. Die Entscheidung zugunsten der SE sollte daher nicht

---

686 Ebenso kritisch *Pluskat*, Die neuen Vorschläge für die Europäische Aktiengesellschaft, EuZW 2001, S. 528; *Bezzenberger*, Die Europäische Aktiengesellschaft, JURA 2003, S. 231; *Nagel* spricht von einem Wettbewerb der Rechtsordnungen bei der Ausgestaltung des SE-Rechts, Ist die europäische Aktiengesellschaft (SE) attraktiv, DB 2004, S. 1303.

687 Vgl. *Sagasser/ Swienty*, Die Gründung einer Europäischen Aktiengesellschaft im Wege der Verschmelzung- Zur Praktikabilität des SE- Statuts in der Entwurfsfassung vom 6./16.5.1991, DStR 1991, S. 1226.

688 So auch *Schwarz*, Zum Statut der Europäischen Aktiengesellschaft, ZIP 2001, S. 1859, bereits *Jürgens*, Die Europäische Aktiengesellschaft nimmt Strukturen an, BB 1990, S. 1150.

689 Ausführlich hierzu *Wenz*, Einsatzmöglichkeiten einer Europäischen Aktiengesellschaft in der Unternehmenspraxis aus betriebswirtschaftlicher Sicht, AG 2003, S. 185 ff.

690 Ebenso *Hopt*, Europäische Aktiengesellschaft- per aspera ad astra, EuZW 2002, S. 1.

nur von steuerlichen Erwägungen[691] getragen werden, sondern auch von ihren gesellschaftsrechtlichen Vorzügen.

[691] Kritisch hierzu *Götz*, in Baums/ Cahn, Die Europäische Aktiengesellschaft- Umsetzungsfragen und Perspektiven, S. 162.

B. Die Europäische Privatgesellschaft

Im Gegensatz zur Europäischen Aktiengesellschaft befindet sich die Europäische Privatgesellschaft noch in der Planung[692]. Grundlage für die hier vorzunehmende Prüfung ist das von einer internationalen Arbeitsgruppe entwickelte und im Jahr 1999 veröffentliche Statut[693].

I. Rechtsgrundlage für die Schaffung einer EPG

Der EPG- VOV enthält keinen Hinweis auf die Rechtsgrundlage der EPG. Da sie jedoch auf die Verordnung als geeignete Rechtsgrundlage zur Schaffung einer EPG zurückgreift, stellt sich dieselbe Frage, wie sie bereits für die SE erörtert worden ist, nämlich welche Vorschrift im EGV die Gemeinschaft zum Tätigwerden ermächtigt. Dabei ist die Auswahl an Ermächtigungsgrundlagen, ebenso wie bei der SE, begrenzt auf Art. 308 EGV und Art. 95 I 2 EGV[694].

1. Art. 95 I EGV als Rechtsgrundlage für die EPG- VO

Zieht man in Betracht, dieses Vorhaben auf Art. 95 EGV zu stützen, so kann auf die Überlegungen zurückgegriffen werden, die bereits im Zusammenhang mit der SE- Schaffung und Art. 95 EGV angestellt worden sind. Selbst bei einem weiten Verständnis des Begriffs „Rechtsangleichung" ist die EPG- VO so lange kein angleichungsfähiger Gegenstand, wie der Sachgegenstand auch vom nationalen Gesetzgeber regelbar ist[695]. Untersucht man die Artikel des Statuts im einzelnen[696], zeigt sich, dass sich diese ausschließlich mit Fragen der EPG auseinandersetzen und weniger mit der Frage einer Angleichung nationaler Vorschriften zur GmbH beschäftigen. Zwar existieren Verbindungen zu nationalem Recht, da regeln aber vielmehr die direkte Anwendung von harmonisiertem Recht diese, geht es also auch hier um die Ergänzung nationalen Rechts durch eine neue supranationale Gesellschaft[697]. Die EPG- VO sollte daher ebenso wenig wie die SE- VO auf Art. 95 I 2 EGV gestützt werden.

---

692 Vgl. Darstellung auf S. 43 ff.

693 Zusammen mit Kommentaren zum EPG- VOV abgedruckt in *Boucourechliev/ Hommelhoff*, Vorschläge für eine Europäische Privatgesellschaft, S. 289 ff.; abrufbar unter: http://www.etudes.ccip.fr/dossiers/spe/index.html

694 Vgl. Darstellung auf S. 51 ff.

695 Vgl. *Müller- Graff*, in Hommelhoff/ Helms, Neue Wege in die Europäische Privatgesellschaft, S. 300.

696 So bereits bei der SE *Abeltshauser*, Der neue Statutsvorschlag für eine Europäische Aktiengesellschaft, AG 1990, S. 294.

697 Ebenso *Drury/ Hicks*, The proposal for a European Private Company, J.B.L. 1999, S. 436 ff.

2. *Art. 308 EGV als Rechtsgrundlage für die EPG- VO*

Das Vorhaben sollte vielmehr wie die SE- VO und SE- RL auf die Rechtsgrundlage des Art. 308 EGV gestützt werden. Da Art. 95 I 2 EGV als Ermächtigungsgrundlage abgelehnt wurde und keine andere Norm in Betracht kommt, ist dem in Art. 308 EGV normierten Kriterium der Subsidiarität Genüge getan. Auch die weitere Voraussetzung, nämlich dass ein Erfordernis für ein Tätigwerden der Gemeinschaft zur Verwirklichung der Ziele des Gemeinsamen Marktes besteht, ist erfüllt. Zunächst einmal hat die EPG ebenso wie die SE das Ziel, grenzüberschreitende Kooperationen zu fördern und somit zur Vollendung des Binnenmarktes beizutragen[698]. Darüber hinaus kann dieses Ziel auch nicht auf anderem Wege verwirklicht werden[699].

3. *Fazit*

Wie auch bei der Einführung der SE, kann nicht offen bleiben[700], welches die richtige Ermächtigung für die Schaffung der EPG ist. Da sich die Wahl, die SE-VO auf Art. 308 EGV zu stützen, als beständig erwiesen hat, sollte auch bei der Schaffung einer EPG- VO[701] darauf zurückgegriffen werden. Insoweit wird die SE- VO dem Verordnungsgeber der EPG- VO als Vorbild dienen.

II. Rechtsquellensystem

Das Statut der EPG wäre in den Mitgliedstaaten der Europäischen Gemeinschaft unmittelbar anwendbar (Art. 249 II EGV). Im Gegensatz zur SE- VO versucht der EPG- VOV die meisten Probleme selbst zu lösen und verweist nur sehr selten auf nationales Recht der Mitgliedstaaten. So bestimmt Art. 12 EPG- VOV ähnlich wie Art. 9 SE- VO, welches Recht anwendbar ist. Um jedoch dieses System zu verstehen, muss zunächst erläutert werden, inwiefern der EPG- VOV von anderen Prämissen ausgeht als die SE- VO. Als „geschlossene" Gesellschaft stellt die EPG an sich den Anspruch einer Vollregelung. Diese Konzeption bedingt darüber hinaus den Grundsatz der Gestaltungsfreiheit.

---

[698] Vgl. S. 20 ff.

[699] Vgl. S. 51 ff.

[700] Ebenso *Müller- Graff*, in Hommelhoff/ Helms, Neue Wege in die Europäische Privatgesellschaft, S. 292; *Helms*, Die Europäische Privatgesellschaft- Rechtliche Strukturen und Regelungsprogramme einer supranationalen Gesellschaft des Gemeinschaftsrechts, S. 37; unzutreffend insoweit *Assmann/ Buck*, Europäisches Kapitalmarktrecht, EWS 1990, S. 115.

[701] Soweit die Arbeitnehmerbeteiligung in einer Richtlinie geregelt werden sollte, dient auch hier Art. 308 EGV als Rechtsgrundlage. Wie jedoch diese arbeitsrechtlichen Probleme in den Griff zu bekommen sind, wird auf S. 188 ff. analysiert.

1. Die Europäische Privatgesellschaft als „geschlossene" Gesellschaft

Die EPG ist als „geschlossene" Gesellschaft konzipiert[702]. Diese Terminologie ist dem deutschen Recht fremd[703]. Zur Begriffsklärung rücken daher die Vorschriften über bereits existierende „geschlossene Gesellschaften" in den Vordergrund, wobei eine rein begriffliche Auslegung wenig hilfreich zu sein scheint. In Anlehnung an das amerikanische Recht ist entscheidendes Kriterium die Begrenzung des Kreises der Gesellschafter[704]. Als Folge der beschränkten Übertragbarkeit der Gesellschaftsanteile besteht zwischen den Gesellschaftern einer „geschlossenen Gesellschaft" in der Regel eine enge persönliche Verbindung und ein besonderes Vertrauensverhältnis, so dass sich eine Gesellschaftsbeteiligung als dauerhaftes Engagement und nicht als kurzfristige Kapitalanlage darstellt[705]. In einer derart personalistisch geprägten Gesellschaft kommt es daher auf die ständige persönliche Mitwirkung der Gesellschafter an, den Gesellschaftszweck zu erfüllen[706]. Die Gesellschafter haben somit häufig großen Einfluss auf die Entwicklung der Gesellschaft. Die unternehmerische Beteiligung eröffnet zwar einerseits die Möglichkeit einer flexiblen, unformalistischen Entscheidungsfindung, birgt aber auch andererseits Risiken für die Gesellschafter, die nicht unmittelbar in die Geschäftsführung involviert sind. Aufgrund der einflussreichen Position der einzelnen Gesellschafter, besteht deshalb regelmäßig der Wunsch, den bestehenden Gesellschafterkreise zu stabilisieren und den Eintritt neu eintretender Gesellschafter zu kontrollieren[707]. Am besten lässt sich dieses Ziel dadurch erreichen, dass die Anteile nicht frei handelbar -insbesondere nicht zur Börsennotierung- ausgestaltet werden[708] und die Abtretung von Gesellschaftsanteilen Zustimmungsvorbehalten, Abtretungsverboten und Vorkaufsrechten zugunsten der Gesellschaft oder der Mitgesellschafter un-

---

702 So trug die CREDA- Studie von 1997 noch den Titel „*Propositions pour une société fermée européenne*".

703 In Art. 2 II der Publizitätsrichtlinie wird der Begriff „geschlossene Aktiengesellschaft" verwendet. Dabei fallen unter den Begriff der „geschlossenen" Gesellschaft regelmäßig die Gesellschaften, in denen der Zutritt neuer Gesellschafter einem Zustimmungsvorbehalt und einer Zugangskontrolle unterliegt. Dieser Text betrifft lediglich die Publizität der Rechnungslegung von niederländischen Gesellschaften und ist nicht allgemein anwendbar, vgl. *Guyon*, Rechtliche Vorgaben: die société fermée: Versuch einer Begriffsbestimmung, in Boucourechliev/ Hommelhoff, S. 43.

704 Vgl. *Bungert*, Die GmbH im US- amerikanischen Recht- close corporation, S. 18 f.

705 Vgl. *Steding*, Das Gesellschaftsrecht in der EU zwischen Erwartung und Enttäuschung, NZG 2000, S. 917.

706 Vgl. *Steding*, Das Gesellschaftsrecht in der EU zwischen Erwartung und Enttäuschung, NZG 2000, S. 917.

707 Vgl. *Helms*, Die Europäische Privatgesellschaft- Rechtliche Strukturen und Regelungsprogramme einer supranationalen Gesellschaft des Gemeinschaftsrechts, S. 106.

708 So verzichtet die EPG im Gegensatz zur SE auf Börsennotierung und Börsenorientierung (Art. 2 II EPG- VOV).

terworfen wird[709]. Dieser geschlossene Gesellschafterkreis bestimmt auch das Leitbild der hier im Mittelpunkt stehenden EPG[710].

2. Vollstatut

Wie bereits die Entwicklung des SE- Statuts gezeigt hat, beeinträchtigen detaillierte Regelungen mit übersteigerten Differenzierungen nicht nur die Rechtssicherheit, sondern schwächen insbesondere die rechtspolitische Überzeugungskraft der Verordnung in der Unternehmenspraxis[711]. Folglich sollte auf ein umfangreiches und differenziertes EPG- Statut verzichtet werden. Es muss vielmehr möglichst schlank, einfach durchschaubar und leicht beherrschbar ausgestaltet werden, aber dennoch in sich vollständig und abgeschlossen abgefasst sein[712].

Der Arbeitsgruppe gelang es, ein schlankes und überschaubares Statut zu schaffen, das nur 38 Artikel umfasst. Zurückzuführen ist dieses Ergebnis auf den Einsatz eines besonderen Gesetzgebungsinstrumentes, den obligatorischen Regelungsauftrag[713]. Der Gesetzgeber gibt den Verfassern des Gesellschaftsvertrages jene Punkte vor, die sie in Ausübung ihrer Privatautonomie selbst geregelt haben müssen, bevor die Gesellschaft ins Register eingetragen wird (Art. 8 IV 2 EPG- VOV). Dieser Regelungsauftrag ermöglicht es dem Gesetzgeber, von einer vollumfänglichen Regelung der Materie abzusehen. Um den Regelungsaufträgen im Einklang mit den gesetzlichen Vorschriften nachkommen zu können, sieht Art. 13 EPG-VOV Musterstatute nach britischem Vorbild vor[714].

---

709 Vgl. *Guyon*, Rechtliche Vorgaben: die société fermée: Versuch einer Begriffsbestimmung, in Boucourechliev/ Hommelhoff, S. 47 ff.

710 Eine „geschlossene" Gesellschaft könnte auch jene Gesellschaft sein, in der die Qualität der Gesellschafter bestimmten Bedingungen unterliegt, bspw. der Ausübung bestimmter Berufe. Diese Gesellschaft ist jedoch genau genommen offen, da jede Person, die diese Bedingung erfüllt, grundsätzlich Gesellschafter werden kann, ohne dass eine Zustimmung erforderlich wäre, vgl. *Guyon*, Rechtliche Vorgaben: die société fermée: Versuch einer Begriffsbestimmung, in Boucourechliev/ Hommelhoff, S. 52.

711 Vgl. *Hommelhoff*, Die "Société fermée européenne"- eine supranationale Gesellschaftsform für kleine und mittlere Unternehmen im Europäischen Binnenmarkt-, WM 1997, S. 2109.

712 Vgl. *Boucourechliev/ Hommelhoff*, Vorschläge für eine Europäische Privatgesellschaft, S.VIII.

713 Vgl. *Hommelhoff/ Helms*, Weiter auf dem Weg zur Europäischen Privatgesellschaft, GmbHR 1999, S. 55 f.

714 Erste Vorschläge für solche Mustersatzungen liegen bereits vor, vgl. *Helms*, in Hommelhoff/ Helms, Neue Wege in die Europäische Privatgesellschaft, S. 265 ff.

3. Gestaltungsfreiheit

Der EPG- Statutsentwurf ist im Gegensatz zum SE- Statut vom Prinzip der Gestaltungsfreiheit geprägt[715]. Dies wird allein dem Grundsatz, der in nahezu allen EU- Mitgliedsstaaten gilt, gerecht, dass ein Statut börsenferner Gesellschaften der Disposition der Gesellschafter überlassen werden muss[716]. Dies entspricht auch dem Leitbild einer „geschlossenen" Gesellschaft. Da es sich nämlich bei den Gesellschaftern einer „geschlossenen" Gesellschaft um solche handelt, die sich bewusst auf Risiken einlassen und den Sinn und die Reichweite der Verpflichtungen, die sie eingehen, abschätzen können, benötigen sie keinen besonderen Schutz[717]. Eine Ausnahme vom Prinzip der Gestaltungsfreiheit macht der EPG- VOV jedoch dort, wo dies zum Schutz zugunsten von Gesellschaftsgläubigern, der Gesellschafterminderheit und einzelner Gesellschafter erforderlich scheint.

Das Statut ist einerseits umfassend und klar geregelt[718], andererseits lässt es Raum für vertragliche Vereinbarungen. Das ist eine Voraussetzung der Attraktivität und damit auch des Erfolgs des Statuts. Diese Gestaltungsfreiheit erlaubt es nämlich, die Rechtsform im Wege der Satzungsfreiheit auch auf zahlreiche Sachverhalte zuzuschneiden[719]. Nicht börsenorientierte Großunternehmen, aktive Gesellschafter, Finanzinvestoren, Tochter- oder Holdinggesellschaften; kleine und mittlere familiär wie partnerschaftlich geprägte Unternehmen und letztlich auch der Einzelkaufmann können alle auf die Rechtsform der EPG zurückgreifen[720].

Eine gewisse Einheitlichkeit wird durch das bereits erwähnte Angebot von Mustersatzungen (vgl. Art. 13 EPG- VOV) gefördert. Da der EPG genauso wie der SE die Einbettung in ein allgemeines europäisches Zivil- und Gesellschaftsrecht fehlt[721], stellt sich die Frage, wie es dennoch gewährleistet werden kann,

---

715 Vgl. *Helms*, Die Europäische Privatgesellschaft- Rechtliche Strukturen und Regelungsprogramme einer supranationalen Gesellschaft des Gemeinschaftsrechts, S. 142 ff.

716 Vgl. *Schmidt*, Gesellschaftsrecht, S. 116 ff; *Hommelhoff*, Börsenhandel von GmbH- und KG- Anteilen?, ZHR 1989, S. 194 ff.

717 Dies unterscheidet die EPG von der SE, die zahlreiche Regelungen zum Anlegerschutz enthält, vgl. *Heider*, in Hommelhoff/ Helms, Neue Wege in die Europäische Privatgesellschaft, S. 128 f.

718 So bspw. die Rechte der Gesellschafter (Art. 15 EPG- VOV).

719 Zu den Einsatzmöglichkeiten einer EPG vgl. *Ehricke*, *Kallmeyer*, und *Hellwig*, alle in Hommelhoff/ Helms, Neue Wege in die Europäische Privatgesellschaft, S. 18 ff.

720 Vgl. *Ehricke*, in Hommelhoff/ Helms, Neue Wege in die Europäische Privatgesellschaft, S. 17 ff., *Boucourechliev*, in Boucourechliev/ Hommelhoff, Vorschläge für eine Europäische Privatgesellschaft, S. 228.

721 Zur Schaffung eines Europäischen Zivilgesetzbuches *Müller- Graff*, Europäisches Gemeinschaftsrecht und Privatrecht, NJW 1993, S. 23.

dass der EPG- Statutsentwurf einheitlich verstanden und ausgelegt wird, und nach welchen Regeln gegebenenfalls bestehende Lücken zu schließen sind.

4. Struktur und Aufbau der Rechtsquellenpyramide

Das anwendbare Recht und die Methode der Lückenfüllung[722] werden in Art. 12 EPG- VOV geregelt[723]. Danach wird der Lückenschluss unabhängig von nationalem Recht vorgenommen, indem ein System von Anknüpfungen entwickelt worden ist[724]. Vorrangig anwendbar sind danach die Verordnung und die ihr nicht widersprechenden Satzungsregelungen (Art. 12 I EPG- VOV). Zur Lückenfüllung kommen subsidiär die allgemeinen Prinzipien der EPG- VO, des Gesellschaftsrechts der Gemeinschaft und die Prinzipien, die den Mitgliedstaaten gemeinsam sind, zur Anwendung (Art. 12 II EPG- VOV). Die Anwendung nationalen Rechts ist grundsätzlich ausgeschlossen, es sei denn, es wird ausdrücklich darauf verwiesen (Art. 12 III EPG- VOV). Es handelt sich hier jedoch nicht um eine Subsidiaritätsstaffelung, wie in Art. 9 SE- VO, sondern um eine strikte Kompetenzverteilung, die in der nachfolgenden Abbildung verdeutlicht wird:

---

722 Zur Feststellung einer Lücke, *Völter*, Der Lückenschluß im Statut der Europäischen Privatgesellschaft, S. 36 ff.

723 Der hier vorgeschlagene Weg lehnt sich an Art. 7 SE- VOV 1970 an.

724 Würde man für Auslegung und Lückenschluss auf nationales Recht zurückgreifen, könnten mit der Zeit je nach Sitz der supranationalen Gesellschaft 25 unterschiedliche EPG-Statute entstehen, was es jedoch unbedingt zu vermeiden gilt, so bereits für die SE *Jaeger*, Die Europäische Aktiengesellschaft- europäischen oder nationalen Rechts, S. 215 ff.

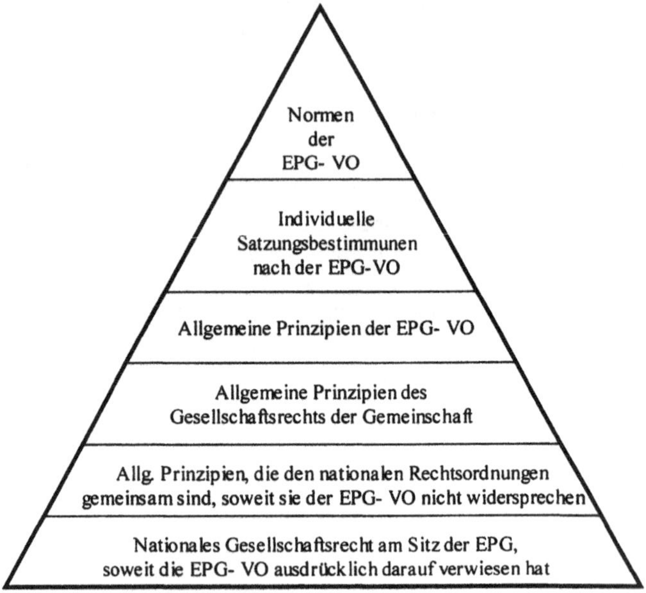

Abbildung 4: Rechtsquellenpyramide der EPG

5. Auslegung und Lückenschluss

EPG- Statut und Gesellschaftsvertrag werden zunächst nach den bewährten Auslegungsmethoden des EuGH ausgelegt[725]. Führt diese Auslegung zur Feststellung einer Lücke, so stellt sich die Frage, wie diese zu schließen ist. Nachfolgend wird untersucht, ob die in Art. 12 I EPG- VOV normierten Kriterien ein Garant für eine einheitliche Lückenfüllung sein können.

a) Allgemeine Prinzipien der Verordnung

Art. 12 II 1. Alt. EPG- VOV sieht die subsidiäre Geltung der allgemeinen Prinzipien der Verordnung vor, ohne jedoch näher zu erläutern, was darunter zu verstehen ist[726]. Solche Prinzipien können sein[727]: die Grundsätze des EGV

---

[725] Vgl. *Dejmek*, Das künftige Europa und die Europäische Privatgesellschaft, NZG 2001, S. 881.

[726] Der Verweis auf die allgemeinen Prinzipien der Verordnung ist bekannt aus Art. 17 Haager Kaufrechtsabkommen.

(beispielsweise Diskriminierungsverbot), die Zweckbestimmung der EPG und ihr Seriositätsanspruch[728], die Ausprägung einer eigenen Rechtspersönlichkeit mit Haftungsbeschränkung, die registerrechtliche Gründungskontrolle, der Charakter des Statuts als Gemeinschaftsrecht, die angemessene Publizität, die Gleichbehandlung aller Gesellschafter, der Schutz der Minderheitsgesellschafter und der Vorrang der Gläubiger- vor den Gesellschafterinteressen. Allerdings lassen sich aus diesen Prinzipien kaum präzise Aussagen in einem Rechtsstreit herleiten und können insofern allenfalls die Richtung bei der Lösungsfindung vorgeben[729].

Wird dem Rückgriff auf die allgemeinen Prinzipien vorgeworfen, dass es sich hierbei um einen „völlig unscharfen und offenen Rechtsbegriff [handele], der nicht deutlich macht, welche konkreten Regeln zur Lückenfüllung herangezogen werden können“[730], so wird dem entgegnet, dass dies ein typisches Problem teleologischer Auslegung ist[731]. Für eine teleologische Auslegung ist es nämlich charakteristisch, dass sie losgelöst vom Wortlaut den Sinn und Zweck einer Vorschrift analysiert. Versteht man den Verweis auf die allgemeinen Prinzipien der Verordnung als Aufforderungen zu einer eingeschränkten teleologischen Rechtsfortbildung von Statut und Satzung, eingeschränkt dadurch, dass sich der Telos unmittelbar auf die EPG- VO stützen muss[732], so ist deren Heranziehung zur Lückenfüllung keineswegs unbrauchbar[733].

---

727 Herausgearbeitet wurden diese Prinzipien von *Helms*, Die Europäische Privatgesellschaft-Rechtliche Strukturen und Regelungsprogramme einer supranationalen Gesellschaft des Gemeinschaftsrechts, S. 172.

728 Dieser kommt insbesondere in den strengen Gründungsregeln zum Ausdruck.

729 So bereits zum SE- VOV 1975 *Lindacher*, in Lutter, Die Europäische Aktiengesellschaft: eine Stellungnahme zur Vorlage der Kommission an den Ministerrat der Europäischen Gemeinschaften über das Statut für Europäische Aktiengesellschaften vom 30. April 1975, S. 10.

730 *Ehricke*, Die Überwindung von Akzeptanzdefiziten als Grundlage zur Schaffung neuer supranationaler Gesellschaftsformen in der EU- Ein Beitrag zur Entwicklung einer sog. Société Fermée Européenne (Europäische Privatgesellschaft), RabelsZ 2000, S. 515.

731 Ebenso *Fischer*, Brücken zur Europäischen Privatgesellschaft, ZEuP 2004, S. 755.

732 Folglich müssen andere Zwecksetzungen im europäischen oder nationalen Recht, die dem Telos der EPG- VO möglicherweise widersprechen, zurückstehen.

733 So aber *Ehricke*, Die Überwindung von Akzeptanzdefiziten als Grundlage zur Schaffung neuer supranationaler Gesellschaftsformen in der EU- Ein Beitrag zur Entwicklung einer sog. Société Fermée Européenne (Europäische Privatgesellschaft), RabelsZ 2000, S. 515; kritisch auch *Bachmann*, Grundtendenzen der Reform geschlossener Gesellschaften in Europa, ZGR 2001, S. 374.

b) Allgemeine Prinzipien des Europäischen Gesellschaftsrechts

Nach Art. 12 II 2. Alt. EPG- VOV sollen im nächsten Schritt die allgemeinen Prinzipien des europäischen Gesellschaftsrechts der Gemeinschaft zur Auslegung herangezogen werden. Diese Auslegungsstufe ist nicht ganz unproblematisch. Während die einen gerade im Gesellschafts- und Kapitalmarktrecht eine Systembildung ausmachen[734], wird von anderen die Existenz solcher Prinzipien bezweifelt[735].

Erste Versuche, eine Dogmatik des Europäischen Gesellschaftsrechts auszuarbeiten, wurden bereits erfolgreich unternommen[736]. Zugegebenermaßen ist das Gemeinschaftsrecht zum Teil noch recht fragmentarisch und nicht selten Ergebnis eines Kompromisses[737], allerdings ist durch den Binnenmarkt und seine Grundfreiheiten[738], eine Richtschnur vorgegeben, welche durch sekundäres Gemeinschaftsrecht weiter konkretisiert wird[739]. Dem gemeinschaftlichen Gesellschaftsrecht liegt ein System von Grundwertungen und Sachentscheidungen, von Freiheitssphären und Schutzniveaus zugrunde, das durchaus als dogmatisch erfassbare Ordnung begriffen werden kann[740].

Sicherlich ist richtig, dass bisherige Richtlinien die GmbH kaum in ihren Anwendungsbereich miteinbezogen haben[741], dies bedeutet jedoch nicht, dass der Verweis auf „allgemeine Prinzipien des europäischen Gesellschaftsrechts" in Art. 12 II 2. Alt. EPG- VOV wertlos ist[742]. Art. 12 II 2. Alt. EPG- VOV ordnet an, dass im Rahmen einer teleologischen Rechtsfortbildung eben die allgemei-

---

734 Vgl. *Grundmann*, Europäisches Schuldvertragsrecht- das europäische Recht der Unternehmensgeschäfte, S. VII f.

735 Vgl. *Ehricke*, Die Überwindung von Akzeptanzdefiziten als Grundlage zur Schaffung neuer supranationaler Gesellschaftsformen in der EU- Ein Beitrag zur Entwicklung einer sog. Société Fermée Européenne (Europäische Privatgesellschaft), RabelsZ 2000, S. 515.

736 Vgl. *Schön*, Das Bild des Gesellschafters im Europäischen Gesellschaftsrecht, RabelsZ 2000, S. 1 ff., *Behrens*, Handbuch des EU- Wirtschaftsrechts, Kapitel E III.

737 Als Beispiel kann hier die SE- RL herangezogen werden, deren Durchsetzbarkeit letztendlich mit dem Zugeständnis einer Opt- Out- Regelung (Art. 7 III SE- RL) einherging.

738 Im Gesellschaftsrecht betrifft dies insbesondere die Niederlassungs- und Kapitalmarktfreiheit (Art. 43, 48, 56 EGV).

739 Vgl. *Schön*, Das Bild des Gesellschafters im Europäischen Gesellschaftsrecht, RabelsZ 2000, S. 1, 7.

740 Mit Hinweis auf die nicht unumstrittene Auslegung der „Niederlassungsfreiheit", wird jedoch bezweifelt, dass sich aus diesen Wertungen dogmatische Positionen ableiten lassen *Bachmann*, Grundtendenzen der Reform geschlossener Gesellschaften in Europa, ZGR 2001, S. 374 f.

741 Vgl. Darstellung auf S. 46 ff.

742 So aber *Bachmann*, Grundtendenzen der Reform geschlossener Gesellschaften in Europa, ZGR 2001, S. 375 f.

nen Prinzipien des Gemeinschaftsrechts herangezogen werden, auch wenn es der Binnenmarkt und die Grundfreiheiten sind[743].

c) Allgemeine Prinzipien im Recht der Mitgliedstaaten

Hilft der Rückgriff auf die Prinzipien des europäischen Gesellschaftsrechts nicht weiter, so sind gemäß Art. 12 II 3. Alt. EPG- VOV als nächstes die allgemeinen Prinzipien, die den nationalen Rechtsordnungen gemeinsam sind, heranzuziehen, sofern sie der EPG- VO nicht widersprechen[744]. Der Verweis auf allgemeine, den Mitgliedstaaten gemeinsame Rechtssätze als Möglichkeit der Lückenschließung war bereits im SE- VOV 1970 vorgesehen[745]. Da auf diese Weise fast alle auftretenden Lücken einheitlich geschlossen werden können, wurde ihre Lösung zwar hinsichtlich ihrer theoretischen Überlegenheit begrüßt, ihre praktische Durchsetzbarkeit jedoch bezweifelt[746]. Dieser Vorwurf ist jedoch unbegründet. Im Wege der Rechtsvergleichung können durchaus Grundsätze eines europäischen Gesellschaftsrechts entwickelt werden[747]. Selbst der EuGH geht bei seiner Tätigkeit auf diese Weise vor, um trotz fehlender Regelung eine Entscheidung treffen zu können[748].

d) Rückgriff auf das nationale Recht

Gemäß Art. 12 III EPG- VOV sind die Bestimmungen des nationalen Rechts am Sitz der EPG anwendbar, wenn dies von der Verordnung ausdrücklich so fest-

---

743 So auch -mit Beispiel- *Helms*, Die Europäische Privatgesellschaft- Rechtliche Strukturen und Regelungsprogramme einer supranationalen Gesellschaft des Gemeinschaftsrechts, S. 173, so bereits zum SE- VOV 1970 *Ficker*, Hilfsweise geltendes Recht für die „Europäische Aktiengesellschaften"?, in Festschrift für Sanders, S. 41 ff.

744 Dieser Verweis ist dem Völkerrecht nicht gänzlich unbekannt, so geschehen in Art. 2 des Statuts über die „Saarlor" (eine von Frankreich und Deutschland gegründete Gesellschaft zur Kohleförderung der Gebiete Saar und Lothringen).

745 Hierzu ausführlich *Thamm*, Die Europäische Aktiengesellschaft und das Problem der Lückenfüllung- Eine Untersuchung an Hand von Kapitalsicherungsvorschriften, S. 46 ff.

746 Vgl. *Hauschka*, Kontinuität und Wandel im Statut für die Europäische Aktiengesellschaft (SE) 1989, EuZW 1990, S. 183; *Wenz*, Die Societas Europaea (SE)- Analyse der geplanten Rechtsform und ihre Nutzungsmöglichkeiten für eine Konzernunternehmung, S. 27.

747 Vgl. *Fischer*, Brücken zur Europäischen Privatgesellschaft, ZEuP 2004, S. 757; *Thamm*, Die Europäische Aktiengesellschaft und das Problem der Lückenfüllung- Eine Untersuchung an Hand von Kapitalsicherungsvorschriften, S. 52 ff., 57 ff.

748 Vgl. Urteil des EuGH vom 01.03.1983, Rs 250/78, Slg. 1983, S. 421 ff. (beachte auch den Antrag des GA Mancini auf S. 433 ff.); Urteil des EuGH vom 15.01.1986, Rs. 152/85, Slg. 1987, S. 223 ff.; sehr ausführlich hierzu *Völter*, Der Lückenschluß im Statut der Europäischen Privatgesellschaft, S. 113 ff.

gelegt wird[749]. Im Bereich Arbeitnehmerbeteiligung (Art. 33 EPG- VOV), Rechnungslegung (Art. 32 EPG- VOV), Steuerrecht[750], Strafrecht (Art. 34 EPG- VOV) und Insolvenzrecht (Art. 36 I EPG- VOV) bleibt die EPG somit Gegenstand der nationalen Regelungen.

e) Zuständigkeit

Das beschriebene Auslegungsprogramm wäre idealerweise in das Vorlageverfahren nach Art. 234 EGV eingebettet[751]. Danach muss das nationale Gericht letzter Instanz und Instanzen davor können einem europäischen Gericht vorlegen. Soweit hier Überlegungen zur Schaffung eines EPG- eigenen Gerichtstandes angestellt werden, können diese aus denselben Gründen nicht greifen, wie bei der Überlegung zur Schaffung eines SE- eigenen Gerichtsstandes. Insoweit wird auf die obigen Ausführungen verwiesen[752].

f) Fazit

Trotz der absehbaren Schwierigkeiten erscheint es sinnvoller, eine kompliziertere Regelung zur Lückenschließung zu verabschieden, die sehr effektiv ist und die Einheitlichkeit des Statuts wahrt, als durch einen Rückgriff auf nationales Recht die Einheitlichkeit des Statuts zu gefährden[753]. Die wertende Rechtsver-

---

749 Die Heranziehung nationaler Regelungen ist einerseits unumgänglich, wenn sich in bestimmten Rechtsfragen auch heute noch keine allgemeinen Rechtsgrundsätze finden lassen, andererseits unschädlich, wo bereits harmonisiertes Recht in den Mitgliedstaaten existiert (bspw. Recht der Rechnungslegung).

750 Die Anwendung des jeweiligen nationalen Steuerrechts bestimmt sich nach den Regeln über das Kollisionsrecht.

751 Vgl. *Hommelhoff*, Die „Société fermée européenne"- eine supranationale Gesellschaftsform für kleine und mittlere Unternehmen im Europäischen Binnenmarkt-, WM 1997, S. 2108.

752 Es wurde der Vorschlag unterbreitet, in Anlehnung an das europäische Bilanzrecht „*standard interpretation committee*" zu bilden. Dieses „*Committee*" wäre bei Auslegungsfragen zum EPG- Statut zu konsultieren und könnte durch bindende Entscheidungen einheitliche Auslegungskriterien entwickeln. Dies würde zu einer Entlastung des EuGH führen, der nur noch dann angerufen werden könnte, wenn ein nationales Gericht von einer „Empfehlung" des *Committees* abweichen wollte. Hinsichtlich der Verzahnung mit der nationalen Rechtsprechung erweckt dieser Vorschlag jedoch verfassungs- und verfahrensrechtliche Bedenken, so auch *Schautes*, Jüngste Entwicklungen zum Projekt der Europäischen Privatgesellschaft, GmbHR 2000, S. 1256.

753 So beabsichtigt die Europäische Kommission mit einem Aktionsplan für ein besser abgestimmtes Vertragsrecht der Mitgliedstaaten mehr Rechtssicherheit im EU- Binnenmarkt zu schaffen und grenzüberschreitende Geschäfte zu erleichtern. Um Unstimmigkeiten und Widersprüche, resultierend aus dem Nebeneinander nationaler Bestimmungen, aus der

gleichung bietet einen flexiblen Umgang mit den bestehenden Unterschieden zwischen den nationalen Rechtsordnungen[754], was dem Anforderungsprofil einer EPG durchaus entspricht.

Die unterschiedliche Gestaltung der Regelungsstruktur im Vergleich zur SE lässt sich insbesondere damit begründen, dass der EPG- Statutsentwurf anders als das SE- Statut, vom Grundsatz der Gestaltungsfreiheit und Vollregelungen geprägt ist. Da jedoch auch die SE- VO zu Beginn ihrer Entwicklung darauf ausgerichtet war, alle Fragen zu regeln und auch diese Methoden der Lückenfüllungen vorsah, kann die SE der EPG insoweit als Vorbild dienen. Die erforderliche Rechtssicherheit wird wie bei der SE dadurch gewährleistet, dass die Auslegung des Statuts dem EuGH zugewiesen ist[755].

Neben all diesen Vorzügen sind jedoch auch Bedenken angebracht. Ausgehend davon, dass die EPG in erster Linie den KMU zur Verfügung stehen soll, wird die Rechtssuche mittels der wertenden Rechtsvergleichung aber gerade für diese Zielgruppe hohe finanzielle Kosten mit sich bringen. Andererseits ist zu berücksichtigen, dass das Statut als Vollregelung ausgestaltet werden soll, so dass sich relativ wenige Lücken finden lassen.

III. Mehrstaatlichkeit

Nach Art. 1 I EPG- VOV ist es möglich, dass eine EPG durch eine oder mehrere natürliche oder juristische Personen gegründet wird, die nicht notwendig in einem Mitgliedstaat ansässig sind. Im Gegensatz zur SE- VO, wo grundsätzlich alle Gründungsformen einen Bezug zu zwei Mitgliedstaaten aufweisen müssen, wurde im EPG- VOV darauf verzichtet, diesen Berührungspunkt auch für die Gründer einer EPG zu fordern. Auch lässt sich eine Öffnung des EPG- VOV insoweit feststellen, als es nicht mehr erforderlich ist, dass die Gründer ihren Sitz in der Europäischen Union haben. Es drängt sich nun die Frage auf, weshalb der Verordnungsgeber bei der EPG von diesen Anforderungen abweichen sollte.

Welt zu schaffen, wurde die Ausarbeitung eines „gemeinsamen Referenzrahmens", der gemeinsame Regelungen und Begriffsbestimmungen festlegt, empfohlen; vgl. Bericht in FAZ vom 18.02.2003, S. 19.

754 Vgl. *Hatje*, in Hommelhoff/ Helms, Neue Wege in die Europäische Privatgesellschaft, S. 257.

755 Wird bereits jetzt eine Überlastung des EuGH prognostiziert, so ist festzuhalten, dass regelmäßig kein Vergleich aller Rechtsordnungen erforderlich ist, sondern es vielmehr ausreichend ist, Tendenzen für die eine oder andere Rechtsansicht auszumachen, ebenso *Völter*, Der Lückenschluß im Statut der Europäischen Privatgesellschaft, S. 263.

1. Anforderungen an die Mehrstaatlichkeit

Wie auch bei der SE[756] begegnet das Mehrstaatlichkeitserfordernis starker Kritik. Es sei unzeitgemäß, von rein formaler Natur, über Strohmanngründungen leicht zu umgehen, bedinge daher aufwendige Kontrollen und erreiche letztendlich nicht den Zweck, als Organisationsform speziell für den Mittelstand eingesetzt zu werden, wenn immer Gesellschafter aus mindestens zwei Mitgliedstaaten beteiligt sein müssten[757].

Berücksichtigt man, dass bei einer neu gegründeten Gesellschaft häufig noch kein grenzüberschreitender Bezug gegeben ist, so müsste diese, sobald sie grenzüberschreitend tätig wird, in eine EPG umstrukturiert werden[758]. Die damit verbundenen Kosten und der Nachteil der fehlenden Übernahme der Weiterverwendung des Statuts im Falle einer Gründung einer Tochtergesellschaft, lassen erkennen, dass die Ausdehnung der Gründungsmöglichkeiten bei nationalen Sachverhalten durchaus sinnvoll ist[759]. Ein weiterer Vorteil des Verzichts auf das Mehrstaatlichkeitsprinzip ist, dass dann die Gründung einer Einpersonen-EPG möglich ist[760]. Da die EPG sich speziell am Bedürfnis kleinerer und mittlerer Unternehmen orientiert, muss die Errichtung einer Einpersonen- EPG zugelassen werden[761]. Der Bedarf an einer Einpersonengesellschaft wird beispielsweise daran deutlich, dass die meisten neuen Unternehmen in den mittel- und osteuropäischen Ländern, die zum 01.05.2004 der EU beigetreten sind, Einpersonengesellschaften sind[762]. Auch sieht die Zwölfte Richtlinie die Gründung einer Einpersonen- GmbH vor. Da die EPG ihrer Konzeption der GmbH entspricht, wäre es systemwidrig, der EPG diesen Weg zu versagen[763]. Darüber hinaus bestehen noch nach wie vor erheblichen Divergenzen in den einzelnen

---

756 Vgl. S. 72 ff.

757 Vgl. *Hommelhoff/ Helms*, Weiter auf dem Weg zur Europäischen Privatgesellschaft, GmbHR 1999, S. 57; *Ehricke*, Die Überwindung von Akzeptanzdefiziten als Grundlage zur Schaffung neuer supranationaler Gesellschaftsformen in der EU- Ein Beitrag zur Entwicklung einer sog. Société Fermée Européenne (Europäische Privatgesellschaft), RabelsZ 2000, S. 511.

758 So bereits *Kolvenbach*, Die Europäische Aktiengesellschaft- eine wohlgemeinte Utopie?, in Festschrift Heinsius, S. 394.

759 Vgl. *Helms*, Die Europäische Privatgesellschaft- Rechtliche Strukturen und Regelungsprogramme einer supranationalen Gesellschaft des Gemeinschaftsrechts, S. 212.

760 Ergänzt wird Art. 1 I EPG- VOV durch Art. 4 III, 15 IV EPG- VOV.

761 Vgl. Initiativstellungnahme des EWSA zum Thema „Europäisches Rechtsstatut für KMU“ vom 21.03.2002, Rdnr. 3.2.5.

762 Vgl. Bericht in FAZ vom 17.12.2002, S. 21.

763 Vgl. *Hicks/ Drury*, in Boucourechliev/ Hommelhoff, Vorschläge für eine Europäische Privatgesellschaft, S. 104.

Rechtsordnungen im Bereich der Einpersonengesellschaft[764]. Auch eröffnet diese Richtlinie den Unternehmen nicht die Möglichkeit, grenzüberschreitend tätig zu werden. Um diese Unternehmen nicht hiervon auszuschließen, sollte die Möglichkeit einer Gründung einer Einpersonen- EPG nicht von vorneherein ausgeschlossen sein, auch wenn damit ein Verzicht auf das Mehrstaatlichkeitserfordernis verbunden ist.

Ein solcher Verzicht birgt jedoch die Gefahr in sich, dass Unternehmen in großer Zahl zu dieser Rechtsform überwechseln würden, und dadurch die GmbH- und die vergleichbaren Rechte in den Mitgliedstaaten schrittweise ausgehöhlt werden würden[765]. Da der EuGH mit seiner Rechtsprechung zur Niederlassungsfreiheit den Wettbewerb der Rechtsordnung grundsätzlich freigegeben hat, ist es jedoch nur konsequent, die nationalen Rechtsformen auch der Konkurrenz der supranationalen Rechtsformen auszusetzen[766]. Gibt man allerdings zu bedenken, dass es ohne europäischen Bezug für die EU keine rechtliche Handhabung gibt, in diesem Bereich tätig zu werden, kann eine Einschränkung in dem Sinne gemacht werden, als man nicht an die Herkunft der Gründer abstellt, sondern vielmehr darauf achtet, dass die EPG ihre Tätigkeit in mindestens zwei Staaten der EU aufnimmt, also grenzüberschreitend tätig wird[767].

2. Beteiligung von Unternehmen außerhalb der Gemeinschaft

Der EPG- VOV gestaltet sich gegenüber dem SE- VO auch offener, indem er nicht daran festhält, dass die Gründer ihren Sitz in der EU haben müssen. Insofern steht auch ausländischen Gesellschaften diese Rechtsform offen. Zwar ist ausländischen Unternehmen nicht verwehrt, die SE als Konzernbaustein zu nutzen, auch lässt Art. 2 V SE- VO unter bestimmten Bedingungen zu, dass ein ausländisches Unternehmen eine SE gründen kann, allerdings enthält die SE-VO keine dem Art. 1 II EPG- VOV entsprechende Vorschrift.

---

764 Vgl. *Ochs*, Die Einpersonengesellschaft in Europa: eine rechtsvergleichende Studie zum Recht der Einpersonen-GmbH in Deutschland, Frankreich, Italien und England, S. 263; *Lutter*, Mißglückte Rechtsangleichung: das Chaos der Ein- Personen- Gesellschaft in Europa, in Festschrift für Brandner, S. 87 ff.

765 Vgl. *Hommelhoff*, Die "Société fermée européenne"- eine supranationale Gesellschaftsform für kleine und mittlere Unternehmen im Europäischen Binnenmarkt-, WM 1997, S. 2106; *Hopt*, Europäisches Gesellschaftsrecht - Krise und neue Anläufe, ZIP 1998, S. 104.

766 In diesem Sinne auch *Bachmann*, Grundtendenzen der Reform geschlossener Gesellschaften in Europa, ZGR 2001, S. 373; *Fischer*, Brücken zur Europäischen Privatgesellschaft, ZEuP 2004, S. 743.

767 So auch Winter- Bericht, S. 128; zustimmend *Braun*, Essay- The European Private Company: a supranational company form for small and medium- sized enterprises?, German Law Journal Vol. 5 No. 11 2004, Rdnr. 11.

Es stellt sich die Frage, welche Motivation hinter dem Bestreben steht, den Zugang der SE zu beschränken. Dabei stellt man bei einem Blick in die Entstehungsgeschichte der SE fest, dass deren Einführung zunächst deshalb erforderlich schien, um zu vermeiden, dass sich japanische oder amerikanische Unternehmen dieser Rechtsform zur Eroberung des europäischen Marktes bedienen[768]. Dieses Argument geht jedoch an der heutigen wirtschaftlichen Realität vorbei. Ziel europäischer Wirtschaftspolitik ist heute weniger das Fernhalten ausländischer Konkurrenz, als vielmehr die Bekämpfung der wachsenden Arbeitslosigkeit[769]. Darum versucht man, Europa als Standort für Investoren aus Amerika oder Asien attraktiver zu machen. Die Durchdringung von 25 unterschiedlichen nationalen Gesellschaftsrechten dürfte sich jedoch aus der Sicht eines ausländischen Investors als unüberwindbares Hindernis erweisen[770]. Da angesichts der vielfältigen Einsatzmöglichkeiten die EPG für ausländische Investoren attraktiv ist[771], könnte dieses Erfordernis auch leicht durch eine Strohmanngründung umgangen werden. Darüber hinaus ist mit einer Ausgrenzung ausländischer Unternehmer auch die Gefahr verbunden, dass Drittstaaten nunmehr europäische Unternehmen von ihrem Wirtschaftsraum fernhalten wollen[772]. Um also ein Fernhalten ausländischer Unternehmen zu vermeiden und der Gefahr einer Diskriminierung europäischer Unternehmen vorzubeugen, sollte der Zugang zur EPG möglichst offen gestaltet werden und ausländischen Gesellschaften nicht die Gründung verweigert werden.

3. Fazit

Der Vergleich zwischen SE und EPG hat ergeben, dass die EPG heute von anderen Prämissen ausgeht als seinerzeit die SE. Der uneingeschränkte Zugang zur EPG ist die einzige Möglichkeit, die volle Entfaltung dieser Gesellschaftsform in der EU zu erleichtern. Hierdurch wird verdeutlicht, dass es sich bei der EPG um eine verbesserte Alternative[773] zu den nationalen Rechtsformen han-

---

768 Vgl. S. 25 f.

769 Ebenso *Fischer*, Brücken zur Europäischen Privatgesellschaft, ZEuP 2004, S. 743.

770 Insoweit besteht zwischen ausländischen und europäischen Unternehmer kein Unterschied.

771 In diesem Sinne *Drury/ Hicks*, in Boucourechliev/ Hommelhoff, Vorschläge für eine Europäische Privatgesellschaft, S. 102 ff.

772 Vgl. *Helms*, Die Europäische Privatgesellschaft- Rechtliche Strukturen und Regelungsprogramme einer supranationalen Gesellschaft des Gemeinschaftsrechts, S. 214.

773 Darauf hinzuweisen ist, dass die EPG durch den Verzicht auf das Mehrstaatlichkeitserfordernis und die Öffnung gegenüber ausländischen Gesellschaften im Vergleich zu nationalen Gesellschaftsformen nicht mit Sonderrechten ausgestattet wurde.

delt, wodurch ein Beitrag zur Konvergenz des einzelstaatlichen Rechts geleistet werden kann[774].

IV. Gründungsvorgang

Die Gründung einer EPG ist gemäß Art. 1 I EPG- VOV durch eine[775] oder mehrere natürliche oder juristische Personen[776] möglich, die nicht notwendig in einem Mitgliedstaat ansässig sind. Einen großen Unterschied weist der EPG- VOV im Vergleich zur SE- VO zum einen dadurch auf, dass auch natürlichen Personen der Zugang zu dieser Gesellschaftsform eröffnet ist, und zum anderen dadurch, dass sie sowohl im Wege der Neugründung als auch im Wege der Verschmelzung oder Spaltung gegründet werden kann (Art. 5 I EPG- VOV). Dass die EPG nicht nur auf die Neugründung beschränkt ist, lässt sich damit erklären, dass sie grundsätzlich auch für Tochter- und Holdinggesellschaften von Konzernen zur Verfügung stehen soll.

Es soll also jede natürliche oder juristische Person unabhängig davon, ob sie in der Union ansässig ist, eine EPG gründen können. Nur eine so weitgehende Öffnung wird dem Zweck der EPG gerecht, in der Union eine einheitliche Rechtsform der Gesellschaft mit geschlossenem Gesellschafterkreis zu schaffen, die sich als Ergänzung zur jeweiligen nationalen Rechtsformen versteht, sich in jede nationale Rechtsordnung integriert und Rechtssicherheit und Rechtsklarheit gewährt[777]. Dieses Ziel kann nur erreicht werden, wenn die EPG in allen Mitgliedstaaten, schnell und auf breiter Front eingesetzt wird. Allein unter diesen Voraussetzungen kann die EPG- VOV eine echte Alternative gegenüber der nicht durchführbaren Harmonisierung der nationalen Rechte sein[778].

Zunächst wird die Gründung einer EPG im Wege der Neugründung und anschließend im Wege der Verschmelzung dargestellt.

---

[774] Vgl. Kommentar zu Art. 1 I EPG- VOV.

[775] Kritisch *Ehricke*, Die Überwindung von Akzeptanzdefiziten als Grundlage zur Schaffung neuer supranationaler Gesellschaftsformen in der EU- Ein Beitrag zur Entwicklung einer sog. Société Fermée Européenne (Europäische Privatgesellschaft), RabelsZ 2000, S. 511.

[776] Vgl. *Helms*, Die Europäische Privatgesellschaft- Rechtliche Strukturen und Regelungsprogramme einer supranationalen Gesellschaft des Gemeinschaftsrechts, S. 204 ff.

[777] Vgl. *Boucourechliev*, in Boucourechliev/ Hommelhoff, Vorschläge für eine Europäische Privatgesellschaft, S. 226.

[778] Vgl. *Boucourechliev*, in Boucourechliev/ Hommelhoff, Vorschläge für eine Europäische Privatgesellschaft, S. 226.

1. Neugründung

Die eigentliche Gründung einer EPG beginnt mit dem Abschluss des Gesellschaftsvertrages und endet mit der Eintragung der EPG in die Register. Die zur Gründung erforderlichen Schritte werden nachfolgend beschrieben.

a) Abschluss eines Gesellschaftsvertrages

Die Gründer einer EPG müssen einen Gesellschaftsvertrag abschließen[779]. Sind an der Gründung Gesellschaften beteiligt, so müssen diese beim Abschluss des Gesellschaftsvertrages in Person oder durch einen mit einer speziellen Handlungsvollmacht versehenen Vertreter beteiligt sein (Art. 1 II 1 EPG- VOV). Dieser Gesellschaftsvertrag verpflichtet und berechtigt die Gründungsgesellschafter und nach der Eintragung die Gesellschaft und die zukünftigen Gesellschafter (Art. 1 II 2 EPG- VOV).

Die Gesellschaft wird vom Register nicht zur Eintragung zugelassen, wenn der Gesellschaftsvertrag[780] nach Art. 8 EPG- VOV nicht mindestens folgende Angaben enthält[781]:

- Firma[782], Rechtsform und Adresse des Sitzes der Gesellschaft

779 Auch eine einzelne Person kann einen „Gesellschaftsvertrag" abschließen (Art. 1 I EPG- VOV).

780 Eine notarielle Beurkundung des Gesellschaftsvertrags sieht der EPG- VOV nicht vor. Dies ist darauf zurückzuführen, dass nicht alle Mitgliedstaaten eine notariellen Beurkundung des Gesellschaftsvertrages fordern, und es dadurch rechtspolitisch nicht leicht sein dürfte, eine Einigung in dieser Frage zu erzielen. Darüber hinaus sind mit diesem Formerfordernis hohe Kosten verbunden. So ist bspw. in Frankreich, wo eine Kontrolle durch den Notar nicht vorgesehen ist, bislang noch keine Missbrauchfall bekannt geworden. Für die Gründung eines „Einzelkaufmannes mit beschränkter Haftung" *Hahn*, Zukunftsperspektiven im Gesellschaftsrecht- Am Unternehmensinteresse orientierte Rechtsvereinfachung als Aufgabe des Gesetzgebers, in Festschrift für Helmrich, S. 661; kritisch zum Verzicht der notariellen Beurkundung *Priester*, in Hommelhoff/ Helms, Neue Wege in die Europäische Privatgesellschaft, S. 145 ff.; *Wachter*, GmbH- Recht in Europa: Die Rolle der Notare,in GmbHR 2002, R 409 f.

781 Im Gesellschaftsvertrag müssen auch noch andere Bereiche geregelt werden, wie bspw. die Rechte und Pflichten der Gesellschafter (Art. 15 I, II EPG- VOV) oder auch der Organisationsaufbau und -ablauf der Gesellschaft (Art. 14 I EPG- VOV). Darauf wird an gegebener Stelle aufmerksam gemacht werden.

782 Mangels harmonisierten Firmenrechts verpflichtet Art. 7 I, II EPG- VOV die EPG, eine Firma für die Gesellschaft zu wählen, welcher die Worte Europäische Privatgesellschaft oder die Abkürzung „EPG" unmittelbar voranzustellen sind. Nach Art. 7 I EPG- VOV kann diese Firma den Gesellschaftszweck oder den Namen eines oder mehrerer Gesell-

- frei bestimmbaren Gesellschaftszweck
- mögliche zeitliche Beschränkung der Gesellschaft
- Gesellschaftskapital
- Bezeichnung der Organe, die die Gesellschaft gegenüber Dritten und vor Gericht vertreten können

Aufgrund der großen Gestaltungsfreiheit enthält der EPG- VOV mehrere Muster für Gesellschaftsverträge, die von den Gesellschaftern ganz oder teilweise übernommen werden können (Art. 13 EPG- VOV). Da diese jedoch nur einfache Vorlagen und keine ergänzenden Bestimmungen sind, muss deren Übernahme ausdrücklich erfolgen[783].

b) Aufbringung des Stammkapitals

Da die Gesellschafter einer EPG grundsätzlich nicht persönlich haften, sondern den Gläubigern nur das Gesellschaftsvermögen zur Verfügung steht, muss im Interesse eines lauteren Geschäftsverkehrs Wert darauf gelegt werden, dass das versprochene Haftkapital auch tatsächlich zur Verfügung gestellt wurde. Dabei unterscheidet der EPG- VOV zwei Formen[784] der Aufbringung des Stammkapitals, die näher beleuchtet werden.

(1) Die Bargründung

Das Mindestkapital der Gesellschaft beträgt 25.000 €[785] (Art. 3 I 2 EPG- VOV)[786]. Es wurde bewusst niedrig gehalten, um keine Barriere für KMU aufzustellen[787]. Das Stammkapital ist in Geschäftsanteile mit einem bestimmten Nennwert aufgeteilt (Art. 3 I 1 EPG- VOV). Es muss in voller Höhe gezeichnet

---

schafter oder auch eine Phantasiebezeichnung enthalten, soweit diese Firma weder zu einer Täuschung des Geschäftsverkehrs noch zu einer Verwechslung führen kann.

783 Vgl. *Helms*, in Hommelhoff/ Helms, Neue Wege in die Europäische Privatgesellschaft, S. 259 ff.; kritisch hierzu *Priester*, in Hommelhoff/ Helms, Neue Wege in die Europäische Privatgesellschaft, S. 146.

784 Ausdrücklich verboten ist es, die Einlage als Dienstleitung zu erbringen (Art. 3 II EPG- VOV).

785 Der Betrag kann auch in einer anderer Währung geleistet werden, vorausgesetzt, dass dieser Betrag den zum Zeitpunkt der Eintragung entsprechenden Gegenwert hat (Art. 3 I 2 EPG- VO). Die Höhe des Mindestkapitals entspricht Art. 6 Kapitalrichtlinie.

786 Die Ausstattung der EPG mit einem Mindestkapital soll zum einen dem Gläubigerschutz und zum anderen als eine Seriositätsschwelle dienen, vgl. *De Kluiver*, in de Kluiver/ van Gerven, The European Private Company?, S. 29.

787 Vgl. *Roth*, Entwicklung des Gesellschaftsrechts: Kündigt die Europäische Gesellschaft die Europäische Privatgesellschaft an?, EuLF 2001, S. 402.

werden und die gezeichneten Einlagen sind in voller Höhe zu erbringen (Art. 3 I 3 EPG- VOV). Die Mittel aus der Bargeldleistung werden für die Gründungsgesellschaft durch die Empfänger innerhalb von acht Tagen nach Erhalt bei einem Notar oder einer Bank gegen einen Hinterlegungsschein zur Verwahrung gegeben und können erst nach Eintragung der Gesellschaft durch den Vertreter der Gesellschafter gegen Vorlage einer Bescheinigung der zuständigen Eintragsstelle herausverlangt werden (Art. 3 III 1 EPG- VOV)[788]. Dadurch wird die tatsächliche Leistung der Bareinlage sichergestellt und die Zuordnung des Barmittels zum Rechtsträger ermöglicht[789].

(2) Die Sachgründung

Das Gesellschaftskapital muss nicht zwingend in Geld bestehen. Gemäß Art. 3 II EPG- VOV ist auch eine Sacheinlage möglich. Diese sind der Gesellschaft –genauso wie die Geldeinlage- innerhalb von acht Tagen zur Verfügung zu stellen, bei einem Treuhänder zu hinterlegen[790] und werden dann gegen Bestätigung von einem Vertreter der Gründungsgesellschaft entgegengenommen (Art. 3 IV EPG- VOV).

Um sicherzustellen, dass die Sachwerte auch wirklich dem Wert entsprechen, der den Gesellschaftern auf die Einlageverpflichtung angerechnet werden soll, muss der Gesellschaftsvertrag Angaben zur Bewertung jeder Sacheinlage enthalten (Art. 4 I EPG- VOV). Auch muss dem Gesellschaftsvertrag ein Bericht beigefügt werden, der durch einen gesetzlich zugelassenen Wirtschaftsprüfer, welcher entweder mit einstimmigem Beschluss der zukünftigen Gesellschafter oder auf Gerichtsbeschluss, welcher auf Antrag des zuerst handelnden Gesellschafters ergeht, bestellt wurde[791], anzufertigen ist (Art. 4 II EPG- VOV). Eine vom Bewertungsgutachten abweichende Festsetzung des Werts der Sacheinlagen löst eine gesamtschuldnerische Haftung der Gründungsgesellschafter gegenüber Dritten aus (Art. 4 IV EPG- VOV)[792]. Diese Haftung für die Werthal-

---

788 Dies dient der zügigen und schnellen Abwicklung des Gründungsvorgangs.

789 *Bürger* fordert darüber hinaus noch eine Erklärungshaftung des Gesellschafters, vgl. Die Kapitalaufbringung in der Europäischen Privatgesellschaft- zugleich ein Rechtsvergleich der Kapitalaufbringung nach deutschem, französischem und englischem Recht, S. 133.

790 Kritisch hierzu *Reichert*, in Hommelhoff/ Helms, Neue Wege in die Europäische Privatgesellschaft, S. 209; der auf die Schwierigkeiten hinweist, wenn der einzubringende Gegen-stand ein Unternehmen ist.

791 Im Fall einer Einpersonen- EPG wird der Wirtschaftsprüfer durch den einzigen Gesellschafter ausgewählt (Art. 4 III EPG- VOV).

792 Offen lässt der EPG- VOV wie zu verfahren ist, wenn der Wert der Sacheinlage nicht mit der Höhe der versprochenen Einlage übereinstimmt. Vorgeschlagen wird ein Differenzhaftung in Form einer Innenhaftung, *Bürger* fordert darüber hinaus noch eine Erklärungshaftung des Gesellschafters, vgl. Die Kapitalaufbringung in der Europäischen Privatge-

tigkeit der Sacheinlagen im Zeitpunkt der Gesellschaftsgründung erstreckt sich über einen Zeitraum von fünf Jahren seit der Eintragung.

c) Registrierung

Die EPG entsteht als solche mit Eintragung ins Register. Ab diesem Zeitpunkt ist sie rechtsfähig (Art. 2 IV EPG- VOV) und haftet für ihre Geschäfte mit ihrem Vermögen. Der Entwurf sieht den Grundsatz einer doppelten Eintragung vor, und zwar in ein nationales Register und in ein noch zu schaffendes zentrales Register der Gemeinschaft (Art. 8 I, IV 3 EPG- VOV)[793].

(1) Eintragung der Gesellschaft in das nationale Register

Bevor die EPG eingetragen wird, prüft die zuständige Behörde im Sitzstaat der EPG, ob der Gesellschaftsvertrag die erforderlichen Angaben enthält und alle Regelungen, die gemäß der Verordnung in der Satzung enthalten sein müssen[794], getroffen wurden (Art. 8 IV EPG- VOV). Die in Deutschland zuständige Behörde ist das Handelsregister[795]. Die dort einzureichenden Dokumente werden in Art. 8 III EPG- VOV aufgelistet. Nach durchgeführter Prüfung[796] wird den Gründungsgesellschaftern eine Bescheinigung darüber ausgestellt, welche die Erfüllung der Eintragungsformalitäten und die Gültigkeit der Eintragung bestätigt (Art. 8 IV 2 EPG- VOV). Wichtig ist, dass die Eintragung nur erfolgen darf, wenn dem Register ein Nachweis über die Hinterlegung der zu erbringenden Bareinlagen bzw. eine Bestätigung über die Tatsache, dass die Sacheinlage der Gesellschaft zur Verfügung gestellt wurde, verbunden mit dem Bewertungsgutachten des Wirtschaftsgutachters, vorgelegt wird (Art. 8 III 3 EPG- VOV)[797]. Anschließend gibt das Register alle Informationen sowie jede Ände-

---

sellschaft- zugleich ein Rechtsvergleich der Kapitalaufbringung nach deutschem, französischem und englischem Recht, S. 177 ff.

793 Allgemein zur Gesellschaftspublizität und -information *Wymeersch*, Die Harmonisierung des Gesellschaftsrechts im Zeitalter des Internets, in Festschrift für Lutter, S. 216 ff.

794 Eine Regelungspflicht enthalten Art. 4 I, II; 14 I, I; 15 I Unterabs. 1, II Unterabs. 1, III Unterabs. 2; 20 I; 21 I Unterabs. 1, II Unterabs. 1; 22 I 26 I; 27 I; 29 II 2; 30 II; nicht geprüft wird der Inhalt der Vereinbarung, sondern nur, ob eine Regelung getroffen wurde.

795 Vgl. hierzu § 7 I GmbHG; erforderlich ist noch ein Ausführungsgesetz, das die Ermächtigung nach Art. 8 EPG- VO umsetzt. Das Verfahren vor dem Handelsregister richtet sich dann nach §§ 125 ff. FGG i.V.m. Handelsregisterverordnung.

796 Bei dieser Prüfungskompetenz handelt es sich um eine formelle Prüfungskompetenz, ebenso *Haas*, in Hommelhoff/ Helms, Neue Wege in die Europäische Privatgesellschaft, S. 190 f.

797 Dadurch wird –solange die Kapitalerhaltungsvorschriften beachtet werden- auch sichergestellt, dass keine Umgehung der Sachgründungsvorschriften zum Schaden der Gesellschaft („versteckte Sacheinlage") möglich ist. Auch durch Art. 29 II EPG- VOV, der eine Kontrolle der Umgehungsgeschäfte zum Ziel hat, wird der Möglichkeit, eine verdeckte

rung oder Streichung an das noch zu errichtende europäische Zentralregister ab (Art. 8 IV 4 EPG- VOV). Mit dieser ersten Eintragung erlangt die EPG die Rechtsfähigkeit[798].

(2) Eintragung der Gesellschaft in das European Business Register

Möglicherweise kann aber auch auf die Einrichtung eines europäischen Zentralregisters verzichtet werden, wenn das bereits existierende European Business Register[799] dessen Funktion übernehmen könnte. Das EBR ist ein als EWIV organisierter Zusammenschluss von Anbietern europäischen Firmenregisterinformationen, zu dessen Gründung eine EU- Initiative Mitte der neunziger Jahre den Anstoß gegeben hatte. Registerführer aus Belgien, Dänemark, Finnland, Frankreich, Griechenland, Italien, Lettland, Norwegen, Österreich, Schweden, Spanien und auch Deutschland gehören zu den Teilnehmern. Mangels existierenden Zentralregisters oder freiens online- Zugriffs, wurde ein privater Anbieter (Creditreform) als Partner des EBR gewonnen[800].

Das EBR wurde gegründet, um den Zugriff auf Firmeninformationen zu vereinfachen. Mit seiner Hilfe können über das Internet standardisierte Firmen-, Personen- und Bilanzauszüge abgerufen werden. Dabei sind folgende Daten für jedes Teilnehmerland als EBR- Standardauszug unumgänglich: Registernummer, Eintragungsdatum, Rechtsform, Anschrift, Geschäftszweig, Kapital, zuständige Behörde, Jahresabschluss[801]. Länderspezifisch können allerdings noch weitere Informationen zugänglich sein, etwa die Steuernummer, die Zahl der Mitarbeiter und Niederlassungen.

Da es sich bei dem EBR nicht um eine staatliche Organisationseinheit handelt und demzufolge keine Eintragungen durch das EBR vorgenommen werden können, scheidet das EBR als Alternative zu einem Zentralregister aus.

Sacheinlage zu erbringen, entgegengewirkt, vgl. *Helms*, Die Europäische Privatgesellschaft- Rechtliche Strukturen und Regelungsprogramme einer supranationalen Gesellschaft des Gemeinschaftsrechts, S. 280; kritisch *Reichert*, in Hommelhoff/ Helms, Neue Wege in die Europäische Privatgesellschaft, S. 210; *Bürger*, Die Kapitalaufbringung in der Europäischen Privatgesellschaft- zugleich ein Rechtsvergleich der Kapitalaufbringung nach deutschem, französischem und englischem Recht, S. 207 ff.

798 Vgl. Kommentar zu Art. 9 EPG.

799 Nachfolgend als EBR bezeichnet.

800 In Deutschland ist es geplant, die Daten über www.firmenwissen.de anzubieten.

801 Vgl. *Noack*, Online- Unternehmensregister in Deutschland und Europa- Bemerkungen zum Registerentwurf eines ERJuKoG, BB 2001, S. 1266.

(3) Eintragung der Gesellschaft in ein europäisches Zentralregister

Es müsste also ein europäisches Zentralregister geschaffen werden, wenn die Zweiteintragung der EPG möglich sein soll. Die Schaffung dieser Behörde erscheint jedoch problematisch, wenn man bedenkt, dass in den EU- Mitgliedstaaten erhebliche und letztlich nicht überwindbare Vorbehalte gegen neue Institutionen der Europa- Bürokratie bestehen. Dies wird bestätigt durch die Erfahrung mit der EWIV- Registrierung und der SE- Registrierung[802]. So enthielt der SE-VOV 1975 in Art. 8 ebenfalls eine Vorschrift, die anordnete, dass die SE in einem beim EuGH einzurichtenden Zentralregister eingetragen werden sollte, die heutige SE- VO verzichtet jedoch auf dieses Erfordernis. Ausreichend ist vielmehr die Registrierung im Register des Sitzstaates der Gesellschaft (Art. 12 I SE- VO).

Auf die Attraktivität eines EPG- Statuts dürfte es keinen Einfluss haben, wenn die Registrierung und Prüfung alleine den nationalen Registern zugewiesen wird, die nach ihrem Verfahrensrecht zuständig sind[803]. Sinn und Zweck des geplanten Zentralregisters ist die Erleichterung des Zugriffs auf für den Geschäftsverkehr (insbesondere Gläubiger) relevanten Unternehmensdaten[804]. Den Bedürfnissen des Geschäftsverkehrs kann aber auch dadurch Genüge getan werden, dass das Prüfungsverfahren in lokalen Registern abgewickelt werden würde und die Handelsregisterinformationen europaweit zugänglich wären. Möglich wäre dies durch die Einrichtung eines über das Internet erreichbaren Service. So könnten die bestehenden nationalen Register[805] als Repräsentanten des Zentralregisters zum Zweck der Entgegennahme und Aushändigung der Urkunden agieren. Der deutsche Gesetzgeber hat durch das Gesetz über elektronische Register und Justizkosten für Telekommunikation- ERJuKoG[806] die rechtlichen Voraussetzungen für einen online- Abruf von Informationen aus dem elektronisch geführten Handelsregister bereits geschaffen[807]. Mittlerweile sind auch die tatsächlichen Ausgangsbedingungen für elektronische Handelsregister

---

802 Vgl. *Helms*, Die Europäische Privatgesellschaft- Rechtliche Strukturen und Regelungsprogramme einer supranationalen Gesellschaft des Gemeinschaftsrechts, S. 281 f.

803 Vgl. *Helms*, Die Europäische Privatgesellschaft- Rechtliche Strukturen und Regelungsprogramme einer supranationalen Gesellschaft des Gemeinschaftsrechts, S. 282 ff.

804 Vgl. *Reichert*, in Hommelhoff/ Helms, Neue Wege in die Europäische Privatgesellschaft, S. 204.

805 In Deutschland existieren circa 420 Handelsregister, vgl. *Noack*, Online- Unternehmensregister in Deutschland und Europa- Bemerkungen zum Registerentwurf eines ERJuKoG, BB 2001, S. 1261.

806 Vgl. BGBl 2001 I, 3422.

807 Die Möglichkeit des online- Abrufes beschränkt sich nicht nur auf die Eintragung im Handelsregister, sondern bezieht sich auch auf die zum Handelsregister eingereichten aktuellen Gesellschafterlisten und jeweils gültigen Satzungen, § 9 a I HGB.

zum Teil schon geschaffen (EDV- Register seit 1993, elektronische Übermittlung seit 2000)[808]. Die Verbindung regionaler Register zu einem nationalen Portal für Unternehmensdaten, das wiederum Teil einer europäischen Lösung ist, könnte die nächste Herausforderung sein[809]. Wendet man hiergegen die damit verbundenen Kosten ein, so ist zu bedenken, dass die Errichtung eines Zentralregisters auf europäischer Ebene nicht mit weniger Kosten verbunden sein dürfte.

Zwar hat das Gemeinschaftsrecht eine maßgebliche Koordinierung der einzelstaatlichen Handelsregister erreicht, aber auch innerhalb dieses koordinierten Bereichs existieren noch große Lücken[810]. Allerdings lassen sich die Unterschiede insbesondere im Bereich des Behördentyps und der Verfahrensregeln konstatieren[811]. Diese Divergenzen haben jedoch keinen Einfluss darauf, ob nun die Errichtung eines Zentralregisters oder die Vernetzung aller nationalen Register zu bevorzugen ist. In beiden Fällen werden weder die Behördentypen geändert noch die Verfahrensregeln vor den einzelnen nationalen Verfahrensregeln einander angeglichen.

d) Veröffentlichung

Die Eintragung der EPG in einem nationalen Register muss im nationalen Amtsblatt und im Amtsblatt der EU (Art. 9 EPG- VOV)[812] veröffentlicht werden. Die Veröffentlichung soll neben der Firma (Art. 7 EPG- VOV), die Eintragsnummer, das Datum der Eintragung und den Sitz (Art. 6 I EPG- VOV) der EPG enthalten (Art. 9 EPG- VOV).

---

808 Vgl. *Ries*, Das Elektronische Handelsregister- Schaffung der rechtlichen Voraussetzungen durch das "ERJuKoG", GmbHR 2002, R 233 f.; *Scholz*, Die Einführung elektronischer Handelsregister im Europarecht, EuZW 2004, S. 174.

809 So auch *Noack*, Online- Unternehmensregister in Deutschland und Europa- Bemerkungen zum Registerentwurf eines ERJuKoG, BB 2001, S. 1267; *Becker*, Neue Wege zur Registerpublizität, GmbHR 2003, R 145.

810 Vgl. *Zib*, in Knechtel/ Reichelt/ Zib, Europäisches Handelsregister- Gesellschaftsrechtliche Perspektiven, gemeinschaftsrechtliche Vorgaben, Handelsregister in Europa, S. 46.

811 Vgl. *Zib*, in Knechtel/ Reichelt/ Zib, Europäisches Handelsregister- Gesellschaftsrechtliche Perspektiven, gemeinschaftsrechtliche Vorgaben, Handelsregister in Europa, S. 46.

812 Ziel ist die europaweite Bekanntmachung zu erreichen, aus der sich insbesondere Kreditauskunfteien die benötigten Informationen beschaffen können.

2. Gründung im Wege der Umwandlung

Das Umwandlungsverfahren[813] ist in Art. 5 II EPG- VOV geregelt. Dabei stellt man zunächst fest, dass die Möglichkeit einer Umwandlung gemäß Art. 5 II EPG-VOV, Art. 1 Publizitätsrichtlinie nur Gesellschaften, die in der Rechtsform der AG, GmbH oder KGaA betrieben werden, offen steht[814]. Das Umwandlungsverfahren richtet sich im Wesentlichen nach den Vorschriften der Publizitäts- und Verschmelzungsrichtlinie[815].

a) Umwandlungsplan, Umwandlungsbericht, Bekanntmachung und Prüfung

Zunächst erstellen die Leitungs-, Geschäftsführungs- oder Verwaltungsorgane der Gesellschaft einen Umwandlungsplan und einen Bericht (Art. 5 II 2 lit. a EPG-VOV). Dieser Bericht muss die Gründung aus rechtlicher und wirtschaftlicher Sicht erläutern und begründen. Ferner ist in dem Bericht darzulegen, welche Auswirkungen die Umwandlung in eine EPG für die Gesellschafter und die Arbeitnehmer hat (Art. 5 II 2 lit. a EPG- VOV). Der Umwandlungsplan wird mindestens ein Monat vor der Gesellschafterversammlung veröffentlicht (Art. 5 II 2 lit. b EPG- VOV). Der Verordnungsvorschlag verweist dazu auf die nach Art. 3 der Publizitätsrichtlinie ergangenen Vorschriften. Dies wäre nach deutschem Recht eine Einreichung des Umwandlungsplans zum Handelsregister[816]. Unabhängige Sachverständige sollen bestätigen, dass die Aktiva der Gesellschaft mindestens dem für die EPG festgesetzten Stammkapital entsprechen (Art. 5 II 2 lit. c EPG- VOV).

b) Beschluss der Gesellschafterversammlung

Auf der Grundlage des Umwandlungsplans trifft die Gesellschafterversammlung die Entscheidung über die Gründung einer EPG und deren Satzung (Art. 5 II 2 lit. d EPG- VOV). Die Beschlussfassung erfolgt nach Maßgabe der zu Art. 7 der Verschmelzungsrichtlinie ergangenen einzelstaatlichen Durchfüh-

---

813 Während die in der SE- VO vorgesehene Umwandlung einem Formwechsel vergleichbar ist, erfasst eine „Umwandlung" im Sinne des EPG- VOV nur die Gründung im Wege der Verschmelzung oder Spaltung. Wirft man einen Blick in alle drei Sprachfassungen (deutsch, französisch, englisch) des Statutsentwurfs, so kann daran kein Zweifel bestehen.

814 Änderungsbedürftig ist das Statut insoweit, als eine Umwandlung einer deutschen Gesellschaft in eine EPG anderer Mitgliedstaaten möglich ist, da sonst die strengeren Anforderungen des eigenen Rechts umgangen werden können. Die Umwandlung sollte daher auf die der gleichen Rechtsordnung unterliegenden EPG beschränkt werden, ebenso *Dejmek*, Das künftige Europa und die Europäische Privatgesellschaft, NZG 2001, S. 882.

815 Vgl. auch den Kommentar zu Art. 5 EPG- VOV.

816 Vgl. § 61 UmwG für die Verschmelzung.

rungsbestimmungen, also entsprechend §§ 50 I; 65 I 1; 78 S. 2[817] UmwG mit einer Mehrheit von mindestens drei Viertel der abgegebenen Stimmen bzw. des bei der Beschlussfassung vertretenen Grundkapitals[818]. Ergänzend führt Art. 15 III Unterabs. 1 EPG- VOV aus, dass jede Verschmelzung und Spaltung stets gemeinsam beschlossen werden muss, also die Anwesenheit aller Gesellschafter erforderlich ist[819].

c) Schutz der widersprechenden Minderheitsgesellschafter

Auffallend ist, dass der EPG- VOV keine spezifische Rechte[820] für widersprechende Minderheitsgesellschafter bereit gestellt hat. So gewährt der Statutsvorschlag den Minderheitsgesellschaftern weder ein Recht auf bare Zuzahlung noch ein Abfindungsanspruch. Wollen die Gesellschafter diese Rechte geltend machen, so sind sie darauf angewiesen, sie in die Satzung aufzunehmen (vgl. Art. 2 III, 21 II Unterabs. 1 EPG- VOV).

d) Beteiligung der Arbeitnehmer

Da sich die Beteiligung der Arbeitnehmer gemäß Art. 33 EPG- VOV nach dem Recht des Sitzstaates der Gesellschaft richten soll, wären bei einer EPG mit Sitz in Deutschland die deutschen Vorschriften zu beachten.

e) Eintragung

Die Eintragung der im Wege einer Umwandlung gegründeten EPG richtet sich nach Art. 8 EPG- VOV, so dass insoweit auf die obige Darstellung verwiesen werden kann[821].

---

817 Für den Fall, dass eine KGaA an der Umwandlung beteiligt ist, bedarf der Verschmelzungsbeschluss auch der Zustimmung der persönlich haftenden Gesellschafter.

818 Beachte bei der Spaltung § 128 UmwG, wonach alle Anteilsinhaber des übertragenden Rechtsträgers zustimmen müssen, wenn bei Auf- oder Abspaltung die Anteile oder Mitgliedschaften der übernehmenden Rechtsträger den Anteilsinhabern des übertragenden Rechtsträgers nicht in dem Verhältnis zugeteilt werden, das ihrer Beteiligung an dem übertragenden Rechtsträger entspricht.

819 Nicht erforderlich ist dagegen ein einstimmiger Beschluss. Dies ist Ergebnis einer systematischen Auslegung des Art. 15 II Unterabs. 1, III Unterabs. 1 EPG- VOV.

820 Vgl. zu den den (Minderheits-) Gesellschaftern grundsätzlich zustehenden Rechten die Darstellung auf S. 180 ff.

821 Vgl. S. 169 ff.

f) Rechtsfolge

Wenn alle Voraussetzungen erfüllt sind, ist die EPG gegründet[822]. Gemäß Art. 5 II 2 EPG- VOV führt die Umwandlung weder zur Auflösung der umgewandelten Gesellschaft noch zur Entstehung einer neuen Gesellschaft.

3. Fazit

Nach der Konzeption der EPG- VOV ist die Gründung[823] einer EPG im Wege der Neugründung auf eine kostengünstige[824], zügige und schnelle Abwicklung des Gründungsvorgangs gerichtet. Insbesondere wurde durch die Regelungstechnik zur Sach- und Bargründung sichergestellt, dass die Gesellschaft im Zeitpunkt ihrer Entstehung über ein Vermögen verfügt, das dem Stammkapital entspricht[825].

Die Gründung einer EPG im Wege der Umwandlung unterscheidet sich kaum von dem bereits bei der SE kennengelernten Verfahren. Der Statutsvorschlag gewährt den Minderheitsgesellschaftern weder ein Recht auf bare Zuzahlung noch ein Abfindungsrecht. Diese Rechte können sich die Gesellschafter jedoch dadurch sichern, dass sie eine entsprechende Vorschrift in den Gesellschaftsvertrag aufnehmen.

Zu kritisieren ist Art. 8 IV 3 EPG- VOV, der im Gegensatz zur SE- VO eine Eintragung und damit verbunden die Schaffung eines Zentralregisters fordert. Diese Zweiteintragung ist nicht erforderlich. Vielmehr sollte ein erleichterter Informationszugang durch die elektronische Ausstattung aller Handelsregister

---

822 Festzustellen ist, dass Art. 29 SE- VO die Rechtsfolgen einer Verschmelzung wesentlich ausführlicher regelt. Durch die Bezugnahme auf die Verschmelzungsrichtlinie im Kommentar zu Art. 5 EPG- VOV, könnte möglicherweise auch Art. 19 Verschmelzungsrichtlinie erfasst sein. Eine klarstellende Vorschrift wäre jedoch wünschenswert, insbesondere da die Verschmelzungsrichtlinie sich in ihrem Anwendungsbereich nur auf die AG und die ihr verwandten Rechtsformen erstreckt (Art. 1 I Unterabs. 1 Verschmelzungsrichtlinie).

823 Die Nichtigkeit einer EPG richtet sich nach nationalem harmonisiertem Recht (Art. 11 EPG- VOV).

824 So schlägt der EWSA eine kostenlose Eintragung vor, vgl. Stellungnahme des Europäischen Wirtschafts- und Sozialausschusses zum Thema „Ein europäisches Rechtsstatut für KMU" (Initiativstellungnahme), Rdnr. 5.1.

825 Eine Vorbelastung der EPG ist grundsätzlich ausgeschlossen, es sei denn die EPG übernimmt nach Art. 10 I EPG- VOV die Haftung für Geschäfte, die die Gesellschafter mit einem Dritten abgeschlossen haben, positiv hierzu *Heider*, in Hommelhoff/ Helms, Neue Wege in die Europäische Privatgesellschaft, S. 135 f., kritisch hingegen *Reichert*, in Hommelhoff/ Helms, Neue Wege in die Europäische Privatgesellschaft, S. 210.

erfolgen. Zwingend notwendig ist dies jedoch ebenso wenig wie bei der SE, insbesondere wegen der damit verbundenen Kosten.

V. Sitz der Gesellschaft und Sitzverlegung

Der Sitz der Gesellschaft muss im Gebiet der Union gewählt werden und zwar an dem Ort, an dem sich die Hauptverwaltung befindet (Art. 6 I 1, 2 EPG-VOV). Nach Art. 6 II EPG- VOV kann die EPG -ebenso wie die SE- ihren Sitz identitätswahrend in einen anderen Mitgliedstaat verlegen, ohne dass es dazu einer Auflösung und Neugründung einer neuen juristischen Person bedürfte.

1. Der Sitz der EPG

Wie bereits aus der Darstellung des Sitzes der SE bekannt ist, kann der Sitz der Gesellschaft zum einen den satzungsmäßigen Sitz oder den Sitz der Hauptverwaltung bezeichnen[826]. Es stellt sich also die Frage, wie der EPG- VOV den Begriff „Sitz" versteht. Aus der systematischen Auslegung des Art. 6 I 1 EPG-VOV mit Art. 6 I 2 EPG- VOV lässt sich herleiten, dass der EPG- VOV ebenso wie die SE- VO als „Sitz" der Gesellschaft den Ort begreift, an dem die EPG ins Handelsregister eingetragen wird, also den satzungsmäßigen Sitz. Die Entscheidung fiel deshalb zugunsten des tatsächlichen Sitzes aus, weil bei Maßgeblichkeit des statuarischen Sitzes die Gefahr einer Flucht vor nationalem Recht auf dem eigenen Territorium besteht[827].

a) Einheit von Registersitz und Verwaltungssitz

Auch ordnet der EPG- VOV an, dass sich Registersitz und Verwaltungssitz an demselben Ort befinden müssen (Art. 6 I EPG- VOV). Die EPG wird somit ebenso wie die SE in dem Register des Staates eingetragen, in dem sich auch ihre Hauptverwaltung befindet.

Keine Aussage trifft der EPG- VOV dahingehend, ob Registersitz und Hauptverwaltung an demselben Ort innerhalb eines Mitgliedstaates anzusiedeln sind. Da hier die Gefahr einer Flucht vor nationalem Recht auf eigenem Territorium nicht besteht, wird man dieses Erfordernis nicht aus dem Statut ableiten können.

---

826 Vgl. Darstellung auf S. 96.

827 Vgl. Kommentar zu Art. 6 EPG- VOV.

b) Auseinanderfallen von Registersitz und Verwaltungssitz

Art. 6 IV EPG- VOV bestimmt, dass die EPG aufgelöst werden muss, wenn sie ihren Verwaltungssitz in einen Staat verlegt, der nicht Mitglied der EU ist und diesen Zustand nicht binnen drei Monate behebt[828]. Ob diese Rechtsfolge auch diejenige EPG trifft, deren Register- und Verwaltungssitz innerhalb der Mitgliedstaaten der EU auseinander fällt, ist damit noch nicht gesagt. Dazu findet sich in dem EPG- VOV keine Regelung. Sinnvollerweise sollte diese Konstellation eine vergleichbare Lösung finden, wie die Verlagerung des Verwaltungssitzes in einen Nicht- EU- Mitgliedstaat[829].

c) Vereinbarkeit von Art. 6 EPG- VOV mit der Niederlassungsfreiheit

Die Vereinbarkeit des Art. 6 EPG- VOV mit der Niederlassungsfreiheit unterliegt aus den bereits angestellten Erwägungen zur Sitzverlegung einer SE[830] keinen Bedenken.

2. Sitzverlegung

Nach Art. 8 II 1, 2 EPG- VOV kann eine EPG im Unterschied zu den nationalen Gesellschaften ihren Sitz von einem Mitgliedstaat in einen anderen verlegen, ohne vorher aufgelöst und wieder neu gegründet werden zu müssen. Verboten wird eine Sitzverlegung allerdings dann, wenn gegenüber der EPG ein Verfahren zur Auflösung oder Liquidation anlässlich des Konkurses oder der Zahlungseinstellung oder ein ähnliches Verfahren eröffnet worden ist (Art. 36 III EPG- VOV)[831].

Eine Beschränkung der Darstellung auf den Wegzug der EPG ist nicht erforderlich, da die Sitzverlegung einer EPG grundsätzlich[832] nur dem Art. 6 EPG- VOV folgt. Im Gegensatz zur Sitzverlegung einer SE kommt hier kein Rückgriff auf

---

828 Offen lässt der Verordnungsvorschlag, ob die Geschäftsleitung der EPG zuerst aufgefordert werden muss, diesen Zustand zu regulieren (was logisch wäre), und wer für die Einleitung eines solchen Verfahrens zuständig wäre. Eine klarstellende Vorschrift wäre hier wünschenswert.

829 Ebenso sieht Art. 64 I, II SE- VO vor, dass eine SE zu liquidieren ist, wenn Satzungs- und Verwaltungssitz auseinanderfallen. Die nähere Ausgestaltung des Verfahrens überlässt die SE- VO dabei den Mitgliedstaaten.

830 Vgl. Darstellung auf S. 97.

831 Eine Art. 37 III SE- VO entsprechende Vorschrift, wonach eine Sitzverlegung im Falle einer Umwandlung ausgeschlossen ist, ist im EPG- VOV nicht erforderlich, weil beide Regelungswerke dem Begriff „Umwandlung" eine andere Bedeutung beimessen.

832 Abweichung ergeben sich, soweit es um die Eintragung und Veröffentlichung der Sitzverlegung in den jeweiligen nationalen Mitgliedstaaten geht.

nationales Recht der Mitgliedstaaten in Betracht. Das in Art. 6 II, III EPG-VOV beschriebene Verfahren erinnert an das bekannte Verfahren bei Umstrukturierungen.

a) Verlegungsplan und Verlegungsbericht

Zunächst muss von dem oder den in der Satzung bestimmten Organen ein Sitzverlegungsplan und ein Verlegungsbericht[833] erstellt werden, der in dem jeweiligen nationalen Register und dem geplanten Zentralregister (Art. 8 I, IV 3 EPG- VOV) hinterlegt und veröffentlicht werden muss (Art. 6 II Unterabs. 1 S. 1, 2 EPG- VOV). Der Inhalt des Sitzverlegungsplans bestimmt sich nach Art. 8 II EPG- VOV.

Ebenso wenig wie Verlegungsplan und –bericht einer SE notariell beglaubigt werden müssen, ist dieses Erfordernis für die Dokumente der EPG vorgesehen. Vielmehr ist die Schriftform von Plan und Bericht ausreichend.

b) Minderheiten- und Gläubigerschutz

Spätestens einen Monat vor dem Zeitpunkt, der für die Gesellschafterversammlung, die über die Sitzverlegung beschließen soll, vorgesehen ist, haben Gläubiger und Gesellschafter das Recht, am Sitz der Gesellschaft den Plan über die Sitzverlegung und den Bericht einzusehen (Art. 6 III EPG- VOV).

Einen darüber hinausgehenden Minderheiten- und Gläubigerschutz sieht der EPG- VOV nicht vor. Hinsichtlich des Schutzes der Gesellschafter werden diese darauf verwiesen, vorsorglich tätig zu werden, indem sie ihre Rechte in den Gesellschaftsvertrag aufnehmen (vgl. Art. 2 III EPG- VOV). Bedenklich scheint jedoch zu sein, dass der EPG- VOV auf einen Gläubigerschutz verzichtet. Zieht man die SE- VO heran, die bisher als einzigstes Regelungswerk Vorschriften zur grenzüberschreitenden Sitzverlegung enthält, so stellt man fest, dass diese einen doppelten Gläubigerschutz vorsieht. Zum einen sichert sie den Altgläubigern den bisherigen Gerichtsstand (Art. 8 XVI SE- VO) und zum anderen muss gewährleistet sein, dass deren Interessen angemessen geschützt sind (Art. 8 VII SE- VO)[834]. Um die Gläubiger nicht ganz schutzlos zu stellen, wäre -solange die Sitzverlegungsrichtlinie noch nicht verabschiedet wurde- auch eine entsprechende Vorschrift in einem künftigen EPG- Statut wünschenswert.

---

833 Dies ergibt sich aus Art. 6 III EPG- VOV, wonach Gläubiger und Gesellschafter ein Einsichtsrecht in den Bericht haben. Dies setzt voraus, dass ein Bericht erstellt worden ist.

834 Art. 8 VII SE- VO findet seine Ausprägung in Art. 1 § 13 SEEG, vgl. Darstellung auf S. 97 ff.

c) Verlegungsbeschluss

Frühestens ein Monat nach der Veröffentlichung des Verlegungsplans kann über die Sitzverlegung beschlossen werden (Art. 6 II Unterabs. 2 S. 3 EPG-VOV). Da die Sitzverlegung satzungsändernden Charakter hat, muss sie von allen Gesellschaftern gemeinschaftlich beschlossen werden (Art. 15 III EPG-VOV). Die Modalitäten der Beschlussfassung müssen die Gesellschafter in ihrem Gesellschaftsvertrag bestimmen (Art. 15 II Unterabs. 1 EPG- VOV). Der Beschluss muss protokolliert werden (Art. 15 V EPG- VOV)[835].

d) Verlegungsbescheinigung und Verfahren im Zuzugstaat

Der EPG- VOV enthält keine Regelung darüber, wie dieses Verfahren der Sitzverlegung nun weiter abläuft, ob zum Beispiel eine (welche?) Behörde eine Verlegungsbescheinigung ausstellen muss, die bestätigt, dass das bisher beschriebene Verfahren durchgeführt wurde[836] und wie das Verfahren im Zuzugsstaat durchgeführt werden muss[837]. In Anlehnung an Art. 8 VIII – XIII SE- VO; Art. 9 ff. Vorentwurf der Sitzverlegungsrichtlinie könnten diese Probleme einer Lösung zugeführt werden.

3. Fazit

Die Möglichkeit einer identitätswahrenden grenzüberschreitenden Sitzverlegung ist grundsätzlich zu begrüßen. Allerdings ist die Sitzverlegung einer EPG ohne Wechsel der Rechtsordnung nicht möglich[838].

Anzumerken ist, dass Art. 6 EPG- VOV recht fragmentarisch geregelt ist. Dies ist vermutlich darauf zurückzuführen, dass die Verfasser des EPG- VOV auf die Verabschiedung der Sitzverlegungsrichtlinie warten[839], die dann eine selbständige Regelung dieser Materie im EPG- VOV obsolet macht. Solange dies jedoch nicht der Fall ist, sollte Art. 6 EPG- VOV im vorgeschlagenen Sinne ergänzt werden.

---

835 Nicht erforderlich ist eine notarielle Beglaubigung des Beschlusses.

836 So bspw. Art. 8 VIII SE- VO.

837 Der Verweis auf Art. 8 f. EPG- VOV in Art. 6 II Unterabs. 2 EPG- VOV betrifft ausschließlich die Veröffentlichung, nicht die Eintragung der Gesellschaft. Dies bestätigt auch ein Vergleich mit der französischen und englischen Fassung des Art. 6 II Unterabs. 2 EPG- VOV.

838 Vgl. *Dejmek*, Das künftige Europa und die Europäische Privatgesellschaft, NZG 2001, S. 882.

839 Vgl. Kommentar zu Art. 6 EPG- VOV.

VI. Organisationsverfassung

In Art. 14 EPG- VOV wird den Gesellschaftern die Verpflichtung auferlegt, die interne Organisation der Gesellschaft festzulegen. Im Gesellschaftsvertrag müssen insbesondere das Verfahren der Ernennung, die Befugnisse und die Funktionsweise der Gesellschaftsorgane und ihre Beziehungen untereinander festgelegt werden (Art. 14 I 2 EPG- VOV). Diese Regelung ist Ausfluss der Konzeption der EPG als „geschlossene“ Gesellschaft und der damit verbundenen Gestaltungsfreiheit[840]. Daher ist es auch nicht erforderlich, die für die SE normierten -monistische und dualistische- Modelle zu übernehmen. Der EPG- VOV geht vielmehr davon aus, dass die Gesellschaft grundsätzlich[841] aus mindestens zwei Organen besteht, nämlich der Gesellschafterversammlung (Art. 15 II 1 EPG-VOV) und dem Geschäftsleiter, der die Gesellschaft nach außen vertritt (Art. 16 I EPG- VOV). Den Gesellschaftern steht es jedoch frei, weitere Organe mit frei bestimmbaren Kompetenzen einzurichten.

Dem Bedürfnis nach der Durchsetzbarkeit individueller Rechte der Gesellschafter insbesondere im Hinblick auf die Korrelation von Anteil und Stimmmacht[842] wird im EPG- Statutsentwurf durch Art. 15, 2 III EPG- VOV Rechnung getragen. Ergänzt werden diese Vorschriften durch die Regelungen zum Minderheitenschutz. Zu ihnen gehören Art. 19; 21 I, II; 30 EPG- VOV. Dabei ist zunächst festzustellen, dass der EPG- VOV den Minderheitsgesellschaftern vorrangig Informationsrechte verleiht, sowie zahlreiche Möglichkeiten eröffnet, gerichtliche Verfahren einzuleiten[843]. Informationsansprüche sind essentiell, damit die Gesellschafter die Vorgänge in der Gesellschaft abschätzen können. Die im EPG- VOV normierten Ansprüche richten sich entweder gegen die Gesellschaft oder den Geschäftsleiter. Aber auch Rechtsbehelfe spielen in kleineren Gesellschaften mit überschaubarem Gesellschafterkreis eine große Rolle, denn sie gewährleisten, dass eine Überprüfung der Maßnahmen durchgeführt werden kann,

---

840 Die durch die EPG- VOV bereit gestellten Muster für Gesellschaftsverträge (Art. 13 EPG- VOV) geben den Gesellschaftern ein Hilfsmittel in die Hand, das sie bei Bedarf auch –ausdrücklich- übernehmen können.

841 Für die Einpersonengesellschaft gilt folgendes: Art. 15 IV EPG- VOV bestimmt, dass der Alleingesellschafter die Kompetenzen der Gesellschafterversammlung ausübt. Als natürliche Person kann er die Gesellschaft nach Art. 16 I EPG- VOV nach außen vertreten.

842 Nach Art. 15 I 1 EPG- VOV legt der Gesellschaftsvertrag die vermögensrechtlichen und nichtvermögensrechtlichen Rechte fest, die jeder Anteilskategorie zukommen. Beachtenswert ist, dass diese Mitgliedschaftsrechte nach Satz 2 nicht der Quote eines Geschäftsanteils am Stammkapital entsprechen müssen. Damit können die Höhe von Geschäftsanteil und die sich daraus ableitenden Rechte auseinanderfallen.

843 Diese sind alle zwingend ausgestaltet und stehen somit nicht zur Disposition der Gesellschafter, vgl. *Möllers*, in Hommelhoff/ Helms, Neue Wege in die Europäische Privatgesellschaft, S. 122.

die möglicherweise die Interessen der Gesellschafter verletzen. Minderheitsgesellschaften von Publikumsgesellschaften können im Gegensatz zu Minderheitsgesellschafter einer geschlossenen Gesellschaft regelmäßig ihre Anteile veräußern, wenn ihre Interessen verletzt werden oder sie mit der Geschäftsführung unzufrieden sind[844].

Da nach der Vorstellung des EPG- VOV der Gesellschafterversammlung und dem Geschäftsleiter eine besondere Bedeutung zukommt, werden diese beiden Organe nachfolgend näher beleuchtet.

1. Gesellschafterversammlung

Nach Art. 15 II 1 EPG- VOV muss der Gesellschaftsvertrag festlegen, welche Entscheidungen die Gesellschafter gemeinsam zu treffen haben. Soweit nichts abweichendes vereinbart worden ist, binden die gemeinsamen Beschlüsse das Leitungsorgan (Art. 15 II Unterabs. 2 EPG- VOV).

a) Kompetenzen

Zu den zwingend von den Gesellschaftern gemeinsam zu beschließenden[845] Aufgaben zählen die Feststellung des Jahresabschlusses und der Gewinnverwendungsbeschluss, die Ernennung des Abschlussprüfers, sowie jede Satzungsänderung, Verschmelzung, Spaltung und Auflösung (Art. 15 III Unterabs. 1 EPG-VOV).

b) Verfahren

Im Gesellschaftsvertrag müssen die Form und die erforderlichen Bedingungen, insbesondere die Art der Einberufung der Gesellschafter, die für die Beschlussfähigkeit erforderliche Stimmenanzahl und die erforderliche Mehrheit (Art. 15 II 2 EPG- VOV) bestimmt werden.

c) Schutz der Minderheitsgesellschafter

Den Minderheitsgesellschaftern stehen gegenüber der Gesellschafterversammlung ein bereits erwähnter Informationsanspruch, sowie ein Rechtsbehelf zur Überprüfung der getroffenen Beschlüsse zu.

---

844 Vgl. *Helms*, Die Europäische Privatgesellschaft- Rechtliche Strukturen und Regelungsprogramme einer supranationalen Gesellschaft des Gemeinschaftsrechts S. 238 f.

845 Dies sagt noch nichts darüber aus, mit welcher Mehrheit der Beschluss gefasst werden muss, vgl. Art. 15 II Unterabs. 1 S. 2 EPG- VOV.

(1) Informationsanspruch

Soweit ein oder mehrere Gesellschafter zehn Prozent der Stimmrechte halten, können diese unter den im Gesellschaftsvertrag vorgesehenen Bedingungen jederzeit eine Auskunft der stimmberechtigten Gesellschafter verlangen (Art. 15 III Unterabs. 2 EPG- VOV). Daneben gibt Art. 30 I EPG- VOV jedem Gesellschafter das Recht, über Gesellschafterbeschlüsse in Kenntnis gesetzt zu werden und zu wesentlichen Geschäftsunterlagen der Gesellschaft Zugang zu erhalten[846].

(2) Beschlussanfechtungsklage

Jeder Beschluss der Gesellschafter oder eines Gesellschaftsorgans, der unter Verstoß gegen eine wesentliche Verfahrensvorschrift[847] dieser Verordnung oder des Gesellschaftsvertrages gefasst wurde, kann mit der Beschlussanfechtungsklage angegriffen werden (Art. 19 S. 1 EPG- VOV)[848].

2. Geschäftsleiter

Typischerweise wird die EPG als ausländische Niederlassung eines KMU keine durch die Gesellschafter selbst geführte Gesellschaft sein, so dass der Einsatz von Fremdgeschäftsführern erforderlich wird. Im Gegensatz dazu sind für den Einsatz der EPG für Joint Venture personalistische Elemente in der Struktur der Rechtsform der EPG unverzichtbar. Ihrem Leitbild nach ist die EPG daher eine personalistische Kapitalgesellschaft mit Fremdorganschaft, in der die finanzierenden Gesellschafter die unternehmerische Oberleitung nach dem Modell der GmbH durch die Weisungsabhängigkeit der Geschäftsführer ausüben können[849]. Dementsprechend sieht der EPG- VOV in Art. 16 I Unterabs. 1 vor, dass die

846 Hier scheint sich der Anwendungsbereich der Normen zu überschneiden.

847 Die dem deutschen Recht bekannte Treupflicht eines Gesellschafters wurde nicht in den EPG- VOV aufgenommen. Da auch sie gerade in einer personalistisch geprägten Gesellschaft von großer Bedeutung ist, sollte sie in den EPG- VOV aufgenommen werden, ebenso *Heider*, in Hommelhoff/ Helms, Neue Wege in die Europäische Privatgesellschaft, S. 140.

848 Eine Unterscheidung zwischen Anfechtung und Nichtigkeit wird nicht getroffen.

849 Ausgehend von diesem Leitbild der Gesellschaft, lassen sich vier Grundtypen der EPG unterscheiden, die „OHG- EPG", „KG- EPG", „Kapitalgesellschafts- EPG" und die „Joint Venture- EPG" hierzu ausführlich *Helms*, Die Europäische Privatgesellschaft- Rechtliche Strukturen und Regelungsprogramme einer supranationalen Gesellschaft des Gemeinschaftsrechts, S. 147 ff.

Gesellschaft gegenüber Dritten durch eine oder mehrere natürliche oder juristische Personen vertreten wird[850].

a) Kompetenzen

Der Geschäftsleiter[851] ist verpflichtet, die Vertretungsmacht innerhalb der Grenzen des Gesellschaftszwecks und vorbehaltlich derjenigen Kompetenzen auszuüben, die die Verordnung und der Gesellschaftsvertrag den Kollektiventscheidungen der Gesellschafter zuweisen (Art. 16 I Unterabs. 2 EPG- VOV). Im Verhältnis zu Dritten wird die Gesellschaft auch durch Handlungen der Vertreter verpflichtet, die den Gesellschaftszweck überschreiten. Satzungsregelungen, welche die Befugnisse der Organe beschränken, können Dritten gegenüber nicht eingewendet werden (Art. 16 II 2 EPG- VOV).

b) Kontrolle der Geschäftsleitung

Die dem Geschäftsleiter durch den EPG- VOV eingeräumte Handlungsfreiheit muss durch Kontrollmöglichkeiten der Gesellschafter ausgeglichen werden. Deshalb unterliegen alle Vereinbarungen, die zwischen der Gesellschaft und ihren leitenden Geschäftsführern oder Gesellschaftern geschlossen werden, der Mitteilungspflicht und der Kontrolle[852]. Unbeschadet der Rechte und Verfahren, welche im Gesellschaftsvertrag vorgesehen sein können, haben die Gesellschafter die nachfolgend beschriebenen Rechte.

(1) Informationsrecht

Art. 30 II EPG- VOV verleiht jedem Gesellschafter das Recht, Fragen an die Geschäftsleitung zu richten und korrespondierend hierzu verpflichtet Art. 31 S. 1 EPG- VOV die Geschäftsleitung, die sie betreffenden Fragen innerhalb eines Monats zu beantworten, wenn der fragende Gesellschafter mindestens zehn Prozent des Stammkapitals vertritt[853]. Die Fragen sind nach einem gesellschaftsvertraglich festzulegenden Verfahren zu beantworten.

---

[850] Die Vertretungsbefugnis liegt zwingend beim Geschäftsleiter, unabhängig davon ob es sich um eine oder mehrere natürliche oder juristische Personen handelt.

[851] Soweit in dieser Arbeit von Geschäftsführer und Geschäftsleiter gesprochen wird, handelt es sich um das Organ i.S.v. Art. 16 I EPG- VOV.

[852] Vgl. Kommentar zu Art. 29 – 31 EPG- VOV.

[853] Kritisch hinsichtlich des Wortlauts *Möllers*, in Hommelhoff/ Helms, Neue Wege in die Europäische Privatgesellschaft, S. 117.

Handelt es sich um Geschäfte, die nicht dem laufenden Geschäftsbetrieb zugeordnet werden können, verpflichtet Art. 29 II 1 EPG- VOV den Wirtschaftsprüfer bereits im Vorfeld[854] festzustellen, ob Verträge zwischen der Gesellschaft und ihren Geschäftsleitern oder einem Gesellschafter geeignet sind, Interessenskonflikte hervorzurufen[855]. Der Wirtschaftsprüfer hat die Gesellschafter über solche Interessenskonflikte zu informieren.

(2) Beantragung einer Sonderprüfung

Nach Art. 31 S. 2 EPG- VOV kann bei einem zuständigen Gericht die Beauftragung eines Sachverständigen mit einer Sonderprüfung beantragt werden, wenn eine Anfrage der Gesellschafter, ohne hinreichende Antwort bleibt, und die Situation eine Gefahr für das Wohl der Gesellschaft vermuten lässt. Dieses effiziente aber kostenaufwendige Verfahren der Betriebsprüfung kann bei einem Konflikt über eine oder mehrere Transaktionen von einem oder mehreren Gesellschaftern beantragt werden, sofern sie zehn Prozent vom Kapital oder von den Stimmrechten vertreten.

3. Kompetenzen, die keinem Organ ausdrücklich zugewiesen sind

Der EPG- VOV formuliert Aufgaben, ohne sie einem bestimmten Organ zuzuweisen. Den Gesellschaftern obliegt es, diese Kompetenzen auf die Organe ihrer Gesellschaft zu verteilen. Nach Auffassung der Arbeitsgruppe müssen durch die Organe eine mögliche Anteilsübertragung, Ausschluss und Austritt von Gesellschaftern geregelt werden. Wegen der einschneidenden Bedeutung des Ausschlusses und Austritts des Gesellschafters sowie der Anteilsübertragung müssen Beschlüsse, die Einfluss auf die Verteilung der Gesellschaftsanteile haben, einstimmig gefasst werden (Art. 25 EPG- VOV).

a) Anteilsübertragung

Den Gesellschaftern soll nicht zugemutet werden, sich mit einem fremden Gesellschafter auseinandersetzen zu müssen. Deshalb kann der Gesellschaftsvertrag bestimmen, dass die Anteilsübertragung einem Genehmigungsvorbehalt unterliegt (Art. 20 I 1 EPG- VOV). Auch muss der Gesellschaftsvertrag eindeutig regeln, welches Organ der Gesellschaft mit welcher Mehrheit einem solchen

---

854 Durch diese Präventivmaßnahme werden schädliche Geschäfte wegen der Gefahr ihrer Aufdeckung in der Regel unterbleiben.

855 Das Verfahren dieser Kontrollmaßnahme, die zwar dem deutschen Recht fremd ist, aber französischem Recht entspricht, muss im Gesellschaftsvertrag bestimmt werden (Art. 29 II 2 EPG- VOV).

Gesellschafterwechsel zustimmen muss (Art. 20 I 1 EPG- VOV). Dem personalistischen Wesen der EPG dient auch Art. 23 EPG- VOV, wonach der Gesellschaftsvertrag bestimmen kann, dass die Anteile fünf Jahre lang nicht übertragen werden dürfen. Die Gesellschafter werden von dieser Vorschrift insbesondere dann Gebrauch machen, wenn eine Zusammenarbeit aller Gesellschafter für eine Mindestdauer erforderlich ist, um den Zweck der Gesellschaft zu erreichen[856]. Schließlich sanktioniert Art. 24 EPG- VOV jede Übertragung von Geschäftsanteilen[857], die gegen den Gesellschaftsvertrag verstößt, mit der Nichtigkeit[858].

b) Ausschluss und Austritt von Gesellschafter

Da die EPG als „geschlossene" Gesellschaft konzipiert ist, und das Verhältnis der Gesellschafter untereinander von essentieller Bedeutung ist[859], muss es auch möglich sein, einen Gesellschafter unter bestimmten Voraussetzungen aus der Gesellschaft auszuschließen. Art. 21 I Unterabs. 1 EPG- VOV eröffnet den Gesellschaftern einen weiten Spielraum, indem er die Festlegung der Bedingungen eines Ausschlusses den Gesellschaftern überlässt. Überdies kann der Gesellschafter durch ein Gericht ausgeschlossen werden, wenn dies von der Mehrheit der Stimmrechte beantragt wird und er den Interessen der Gesellschaft schwerwiegenden Schaden zufügt oder sein Verbleib für die Gesellschaft nachteilig ist (Art. 21 I Unterabs. 2 EPG- VOV).

Nicht im EPG- VOV geregelt ist, an wen der Verkauf der Anteile zu erfolgen hat. Berücksichtigt man den geschlossenen Charakter der Gesellschaft, so kommt wohl nur ein Verkauf der Gesellschaftsanteile an die Gesellschafter oder die Gesellschaft in Betracht[860]. Zum Schutz des Gesellschafters, der seine Anteile veräußern muss, bestimmt der EPG- VOV ausdrücklich, dass das Verfahren für die Preisfestsetzung bei einem Rückkauf[861] im Gesellschaftsvertrag fest-

---

856 Dies ist insbesondere bei einer Joint Venture- Gründung von Bedeutung, da sich dann in der Regel mehrere Unternehmen zusammenschließen, um gemeinsam Projekte zu bewältigen, vgl. *Helms*, Die Europäische Privatgesellschaft- Rechtliche Strukturen und Regelungsprogramme einer supranationalen Gesellschaft des Gemeinschaftsrechts, S. 257.

857 Ein Formerfordernis für die Anteilsübertragung sieht der EPG- VOV im Gegensatz zu deutschem Recht nicht vor.

858 Der Verstoß gegen ein statuarisches Vorkaufsrecht zugunsten der Gesellschaft oder eines/ mehrerer Gesellschafter wird in Art. 24 II EPG- VOV geregelt.

859 Vgl. Kommentar zu Art. 20 – 25 EPG- VOV.

860 So auch –jedoch ohne Begründung- *Heider*, in Hommelhoff/ Helms, Neue Wege in die Europäische Privatgesellschaft, S. 139.

861 Dasselbe gilt auch für die Preisfestsetzung bei einer Anteilsübertragung (Art. 22 I 1 EPG- VOV).

zulegen ist (Art. 22 I 1 EPG- VOV). Dabei darf der Preis nicht niedriger sein als der wahre Wert der Anteile (Art. 22 I 2 EPG- VOV).

Korrespondierend zu diesem Ausschlussrecht der Gesellschaft, muss jeder Gesellschafter ein satzungsfestes Recht auf Austritt aus wichtigem Grunde gegen Abfindung haben, sobald seine Interessen verletzt werden (Art. 21 II Unterabs. 1 EPG- VOV). Die Preisfestsetzung des Gesellschaftsanteils richtet sich ebenfalls nach Art. 22 EPG- VOV. Der Austritt ist vor dem zuständigen Gericht geltend zu machen. Austrittsgründe[862] sind: genannt: Änderung des Gesellschaftszwecks oder wesentlicher Bestimmungen des Vertrags, Übertragung eines Anteils der Aktiva auf eine andere Gesellschaft und Aussetzung der Gewinnausschüttung, obwohl die Situation dies nicht rechtfertigt.

4. Organhaftung

Auch bei der EPG ist zwischen einer Innen- und einer Außenhaftung zu unterscheiden.

a) Innenhaftung

Die Geschäftsleiter haben als Verwalter fremden Vermögens eine besondere Vertrauensstellung, die besondere Sorgfalts- und Treupflichten gegenüber der Gesellschaft begründet[863]. Diesem Gedanken trägt Art. 17 I 1, 2 EPG- VOV Rechnung, der eine Einstandspflicht der Geschäftsführer für den der Gesellschaft infolge der Pflichtverletzung entstandenen Schaden anordnet. Danach sind die Geschäftsleiter einzeln oder gesamtschuldnerisch gegenüber der Gesellschaft für alle Handlungen haftbar, die gegen die auf die Gesellschaft anwendbaren Normen (Art. 12 EPG- VOV) verstoßen oder nicht der vernünftigerweise zu fordernden Sorgfalt[864] entsprechen[865]. Da die faktischen Geschäfts-

---

862 Zu den Austrittsgründen zu recht kritisch *Möllers*, in Hommelhoff/ Helms, Neue Wege in die Europäische Privatgesellschaft S. 120 f.

863 Vgl. *Haas*, in Hommelhoff/ Helms, Neue Wege in die Europäische Privatgesellschaft, S. 177.

864 Aus diesem Wortlaut geht hervor, dass für den vom Geschäftsleiter zu beachtenden Standard objektive Kriterien anzulegen sind. Als Instrument des mittelbaren Gläubigerschutzes unterliegt Art. 17 I EPG- VOV nicht der Dispositionsfreiheit, vgl. *Haas*, in Hommelhoff/ Helms, Neue Wege in die Europäische Privatgesellschaft, S. 175.

865 Allerdings ist den Geschäftsleitern bei der unternehmerischen Entscheidungsfindung Ermessen einzuräumen. Empfehlenswert wäre die Aufnahme der *business judgment rule*, wonach das Leitungsorgan nicht haftet, wenn es kein Eigeninteresse an dem Geschäft hat, es sich vorher umfassend informiert hat und nur zum Wohl der Gesellschaft handeln wollte, vgl. *Feick*, Die zivilrechtliche Haftung des Geschäftsleiters der Europäischen Ge-

führer[866] auch aktiv in die Geschäftsführung eingreifen[867] und dadurch Geschäftsführerpflichten schuldhaft[868] verletzen können, sind sie den nach dem Gesellschaftsvertrag bestellten Geschäftsführern gleichgestellt und haften für alle Verpflichtungen und alle Verantwortlichkeiten, die letzteren obliegen (Art. 17 III EPG- VOV).

Um einen Schadensersatzanspruch durchzusetzen, eröffnet Art. 18 I EPG- VOV den Gesellschaftern die Möglichkeit, gegen den oder die Geschäftsleiter eine Schadensersatzklage bezüglich des persönlich erlittenen Schadens[869] zu erheben. Damit Art. 17 I EPG auch gläubigerschützende Wirkung entfalten kann, können nach Art. 18 II 1 EPG- VOV Gesellschafter, die wenigstens zehn Prozent des Kapitals oder der Stimmrechte vertreten, einzeln oder gemeinsam für die Gesellschaft gegen die Geschäftsleiter Klage erheben. Dabei sind die Kläger berechtigt, den Ersatz des gesamten Schadens der Gesellschaft zugunsten der Gesellschaft zu verlangen (Art. 18 II 2 EPG- VOV). Die Schadensersatzklage ist allerdings fristgebunden, sie muss binnen drei Jahre nach dem schädigenden Ereignis- oder, falls dieses heimlich erfolgte, ab dem Zeitpunkt seiner Entdeckung- erhoben werden (Art. 18 III EPG- VOV).

b) Außenhaftung

Der EPG- VOV enthält keine eigenständige Regelung zur Außenhaftung. Es ist selbstverständlich, dass die EPG als juristische Person nach den Regeln des Staates haftet, das auf seinem Territorium anwendbar ist[870]. In Deutschland würde die EPG also nach § 31 BGB haften.

---

sellschaft- eine rechtsvergleichende Untersuchung zum deutschen, englischen und niederländischen Recht, S. 87 f.

866 Dabei kann es sich sowohl um Gesellschafter, als auch um Dritte handeln.

867 Aufgrund der Gestaltungsfreiheit kann es sich als sehr schwierig gestalten, festzustellen, wann die Einflussnahme des Dritten/ Gesellschafters die kritische Schwelle überschritten hat, ebenso *Haas*, in Hommelhoff/ Helms, Neue Wege in die Europäische Privatgesellschaft, S. 183.

868 Auffallend ist, dass Art. 17 I EPG- VOV nicht den Verschuldensmaßstab festlegt. Aus Gründen Rechtssicherheit wäre dies jedoch empfehlenswert.

869 Diese Terminologie ist dem deutschen Recht fremd und löst Bedenken aus, vgl. *Möllers*, in Hommelhoff/ Helms, Neue Wege in die Europäische Privatgesellschaft, S. 118 f.

870 Nach Art. 36 I 2 EPG- VOV existiert eine Außenhaftung im Fall der Insolvenzreife, sofern diese dem nationalen Recht bekannt ist.

5. Fazit

Die Organisationsverfassung einer EPG ist weitestgehend vom Prinzip der Gestaltungsfreiheit bestimmt. Dies entspricht der Konzeption der EPG als „geschlossenen“ Gesellschaft. Die Gesellschafterversammlung ist nach der Vorstellung des EPG- VOV dem Geschäftsführer grundsätzlich übergeordnet; ihn binden nämlich die Beschlüsse der Gesellschafterversammlung. Allerdings legt der EPG- VOV weder die Entscheidung über die Bestellung und Abberufung des Geschäftsführers noch die Bestimmung der Unternehmenspolitik in die Hände der Gesellschafterversammlung.

Der EPG- VOV gewährt den Gesellschaftern bereits zahlreiche Möglichkeiten der Informationssicherung und Kontrolle der Organe. Zwar fehlt eine ausdrückliche Regelung des Teilnahmerechts des Gesellschafters an den Gesellschafterversammlungen und ein Recht auf Einberufung von Versammlungen[871], allerdings existieren Rechtsbehelfe, die dem deutschen Recht fremd sind, sich aber in anderen Mitgliedstaaten bewährt haben.

VII. Beteiligung der Arbeitnehmer

Die Mitglieder der Arbeitsgruppe waren sich dessen bewusst, dass unternehmerische Mitbestimmung nicht nur außerhalb Deutschlands ein rechtspolitischer Stolperstein ist; sondern auch hierzulande eine Hürde darstellt. So stehen die Inhaber kleiner und mittlerer Unternehmen der Mitentscheidung durch Arbeitnehmer- Repräsentanten und Gewerkschaftsvertreter äußerst reserviert gegenüber[872]. Aufgrund dessen, dass sich in dem Zeitpunkt, als der EPG- VOV veröffentlicht wurde, noch keine Einigung hinsichtlich der Arbeitnehmerbeteiligung bei der SE abgezeichnet hat, und man die EPG nicht denselben rechtspolitischen Schwierigkeiten aussetzen wollte wie die SE[873], bestimmt Art. 33 EPG-VOV, dass sich die Regeln über die Information, die Anhörung der Arbeitnehmer und gegebenenfalls ihre Mitwirkung in den Organen der Gesellschaft, sich nach nationalem Recht des Sitzstaates richten. Mit der Verabschiedung der SE-RL gestaltet sich die Situation nun aber grundlegend anders. Es erscheint

---

871 Damit bleibt den Gesellschaftern bei Missbrauchsfällen nur die Möglichkeit, eine gerichtliche Entscheidung beizuführen. Ob dies immer ausreichend ist, soll hier jedoch dahinstehen.

872 Vgl. *Hommelhoff*, Die „Société fermée européenne“- eine supranationale Gesellschaftsform für kleine und mittlere Unternehmen im Europäischen Binnenmarkt-, WM 1997, S. 2105.

873 Vgl. *Hommelhoff/ Helms*, Weiter auf dem Weg zur Europäischen Privatgesellschaft, GmbHR 1999, S. 58.

durchaus sinnvoll, das Arbeitnehmermodell, wie es bei der SE eingeführt wurde, auch für die EPG zu übernehmen[874].

Berücksichtigt man, dass eine EPG im Gegensatz zur SE auch im Wege der Neugründung errichtet werden kann, so ist offensichtlich, dass dieses Modell nicht ohne Modifizierungen auf die EPG übertragbar ist. Wird zum Beispiel eine EPG gegründet, die drei Arbeitnehmer beschäftigt, stellt sich die Frage, ob es Sinn macht, hier auf das SE- Arbeitnehmermodell zurückzugreifen. Vernünftig wäre vielmehr, die Anwendung dieses Modells davon abhängig zu machen, dass die Gesellschaft eine gewisse Anzahl von Arbeitnehmern aufweist. In Anlehnung an den Vorschlag zur Festlegung eines allgemeinen Rahmens für die Unterrichtung und Anhörung der Arbeitnehmer in der Europäischen Gemeinschaft sollte dieser Schwellenwert daher 50 Arbeitnehmer betragen[875]. Dadurch, dass bei Überschreiten dieses Schwellenwertes das SE- Arbeitnehmermodell zur Anwendung gelangt, ist keine Umwandlung der EPG in eine nationale Rechtsform oder die SE mehr erforderlich[876]. Die Aufnahme von Verhandlungen ist auch dann sinnvoll, wenn ein bestimmter Prozentsatz der Arbeitnehmer einen entsprechenden Antrag gestellt hat, obwohl der Schwellenwert noch nicht erreicht worden ist[877]. Ob dieser Lösungsvorschlag letztendlich angenommen wird, bleibt abzuwarten[878].

Auch im Falle einer Umwandlung kann das gefundene Arbeitnehmermodell sinngemäß übernommen werden. Da die EPG im Rahmen der Auffanglösung

---

874 So wurde dieses Modell mit leichten Modifizierungen bereits in der SCE- RL für die Europäische Genossenschaft übernommen. Auch wurde bereits seitens der EU angekündigt, dieses Modell für die anderen supranationalen Gesellschaftsformen übernehmen zu wollen, ebenso *Roth*, Entwicklung des Gesellschaftsrechts: Kündigt die Europäische Gesellschaft die Europäische Privatgesellschaft an?, EuLF 2001, S. 403.

875 Vgl. Gemeinsamer Standpunkt (EG) Nr. 33/2001 vom 23. Juli 2001, vom Rat festgelegt gemäß dem Verfahren des Art. 251 des Vertrags zur Gründung der Europäischen Gemeinschaft im Hinblick auf den Erlass der Richtlinie des Europäischen Parlaments und des Rates zur Festlegung eines allgemeinen Rahmens für die Unterrichtung und Anhörung der Arbeitnehmer in der Europäischen Gemeinschaft, ebenso Empfehlung der Kommission vom 06.05.2003 betreffend die Definition der Kleinstunternehmen sowie der kleinen und mittleren Unternehmen, Anhang Art. 2 II.

876 So jedoch *Hicks/ Drury*, in Boucourechliev/ Hommelhoff, Vorschläge für eine Europäische Privatgesellschaft, S. 120, die sich an dem Schwellenwert, der für die EWIV (Art. 3 II lit. c EWIV- VO) gilt, orientieren; kritisch zur Umwandlung bei Erreichen eines Schwellenwertes Winter- Bericht, S. 126.

877 Vgl. insoweit auch die Regelung in Art. 8 III1 SCE- RL.

878 Zu berücksichtigen ist, dass über die Anwendung des SE- Arbeitnehmermodells eine Modifizierung der Organisationsstruktur erforderlich ist. So ist im Falle einer Mitbestimmung der Arbeitnehmer zwingend ein Organ einzurichten, das eine effektive Wahrnehmung der Arbeitnehmerrechte garantiert.

nicht verpflichtet wäre, eine gesetzliche Mitbestimmung der Arbeitnehmer einzuführen, wenn in keiner der beteiligten Gesellschaften vor der Eintragung der EPG Vorschriften über die Mitbestimmung bestanden, könnte höchstens überlegt werden, ob mit Blick auf die Kosten auch auf die Bildung eines Verhandlungsgremiums verzichtet werden könnte, solange der Schwellenwert von 50 Arbeitnehmern nicht erreicht worden ist. Ebenso wie bei der Neugründung ist zur Sicherung der Arbeitnehmerbeteiligung die Möglichkeit einer Nachverhandlung zu eröffnen, wenn ein bestimmter Prozentsatz der Arbeitnehmer einen entsprechenden Antrag gestellt hat, obwohl der Schwellenwert noch nicht erreicht worden ist. Diese Lösung stellt sicher, dass auch die EPG keine Flucht aus der Mitbestimmung erlaubt und ermöglicht gleichzeitig flexible Gestaltungen der Arbeitnehmerbeteiligungen. Leichte Modifizierungen wären zwar erforderlich, aber das Modell in seinen Grundzügen könnte übernommen werden[879]. Da die Mitbestimmungslösung für die SE einen politischen Konsens gefunden hat, sollte auch die EPG hieran nicht scheitern[880].

VIII. Finanzierung und Rechnungslegung

Die EPG teilt mit allen Privatgesellschaften zwei wesentliche Eigenschaften: die Haftungsbeschränkung der Gesellschafter[881] und die Maßgabe, dass sie ihre Anteile nicht öffentlich zur Zeichnung anbieten und keine Inhaberpapiere ausgeben darf[882]. Dadurch wird klar, dass ein effektiver Gläubigerschutz unerlässlich ist, wenn die EPG Verbreitung finden soll[883]. Um dieses Ziel zu erreichen, muss sichergestellt werden, dass die mit einem Mindestkapital ausgestattete EPG, dieses Mindestkapital zunächst aufbringt und in der weiteren Entwicklung auch erhält. Ergänzt wird der Gläubigerschutz dadurch, dass die EPG nach Art. 32 EPG- VOV Rechenschaft über ihre Vermögens-, Finanz-, und Ertragslage legen muss.

---

879 Die Richtlinie müsste auf Art. 308 EGV gestützt werden, dabei kann auf die bereits angestellten Überlegungen zurückgegriffen werden, vgl. S. 58 ff.

880 Alternative Lösungsvorschläge bieten an *Helms*, Die Europäische Privatgesellschaft-Rechtliche Strukturen und Regelungsprogramme einer supranationalen Gesellschaft des Gemeinschaftsrechts S. 82 ff.; darauf aufbauend *Fischer*, Brücken zur Europäischen Privatgesellschaft, ZEuP 2004, S. 749 ff.

881 Die Formulierung des Art. 2 I EPG- VOV ist etwas unglücklich gewählt. Auf den ersten Blick könnte der Eindruck entstehen, dass es sich bei der EPG um eine aus dem deutschen Kommanditrecht bekannte Außenhaftung handelt. Aus einer systematischen Auslegung von Art. 2 I, 4 IV EPG- EPG- VOV wird jedoch klar, dass die EPG als Gesellschaft mit beschränkter Haftung konzipiert ist, ebenso *Reichert*, in Hommelhoff/ Helms, Neue Wege in die Europäische Privatgesellschaft, S. 206.

882 Vgl. Kommentar zu Art. 2 EPG- VOV.

883 Ebenso *Fischer*, Brücken zur Europäischen Privatgesellschaft, ZEuP 2004, S. 746.

1. Kapital- und Finanzverfassung

Die für die Kapital- und Finanzverfassung der EPG maßgeblichen Normen sind die Art. 2; 3; 26 ff. EPG- VOV. Einigkeit zwischen den Verfassern des Statutsentwurfs bestand insoweit, als ein gesetzliches Mindestkapital für die EPG gefordert werden muss[884]. Hintergrund hierfür ist jedoch weniger die Gewährleistung eines wirksamen Gläubigerschutzes, sondern vielmehr, der Umstand, dass unbegründete und unüberlegte Gründungen einer EPG vermieden werden sollen[885].

a) Kapitalaufbringung

Die im EPG- VOV normierten Grundsätze der Kapitalaufbringung wurden bereits bei der Neugründung einer Gesellschaft erörtert. Insoweit wird auf die obige Darstellung verwiesen[886].

b) Kapitalerhaltung

Unabdingbar sind klare und ausdrückliche Regelungen zur Kapitalerhaltung, um im Interesse des Gläubigerschutzes zu verhindern, dass das Haftkapital der EPG unkontrolliert wieder abfließen kann.

(1) Ausschüttungen an die Gesellschafter

Das Haftkapital muss zuerst einmal gegen unkontrollierte Gewinnentnahmen abgesichert werden. Der EPG- VOV enthält zu Ausschüttungen jedoch keine Vorschriften. Art. 15 III EPG- VOV bestimmt nur, dass der Gewinnverwendungsbeschluss von den Gesellschaftern gemeinsam getroffen werden muss[887].

---

884 So auch *Hicks/ Drury*, in Boucourechliev/ Hommelhoff Vorschläge für eine Europäische Privatgesellschaft, S. 109 ff., die allerdings darauf hinweisen, dass es keinen zwingenden Grund für ein Mindestkapital gibt, dies jedoch aus rechtspolitischer Sicht durchaus sinnvoll ist; *Hommelhoff*, Die „Société fermée européenne"- eine supranationale Gesellschaftsform für kleine und mittlere Unternehmen im Europäischen Binnen-markt-, WM 1997, S. 2107.

885 So bereits *Boucourechliev*, in Boucourechliev/ Hommelhoff, Vorschläge für eine Europäische Privatgesellschaft, S. 229 f.; vgl. auch Kommentar zu Art. 2 EPG- VOV.

886 Vgl. Darstellung auf S. 167 ff.

887 Offen ist folglich, ob Ausschüttungen wie im deutschen GmbH- Recht bis zur Grenze des Stammkapitals möglich sind, oder ob solche Ausschüttungen stets durch den Bilanzgewinn der Gesellschaft begrenzt sein sollen, wie im deutschen Aktienrecht, vgl. *Heider*, in Hommelhoff/ Helms, Neue Wege in die Europäische Privatgesellschaft, S. 136.

Aus Art. 15 I lit. a der Kapitalrichtlinie folgt die Unzulässigkeit von Auszahlungen, die das zur Erhaltung des Stammkapitals erforderliche Vermögen beeinträchtigen[888]. Zwar erfasst diese Richtlinie in ihrem Anwendungsbereich nur AGs und nicht die GmbH, der Kommentar zu Art. 26 – 28 EPG- VOV weist jedoch darauf hin, dass für die EPG die allgemein üblichen Regelungen über die Beibehaltung des Kapitals im Sinne der Kapitalrichtlinie gelten sollen[889]. Das in dieser Richtlinie geregelte Auszahlungsverbot wird man zu den allgemeinen Regeln in diesem Sinne zählen müssen[890].

(2) Geschäfte, die die Gefahr einer Interessenskollision bergen

Geschäfte zwischen der Gesellschaft und den Gesellschaftern oder Geschäftsführern bergen regelmäßig Interessenskonflikte, und es besteht grundsätzlich das Risiko, dass das Gesellschaftsvermögen nicht im Interesse der Gesellschaft verwendet wird[891]. Einer willkürlichen Auskehrung des Gesellschaftervermögens beugt deshalb Art. 29 I 1 EPG- VOV vor, indem er die Kreditvergabe und die Kreditbesicherung, aus dem Gesellschaftsvermögen zugunsten der Gesellschafter und Geschäftsleiter verbietet. Art. 29 II EPG- VOV ordnet darüber hinaus die Offenlegung solcher Geschäfte zwischen einem Gesellschafter/ Geschäftsleiter und der Gesellschaft, die geeignet sind, einen Interessenskonflikt hervorzurufen, zwingend an[892].

(3) Kauf eigener Anteile durch die Gesellschaft

Ein Erwerb von Anteilen durch die Gesellschaft ist gemäß Art. 27 I EPG- VOV möglich. Da der entgeltliche Erwerb einer Zahlung aus dem Gesellschaftsvermögen an den Gesellschafter gleichkommt, bestimmt Art. 27 IV 1 EPG- VOV,

---

888 Für die Rechtsfolgen einer verbotenen Ausschüttung gilt Art. 16 der Kapitalrichtlinie, bzw. Art. 17 I EPG- VOV.

889 Vgl. *Haas*, in Hommelhoff/ Helms, Neue Wege in die Europäische Privatgesellschaft, S. 194.

890 Ebenso *Haas*, in Hommelhoff/ Helms, Neue Wege in die Europäische Privatgesellschaft, S. 194.

891 Vgl. *Haas*, in Hommelhoff/ Helms, Neue Wege in die Europäische Privatgesellschaft, S. 194 f.

892 Die Vorschrift hat zum Ziel, Umgehungen der Sachgründungsvorschriften und verdeckte Gewinnausschüttungen aufzudecken. Ob und wie allerdings ein Verstoß zu ahnden ist, ist im EPG- VOV nicht geregelt.

dass die Gesellschaft mit Hinblick auf den Erwerb eigener Anteile kein Kapital[893] auszahlen, Darlehen vergeben oder eine Sicherheit bestellen darf.

Der Erwerb eigener Anteile ist auch der Höhe nach begrenzt. Gemäß Art. 27 II EPG- VOV darf die EPG direkt oder über einen auf ihre Rechnung handelnden Dritten nicht mehr als 25 % ihrer Anteile halten. Hintergrund für diese Regelung ist, dass der Wert eines Gesellschaftsanteils in der Regel von dem wirtschaftlichen Schicksal der Gesellschaft abhängig ist und den Gesellschaftsgläubigern im Krisenfall als Haftungsgrundlage entzogen werden kann[894].

(4) Krisenwarnsignale

Da das Mindestkapital der EPG nur einen geringen Schutz bietet, sollten rechtzeitig Warnsignale ausgelöst werden, wenn der Verzehr des Stammkapitals droht[895]. Aus diesem Grund verfolgt Art. 28 EPG- VOV[896] das Ziel, einen Mindesthaftungsfond der EPG zu gewährleisten[897]. Sinkt das Eigenkapital unter die Summe des Mindestkapitals, müssen die Gesellschafter innerhalb eines Monats nach der Feststellung der Verluste in den Buchführungsunterlagen entscheiden, ob die Gesellschaft aufgelöst werden oder ihre Geschäftstätigkeit fortgesetzt werden soll (Art 28 I 1 EPG- VOV). Letzterenfalls müssen die Gesellschafter innerhalb von sechs Monaten das Eigenkapital auf den festgesetzten Betrag, der mindestens 25. 000 € beträgt, erhöhen (Art 28 I 2 EPG- VOV). Ergänzt wird der Gläubigerschutz durch Art. 28 II EPG- VOV, der sicherstellt, dass die Gesellschaft stets über ein Vermögen verfügt, das dem verlautbarten Stammkapital entspricht. Sollte sich das Eigenkapital der Gesellschaft auf weniger als die Hälfte des Stammkapitals verringern, so müssen die Gesellschafter innerhalb eines Monats entscheiden, ob Anlass besteht, die Gesellschaft aufzulösen (Art 28 II 1 EPG- VOV). Wird die Auflösung nicht beschlossen, so muss die Gesellschaft in den auf die Feststellung der Verluste folgenden sechs Monaten

---

893 Entsprechend Art. 19 I lit. c der Kapitalrichtlinie ist dies so auszulegen, dass aus dem zur Erhaltung des Stammkapitals erforderlichen Vermögen keine Zahlungen im Hinblick auf den Erwerb eines Geschäftsanteils vorgenommen werden dürfen.

894 Vgl. *Haas*, in Hommelhoff/ Helms, Neue Wege in die Europäische Privatgesellschaft, S. 195.

895 Vgl. hierzu auch *Helms*, Die Europäische Privatgesellschaft- Rechtliche Strukturen und Regelungsprogramme einer supranationalen Gesellschaft des Gemeinschaftsrechts, S. 305.

896 Eine entsprechende Regelung ist dem deutschen Recht fremd.

897 Fraglich ist, ob diese Sanktion abschließend sein soll, oder ob die Nichteinhaltung der Fristen zu einem zu Ansprüchen auf Auffüllung des Eigenkapitals gegen die Gesellschafter führt, so *Reichert*, in Hommelhoff/ Helms, Neue Wege in die Europäische Privatgesellschaft, S. 208.

und unter Beachtung der Vorschriften aus Art. 3 EPG- VOV[898] ihr Grundkapital entweder um einen mindestens dem Verlust entsprechenden Betrag vermindern, oder das Eigenkapital muss mindestens auf den Betrag des Stammkapitals erhöht werden (Art 28 II 2 EPG- VOV). Als Sanktion sieht Art. 28 III EPG- VOV die Auflösung der Gesellschaft vor[899].

In der Praxis wird sich diese Vorschrift sicherlich als problematisch erweisen. So fehlen Vorschriften über die Überwachungspflichten, denen die Geschäftsleiter ausgesetzt sind[900], und Regelungen, aus denen sich ergibt, welche Pflichten sich für die Gesellschafter ergeben, sich über den Stand der Erhaltung des Eigenkapitals zu unterrichten[901]. Darüber hinaus werden die meisten EPG-Gründer durch Art. 28 I, II EPG- VOV vermutlich dazu veranlasst, auf ein geringes Stammkapital und zur Sicherung der Liquidität eher auf das variable Element der Darlehensfinanzierung zurückzugreifen[902]. Damit lassen sich nämlich die Nachzahlungspflichten[903] begrenzen und Kapitalerhaltungsmaßnahmen können durch einen den Verlust ausgleichenden Darlehensverzicht vermieden werden[904]. Damit wird die Warnfunktion des Art. 28 EPG- VOV stark relativiert.

c) Kapitalmaßnahmen

Nach Art. 26 I EPG- VOV werden die Maßnahmen der Kapitalerhöhung oder Kapitalherabsetzung im Gesellschaftsvertrag geregelt und müssen stets gemeinsam beschlossen werden.

---

898 Damit steht den Gesellschafter die Möglichkeit der Stammkapitaländerung sowohl im Wege der Barkapital- als auch der Sachkapital- Erhöhung offen.

899 Da sich die Auflösung der Gesellschaft gemäß Art. 36 I 1 EPG- VOV nach dem nationalen Recht der Mitgliedsstaaten richtet, ist es möglich, dass ein Verstoß gegen Art. 28 I, II EPG- VOV in verschiedenen Mitgliedsstaaten eine Haftung der Gesellschafter auslöst, vgl. *Haas*, Hommelhoff/ Helms, Neue Wege in die Europäische Privatgesellschaft, S. 197 f.

900 Jedenfalls wird der Geschäftsleiter nach Art. 17 I, 18 I EPG- VOV haftbar sein, wenn er die Gesellschafterversammlung nicht einberuft bzw. sie nicht über die Krise informiert.

901 Vgl. *Reichert*, in Hommelhoff/ Helms, Neue Wege in die Europäische Privatgesellschaft, S. 208 f.

902 So zum Bsp. auch in Frankreich *Maier- Bridou*, Centrale für GmbH Dr. Otto Schmidt, Die GmbH- Rechte in den EG- Staaten, S. 85.

903 Eine über Art. 28 EPG- VOV hinausgehende Nachschusspflicht der Gesellschafter ist nicht vorgesehen und somit abzulehnen. Zum Teil wird allerdings eine klarstellende Regelung gefordert, wonach die Gesellschafter keine weitere Nachschusspflicht trifft. Begründet wird dieses Bedürfnis damit, dass der Gefahr einer gerichtlichen Rechtsfortbildung vorgebeugt werden sollte, vgl. *Heider*, in Hommelhoff/ Helms, Neue Wege in die Europäische Privatgesellschaft, S. 138.

904 Vgl. *Reichert*, in Hommelhoff/ Helms, Neue Wege in die Europäische Privatgesellschaft, S. 209.

Durch eine Kapitalherabsetzung werden einerseits die Gläubiger- und andererseits die Gesellschafterinteressen berührt[905]. Diesen Interessen versucht Art. 26 I – III EPG- VOV gerecht zu werden[906]. Das Vorhaben der Kapitalherabsetzung ist zunächst dem Rechnungsprüfer mitzuteilen, der bis spätestens einen Monat vor dem voraussichtlichen Termin des Gesellschafterbeschlusses einen Bericht erstellt (Art 26 II 1 EPG- VOV), welcher den Gesellschaftern, die zur gemeinsamen Entscheidung einzuberufen sind, unverzüglich zugeleitet wird (Art 26 II 2 EPG- VOV). Die namentlichen bekannten Gläubiger werden von dem Vorhaben der Kapitalherabsetzung sowie von ihrem Widerspruchsrecht und den Voraussetzungen seiner Ausübung[907] in Kenntnis gesetzt (Art 26 II 3 EPG- VOV).

2. Rechnungslegung

Nach Art. 32 EPG- VOV unterliegt die EPG den Rechnungslegungsvorschriften, denen sie im nationalen Recht gleichgestellt ist. Das wäre im deutschen Recht also die GmbH[908]. Damit beschränkt sich der EPG- VOV genauso wie die SE- VO auf einen Verweis auf nationales Recht. Das macht auch in beiden Fällen durchaus Sinn, weil der Bereich der Rechnungslegung durch die Jahresabschluss-, die Konzernrechnungslegungs- und die Prüferbefähigungsrichtlinie europarechtlich bereits weitgehend harmonisiert wurden[909].

3. Fazit

Die Finanz- und Kapitalverfassung ist im EPG- VOV nur fragmentarisch geregelt. So kann die Kapitalerhaltung allenfalls bei Zuhilfenahme der Kapitalrichtlinie erschlossen werden[910]. Begrüßenswert ist jedoch, dass sich durch die Schaffung des Art. 28 EPG- VOV die komplizierten Rechtsfiguren des kapital-

---

905 Vgl. hierzu *Haas*, in Hommelhoff/ Helms, Neue Wege in die Europäische Privatgesellschaft, S. 196.

906 Art. 26 EPG- VOV ist auf den Fall zugeschnitten, dass es zu einer Rückzahlung ehemals gebundenen Gesellschaftervermögens kommt. Wünschenswert wäre aber eine Orientierung an §§ 58 a ff. GmbHG gewesen, vgl. *Helms*, Die Europäische Privatgesellschaft-Rechtliche Strukturen und Regelungsprogramme einer supranationalen Gesellschaft des Gemeinschaftsrechts, S. 324 f.

907 Die Voraussetzungen und den Ablauf eines Widerspruchverfahrens regelt Art. 26 III EPG- VOV.

908 Von einer Darstellung des deutschen Rechts wird im Rahmen der vorliegenden Arbeit abgesehen.

909 Ebenso *Drury/ Hicks*, The proposal for a European Private Company, J.B.L. 1999, S. 445; kritisch hingegen *Kraft*, in Hommelhoff/ Helms, Neue Wege in die Europäische Privatgesellschaft, S. 217 ff.

910 Es fehlen bspw. auch Vorschriften darüber, ob und unter welchen Voraussetzungen Ausschüttungen jenseits der Stammkapitalgrenze an die Gesellschafter möglich sind.

ersetzenden Gesellschafterdarlehens vermeiden lassen[911]. Insgesamt ist festzuhalten, dass der EPG- Statutsentwurf in diesem Bereich noch verbesserungswürdig ist.

Sinnvoll ist, dass für die Rechnungslegung auf das bereits weitestgehend harmonisierte Recht der Mitgliedstaaten verwiesen wird.

IX. Beendigung

Der EPG- VOV regelt im zehnten Kapitel die Auflösung, Liquidation, Konkurs und Zahlungseinstellung. Auch wenn der Formwechsel einer EPG nicht die endgültige Beendigung der Gesellschaft zum Ziel hat, so soll er auch in diese Darstellung Eingang finden, weil den Unternehmen auf diesem Weg die Möglichkeit eröffnet wird, die rechtliche Organisationsform als EPG abzulegen.

1. Auflösung und Liquidation

Art. 36 I 1 EPG- VOV beruft für Auflösung und Liquidation das nationale Recht zur Anwendung. Eine ergänzende Regelung enthält der EPG- VOV lediglich hinsichtlich der Publizität (Art. 37 EPG- VOV), für die er auf Art. 9 EPG-VOV verweist.

Zwei Auflösungsgründe, die neben die Auflösungsgründe des nationalen Rechts treten, sind in Art. 6 IV 2; 28 III[912] EPG- VOV normiert. Nach Art. 6 IV EPG-VOV ist eine EPG aufzulösen, wenn sie ihre Hauptverwaltung nicht mehr in einem EU- Mitgliedstaat hat, in dem sie eingetragen ist und diesen Zustand nicht binnen drei Monate behebt. Art. 28 III EPG- VOV ordnet an, dass die Gesellschaft aufzulösen ist, wenn das Eigenkapital unter die Summe des Mindestkapitals sinkt und diese Differenz nicht mehr ausgeglichen werden kann.

---

911 Ebenso *Fischer*, Brücken zur Europäischen Privatgesellschaft, ZEuP 2004, S. 748 f.; kritisch *Helms*, Die Europäische Privatgesellschaft- Rechtliche Strukturen und Regelungsprogramme einer supranationalen Gesellschaft des Gemeinschaftsrechts, S. 305 f.

912 Art. 28 I 1, II 1 EPG- VOV lassen den Gesellschaftern die Wahl zwischen Auflösung oder Ergreifen der dort genannten Kapitalmaßnahmen.

2. *Insolvenz*

Der EPG- VOV enthält in Art. 36 I eine Vorschrift, wonach für die Insolvenz[913] auf nationales Recht verwiesen wird[914]. Während zum Zwecke der Einheitlichkeit Rückgriffe auf das nationale Recht weitgehend ausgeschlossen sein sollen (vgl. Art. 12 Ziffer 1 EPG- VOV), ist der Verweis auf das nationale Insolvenzrecht als Ausnahme dazu, schon deshalb zu rechtfertigen, weil der EPG -ebenso wie der SE- nicht die Einführung eines europäischen Insolvenzrechts aufgebürdet werden darf[915].

3. *Umwandlung*

Ebenso wie das SE- Statut überlässt der EPG- VOV den Mitgliedstaaten nicht die Regelung einer Umwandlung der EPG in eine nationale Gesellschaftsform[916]. So kann eine EPG nach Art. 35 I EPG- VOV in jede der in Anhang 3[917] aufgeführten Gesellschaften umgewandelt werden.

Das in Art. 35 EPG angeordnete Verfahren der Umwandlung weist starke Ähnlichkeit zu dem Gründungverfahren einer EPG durch Umwandlung auf, so dass auf eine Darstellung des Verfahrens verzichtet und auf die obige Darstellung[918] verwiesen wird, die sinngemäß Geltung beansprucht.

---

913 Nicht möglich sein soll es, die Regeln des deutschen Kapitalersatzrechts als Insolvenzrecht zu begreifen, so *Reichert*, in Hommelhoff/ Helms, Neue Wege in die Europäische Privatgesellschaft, S. 211 f., anders jedoch *Haas*, in Hommelhoff/ Helms, Neue Wege in die Europäische Privatgesellschaft, S. 164 f. Dieser Komplex ist sehr problematisch, wie sich im nächsten Kapitel herausstellen wird.

914 Vgl. *Schautes*, Jüngste Entwicklungen zum Projekt der Europäischen Privatgesellschaft, GmbHR 2000, S. 1256.

915 Vgl. *Drury/ Hicks*, The proposal for a European Private Company, J.B.L. 1999, S. 447; *Grundmann*, Europäisches Gesellschaftsrecht- eine systematische Darstellung unter Einbeziehung des Europäischen Kapitalmarktrechts, S. 513.

916 Entgegen *Helms*, Die Europäische Privatgesellschaft- Rechtliche Strukturen und Regelungsprogramme einer supranationalen Gesellschaft des Gemeinschaftsrechts, S. 325, seiner Meinung nach ist eine einheitliche Regelung der Umwandlung nicht zwingend erforderlich, insbesondere soll die Einigung hierüber kein Stolperstein für die Findung eines Kompromisses sein. Allerdings scheint einer Einigung bei den Umwandlungsregelungen keine allzu großen Hürden entgegenzustehen, wie die Erfahrung bei der SE- Umwandlung nach Art. 66 SE- VO gezeigt haben.

917 Der Bearbeiterin steht der Anhang 3 nicht zur Verfügung. Wünschenswert wäre es, wenn die Umwandlung der EPG nicht auf die GmbH und ihre ausländischen Pendants beschränkt bliebe, sondern grundsätzlich auch eine Umwandlung in andere Gesellschaften möglich wäre. Insoweit wird auf die Erörterungen verwiesen, die bereits bei der SE angestellt wurden, S. 131 ff.

918 Vgl. S. 173 ff.

4. Fazit

Die Beendigung der Gesellschaft ist im Statutsentwurf nur fragmentarisch geregelt. Im Wesentlichen soll der Verordnungsgeber die Beendigung den einzelnen Mitgliedstaaten überlassen. Bei einem Vergleich mit den Vorschriften der Beendigung einer SE fällt auf, dass insbesondere das nachträgliche Auseinanderfallen von Satzungssitz und Hauptverwaltungssitz nicht zur Auflösung der Gesellschaft führen muss. Um allerdings einen Verstoß gegen Art. 6 I EPG- VOV wirksam sanktionieren zu können, sollte dieser Auflösungsgrund ebenso wie bei der SE- VO auch in den EPG- VOV aufgenommen werden.

X. Konzernrecht

Trotz der Tatsache, dass die EPG wahrscheinlich meist als verbundenes Unternehmen eingesetzt werden wird, enthält der EPG- Statutsentwurf ebenso wenig spezifisch konzernrechtliche Bestimmungen wie das Statut zur SE.

Der erste SE- Entwurf enthielt noch zahlreiche Regelungen für das Konzernrecht. Da sich die Mitgliedstaaten jedoch nicht auf einen gemeinsamen Nenner einigen konnten, verwies der SE- VOV 1989 in Art. 114 für das Konzernrecht auf nationales Recht. Der SE- VOV 1991 enthält keine Aussage zum Konzernrecht und die heutige SE- VO bestimmt, dass sich das anwendbare Konzernrecht nach dem Internationalen Privatrecht bestimmt und somit vom Anwendungsbereich der SE- VO ausgenommen ist[919]. Bedenkt man, dass die wenigsten Mitgliedstaaten ein kodifiziertes Konzernrecht kennen[920], ist es nachvollziehbar, dass ein gemeinsamer Standpunkt nicht leicht zu finden ist. So haben auch die Versuche einer Konzernrechtsvereinheitlichung durch die Konzernrechtsrichtlinie bisher nicht zum Erfolg geführt[921].

Angesichts dieser schwierigen Ausgangssituation stellt sich die Frage, ob der Verzicht auf spezifische Konzernrechtsregeln einen Nachteil für die Attraktivität der EPG mit sich bringt. Legt man zugrunde, dass der EPG- Statutsentwurf weitgehend vom Grundsatz der Gestaltungsfreiheit geprägt ist, ist es Gesellschaftern durchaus möglich, sich selbst durch privatautonome Regelungen im

919 Vgl. S. 133 ff.

920 Ein Konzernrecht kennen Deutschland, Portugal und seit dem Jahr 2004 auch Italien.

921 Vgl. *Behrens*, Krisensymptome in der Gesellschaftsangleichung in Festschrift Mestmäcker, S. 842; *Blaurock*, Europäisches und deutsches Gesellschaftsrecht- Bilanz und Perspektiven eines Anpassungsprozesses, ZEuP 1998, S. 479 f.; *Hommelhoff*, in Müller-Graff, Gemeinsames Privatrecht in der Europäischen Gemeinschaft, S. 364.; *Hopt*, Harmonisierung im europäischen Gesellschaftsrecht -Status quo, Probleme, Perspektiven-, ZGR 1992, S. 273.

Gesellschaftsvertrag zu schützen (vgl. Art. 2 Nr. 3 EPG- VOV)[922]. Minderheitsgesellschafter in der EPG sind darüber hinaus bereits durch die EPG- VOV geschützt[923]. Ihr Schutz wird in einer abhängigen Gesellschaft durch die den Gesellschaftern obliegende Treuepflicht[924] sichergestellt. Der Gläubigerschutz wird in der konzernabhängigen EPG durch Publizität (Art. 7, 8, 9, 37 EPG-VOV) und Kapitalaufbringungs- und Kapitalerhaltungsregeln der Gläubiger gewährleistet. Ein Haftungsdurchgriff basierend auf der Konzernabhängigkeit gewährt der EPG- VOV zwar nicht; in Betracht kommt jedoch eine Geschäftsleiterhaftung wegen pflichtwidrigen Fehlverhaltens (Art. 17 I III EPG- VOV)[925]. Im Übrigen sind die Gläubiger darauf verwiesen, sich selbst zu schützen[926].

Bereits aus den Diskussionen zur Einführung der SE wird klar, wie schwierig es ist, eine Einigung zu finden. Da sich die Aufnahme von spezifischem Konzernrecht auch bei der SE nicht als erforderlich erwiesen hat, ist es insbesondere aus rechtspolitischer Sicht sinnvoll, auch beim EPG- Statutsentwurf auf die Regelung von Konzernrecht zu verzichten[927].

XI. Steuerrecht

Wie bei der SE wurde im Bereich des Steuerrechts auf eine Regelung im EPG-VOV verzichtet. Grund hierfür ist einerseits, dass die EPG lediglich dem Zweck dient, von den Unternehmen als Instrumentarium grenzüberschreitender Aktivi-

---

922 Insbesondere Entschädigungs- und Austrittsrechte können im Vertrag niedergelegt werden. So legt auch Art. 20 II 1 EPG- VOV fest, dass es der privatautonomen Gestaltung unterliegt, dass der Wechsel in der Kontrolle eines Gesellschafters der Übertragung gleichgestellt wird. Dies hat die Anwendung der Art. 20 I; 22; 23; 24 EPG- VOV zur Folge. Nach Art. 21 II Unterabs. 1 EPG- VOV kann im Gesellschaftsvertrag vereinbart werden, dass im Falle einer Konzernierung ein Gesellschafter Rückkauf seiner Geschäftsanteile verlangen kann, ausführlich hierzu *Ehricke*, in Hommelhoff/ Helms, Neue Wege in die Europäische Privatgesellschaft, S.65 ff.

923 So haben sie ein Austrittsrecht (Art. 21 II Unterabs. 1 EPG- VOV) und Klagemöglichkeit (Art. 19 S. 1 EPG- VOV).

924 Wünschenswert wäre eine Verankerung der Treuepflicht der Gesellschafter im EPG-VOV.

925 Vgl. hierzu auch *Hommelhoff/ Helms*, in Boucourechliev/ Hommelhoff, Vorschläge für eine Europäische Privatgesellschaft, S. 162.

926 Bemängelt wird in diesem Zusammenhang die fehlende Harmonisierung im Insolvenzrecht. Dadurch sei keine ausreichende Konzernausgangskontrolle gewährleistet. Art. 36 II EPG- VOV untersagt zwar grundsätzlich die Insolvenzerstreckung auf die Gesellschafter, dennoch bleiben in zentralen Bereichen unterschiedliche Regelung bestehen, hierzu *Ehricke*, in Hommelhoff/ Helms, Neue Wege in die Europäische Privatgesellschaft, S.67.

927 Vgl. *Helms*, Die Europäische Privatgesellschaft- Rechtliche Strukturen und Regelungsprogramme einer supranationalen Gesellschaft des Gemeinschaftsrechts, S. 151 f., der allerdings die Aufnahme gesellschaftsrechtlicher Regelungen für konzernspezifische Konflikte empfiehlt.

täten eingesetzt zu werden. Deshalb darf die EPG genauso wenig wie die SE gegenüber den nationalen Gesellschaftsformen mit Sonderrechten ausgestattet werden[928]. Andererseits darf auch nicht verkannt werden, dass der Anspruch, mit Schaffung einer supranationalen Gesellschaftsform eine Vereinheitlichung des Steuerrechts in ganz Europa herbeiführen zu wollen, angesichts der großen nationalen Abweichungen der nationalen Besteuerungssysteme von vornherein zum Scheitern verurteilt ist.

Um die einzelnen Bereiche des Steuerrechts zu harmonisieren, wird der europäische Gesetzgeber nicht an einem Rechtsvergleich der unterschiedlichen nationalen Besteuerungssysteme vorbeikommen[929]. Die ersten Schritte sind bereits getan, da die Kommission einen Vorschlag für die Zehnte gesellschaftsrechtliche Richtlinie unterbreitet hat. Wenn die EPG eingeführt wird, sollte auch eine Änderung in der Fusionsbesteuerungsrichtlinie vorgenommen werden, und zwar dahingehend, dass diese auch die EPG erfasst. Um den Erfolg sowohl der SE als auch den der EPG zu gewährleisten, ist ein Tätigwerden des europäischen Gesetzgebers unverzichtbar.

Bei der nachfolgenden Untersuchung der Steuertatbestände steht eine EPG mit Sitz in Deutschland im Fokus der Betrachtungen.

1. Gründung

Um auch bei einer EPG mit Sitz in Deutschland die Steuerneutralität des Gründungsvorgangs zu gewährleisten, muss zwischen den einzelnen Gründungarten unterschieden werden.

Die Bargründung einer EPG durch eine ausländische oder inländische Person ist ertragssteuerrechtlich unproblematisch. Probleme tauchen auf, sobald der EPG Wirtschaftsgüter zugewiesen werden sollen, in denen stille Reserven stecken[930]. Allerdings werden diese Probleme über denselben Weg gelöst, wie die bei der SE auftretenden Probleme, so dass insoweit auf die obige Darstellung verwiesen wird[931].

---

928 Aus diesem Grund wurde wahrscheinlich der durchaus interessante Vorschlag nicht aufgegriffen, der EPG ein Wahlrecht zwischen traditioneller Besteuerung und der Besteuerung von Personengesellschaften einzuräumen, vgl. *Helms,* Die Europäische Privatgesellschaft- Rechtliche Strukturen und Regelungsprogramme einer supranationalen Gesellschaft des Gemeinschaftsrechts, S. 195.

929 bereits *Lutter*, Perspektiven eines europäischen Unternehmensrechtes- Versuch einer Summe, ZGR 1992, S. 449 f.

930 Also bei der Sachgründung, Umwandlung und Verschmelzung.

931 Vgl. S. 138 ff.

2. Sitzverlegung

Die im Art. 6 EPG- VOV vorgesehene Möglichkeit der grenzüberschreitenden Sitzverlegung von Deutschland ins Ausland bringt dieselben steuerlichen Rechtsfolgen mit sich, wie die grenzüberschreitende Sitzverlegung einer SE, nämlich eine Liquidationsbesteuerung nach §§ 12 I 1; 11 KStG. Verlegt eine EPG ihren Sitz vom Ausland nach Deutschland, so wird sie unbeschränkt steuerpflichtig. Die Besteuerung in dem anderen Land richtet sich dann nach dem jeweiligen Steuersystem dieses Landes. Zieht eine ausländische Gesellschaft mit inländischer Betriebsstätte in einen dritten Mitgliedsstaat, so löst dieser Vorgang keine Besteuerung nach deutschem Recht aus[932]. Soweit Probleme bei der Besteuerung einer EPG im Wege der Sachgründung auftreten, wird auf das deutsche Recht verwiesen.

3. Laufende Besteuerung

Eine EPG wird wie eine GmbH besteuert. Deshalb weist die laufende Besteuerung der EPG keine Besonderheiten gegenüber der Besteuerung von inländischen oder ausländischen Kapitalgesellschaften auf[933]. Für sie gelten ebenso wie für die SE das deutsche Steuerrecht ohne Modifizierung einschließlich der Doppelbesteuerungsabkommen.

4. Fazit

Das deutsche Steuerrecht würde die Gründung einer EPG ebenso wenig behindern, wie die Gründung einer SE. Allerdings hat auch hier die Liquidationsbesteuerung maßgeblichen Einfluss auf den Erfolg dieser Rechtsform. Solange die Gesellschaft damit rechnen muss, im Falle einer Sitzverlegung ins Ausland ihre stillen Reserven aufzudecken, wird sie von dieser Möglichkeit nur zurückhaltend Gebrauch machen[934]. Insoweit besteht genauso wie bei der SE noch Regelungsbedarf auf europäischer Ebene.

---

932 Es kommt auch keine Besteuerung nach § 12 II KStG in Betracht, weil dessen S. 1 nur den Fall regelt, dass die inländische Betriebsstätte aufgelöst wird oder selbst ins Ausland verlegt wird und auch „kein Übergang des Vermögens der Betriebsstätte als Ganzes auf einen anderen" vorliegt, wie es S. 2 fordert; anderer Ansicht *Piltz*, in Hommelhoff/ Helms, Neue Wege in die Europäische Privatgesellschaft, S. 239 f., der wiederum durch eine teleologische Reduzierung zu demselben Ergebnis kommt.

933 Ausführlich hierzu *Piltz*, in Hommelhoff/ Helms, Neue Wege in die Europäische Privatgesellschaft, S. 237 f.

934 So wird sogar von einem „faktischen Ausschluss der gesellschaftsrechtlich durch den EPG- VOV intendierten Möglichkeiten" gesprochen, *Piltz*, in Hommelhoff/ Helms Neue Wege in die Europäische Privatgesellschaft, S. 242.

XII. Fazit

Die EPG sollte als haftungsbeschränkende Kapitalgesellschaft mit hinreichend effektivem Minderheiten- und Individualschutz ausgestattet, zur Verfügung gestellt werden, damit insbesondere die KMU ihre grenzüberschreitenden Aktivitäten im Binnenmarkt nach ihren Vorstellungen organisieren können[935].

Da der EPG- VOV nicht auf politische Initiative hin entstanden ist, sondern auf die Anregung französischer Unternehmer zurückgeht, die den Bedarf für eine einheitliche europäische Gesellschaftsform für KMU gemeldet hatten, trägt sie den praktischen Bedürfnissen in besonderer Weise Rechnung[936]. Es ist deshalb nicht erstaunlich, dass sie in der kleinen und mittelständischen Wirtschaft längst ihren Charme entfaltet hat[937].

Festzuhalten ist, dass die EPG eine breite Adressatengruppe anspricht. Zwar ist sie primär auf die Bedürfnisse der KMU zugeschnitten, allerdings ist sie aufgrund ihrer Konzeption als „geschlossene" Gesellschaft und der damit verbundenen Gestaltungsfreiheit auch für andere Unternehmen interessant. Achillesferse des EPG- Statutsentwurfs dürfte jedoch die vorgegebene Methode der Lückenfüllung sein. Allerdings ist zu berücksichtigen, dass nur diese Auslegungsmethodik eine Loslösung von den nationalen Rechtsordnungen der Mitgliedstaaten erlaubt[938] und somit Garant für eine einheitliche Rechtsform ist. Wegen ihres Mindestkapitals bietet die EPG einen gewissen Schutz gegen leichtsinnige Gründungen und ist somit für die Gläubiger kreditwürdiger als die unbekannte Rechtsform eines anderen Mitgliedstaates[939]. Während der Schutz der Individualgesellschafter sehr ausgewogen ist[940], hat die vorangegangene Untersuchung jedoch auch gezeigt, dass der EPG- VOV an einigen Stellen noch verbesserungswürdig ist, so insbesondere auf den Gebieten der Sitzverlegung, der Kapitalverfassung[941] und der Arbeitnehmerbeteiligung. Herauskristallisiert hat sich auch, dass einige dieser Probleme durch einen Blick in die Entwicklungsgeschichte der SE durchaus einer Lösung zugeführt werden können.

---

935 Vgl. Stellungnahme des Europäischen Wirtschafts- und Sozialausschusses zum Thema „Ein europäisches Rechtsstatut für KMU" (Initiativstellungnahme), Rdnr. 7.1.

936 Vgl. *Dejmek*, Das künftige Europa und die Europäische Privatgesellschaft, NZG 2001, S. 884.

937 Vgl. *Schautes*, Jüngste Entwicklungen zum Projekt der Europäischen Privatgesellschaft, GmbHR 2000, S. 1256.

938 Zustimmend bereits *von Caemmerer*, Europäische Aktiengesellschaft, in Festgabe für Kronstein, S. 193 ff.

939 Ebenso *Fischer*, Brücken zur Europäischen Privatgesellschaft, ZEuP 2004, S. 748.

940 Ebenso *Heider und Möllers*, beide in Hommelhoff/ Helms, Neue Wege in die Europäische Privatgesellschaft, S. 125 f., 141 f.

941 Ebenso *Haas und Reichert*, beide in Hommelhoff/ Helms, Neue Wege in die Europäische Privatgesellschaft, S. 199 f., 212 f.

Damit das gesellschaftsrechtliche Statut für die Unternehmen attraktiv ist, muss zugleich ein steuerrechtlich attraktives Umfeld gewährleistet sein[942]. Insoweit sieht sich die EPG mit denselben Problemen konfrontiert wie die SE. Diese Last darf und muss dem Statut jedoch nicht aufgebürdet werden, da die steuerliche Behandlung einer EPG und einer nationalen Gesellschaft zumindest nach deutschem Recht gleichwertig ist.

Das gefundene Ergebnis sollte jedoch nicht entmutigen, sondern vielmehr eine Erörterung anregen, die schließlich dazu beiträgt, das Statut letztendlich so zu gestalten, dass die EPG in der Praxis auch eine breite Verwendung findet. Hoffen lässt insbesondere die der Kommission empfohlene Durchführbarkeitsstudie[943], mit deren Ergebnis wahrscheinlich zwischen 2006 und 2008 gerechnet werden kann[944].

942 Vgl. Stellungnahme des Europäischen Wirtschafts- und Sozialausschusses zum Thema „Ein europäisches Rechtsstatut für KMU" (Initiativstellungnahme), Rdnr. 7.2.

943 Mitteilung der Kommission an den Rat und an das Europäische Parlament vom 21.05.2003: Modernisierung des Gesellschaftsrechts und Verbesserung der Corporate Governance in der Europäischen Union – Aktionsplan, S. 25.

944 Vgl. *Krause*, Die Stellung von KMU im europäischen Gesellschaftsrecht, EuZW 2003, S. 750.

C. Bewertung

In den letzten Jahren hat sich auf dem Bereich des Gesellschaftsrechts sehr viel getan. Allerdings lässt sich feststellen, dass die bisherigen Bemühungen um supranationale Organisationsformen sich eher schwach an den besonderen Belangen und Interessen der KMU im Binnenmarkt orientiert haben, obwohl sie die Unternehmen sind, welche die Wirtschaftsstruktur in allen Mitgliedsstaaten maßgeblich prägen.

Will man diesen Unternehmen eine supranationale Gesellschaftsform an die Seite stellen, so kann und muss man sich zur Konfliktbewältigung an den Diskussionen orientieren, die bereits im Rahmen der Schaffung der SE geführt worden sind und auch heute noch geführt werden. Dass Lösungsfindungen grundsätzlich möglich sind, zeigt insbesondere die Diskussion um die Beteiligung der Arbeitnehmer, die der Realisierung der SE in den vergangenen 40 Jahren im Wege stand. Somit wird man sicherlich behaupten können, dass die SE als Vorbild für die EPG herangezogen werden kann. Stets muss man sich jedoch des Hauptunterscheidungskriteriums zwischen SE und EPG bewusst sein; der offene Charakter der SE steht der Konzeption der EPG als geschlossene Gesellschaft gegenüber. Bedingt durch diesen strukturellen Unterschied, der sich in beiden Statuten niederschlägt, sollte die EPG daher neben die SE treten. Auch wenn ein Blick in die Entstehungsgeschichte der SE nicht weiterhelfen sollte, wären die juristischen Probleme der EPG zu bewältigen. Nach über 40 Jahren Rechtsangleichung und Rechtsvergleichung im Binnenmarkt ist die Ausgangssituation heute nämlich eine weit fortgeschrittenere als zu Beginn des Sanders-Projekts.

Die EPG soll ebenso wie die SE die nationalen Gesellschaftsformen in ihrer gewachsenen Vielfalt nicht verdrängen, sondern vielmehr dort ergänzen, wo grenzüberschreitende Aktivitäten in der Union entfaltet und geplant werden. Als zusätzliches Rechtsform- Angebot zur SE sollte die EPG den Binnenmarkt – weiten Wirtschaftsverkehr stimulieren helfen.

KAPITEL 3: DIE EUROPÄISCHE PRIVATGESELLSCHAFT ALS EINPERSONENGESELLSCHAFT

Ende der 90er Jahre waren 99,9 % von den 15,8 Millionen in der Europäischen Union existierenden Unternehmen KMU. Von diesem Anteil wurden 50 % der Unternehmen als Einpersonengesellschaft geführt. Dieses Ergebnis wird dadurch bestätigt, dass es sich bei den meisten neuen Unternehmen in den mittel- und osteuropäischen Ländern, die zum 01. Mai 2004 der EU beigetreten sind, um Einpersonengesellschaften natürlicher Personen handelt[945]. Angesichts dieser Zahlen ist zu erwarten, dass die EPG sehr oft als Einpersonengesellschaft eingesetzt wird[946]. Demzufolge müssen bei Schaffung des Regelungswerks alle Voraussetzungen geschaffen werden, damit der Einsatz der EPG als Einpersonengesellschaft gefahrlos möglich ist.

Damit das EPG- Statut in der Praxis angenommen wird, muss gewährleistet sein, dass die Gesellschafter genau wissen, unter welchen Voraussetzungen sie persönlich in Anspruch genommen werden können, also haftbar sind. Nur so wird der Rechtssicherheit Genüge getan. Entwirft man jedoch ein Statut für diese Gesellschaftsform, ist der Blick nicht allein auf die potentiellen EPG- Gesellschafter zu richten, sondern auf alle, die am Rechtsleben teilnehmen und damit potentielle Gläubiger einer solchen Gesellschaft werden. Von daher ist jeder Regelungsvorschlag unangemessen, der in nicht hinnehmbarer Weise Gläubigerschutzlücken eröffnet und zur Rechtsunsicherheit beiträgt. Festgestellt wurde bereits, dass die Kapitalverfassung der geplanten EPG durchaus verbesserungswürdig ist[947]. Vorweggenommen werden kann an dieser Stelle, dass die Regelung des Art. 36 I EPG- VOV, wonach sich Auflösung und Insolvenz nach dem nationalen Recht der Mitgliedstaaten richten, nicht ganz unproblematisch ist[948]. So hat der Verweis des Art. 36 I EPG- VOV zur Folge, dass nicht nur solche Haftungsfragen vom Anwendungsbereich des EPG- VOV ausgenommen sind, die aus einem Insolvenzverfahren hervorgehen, sondern auch jene Probleme einer Lösung entsprechend der jeweiligen nationalen Rechtsordnung zuge-

---

945 Bericht in FAZ vom 17.12.2002, S. 21.

946 Hinsichtlich des Durchgriffs im Konzernrecht, vgl. *Wymeersch*, Groups of companies in the EEC- a survey report to the European Commission on the law relating to corporate groups in various member states, S. 141 ff. (Frankreich), 165 ff. (Italien), 279 ff. (Großbritannien).

947 Vgl. S. 195.

948 So *Haas*, in Hommelhoff/ Helms, Neue Wege in die Europäische Privatgesellschaft, S. 163, *Hommelhoff/ Helms*, Weiter auf dem Weg zur Europäischen Privatgesellschaft, GmbHR 1999, S. 54.

führt werden, die mit dem Insolvenzverfahren in engem Zusammenhang stehen[949]. Dies hat unterschiedliche Haftungsfolgen in den einzelnen Mitgliedstaaten zur Folge. Um jedoch zu vermeiden, dass nationales Haftungsrecht über die Hintertür des Art. 36 EPG- VOV in das Statut einer künftigen EPG Eingang findet und zu einem unterschiedlichem Standard des Gläubigerschutzes und damit verbunden einer Rechtsunsicherheit des Gesellschafters führt, muss untersucht werden, wie die einzelnen Fragen des Haftungsdurchgriffs[950] in den einzelnen Mitgliedstaaten gehandhabt werden. Erst dann lässt sich abschließend beurteilen, wie dieses Problem im EPG- Statut einer Lösung zugeführt werden kann.

949 Der EuGH hat bzgl. der Vorgängervorschrift des Art. 180 des französischen Insolvenzgesetzes die „*action en comblement de passif*" als ein „Verfahren angesehen", das unmittelbar aus dem Insolvenzrecht hervorgeht und sich eng innerhalb des Rahmens eines Insolvenzverfahrens hält, EuGH Urteil vom 22.02.1979, in RIW 1979, S. 273 f.

950 In der vorliegenden Arbeit wird daher nur der direkte Durchgriff zulasten des Gesellschafters analysiert. Ein solcher Durchgriff liegt vor, wenn von der juristischen Person auf ihr Substrat durchgegriffen wird und infolgedessen eine Verpflichtung des dahinter stehenden Substrats entsteht.

A. Rechtsvergleichende Bestandsaufnahme

Bevor dargestellt wird, wie die deutsche, französische, italienische und englische Rechtsordnungen die Haftung des Einpersonengesellschafters regeln, soll zuerst überprüft werden, inwieweit ein gemeinschaftsrechtlicher Ausgangspunkt vorhanden ist. Auch ist es unabdinglich, zuerst zu erläutern, welche Terminologien im Folgenden verwendet werden.

I. Ausgangssituation in Europa

Die auch als Rahmenrichtlinie[951] bezeichnete Einpersonengesellschaftsrichtlinie[952] wurde im Rahmen des Mittelstandsförderprogramms[953] vorgeschlagen, Ende 1989 verabschiedet und betrifft mit neun Artikeln die Gesellschaften mit beschränkter Haftung[954]. Ziel der auf Art. 44 II lit. g EGV[955] gestützten Richtlinie war es, den Einzelunternehmen in der gesamten Gemeinschaft das rechtliche Instrument einer Gesellschaft mit beschränkter Haftung zu bieten[956]. Durch den Erlass der Zwölften gesellschaftsrechtlichen Richtlinie, welche nach Art. 8 I EP-RL bis zum 31.12.1991 in den Mitgliedstaaten umgesetzt werden musste[957], lie-

---

951 Vgl. *Boucourechliev*, Die Harmonisierung des Gesellschaftsrechts in der Union: Erreichtes und Perspektiven, RIW 1999, S. 4.

952 Nachfolgend bezeichnet als EP- RL.

953 Entschließung des Rates vom 3.11.1986 zum Aktionsprogramm für die kleinen und mittleren Unternehmen.

954 Art. 6 EP- RL bestimmt jedoch, dass ihre Bestimmungen auch für AGs beachtet werden müssen, sofern diese in einem Mitgliedstaat auch als Einpersonengesellschaft anerkannt werden. Dabei müssen die Mitgliedstaaten die Einpersonen- AG in beiden Entstehungsarten zulassen, zum einen durch die Vereinigung aller Aktien in einer Hand und zum anderen durch die originäre Gründung.

955 Ex- Art. 54 III lit. g EGV.

956 Vgl. Erwägungsgrund der EP- RL. Vor Erlass dieser Richtlinie war die Gründung einer Einpersonengesellschaft nur in Belgien (1987), Dänemark (1973), Deutschland (seit 1980), Frankreich (1985) und den Niederlanden (1986) zulässig, in Luxemburg war ein entsprechendes Vorhaben in Planung. Griechenland, Irland, Italien, Spanien und das Vereinigte Königreich erkannten sie nicht an, vgl. *Schwarz*, Europäisches Gesellschaftsrecht, Rdnr. 525; Art. 7 EP- RL ist auf das portugiesische Recht zugeschnitten, welches das Institut des Einpersonenunternehmens mit beschränkter Haftung kennt.

957 Im deutschen Durchführungsgesetz (BGBl. I 1991, 2206 und bzgl. der Einpersonen- AG BGBl. I 1994, 1961) waren nur geringfügige Detailänderungen und -ergänzungen erforderlich, näher hierzu *Habersack*, Europäisches Gesellschaftsrecht, § 9 I 4; *Schimmelpfennig/ Hauschka*, Die Zulassung der Ein- Personen- GmbH in Europa und die Änderungen des deutschen GmbH- Rechts, NJW 1992, S. 943 ff.; *Eckert*, Die Harmonisierung des Rechts der Einpersonen- GmbH, EuZW 1990, S. 56 f.

gen in den hier zum Rechtsvergleich herangezogenen Rechtsordnungen dieselben Ausgangsvoraussetzungen vor[958].

Dabei werden in Art. 2 I der Richtlinie beide Entstehungsarten erfasst, also sowohl die originäre Gründung als auch das nachträgliche Entstehen durch die Vereinigung aller Anteile in einer Hand[959]. Der ursprüngliche Richtlinienvorschlag vom 18.05.1988 sah in Art. 2 II, III EP- RLV vor, dass eine Einpersonengesellschaft, deren einziger Gesellschafter eine juristische Person ist, nicht einziger Gesellschafter einer anderen Gesellschaft sein kann (sogenanntes Enkelverbot). Ziel dieser Vorschrift war es, die Bildung undurchsichtiger Gesellschaftsketten zu verhindern[960]. Nachhaltige Kritik von Seiten der deutschen Industrie[961] und der Wissenschaft[962], die eine Zerschlagung zahlreicher gewachsener Konzernstrukturen befürchtete, sowie die Ablehnung durch Bundestag[963] und Bundesrat[964] haben dazu geführt, dass die Kommission in ihrem geänderten Vorschlag vom 24.05.1989 von dieser Regelung abgesehen hat. Darüber hinaus hat der ursprüngliche Richtlinienvorschlag in Art. 2 III EP- RLV auch eine Durchgriffshaftung vorgesehen; wenn die Mutter einer Einpersonengesellschaft

958 Zwar sind auch heute noch erhebliche Unterschiede innerhalb der jeweiligen nationalen Rechtsordnungen zu verzeichnen, eines haben aber alle gemeinsam, nämlich, dass die Gründung und spätere Entstehung einer Einpersonengesellschaft i.S.v. Art. 2 I EP- RL möglich ist, vgl. *Schwarz*, Europäisches Gesellschaftsrecht, Rdnr. 527.

959 Bis zu einer Koordinierung der einzelstaatlichen Vorschriften für das Konzernrecht können die Mitgliedstaaten besondere Bestimmungen oder Sanktionen vorsehen, sofern eine natürliche Person einziger Gesellschafter mehrerer Gesellschaften oder eine Einpersonengesellschaft oder ein andere juristische Person einziger Gesellschafter einer Gesellschaft ist
(Art. 2 II lit. a, b EP- RL). Das einzige Ziel dieser Möglichkeit ist die Berücksichtigung von Besonderheiten, die in bestimmten nationalen Rechtsvorschriften bestehen. Zu diesem Zweck können die Mitgliedstaaten in spezifischen Fällen Einschränkungen beim Zugang zur Einpersonengesellschaft oder eine unbeschränkte Haftung des einzigen Gesellschafters vorsehen. Es steht ihnen frei, Regeln aufzustellen, um den möglichen Gefahren aus der Tatsache, dass es bei Einpersonengesellschaften lediglich einen einzigen Gesellschafter gibt, zu begegnen, und insbesondere um die Einzahlung des gezeichneten Kapitals sicherzustellen, vgl. Erwägungsgründe der Einpersonengesellschaftsrichtlinie; kritisch hierzu *Schwarz*, Europäisches Gesellschaftsrecht Rdnr. 518; *Lutter*, Mißglückte Rechtsangleichung: das Chaos der Ein- Personen- Gesellschaft in Europa, in Festschrift für Brandner, S. 94.

960 Vgl. *Driesen*, Neues Recht für die Einpersonen- GmbH, MDR 1992, S. 325.

961 Vgl. *Hahn*, Misslungener EG- Richtlinienvorschlag für Einpersonengesellschaften, GmbHR 1989, R 57.

962 Vgl. *Lutter*, Europäisches Unternehmensrecht, S. 275.

963 Vgl. BT- Drucks. 11/ 4346.

964 Vgl. BR- Drucks. 308/88.

eine juristische Person war, sollte sie grundsätzlich[965] unbeschränkt für die Verbindlichkeiten ihrer Tochtergesellschaft haften. Auch diese Regelung findet sich in der heutigen EP- RL nicht wieder. Gegen sie wurde vorgebracht, dass sie mit der Struktur einer Gesellschaft mit beschränkter Haftung nicht zu vereinbaren sei[966]. Die verabschiedete Fassung der EP- RL stellt die genannte Problematik nun vielmehr ins Ermessen der einzelnen Mitgliedstaaten (Art. 2 II EP- RL).

II. Terminologie

Der mit der Einpersonengesellschaftsrichtlinie eingeführte Begriff der Einpersonengesellschaft wird übernommen. Im Gegensatz zum herkömmlichen Begriff der „Einmanngesellschaft" beschreibt er auch den Umstand, dass die Gesellschaft sowohl von einer natürlichen als auch einer juristischen Person gegründet werden kann.

Da die im deutschen Recht als Durchgriffsproblematik bekannte Haftung des Einpersonengesellschafters in den anderen Mitgliedstaaten so nicht wiederzufinden ist, werden spezielle Begriffe und Institute fremder Herkunft nicht in deutscher Terminologie übernommen. Nur so kann der Gefahr einer Sinnverzerrung entgegen gewirkt werden[967].

III. Rechtliche Situation in Deutschland

Bevor eine Darstellung des ausländischen Rechts erfolgt, wird eine Übersicht über die deutsche Einpersonengesellschaft mit beschränkter Haftung gegeben, selbstverständlich mit Blick auf das, dem deutschen Juristen als Haftungsdurchgriff, vertraute Problem[968].

---

965 Eine Ausnahme sah die EP- RL für Gesellschaften vor, die nicht große Gesellschaften i.S.d. Jahresabschlussrichtlinie sind.

966 Vgl. *Wiesner*, Keine Vollhaftung für Alleingesellschafter, GmbHR 1989, R 57; *Hahn*, Misslungener EG- Richtlinienvorschlag für Einpersonengesellschaften, GmbHR 1989, R 57; *Schwarz*, Europäisches Gesellschaftsrecht Rdnr. 511; *Schimmelpfennig/ Hauschka*, Die Zulassung der Ein- Personen- GmbH in Europa und die Änderungen des deutschen GmbH- Rechts, NJW 1992, S. 943.

967 Ebenso *Ochs*, Die Einpersonengesellschaft in Europa: eine rechtsvergleichende Studie zum Recht der Einpersonen-GmbH in Deutschland, Frankreich, Italien und England, S. 25.

968 Zur Entwicklung der Einpersonengesellschaft in Deutschland, ausführlich *Ochs*, Die Einpersonengesellschaft in Europa: eine rechtsvergleichende Studie zum Recht der Einpersonen-GmbH in Deutschland, Frankreich, Italien und England, S. 36 ff.

1. Der Grundsatz

Die für die GmbH maßgebenden Vorschriften befinden sich im Gesetz betreffend die GmbH[969]. Dieses enthält zwar keine Definition, den einzelnen Paragraphen sind jedoch die Wesensmerkmale dieser Gesellschaft zu entnehmen. Danach handelt es sich bei der GmbH um eine aus einem oder mehreren Gesellschaftern bestehende Gesellschaft mit eigener Rechtspersönlichkeit, die ein in Stammeinlagen zerlegtes Kapital hat. Dadurch wird deutlich, dass sich gewöhnliche GmbH und Einpersonen- GmbH durch das Vorhandensein nur eines Gesellschafters unterscheiden[970].

Charakteristisches Strukturmerkmal dieser juristischen Person ist das gebundene Garantiekapital, hinter dem die Persönlichkeit ihrer Mitglieder zurücktritt. Grundsätzlich haftet den Gesellschaftsgläubigern also ausschließlich das Gesellschaftsvermögen, umgekehrt ist den Gläubigern somit jeder Zugriff auf das Privatvermögen verwehrt (§ 13 II GmbHG). Sofern dieses Trennungsprinzip[971] beseitigt wird, also über die juristische Person hinweggegangen wird[972], soll in den nachstehenden Ausführungen vom Durchgriff die Rede sein[973].

2. Der Ausnahmetatbestand

In Deutschland existiert kein gesetzlicher Tatbestand, der den Durchgriff auf den hinter der Gesellschaft stehenden Gesellschafter zulässt. Den Ausgangspunkt nahm die Durchgriffsproblematik vielmehr in der Praxis der Gerichte. Parallel hierzu hat sich die Wissenschaft mit diesem Problem beschäftigt. Wie

---

969 Nachfolgend als GmbHG bezeichnet.

970 Die grundsätzliche Zulässigkeit von Einpersonengesellschaften mit beschränkter Haftung wird seit der GmbH- Novelle von 1980 nicht mehr bestritten werden können, vgl. hierzu die §§ 1, 7 II 3, 8 II 2, 19 IV, 35 IV GmbHG; 123 III, 152 ff. UmwG; Gesellschafter einer GmbH können natürliche, juristische Personen, und eine Personenmehrheit, die alle Anteile gemeinschaftlich zur gesamten Hand innehat, sein.

971 So *Coing*, Zum Problem des sogenannten Durchgriffs bei juristischen Personen, NJW 1977, S. 1794; *Hadding*, in Soergel, Bürgerliches Gesetzbuch mit Einführungsgesetz und Nebengesetzen, Vor § 21 Rdnr. 35.

972 Vgl. *Schmidt*, Gesellschaftsrecht, S. 217; *Bauschke*, Durchgriff bei juristischen Personen –Terminologische und inhaltliche Probleme-, BB 1975, S. 1322.

973 Abzugrenzen ist der Durchgriff von solchen Fällen, in denen die zusätzliche persönliche Haftung auf einem besonderen Verpflichtungsgrund beruht, wie bspw. wenn der Gesellschafter durch einen besonderen Vertrag (bspw. Bürgschaft, Schuldbeitritt u.s.w.) selbst eine Verpflichtung übernommen oder aus unerlaubten Handlung oder aus Rechtsscheingründen haftet. Auch kein Durchgriff liegt vor, wenn Eigenschaften oder Kenntnisse des Gesellschafters der juristischen Person zugerechnet werden (bspw. §§ 166 II, 119 III BGB), ausführlich hierzu *Nirk*, Zur Rechtsfolgenhaftung der Durchgriffshaftung, in Festschrift für Stimpel, S. 449 ff.; BGH in BGHZ 81, 298 ff. (317).

Rechtsprechung und Wissenschaft mit diesem Problem umgegangen sind, wird nun erörtert.

a) Die Wissenschaft

Obwohl es in der Nachkriegszeit[974] viele Lösungsvorschläge gab, wie der Haftungsdurchgriff in den Griff zu bekommen sei[975], gehen die heutigen Ansätze in der Literatur im Wesentlichen auf die Missbrauchslehre[976] und Normanwendungstheorie[977] zurück. Gemeinsam ist den beiden Lehren, dass sie bei der juristischen Person selbst ansetzen und über sie hinweggreifen[978]. Der wesentliche Unterschied besteht jedoch darin, dass die Missbrauchslehren davon ausgehen, dass die Rechtsordnung die Selbständigkeit des Rechtsträgers nicht in jeder Konsequenz anerkennt und dabei teils objektive Kriterien und teils subjektive Umgehungskriterien einbezieht, während die Normanwendungslehren von vornherein von der relativen Rechtsfähigkeit der juristischen Person ausgehen, die es in den einzelnen Fällen lediglich festzustellen gilt.

Neben diesen beiden Konzepten haben sich aber auch gerade in der jüngeren Vergangenheit neue von diesen Theorien abweichende Ansätze entwickelt.

Allen Theorien ist gemeinsam, dass sie Fallgruppen[979] geschaffen haben, in denen sie einen Haftungsdurchgriff diskutieren, allerdings ohne ein gemeinsames Ergebnis zu erzielen.

(1) Missbrauchslehren

Nach der auf *Serick* zurückgehende Missbrauchslehre darf die Verselbständigung der juristischen Person vernachlässigt werden, wenn die Rechtsform zu

---

974 Die in der Vorkriegszeit entwickelten Identitätstheorien werden heute einhellig abgelehnt, vgl. *Caflisch*, Die Bedeutung und die Grenzen der rechtlichen Selbständigkeit der abhängigen Gesellschaft im Recht der Aktiengesellschaft, S. 205 ff.

975 Vgl. hierzu bspw. *Fischer*, Die Gesellschaft mit beschränkter Haftung, S. 106, wonach die unbeschränkte Haftung ein allgemein gültiges Prinzip der Marktwirtschaft sei.

976 Diese Lehre geht zurück auf *Serick*, Rechtsform und Realität juristischer Personen.

977 Diese Lehre geht zurück auf *Müller-Freienfels*, Zur Lehre vom sogenannten „Durchgriff" bei juristischen Personen im Privatrecht, AcP 1957, S, 522 ff.

978 Deshalb werden diese Theorien auch als „echte Durchgriffstheorien" bezeichnet, vgl. *Schmidt*, Gesellschaftsrecht, S. 222.

979 Als solche Fallgruppen haben sich herausgebildet: Unterkapitalisierung, Vermögensvermengung, Sphärenvermischung, Institutsmissbrauch, Gesetzesumgehung und Beherrschung; vgl. *Wellkamp*, Der Durchgriff auf den GmbH- Gesellschafter, DStR 2003, S. 210 f.

unlauteren Zwecken missbraucht werden soll[980]. Ausgangspunkt der folgenden Überlegungen ist, dass der Gesetzgeber den „Eigenwert" der juristischen Person üer den „Zweckwert" einer einzelnen Norm stelle und ihn, abgesehen von den Fällen des Missbrauchs, die der Gesetzgeber niemals schütze, auch stets so beachtet haben wolle[981]. Wenn nun aber der allgemeine Zweck und jener besondere, der mit der Korporation im konkreten Fall verfolgt würde, voneinander abweichen würden, müsse die Rechtsform beiseite geschoben werden[982]. Nehme andererseits eine juristische Person ein Rechtsgeschäft vor, das sich im Rahmen des Zwecks, den sie verfolgen dürfe, bewege, so müsse auch an ihrer Selbständigkeit festgehalten werden, wenn das Rechtsgeschäft den anderen in unbilliger Weise benachteilige[983]. Für die Entscheidung, ob ein Haftungsdurchgriff zu bejahen ist, ist maßgebens, ob die hinter der juristischen Person stehenden Mitglieder redlich handeln. Sobald zu der Tatsache, dass ein die andere Partei in unbilliger Weise benachteiligendes Rechtsgeschäft ein subjektiver Missbrauchstatbestand hinzutritt, ist der Durchgriff möglich[984].

Das von *Serick* entwickelte Konzept wurde aber nicht nur kritiklos[985] übernommen, sondern zum Teil auch leicht abgeändert. So hat *Drobnig*, der diesem Ansatz sehr nahe steht und den Haftungsdurchgriff als einen rein gesellschaftsrechtlichen Haftungsgrund zum Schutze der Gläubigerschaft begreift, den Haftungsdurchgriff wahlweise auf § 242 BGB oder § 826 BGB gestützt[986]. *Erlinghagen*, der die Missbrauchslehre um objektive Kriterien ergänzt, fordert, dass der Gesellschafter für Organisationsfehler einstehen muss[987].

---

980 Dieser Ansatz basiert auf einer Analyse der deutschen und amerikanischen Rechtsprechung. Zur Begründung seiner Lehre zog er die amerikanische Lehre vom *disregard of legal entity* heran. Ausgangspunkt dieser Lehre war nach *Serick* die Annahme, dass die juristische Person eine juristische Fiktion sei, die man geschaffen habe, um im Geschäftsverkehr bestimmte, von der Rechtsordnung nicht missbilligte Zecke zu erreichen. Bei einem Missbrauch für „korporationsfremde oder gar korporationsfeindliche Zecke" sei es zulässig, diese Fiktion zu missachten, was bereits aus dem dem amerikanischen Recht beherschende Grundsatz von Treu und Glauben folge vgl. *Serick*, Rechtsform und Realität juristischer Personen, S. 17, 32, 42, 67 f.

981 Vgl. *Serick*, Rechtsform und Realität juristischer Personen, S. 24.

982 Vgl. *Serick*, Rechtsform und Realität juristischer Personen, S. 100 f.

983 Vgl. *Serick*, Rechtsform und Realität juristischer Personen, S. 100 f.

984 Vgl. *Serick*, Rechtsform und Realität juristischer Personen, S. 205.

985 Anhänger der Missbrauchstheorie sind *Kuhn*, Haften die GmbH- Gesellschafter für Gesellschaftsschulden persönlich?, in Festschrift für Fischer, S. 353 f.; *Bauschke*, Durchgriff bei juristischen Personen –Terminologische und inhaltliche Probleme-, BB 1975, S. 1322 ff; *ders.* Mit dem „Durchgriff" ins kommende Jahrhundert? –Zugleich ein Beitrag zu Rolf Sericks „Rechtsform und Realität juristischer Personen, zweite und unveränderte Auflage, Tübingen 1980, BB 1984, S. 698 f.

986 Vgl. *Drobnig*, Haftungsdurchgriff bei Kapitalgesellschaften, S. 20 ff.; 94 f.

987 Vgl. *Erlinghagen*, Haftungsfragen bei einer unterkapitalisierten GmbH, GmbHR 1962, S. 171 ff.

(2) Normanwendungslehren

Müller- Freienfels hat einen anderen Ansatzpunkt gewählt[988]. Ausgangspunkt seiner Überlegung ist, dass die Durchgriffsproblematik kein generalisierendes Problem der juristischen Person ist, sondern ein Problem ihrer Außenbeziehungen, mithin ein Normanwendungsproblem[989]. Er versteht die juristische Person als reinen Zweckbegriff, eine funktionsgebundene Rechtsfigur, der je nach Sinn und Zweck der anzuwendenden Rechtsnorm unterschiedliche Bedeutung zukommen könne[990]. Folglich könne nicht ihr subjektiver Missbrauch der methodisch richtige Ansatzpunkt für einen Durchgriff sein, sondern vielmehr nur die ratio der konkret zu beachtenden Norm[991]. Maßgebend sei eine Auslegung im Einzelfall, welche die konkrete Tatsachenkonstellation und Interessenslage berücksichtigt[992]. Durchgriff wird danach definiert als „die Nichtanwendung einer Norm, die den Zuordnungs- oder Zurechnungsumfang bei der typischen juristischen Person festlegt. Methodisch gesehen, handelt es sich dabei um eine Restriktion der Trennungsnorm unter Ausfüllung durch eine andere Norm.“[993].

---

988 Ihm folgend *Lutter/ Hommelhoff*, GmbH- Gesetz, § 13 Rdnr. 5; *Hübner*, Der Durchgriff bei juristischen Personen im europäischen Gesellschafts- und Unternehmensrecht, JZ 1978, S. 704; *Coing*, Zum Problem des sogenannten Durchgriffs bei juristischen Personen, NJW 1977, S. 1793 ff.; *Schanze*, Einmanngesellschaft und Durchgriffshaftung; S. 61 ff.; *Stimpel*, „Durchgriffshaftung“ bei der GmbH: Tatbestände, Verlustausgleich und Ausfallhaftung, in Festschrift für Goerdeler, S. 601 ff., *Boujang*, Das Trennungsprinzip des § 13 Abs. 2 GmbHG und seine Grenzen in der neueren Judikatur des Bundesgerichtshofes, in Festschrift für Odersky, S. 739 ff.; *Hofmann*; Zum „Durchgriffs“- Problem bei der unterkapitalisierten GmbH, NJW 1966, S. 1944 ff.; *Behrens*, Der Durchgriff über die Grenze, RabelsZ 1982, S. 314.

989 *Müller- Freienfels* stützt sich dabei auch auf *Hans Julius Wolff* (Organschaft und juristische Person), der in der juristischen Person kein rechtstechnisches Ganzes, sondern nur eine „konstruktive Abbreviatur“, eine gedankliche Zusammenfassung vieler einzelner Tatbestände, Beziehungen und Normen sieht, Zur Lehre vom sogenannten „Durchgriff“ bei juristischen Personen im Privatrecht, AcP 1957, S, 522 ff.

990 Vgl. *Müller- Freienfels,* Zur Lehre vom sogenannten „Durchgriff“ bei juristischen Personen im Privatrecht, AcP 1957, S, 535 ff.

991 Vgl. *Müller- Freienfels,* Zur Lehre vom sogenannten „Durchgriff“ bei juristischen Personen im Privatrecht, AcP 1957, S, 537.

992 Diese Lehre gestattet einen Durchgriff also aufgrund der Auslegung der jeweils anzuwendenden Normen wesentlich großzügiger als die Missbrauchslehre, ebenso *Nirk*, Zur Rechtsfolgenhaftung der Durchgriffshaftung, in Festschrift für Stimpel, S. 455.

993 *Rehbinder*, Zehn Jahre Rechtsprechung zum Durchgriff im Gesellschaftsrecht, in Festschrift Fischer, S. 580; vgl. *ders.* Neues zum Durchgriff unter besonderer Berücksichtigung der höchstrichterlichen Rechtsprechung, in Freundesgabe für Kübler, S. 496 ff. Dieser hat eine vermittelnde Auffassung zwischen diesen beiden Theorien entwickelt. Er betont einerseits den institutionellen Eigenwert der juristischen Person, andererseits übernimmt er den Gedanken, dass die juristische Person in ihren Außenbeziehungen primär

Eingeschränkt werde somit die „abstrakt- generelle alle Tatbestände der juristischen Person erfassende Norm“[994].

(3) Zurechnungs-, Auslegungs- und echte Normzweckmethoden

Heute ist man vielfach zu der Überzeugung gelangt, dass keiner dieser zahlreichen Versuche zu praktikablen, befriedigenden und Rechtssicherheit verbürgenden Ergebnissen geführt hat.

In Anknüpfung an die Normanwendungslehre versteht *Schanze* den Durchgriff nicht als Durchbrechung der Rechtsfähigkeit oder eine Rückbesinnung auf die Relativität. Vielmehr bestimme die jeweilige Normmaterie, ob die Gesellschaft oder die sie beherrschende Person Zurechnungsadressat ist[995].

Schmidt bevorzugt, die Durchgriffsfälle über eine Verschuldenshaftung der Gesellschafter gegenüber der Gesellschaft wegen Sorgfaltspflichtverletzung einer Lösung zuzuführen[996]. Dabei handelt es sich um eine Innenhaftung, die in dem Falle, in dem mangels Masse kein Konkursverfahren stattfinden kann, den Gläubigern ermöglicht, den Anspruch der Gesellschaft in Analogie zu §§ 93 V, 117 V, 309 IV 3, 310 IV, 317 IV AktG geltend zu machen, sofern sie von der Gesellschaft keine Befriedigung erlangen können[997].

Wilhelm betont die rechtliche Selbständigkeit der juristischen Person und leugnet nicht nur die Existenz des Trennungsprinzips, sondern auch dessen Überwindung[998]. Er nimmt dagegen eine organschaftliche Sorgfaltspflicht analog § 43 GmbHG an, vorausgesetzt der Gesellschafter übt maßgeblichen Einfluss auf die Geschäftsführung aus, obwohl er nicht Geschäftsführer ist. An die Stelle der Durchgriffshaftung trete eine Haftung in Anlehnung an §§ 117, 311, 317 AktG.

---

dem allgemeinen Privatrecht unterliegt. Darauf aufbauend bildet er Fallgruppen, bei denen sich typischerweise die Durchgriffsfrage stelle.

994 *Rehbinder*, Zehn Jahre Rechtsprechung zum Durchgriff im Gesellschaftsrecht, in Festschrift Fischer, S. 580.

995 Vgl. *Schanze*, Einmanngesellschaft und Durchgriffshaftung, S. 102 ff.

996 Vgl. *Schmidt*, Konzernhaftung oder mitgliedschaftliche Haftung des privaten GmbH-Gesellschafters?, ZIP 1986, S. 148; auch *ders*. Konkursverschleppungshaftung und Konkursverursachungshaftung- Überlegungen zum Haftungsrecht der GmbH und der GmbH & Co., ZIP 1988, S. 1497 f.

997 Seine Auffassung baut mit Unterschieden im einzelnen auf Schanzes vom Durchgriffsdenken abgespalteten Interpretation der Normanwendungslehre auf.

998 Vgl. *Wilhelm*, Rechtsform und Haftung bei der juristischen Person, S. 332 ff.; kritisch hierzu *Lutter*, Die zivilrechtliche Haftung in der Unternehmungsgruppe, ZGR 1982, S. 253. f.

b) Die Rechtsprechung

Auch die Rechtsprechung beachtet das Trennungsprinzip bei der Einpersonengesellschaft. Erstmals hat das Reichsgericht einen Haftungsdurchgriff im Jahre 1920 vorgenommen[999] und entschied, dass „der Richter vor der juristischen Konstruktion die Wirklichkeit des Lebens und die Macht der Tatsachen zu berücksichtigen" habe, um die Trennung zwischen Gesellschaft und Gesellschafter zu überwinden[1000]. Die Rechtsprechung bevorzugt es, dieses Problem über die allgemeinen zivilrechtlichen Instrumentarien, wie zum Beispiel die deliktsrechtlichen Vorschriften[1001] (§ 826 BGB; § 823 II BGB i.V.m. § 263 StGB oder § 64 GmbHG)[1002] oder Treu und Glaube (§ 242 BGB, *venire contra factum proprium*)[1003], zu lösen[1004]. Eine grundsätzliche Auseinandersetzung mit den von der Literatur angebotenen Alternativen wird vermieden. Zwar bejaht die Rechtsprechung unter bestimmten Voraussetzungen einen Haftungsdurchgriff, allerdings ist sie dabei sehr zurückhaltend[1005] und betont dabei, dass nicht leichtfertig über die juristische Person hinweggegangen werden dürfe [1006]. Allen Urteilen fehlt somit eine feste dogmatische Grundlage und eine Festlegung auf

---

999 Vgl. Urteil vom 22.06.1920, RGZ 99, 234.

1000 Diese, eine wertende und abwägende Entscheidung zum Ausdruck bringende, Formel hilft dem Rechtsanwender in der Praxis jedoch nicht weiter und führt zur erheblichen Rechtsunsicherheit, vgl. *Nirk*, Zur Rechtsfolgenhaftung der Durchgriffshaftung, in Festschrift für Stimpel, S. 456.

1001 Anzumerken ist, dass über die deliktsrechtlichen Vorschriften auch ausländische Gesellschaften erfasst werden können, da die deliktische Haftung an das Deliktsstatut und nicht an das Gesellschaftsstatut anknüpft, vgl. in Deutschland Art. 40 EGBGB.

1002 Vgl. BGH, in NJW 1979, S. 2104; BGHZ 126, 181; BGH, in NJW 2002, S. 3024 ff., nach *Ulmer*, in Hachenburg, Großkommentar, Anhang zu § 30, stellt diese Rechtsprechung eine besondere Fallgruppe des § 826 BGB dar.

1003 Vgl. BGH, in WM 1958, S. 460 ff.

1004 Nach dem Krieg hatte der BGH unter Berufung auf Durchgriffserwägungen wiederholt Aufrechnungen gegenüber Forderungen des Reichs oder des Bundes mit Forderungen gegen Kriegsgesellschaften zugelassen (vgl. BGHZ 3, 316 ff.; BGHZ 17, 19 ff.), dabei handelt es sich anerkanntermaßen um kriegsbedingte Sonderfälle, die nicht verallgemeinert werden dürfen, so auch *Emmerich* in Scholz, Kommentar zum GmbHG, § 13 Rdnr. 88.

1005 Die Vorgehensweise der Rechtsprechung ausdrücklich unterstützend *Schiessl*, in Priester/ Mayer, Münchener Handbuch des Gesellschaftsrechts, § 35 Rdnr. 14.

1006 Vgl. BGHZ 20, 4 (11); BGHZ 26, 31 (37); BGHZ 54, 222 (224); BGHZ 61, 380 (383); BGHZ 65, 246 (251 f.); BGHZ 68, 312 (314 ff.); BGHZ 78, 318 (333); BGHZ 102, 95 (101 ff.); BGHZ 125, 366 (367 f.); ebenso das BVerfG, das sich in diesem Zusammenhang vorwiegend mit Fragen des Steuerrechts zu beschäftigen hatte, BVerfGE 13, 331 (334).

ein bestimmtes Konzept. Einigkeit besteht nur insoweit, als die bloße Beherrschung keine Haftung auslösen kann[1007].

(1) Vermögensvermischung

Als einzige Fallgruppe[1008] zeichnet sich nur die Vermögensvermischung als Voraussetzung für den Haftungsdurchgriff ab[1009]. Eine Vermögensvermischung wird angenommen, wenn sich das Gesellschafts- und das Privatvermögen nicht mehr unterscheiden lassen. Dies ist regelmäßig der Fall, wenn das Vermögen in den Büchern unzureichend ausgewiesen ist, die Buchführung sonst undurchsichtig ist oder die Vermögensabgrenzung verschleiert wurde[1010].

(2) Unterkapitalisierung

Bei der Unterkapitalisierung ist zunächst der Problemkreis der nominellen Unterkapitalisierung auszuklammern, da dieser über §§ 32 a, b GmbHG erfasst wird. Im Zusammenhang mit den Durchgriffsfällen ist vielmehr das Problem der qualifizierten[1011] materiellen Unterkapitalisierung zu beleuchten. Von materiel-

---

1007 Ansonsten läge ein Verstoß gegen § 13 II GmbHG vor. Vgl. BGH, in GmbHR 1961, S. 164 f.; *Drobnig*, Haftungsdurchgriff bei Kapitalgesellschaften, S. 27, der schreibt: „völlige Beherrschung ist nicht böse. Entscheidend ist ihr Inhalt, die Art ihrer Ausübung".

1008 Anzumerken ist an dieser Stelle, dass der BGH im Konzernrecht eine weitere Konstellation anerkennt, in welcher er den Durchgriff als zulässig erachtet. Mit der Entscheidung vom 17.09.2001 (abgedruckt in WM 2001, S. 2062 ff.) hat er das Konzept des Gläubigerschutzes um einen neuen Aspekt bereichert, nämlich um die Ausfallhaftung der Gesellschafter wegen existenzvernichtenden Eingriffs, vgl. auch das Urteil des BGH vom 24.06.2002, in JR 2003, S. 198 – 200, mit Anmerkung *Barnert*; *Decher*, in Priester/ Mayer, Münchener Handbuch des Gesellschaftsrechts, § 69 Rdnr. 18 ff.; *Haas*, Gesellschafterhaftung wegen „Existenzvernichtung", WM 2003, S. 1929 ff.

1009 Auch wenn sich der BGH in seiner Entscheidung vom 12.11.1984 (abgedruckt in DB 1985, S. 270) festgestellt hat, dass im Falle einer Vermögensvermischung zu erwägen ist, ob nicht schon das Recht der unerlaubten Handlung befriedigende Lösungen erlaubt, so scheinen die jüngst ergangenen Urteile eine klare Sprache zugunsten eines Durchgriffs im Falle der Vermögensverischung zu sprechen, so auch *Boujong*, Das Trennungsprinzip des § 13 Abs. 2 GmbHG und seine Grenzen in der neueren Judikatur des Bundesgerichtshofes, in Festschrift für Odersky, S, 742 ff.; *Stimpel*, „Durchgriffshaftung" bei der GmbH: Tatbestände, Verlustausgleich und Ausfallhaftung, in Festschrift für Goerdeler, S. 606 ff.

1010 Vgl. das „Autokran"- Urteil des BGH vom 16.09.1985, in BGHZ 95, 330 ff. (332); LG Hildesheim lässt einen Durchgriff auf die Gesellschafter entsprechend § 93 InsO zu, vgl. Urteil vom 16.01.2001, DStR 2001, S. 1447 f., mit Anmerkung von *Haas/ Holla*.

1011 Von einer qualifizierten Unterkapitalisierung spricht man, wenn eine eindeutige und für Insider klar erkennbare unzureichende Eigenkapitalausstattung der Gesellschaft vorliegt, die einen Misserfolg zu Lasten der Gläubiger bei normalem Geschäftsablauf mit hoher, ler Unterkapitalisierung spricht man, wenn der Gesellschaft das zur Betriebsführung erforderliche Kapital nicht mehr zur Verfügung steht, und zwar weder als Eigenkapital noch als Fremdkapital[1012]. Auch wenn der BGH den Durchgriff erlaubt hat[1013], geht er jedoch grundsätzlich davon aus, dass sich aus der Verantwortung der Gesellschafter für eine ordnungsgemäße Unternehmensfinanzierung nicht die Pflicht ergibt, in der Krise fehlendes Kapital aus eigenem Vermögen nachzuschießen[1014]. In der Regel ist der BGH auf die deliktische Haftung aus § 826 BGB ausgewichen[1015].

Auffallend sind jedoch Urteile, des OLG Hamburg[1016] und des BSG[1017], in welchen sich die Richter für einen Haftungsdurchgriff zulasten des Gesellschafters ausgesprochen haben. Allerdings hat sich der BSG in jüngerer Zeit wieder von der Durchgriffshaftung distanziert und nachdrücklich deren Ausnahmecharakter betont[1018]. Ebenso restriktiv ist auch die Praxis der übrigen Gerichte[1019].

c) Rechtsfolgenseite

Die Rechtsfolgenseite des Durchgriffs ist kaum geklärt[1020]. So ist streitig, ob eine Differenz- oder Ausfallshaftung[1021] eingreift, ob die Schuldenabwicklung im Innen[1022]- oder Außenverhältnis zu erfolgen hat und in welchem Verhältnis

---

das gewöhnliche Geschäftsrisiko deutlich übersteigender Wahrscheinlichkeit erwarten lässt, vgl. *Ulmer*, in Hachenburg, Großkommentar, Anhang zu § 30 Rdnr. 55 m.w.N.

1012 Ausführlich hierzu *Emmerich* in Scholz, Kommentar zum GmbHG, § 13 Rdnr. 82 ff.

1013 Vgl. „Siedlerverein"- Urteil des BGH vom, in BGHZ 54, 222; der einen nicht verallgemeinerungsfähigen Sonderfall aus dem Vereinsrecht darstellt, ebenso *Schiessl*, in Priester/Mayer, Münchener Handbuch des Gesellschaftsrechts, § 35 Rdnr. 15; *Ehricke*, Zur Begründbarkeit der Durchgriffshaftung in der GmbH, insbesondere aus methodischer Sicht, AcP 1999, S. 265.

1014 Vgl. BGH in BGHZ 90, 381 (388 ff.); kritisch *Raiser*, Die Haftungsbeschränkung ist kein Wesensmerkmal der juristischen Person, S. 649 f.

1015 Vgl. BGH, in BGHZ 68, 312 ff.

1016 Vgl. OLG Hamburg, in BB 1973, S. 1231, bestätigt durch BGH, in WM 1977, S. 73.

1017 Vgl. BSG, in NJW 1963, S. 1373; BSG, in GmbHR 1985, S. 294 mit Anmerkung von *Kahler*.

1018 Vgl. BSG, in GmbHR 1996, S. 605.

1019 Vgl. BGH, in BGHZ 68, 312 ff.; OLG Köln, in AG 1978, S. 17 f.; OLG München, in NJW- RR 1996, S. 746 f.; BAG, in ZIP 1999, S. 878 f.

1020 Vgl. *Nirk*, Zur Rechtsfolgenhaftung der Durchgriffshaftung, in Festschrift für Stimpel, S. 457 ff.

1021 Vgl. *Lutter*, Die zivilrechtliche Haftung in der Unternehmungsgruppe, ZGR 1982, S. 250.

1022 Vgl. *Altmeppen*, Anmerkung zum Urteil des BAG vom 10.02.1999, ZIP 1999, S. 882 f.; *Wilhelm*, Rechtsform und Haftung bei der juristischen Person, S. 335 ff.

die Durchgriffshaftung zu der fortbestehenden Haftung der GmbH steht[1023]. Einigkeit besteht nur insoweit, als die Durchgriffshaftung erst mit der Zahlungsunfähigkeit der Gesellschaft entsteht[1024]. Zwar verfolgt die Durchgriffshaftung das Ziel eines effektiven Gläubigerschutzes, ein sachlich gerechtfertigtes Bedürfnis, dem Gläubiger einen zweiten Schuldner zu verschaffen, solange die Gesellschaft noch zahlungsfähig ist, besteht jedoch nicht[1025].

Der BGH hat sich erstmals im Jahr 1985 zur Rechtsfolgenseite geäußert und schloss sich dabei den in der Literatur[1026] gemachten Vorschlägen an[1027]. Danach sind die Gesellschafter so zu behandeln, „als hätten sie das von der GmbH betriebene Handelsgeschäft selbst, ohne Beschränkung der Haftung auf das Gesellschaftsvermögen geführt“. In entsprechender Anwendung der §§ 105, 128 HGB haften sie daher persönlich“[1028].

3. Fazit

Zunächst einmal ist festzuhalten, dass die Einpersonengesellschaft mit beschränkter Haftung in Deutschland anerkannt ist. Diese Einigkeit setzt sich jedoch nicht bei der Lösung der Durchgriffsproblematik fort. Zwar existieren in der Literatur die unterschiedlichsten Erklärungsmodelle und –konzepte, allerdings hat keine der Durchgriffslehren Kriterien entwickelt, mit denen sich konkrete Fälle entscheiden ließen[1029]. So ist es auch verständlich, dass diese Theorien keinen Eingang in die Rechtsprechung gefunden haben[1030]. Wenn die Gerichte ausnahmsweise bereit sind, einen Haftungsdurchgriff zuzulassen, dann nur, um zu vermeiden, dass das Trennungsprinzip in bestimmten Situationen zu ungerechten Ergebnissen führt. Dabei darf jedoch nicht vernachlässigt werden, dass neben der Gerechtigkeit auch die Rechtssicherheit wesentliches Element

---

1023 Für eine gleichrangige Haftung *Kuhn*, Haften die GmbH- Gesellschafter für Gesellschaftsschulden persönlich?, in Festschrift für Fischer, S. 360, dagegen denDurchgriff als ultima ratio einstufend *Nirk*, Zur Rechtsfolgenhaftung der Durchgriffshaftung, in Festschrift für Stimpel, S. 461.

1024 Vgl. *Immenga*, Die personalistische Kapitalgesellschaft- Eine rechtsvergleichende Untersuchung nach deutschem GmbH- Recht und dem Recht der Corporations in den Vereinigten Staaten, S. 400 ff.; *Freese*, Haftungsprobleme der Einmann- GmbH, NJW 1956, S. 263 ff.

1025 Vgl. *Nirk*, Zur Rechtsfolgenhaftung der Durchgriffshaftung, in Festschrift für Stimpel, S. 461.

1026 Vgl. *Schmidt*, Konzernhaftung oder mitgliedschaftliche Haftung des privaten GmbH- Gesellschafters?, ZIP 1986, S. 148, zustimmend *Lutter/ Hommelhoff*, GmbH-Gesetz, § 13 Rdnr. 7.

1027 Vgl. „Autokran“- Urteil des BGH vom 16.09.1985, in BGHZ 95, 330 ff. (332).

1028 Vgl. „Autokran“- Urteil des BGH vom 16.09.1985, in BGHZ 95, 330 ff. (332).

1029 So auch *Schiessl*, in Priester/ Mayer, Münchener Handbuch des Gesellschaftsrechts, § 35 Rdnr. 14.

1030 Eingeschränkt gilt dies für BGHZ 68, 312 ff., wo sich eine Zusammenfassung von Literatur und Rechtsprechung befindet.

einer Rechtsordnung ist. Zwar lässt sich so die Zurückhaltung der Rechtsprechung erklären, andererseits ist zu berücksichtigen, dass die in der Rechtsprechung entschiedenen Fälle, aufgrund ihres Ausnahmecharakters eine verlässliche Fallgruppenentwicklung missen lassen[1031] und somit auch nicht zur Rechtssicherheit beitragen.

IV. Rechtliche Situation in Frankreich

Zunächst wird die grundsätzliche Haftungssituation einer französischen Einpersonengesellschaft mit beschränkter Haftung[1032] beschrieben, bevor darauf eingegangen wird, welche Instrumente die französische Rechtsordnung und Rechtsprechung zur Verfügung stellen, um einen Interessensausgleich von Gesellschafter und Gläubigern zu erreichen, wenn sich der Gesellschafter von dem gesetzlich vorgesehenen Leitbild entfernt.

1. Der Grundsatz

Die der deutschen GmbH entsprechende französische Gesellschaftsform ist die *société à responsabilité limitée*[1033]. Während die deutsche GmbH eine echte Mittelform zwischen Aktien- und Personengesellschaft ist, überwiegt in Frankreich das persönliche Element so stark, dass sie als verselbständigte Personengesellschaft begriffen wird[1034]. Seit dem Gesetz von 11.07.1985 ist es möglich, sowohl eine Einpersonen- SARL[1035] in Form der *entreprise unipersonelle à responsabilité limitée*[1036] zu gründen, als auch eine SARL nach Vereinigung der Anteile in einer Hand fortzuführen (Art. 223-1, 223-4 Code de commerce)[1037].

1031 So auch *Nirk*, Zur Rechtsfolgenhaftung der Durchgriffshaftung, in Festschrift für Stimpel, S. 446; *Emmerich* in Scholz, Kommentar zum GmbHG, § 13 Rdnr. 77; allerdings wird versucht, die von der Rechtsprechung entschiedenen Fälle unter die von der Literatur entwickelten Fallgruppen einzuordnen, vgl. *Schulte*, Rechtsprechungsübersicht zum Trennungsprinzip bei juristischen Personen, WM 1979, S. 3 ff.

1032 Zur Entwicklung der Einpersonengesellschaft in Frankreich, ausführlich *Ochs*, Die Einpersonengesellschaft in Europa: eine rechtsvergleichende Studie zum Recht der Einpersonen-GmbH in Deutschland, Frankreich, Italien und England, S. 105 ff.

1033 Nachfolgend abgekürzt mit SARL.

1034 Vgl. *Behrens*, Die Gesellschaft mit beschränkter Haftung im internationalen und europäischen Recht, Rdnr. F4.

1035 Die EURL ist also eine Unterform der SARL, vgl. *Serlooten*, L'entreprise unipersonnelle à responsabilité limitée (Loi n° 85-697 du 11 juillet 1985, D. et A.L.D. 1985.394), Rec. Dalloz 1985 Chronique S. 188 f.

1036 Nachfolgend abgekürzt mit EURL.

1037 Gesellschafter können natürliche und juristische Personen sein, allerdings darf eine EURL nicht Einpersonen- Gesellschafter einer anderen EURL sein.

Dabei gelten für die EURL[1038] neben den allgemeinen gesellschaftsrechtlichen Vorschriften der Art. 1832 ff. Code civil[1039] die Art. L. 223-1 ff. Code de commerce[1040].

Mit der Eintragung der EURL ins *registre de commerce et des sociétés* haftet der Gesellschafter nicht mehr für die Verbindlichkeiten der Gesellschaft (Art. 210-6 C. com.), sondern nur noch die Gesellschaft beschränkt auf die Einlage.

2. Der Ausnahmetatbestand

Die Durchgriffsproblematik findet sich auch in der französischen Rechtsordnung wieder. Einen Lösungsansatz bieten dort die allgemeinen Lehren und gesetzliche Regeln, deren Tatbestandvoraussetzungen sich zwar nach anderen Grundgedanken richten, in den Folgen aber zu einem ähnlichen Ergebnis wie der Durchgriff führen[1041].

a) Gesetzgebung

Im französischen *Code de commerce* existieren zwei Normen[1042], welche die Haftung der Gesellschafter für die Verbindlichkeiten der Gesellschaft begründen können. Die in ihnen niedergelegten Verfahren werden in einem Überblick dargestellt.

(1) Extension du redressement judiciaire

Nach Art. 624- 5 C. com[1043]. kann über das Vermögen des *dirigeant de droit ou de fait*[1044] einer juristischen Person, gegen die ein Insolvenzverfahren anhängig ist, ein solches Verfahren[1045] eröffnet werden, sofern er

---

1038 Neben der EURL gibt es die *exploitation agricole à responsabilité limitée* (EARL), die der EURL entspricht, allerdings auf den wirtschaftlichen Sektor beschränkt ist, vgl. *Cozian/ Viandier/ Deboissy*, Droit des sociétés, Rdnr. 1118.

1039 Nachfolgend abgekürzt als CC.

1040 Nachfolgend abgekürzt als C. com.

1041 Vgl. *Chaussade- Klein*, Gesellschaftsrecht in Frankreich- Eine Einführung in vergleichenden Tabellen, S. 25 ff.

1042 Vor der Reform des französischen Gesellschaftsrechts im Jahre 2000 waren diese Vorschriften in den Art. 180, 182 L 25.01.1985 angesiedelt.

1043 Kritisch hinsichtlich der Vorgängernorm, *Plaisant*, Durchgriffshaftung im französischen Konkursrecht, KTS 1962, S. 81 ff; *Diener*, Quelques réflexions critiques à propos de la loi sur le redressement judiciaire des entreprises, Rec. Dalloz 1986 chronique, S. 123 ff.;

- über Gesellschaftsvermögen wie über eigenes verfügt hat,
- unter dem Deckmantel der juristischen Person eigene Handelsgeschäfte im persönlichen Interesse betrieben hat,
- Aktiva oder den Kredit einer Gesellschaft gegen die Interessen der Gesellschaft zum eigenen Vorteil oder zugunsten von Gesellschaften und Unternehmen, an denen sie direkt oder indirekt beteiligt sind, gebraucht hat,
- missbräuchlich im eigenen Interesse einen defizitären Betrieb fortgeführt hat, was zwangsläufig zur Zahlungsunfähigkeit führen musste,
- eine fiktive beziehungsweise keine Buchhaltung betrieben hat, grobe Verletzungen der Buchführungspflichten begannen hat oder Geschäftsunterlagen für die Rechnungslegung verschwinden ließ,
- Vermögen der Gesellschaft verschwinden ließ oder versteckt hat oder die Verbindlichkeiten der Gesellschaft missbräuchlich erhöht hat oder
- eine manifest unvollständige oder nicht den gesetzlichen Bestimmungen entsprechende Rechnungslegung geführt hat.

Nur wenn ein Geschäftsführer vor[1046] der Verfahrenseröffnung so schwerwiegende Pflichtverstöße begangen hat, kann er persönlich für die Schulden der Gesellschaft haftbar gemacht werden[1047].

Flores/ Mestre, L'entreprise unipersonnelle à responsabilité limitée, Rev. Soc. 1986, S. 37 f.

1044 Nach Art. L624- 5 C. com. ist nicht erforderlich, dass der Geschäftsleiter Entgelt für seine Tätigkeit erlangt hat.

1045 Nicht erforderlich ist eine Kausalität zwischen Missbrauch und Insolvenz. Für den Nachweis des Missbrauchs gelten die allgemeinen Beweisregel, so dass derjenige, der der die Gründe für die „*extension*" behauptet, beweisbelastet ist, vgl. Cass. com. in Rev. synd. 1960, S. 247.

1046 Vgl. Cass. com. 28.11.200, RJDA 3/01 n° 349 ; *Lefebvre*, Droit des affaires- Sociétés commerciales, Rdnr. 28401.

1047 Heute ist anerkannt, dass Art. L624- 5 C. com. einen über die Lehre der *société fictive* hinausgehenden Anwendungsbereich hat und eine wirtschaftlich eigenständige Existenz der Gesellschaft voraussetzt, vgl. Nachweise bei *Ochs*, Die Einpersonengesellschaft in Europa: eine rechtsvergleichende Studie zum Recht der Einpersonen-GmbH in Deutschland, Frankreich, Italien und England, S. 129 f.

(a) Antragberechtigte

Zuständig für die Eröffnung des Verfahrens[1048] ist ein Gericht[1049]. Es kann von Amts wegen oder auf Antrag der in Art. L624-6 C. com. enumerativ aufgezählten Personen tätig werden. Nicht antragberechtigt sind hingegen die *dirigeants*[1050], die Gesellschafter[1051] und die Gläubiger der Gesellschaft.

(b) Adressatenkreis

Das Verfahren wird gegenüber einem[1052] *dirigeant de droit* und einem *dirigeant de fait* eröffnet. *Dirigeants de droit* sind die nach der Satzung bestellten Leitungsorgane der betroffenen Gesellschaft; während die *dirigeants de fait* diejenigen erfassen, die Einfluss auf die Geschäftsleitung nehmen[1053]. Keine Rolle spielt, ob es sich dabei um einen Gesellschafter oder außenstehenden Dritten[1054] handelt. Entscheidend ist vielmehr dessen Einwirkungsmöglichkeit, die eine gewisse Intensität erreicht haben muss, von Dauer sein, wesentliche Fragen betreffen und in eigener Souveränität, frei und unabhängig ergangen sein muss[1055]. Abzugrenzen ist der *dirigeant de fait* von dem Gesellschafter, der die ihm gesetzlich zugewiesenen Kontroll- und Einwirkungsrechte ausübt[1056]. Wurden allerdings den Angestellten Anweisungen erteilt, mit Banken verhandelt und die Gesellschaftspolitik bestimmt, ist ohne weiteres von der Eigenschaft des *dirigeant de fait* auszugehen[1057].

1048 Das Verfahren kann sowohl gegen eine fiktive Gesellschaft, als auch gegen die dahinter stehenden Gesellschafter eröffnet werden, vgl. Cass. com 21.07.1987, n° 85-11025, Bull. Joly 1987, S. 622; CA Paris vom 17.12.1986, Gaz. Pal. 1987 I jur. , S. 256.

1049 Vgl. Décret 85-1388 art. 163.

1050 Vgl. *Le Cannu*, Code des sociétés et des marches financiers, Art. L624-6 C. com. Rdnr. 2; Cass. Com 01.04.2003, RJDA 7/03 n° 752, dort wollte ein *dirigeant* das Verfahren gegen einen anderen *dirigeant* eröffnen.

1051 Vgl. CA Paris 20.06.1990, Droit des sociétés 1990 n° 358.

1052 Es können auch mehrere *dirigeants* sein.

1053 Vgl. CA Paris 11.06.1987, Bull. Joly 1987, S. 719.

1054 Vgl. Cass. civ. 19.01.1982, Bull. Joly 1982, S. 277 ; *Junker*, Die faktische Geschäftsführung („gérance de fait") in Frankreich und ihre Gefahren für deutsche Unternehmen, RIW 1986, S. 340.

1055 Vgl. *Rives- Lange*, La notion de dirigeant de fait- au sens de l'article de la loi du 13 juillet 1967 sur le règlement judiciaire et la liquidation des biens, Rec. Dalloz 1975 Chronique S. 41 ff. ; Cass. Com. 22.01.2002, RJDA 5/02 n° 502.

1056 Vgl. Rechtsprechungsnachweise bei *Lefebvre*, Droit des affaires- Sociétés commerciales, Rdnr. 28770 f.

1057 Vgl. *Cozian/ Viandier/ Deboissy*, Droit des sociétés, Rdnr. 287.

(c) Rechtsfolge

Art. L624- 5 I C. com. eröffnet dem Richter Ermessen. Eröffnet er das Verfahren, wird die Gesellschaft nicht aufgelöst[1058], den Gläubigern der Gesellschaft steht vielmehr das Privatvermögen der *dirigeants de droit/ fait* als Haftungsobjekt zur Verfügung (Art. L624-5 II C. com.)[1059]. Haftungssubjekte sind jedoch nicht die beschränkt haftenden Gesellschafter, die nicht die beschriebene Funktion *des dirigeant de fait/ droit* wahrgenommen haben[1060].

(2) Action en comblement du passif

Eine weitere Möglichkeit, auf das Vermögen des *dirigeant de droit ou de fait* zuzugreifen, eröffnet Art. L624-3 C. com. im Wege der *action en comblement du passif.* Wird demzufolge über das Vermögen der Gesellschaft ein Insolvenzverfahren eröffnet, und reicht das Gesellschaftsvermögen zur Schuldentilgung[1061] nicht aus, können über die *action en comblement du passif* alle oder einzelne *dirigeants de droit/ fait* [1062] bei einer fehlerhaften Geschäftsführung[1063] gerichtlich zur völligen oder teilweisen Übernahme der Gesellschaftsschulden verurteilt werden.

1058 Vgl. *Lefebvre*, Droit des affaires- Sociétés commerciales, Rdnr. 28665.

1059 Das Privatvermögen des *dirigeant* dient sowohl der Befriedigung dessen persönlichen Gläubiger, als auch der Befriedigung der Gesellschaft.

1060 Dadurch, dass auch die *dirgeants de fait* als Gesellschafter haften können, handelt es sich um eine Durchgriffshaftung. Zu beachten ist die Verjährungsvorschrift aus Art. L624-5 IV C. com.

1061 Maßgebend ist der Tag, an dem das Gericht über die Klage entscheidet, vgl. Cass. Com. 16.03.1999, RJDA 5/99, n° 585. Somit können Schulden, die später entstanden sind, nicht berücksichtigt werden, vgl. Cass. Com. 28.04.1998, RJDA 8-9/98 n° 1000.

1062 Dadurch, dass auch hier die *dirgeants de fait* als Gesellschafter haften können, handelt es sich um eine Durchgriffshaftung.

1063 Zur Bestimmung einer *faute de gestion* hat die Rechtsprechung Fallgruppen entwickelt. Dabei unterscheidet sie zwischen einer fehlerhaften Geschäftsführung, die in unmittelbarem Zusammenhang mit der Insolvenz der Gesellschaft steht, strafrechtlich sanktioniertem Fehlverhalten und Leitungsfehler im engeren Sinne, vgl. *Brandes*, Juristische Personen als Geschäftsführer der Europäischen Privatgesellschaft- zugleich eine rechtsvergleichende Analyse unter Berücksichtigung des englischen, des französischen und des deutschen Gesellschaftsrechts, S. 128 m.w.N. In jüngerer Vergangenheit wurde diskutiert, ob die Aufnahme der Geschäftstätigkeit mit einer materiell unterkapitalisierten Gesellschaft eine *faute de gestion* darstellen kann, vgl. Cass. com. vom 190.03.1996, in Rev. soc. 1996, S. 840 ff.

Das Gericht wird ebenso wie bei dem Verfahren nach Art. L624-5 C. com. entweder von Amts wegen oder auf Antrag der in Art. L625-6 C. com. genannten Personen tätig. Das Verfahren richtet sich ebenso wie das vorher beschriebene Verfahren gegen den *dirigeant de droit ou de fait.* Im Gegensatz zu Art. L624-5 C. com. statuiert Art. L624-3 C. com. eine reine Verschuldenshaftung[1064], die den Nachweis eines Fehlverhaltens und der Kausalität[1065] zwischen fehlerhafter Geschäftsführung und eingetretenem Schaden erfordert. Bejaht das Gericht das Vorliegen des Art. L624-3 C. com. kann es eine Nachschusspflicht des *dirigeant* anordnen und reicht das Vermögen desselben nicht aus, werden die Gläubiger entsprechend des Verhältnisses der ausstehenden Forderungen befriedigt[1066].

b) Rechtsprechung

Die Rechtsprechung hat verschiedene Fallgruppen entwickelt, die es ermöglichen, auf außergesetzlichem Wege die Trennung zwischen Geschäfts- und Privatvermögen herbeizuführen.

(1) Société fictive

Die Lehre von der *société fictive*[1067] ist die wichtigste Rechtsgrundlage, aufgrund derer das Trennungsprinzip aufgehoben werden kann. Zu unterscheiden ist eine fiktive Gesellschaft von einer Gesellschaft, die zwar existent ist, aber im Widerspruch zur Rechtsordnung (*pour cause illicite ou frauduleuse*) steht[1068]. In Anlehnung an die Lehre vom Scheingeschäft, der *simulation*[1069], die als Schein-

---

[1064] Erfasst wird auch die Verschuldensform der Fahrlässigkeit, vgl. *Lefebvre*, Droit des affaires- Sociétés civiles, Rdnr. 28365.

[1065] Nicht erforderlich ist, dass die fehlerhafte Geschäftsführung unmittelbar die Insolvenz der Gesellschaft herbeiführt; ausreichend ist vielmehr, wenn sie auch später eintritt, vgl. Cass. Com. 27.04.1993, Bull. Joly 1993, S. 687.

[1066] Dabei spielt es keine Rolle, von welcher Natur die ausstehenden Forderungen sind, sie werden vielmehr alle gleich behandelt, vgl. Cass. Com. 20.05.1997, RJDA 10/97 n° 1278.

[1067] Zur geschichtlichen Entwicklung dieser Lehre vgl. *Delebecque/ Germain,* Traité de droit commercial, Rdnr. 2862.

[1068] Vgl. *Mestre/ Velardocchio/ Blanchard- Sebastien*, Lamy Sociétés commerciales, n° 458.

[1069] Ausgangspunkt für die Entwicklung dieser Lehre wiederum ist Art. 1321 CC, wonach ein geheim geschlossener Vertrag, der zum Ziel hat, einen offenkundigen Vertrag zu modifizieren oder zu annullieren, ausschließlich zwischen den Vertragspartnern Wirksamkeit entfalten. Die Rechtsprechung hat auf das Erfordernis einer vertraglichen Vereinbarung verzichtet. Zur Entwicklung dieser Lehre *Zimmermann*, Die Haftung von Geschäftsführern und Gesellschaftern bei Insolvenz der GmbH in Frankreich, S. 6 ff. Ergänzend zur *théorie fictive* hat sich anhand des Art. 1321 CC die *théorie de l'apparence* entwickelt, wonach derjenige, der im Vertrauen auf einen Anschein gehandelt hat, sich an diesen Angeschäft alle Handlungen umfasst, bei denen die Beteiligten unter Täuschung über ihre wahren Absichten und Verhältnisse einen mit der Rechtswirklichkeit nicht übereinstimmenden Rechtsschein erzeugen und unterhalten, ist eine Gesellschaft fiktiv, wenn sie nur zum Schein gegründete wurde und in Wahrheit gar nicht besteht[1070]. Fehlt also die *affectio societatis*[1071], so ist die Fiktivität der Gesellschaft zu bejahen[1072]. Regelmäßig ist die EURL in diesem Fall nur als Deckmantel für den eigentlichen Geschäftsherrn, den *maître de l'affaire*, gegründet worden. Allerdings ist es sehr schwierig, den Nachweis der Fiktivität einer Gesellschaft zu führen. Feste Kriterien hierfür lassen sich nicht ausfindig machen. Meist ist es ein Bündel von Indizien, auf die sich ein Urteil stützt[1073].

(2) Maître de l'affaire

Unter dem *maître de l'affaire*[1074] versteht man denjenigen, der die Gesellschaft beherrscht. Diese Eigenschaft hängt von dessen tatsächlichen Einwirkungsmöglichkeiten ab[1075]. Zwar ist diese Situation charakteristisch für die EURL, so dass die Eigenschaft als Einpersonengesellschafter grundsätzlich aus dem Anwendungsbereich der *maîtrise* herauszunehmen ist. Es lassen sich allerdings auch Fälle konstruieren, in denen ein Dritter so starken Einfluss auf die Geschäfts-

---

schein halten kann, vgl. hierzu *Calais- Auloy*, Essai sur la notion d'apparence en droit commercial, S. 19 ff.; vgl. zu dieser Theorie auch die Rechtsprechung Cass. com 23.06.1954 Bull. civ. III n° 232, S. 174.

1070 Erstmals angewandt wurde diese Theorie im Gesellschaftsrecht vom *Cour de Cassation* im Jahr 1908, Cass. com. 29.06.1908 Rec. D. 1910 I S. 133; vgl. auch *Vidal*, Droit des sociétés, Rdnr. 286.

1071 Die *affectio societatis* ist der Sinn, um derentwillen die Gesellschaft gegründet worden ist und impliziert, dass der Alleingesellschafter bereit ist, die Trennung von gesellschaftlichem und privatem Vermögen zu respektieren. Da die Bestimmung der *affectio societatis* auch den Gerichten nicht immer leicht fällt, begnügen sich Gerichte manchmal damit, die Gesellschaftereigenschaft nach objektiven Merkmalen zu bestimmen, also danach, ob die Einlage erbracht worden ist, vgl. Cass. com. 18.11.1986, Bull. Joly1986, S. 1147; Cass. com. 15.07.1982 Bull. Joly 1982, S. 968, ausführlich zur Begriffsbestimmung der *affectio societatis Mestre/ Velardocchio/ Blanchard- Sebastien*, Lamy Sociétés commerciales, n° 317.

1072 Zu unterscheiden ist die *société fictive* von der *interposition de personnes*. Die letztere liegt vor, wenn die Gesellschaft nur bei einer bestimmten Handlung kein eigenes, sondern ein fremdes Interesse verfolgt, vgl. *Cozian/ Viandier/ Deboissy*, Droit des sociétés, Rdnr. 159.

1073 Vgl. *Vidal*, Droit des sociétés, n° 289 mit Beispielen aus der Rechtsprechung, ebenso *Mestre/ Velardocchio/ Blanchard- Sebastien*, Lamy Sociétés commerciales, n° 464 f.

1074 Erstmals verwendet wurde dieser Begriff im Jahr 1930, vgl. Cour de Paris 09.01.1930 J. soc. 1931, 141.

1075 Vgl. Cass. com. 06.05.1959 D 1959, 394; Cass. com. 09.12.1958, Bull. civ. III, 425; *Ilgen*, Die Einmanngesellschaft als typische Gesellschaftsform im deutschen und französischen Recht, S. 167 f.

führung nimmt, dass dieser als *maître de l'affaire* betrachtet wird[1076]. Ihren Hauptanwendungsbereich findet die *maîtrise* zugegebenermaßen jedoch im Konzernrecht[1077].

(3) Fraude

Bei der *fraude* handelt es sich um ein allgemeines Prinzip, das als Bestandteil des französischen Rechts gilt und besagt, dass Rechtsumgehung ordentliche Rechtsanwendung ausschließt[1078]. Dabei wird unterschieden zwischen einer Umgehung von Rechten Dritter und einer Gesetzesumgehung[1079]. Unter letzterer versteht man ein Rechtsgeschäft, das bei Anwendung des positiven Rechts Gültigkeit beansprucht, und durch das sich ein Rechtssubjekt einer verpflichtenden Rechtsregel entzieht, ohne ihren Wortlaut zu verletzen[1080].

Liegt eine *fraude* vor, so stellt sich die Frage, welche Rechtsfolgen hieran zu knüpfen sind. Das Gesetz gibt den Gläubigern der Gesellschaft die *action paulienne* in die Hand, mittels derer sie erwirken können, dass ein Veräußerungsgeschäft, das eine Umgehung ihrer Rechte darstellt, ihnen nicht entgegengehalten werden kann (Art. 1167 CC)[1081]. Auch können die Umgehungsgeschäfte eine unerlaubte Handlung nach Art. 1382 CC darstellen. Einigkeit besteht insoweit, als auch die Fälle, die weder unter Art. 1167 CC noch unter Art. 1382 CC subsummiert werden können, nicht dazu führen dürfen, dass der Missbrauch der Rechtsform ohne Folgen bleibt. Ob die *fraude* nun dazu führt, dass die Gesellschaft wegen ihrer Fiktivität als nichtig beurteilt wird[1082], oder die Gesellschaft wegen eines Mangel der *affectio societatis* als nichtig erklärt werden soll[1083], kann dahin gestellt bleiben.

1076 Vgl. CA Paris vom 13.07.1993, Bull. Joly 1993, S. 1250.

1077 So taucht in der Entscheidung des Cour de cassation auch der Begriff der *société de façade* auf, Cass. com. vom 03.11.1980, n° 79-11.968, Bull. civ. IV n° 358, S, 288.

1078 Dabei wird die Formel *fraus omnia corrumpit* herangezogen.

1079 Vgl. Cass. com. vom 30.06.1975, Bull. civ. IV, n° 180, S. 149; Cass. com. vom10.05.1983, n° 82 – 11.201, Bull. civ. IV, n° 136, S. 119.

1080 Die bloß unzureichende Unterkapitalisierung ist noch nicht ausreichend um einen Durchgriff zu rechtfertigen (vgl. Cass. com. 13.03.1968 Bull. civ. IV Nr. 106, S. 92). Sind mit ihr jedoch die Umgehung der Gläubigerrechte verbunden, wird diese Fallgruppe über die *fraude* abgedeckt. Kommt dann als weiteres Indiz noch die *maîtrise* hinzu, gelangt auch die französische Rechtsprechung zu einem Durchgriff, vgl. Cass. Req. 13.05.1929 I S. 289.

1081 Diese Vorschrift hat denselben Sinn und Zweck wie das deutsche Anfechtungsgeschäft.

1082 So *Zimmermann*, Die Haftung von Geschäftsführern und Gesellschaftern bei Insolvenz der GmbH in Frankreich, S. 16; wohl auch *Dupichot*, Les sociétés commerciales- Cours de droit commercial, S. 48.

1083 So *Cozian/ Viandier/ Deboissy*, Droit des sociétés, Rdnr. 152.

(4) Confusion

Unter *confusion* fallen die dem deutschen Recht bekannten Fälle der Vermögensvermischung. Zum einen umfasst diese Fallgruppe die Situation, dass sich Privat- und Gesellschaftsvermögen nicht mehr unterscheiden lassen. Zum anderen werden auch die Fälle erfasst, in denen die Angelegenheiten vermischt werden[1084]. Zwar sind zu dieser Fallgruppe auch Urteile[1085] ergangen, allerdings löst die Rechtsprechung solche Fälle bisher über die *société fictive*; ab einem bestimmten Grad der Vermischung der Vermögensbereiche verliert die Gesellschaft ihre wirtschaftliche Selbständigkeit, wird also vom Hintermann beherrscht und erfüllt nur noch dessen Zwecke und keine eigenen mehr[1086]. Der EURL fehlt also die erforderliche *affectio societatis*[1087].

(5) Société créée de fait

Die Fallgruppe der *société créée de fait* wird im italienischen Länderbericht dargestellt, da ihr dort im Gegensatz zum französischen Recht eine große Bedeutung zukommt[1088].

(6) Rechtsfolge

Der Mangel der *affectio societatis* führt zur Nichtigkeit der Gesellschaft[1089]. Die Klage, mit welcher die Fiktivität der Gesellschaft geltend gemacht wird, ist die

---

1084 Vgl. *Zimmermann*, Die Haftung von Geschäftsführern und Gesellschaftern bei Insolvenz der GmbH in Frankreich, S. 40.

1085 Vgl. Cass. com. 30.03.1968, Bull. civ. III Nr. 119, 103.

1086 Vgl. *Zimmermann*, Die Haftung von Geschäftsführern und Gesellschaftern bei Insolvenz der GmbH in Frankreich, S. 41; Im Konzernrecht können auch, wenn die Voraussetzung für eine *société fictive* nicht vorliegen, die Gesellschafter für die Verbindlichkeiten der Gesellschaft haftbar gemacht werden, wenn eine *confusion*, an deren Nachweis sehr hohe Anforderungen gestellt werden, vorliegt. Dann kann eine *procédure unique*, gestützt auf Art. L621-5 C. com., eingeleitet werden. Das Verfahren nach Art. L624-5 C. com. kann also eröffnet werden, ohne dass die Gesellschaft zahlungsfähig sein muss vgl. *Mestre/ Velardocchio/ Blanchard- Sebastien*, Lamy Sociétés commerciales, n° 2317 ff.

1087 Wie auch bei der Fallgruppe des *maître de l'affaire* findet diese Fallgruppe hauptsächlich im Bereich des Konzernrechts Anwendung.

1088 Zum französischen Recht vgl. *Merle*, Droit commercial- Sociétés commerciales, n° 614 ff.; unterschieden werden muss sie von *den sociétés de fait*, hierzu *Temple*, Les sociétés de fait, n° 143 ff.

1089 Die *fraude* zieht diese Rechtsfolge auch nach sich, sofern man in ihr eine selbständige Rechtsgrundlage sieht, so *Cozian/ Viandier/ Deboissy*, Droit des sociétés, Rdnr. 152.

action en dénonciation de fictivité[1090] und kann von jedermann, der ein legitimes Interesse daran hat, erhoben werden[1091]. Der Urteilsausspruch entfaltet nur gegenüber den Parteien ihre Wirksamkeit[1092]. Eine durch das Gericht für nichtig erklärte fiktive Gesellschaft ist jedoch existent[1093]. Folglich wird die Gesellschaft durch den weggefallenen Gesellschafter ersetzt, dieser tritt also ohne weiteres an deren Platz und wird so zum Schuldner[1094].

3. Fazit

Die Einpersonengesellschaft mit beschränkter Haftung ist mittlerweile in Frankreich anerkannt. Das französische Recht kennt mehrere Mechanismen, um zur Tilgung der Schulden der Gesellschaft, auf das Vermögen des Gesellschafters zugreifen zu können[1095]: die Lehre der fiktiven und der fraudolösen Gesellschaft, die Konkurserstreckung und die Geschäftsführerhaftung. Gravierender Unterschied zum deutschen Recht ist, dass durch die Lehre der *société ficitive* und der *fraude* die Gesellschaft insgesamt negiert wird. Während die Geschäftsführerhaftung nach Art. L624-3 C. com. eine reine Organhaftung darstellt, sollen über Art. L624-5 C. com. Umgehungen des Insolvenzrechts verhindert werden. Obwohl kein dem deutschen Recht vergleichbares Rechtsinstitut der Durchgriffshaftung existiert, deckt das französische Recht durch diese Regeln die Fallgruppen ab, die im deutschen Recht einen Durchgriff erfordern und gewährt den Gläubigern einen ausreichenden Schutz.

1090 Sie unterscheidet sich von der *action en nullité* insofern, dass durch sie nur der Schein beseitigt wird und in 30 Jahren verjährt.

1091 Vgl. *Mestre/ Velardocchio/ Blanchard- Sebastien*, Lamy Sociétés commerciales, n° 460.

1092 Wenn also der Konkursverwalter als Kläger auftritt, gilt die Entscheidung gegenüber allen Gläubigern.

1093 Vgl. Cass. com. 16.06.1992 D. 1993, S. 508; Cass. com. 19.01.2002 JCP E 2002, 1510.

1094 Vgl. CA Paris 14.11.1932 D. 1934 II S. 118; vgl. zu weiteren mit der Nichtigkeitserklärung verbundenen Folgen *Mestre/ Velardocchio/ Blanchard- Sebastien*, Lamy Sociétés commerciales, n° 470, wobei insbesondere darauf hinzuweisen ist, dass die beschriebenen Insolvenzverfahren nunmehr gegen die hinter der fiktiven Gesellschaft stehenden Gesellschafter eröffnet werden kann.

1095 In Frankreich ist die Gefahr eines Zugriffs des Gesellschaftervermögens für Schulden der Gesellschaft sehr hoch. Dies beruht einerseits auf dem Verständnis einer juristischen Person und zum anderen aus dem Anliegen, die Macht der Manager einzuschränken, ausführlich *Ochs*, Die Einpersonengesellschaft in Europa: eine rechtsvergleichende Studie zum Recht der Einpersonen-GmbH in Deutschland, Frankreich, Italien und England, S. 134.

V. Rechtliche Situation in Italien

Da die italienische Rechtsordnung in ihrer Entwicklung viele Gemeinsamkeiten zur französischen Rechtsordnung aufweist, kann das oben angelegte Schema auch hier übernommen werden[1096].

1. Der Grundsatz

Die Gesellschaftsform, die der deutschen GmbH entspricht, ist im italienischen Recht die *società a responsabilità limitata*[1097]. Mit der umfassenden Reform aus dem Jahr 2003[1098] wurde das Ziel verfolgt, die SARL aus dem Schatten der Aktiengesellschaft (*società anonima*)[1099] treten zu lassen. Sie wird nun vielmehr als personalistische Gesellschaft charakterisiert[1100]. Ist nur ein Gesellschafter vorhanden, so spricht man von der *società unipersonale a responsabilità limitata*. Um einen effektiven Gläubigerschutz zu erreichen[1101], wird die Haftungsbe-

---

1096 Zur Entwicklung der Einpersonengesellschaft in Italien, ausführlich *Ochs*, Die Einpersonengesellschaft in Europa: eine rechtsvergleichende Studie zum Recht der Einpersonen-GmbH in Deutschland, Frankreich, Italien und England, S. 147 ff.; zur Umsetzung der Einpersonenrichtlinie im italienischen Recht vgl. *Kindler*, Neuere italienische Gesetzgebung auf dem Gebiet des Gesellschaftsrechts, ZGR 1995, S. 240 ff.

1097 Nachfolgend abgekürzt als SRL; nach der Urfassung des codice civile von 1942 konnte sie durch eine einzelne Person nicht wirksam gegründet werden. Die Praxis ging jedoch den Weg der Strohmanngründungen (Cass. 28.09.1994 n. 7899, Foro. it. 1995, I , 1527, 2920), vgl. *Kindler*, Italienisches Handels- und Wirtschaftsrecht, § 4 Rdnr. 246; ausführlich zur Strohmanngründung *Grisoli*, La società con un solo socio- analisi dei dati di una ricerca comparatistica, S. 320 ff.

1098 Vgl. decreto legislative Nr. 6 vom 17.01.2003 „riforma organica della disciplina delle società di capitali e società cooperative, in attuazione della legge 3 ottobre 2001, n. 366, bekannt gemacht in der Gazzetta Ufficiale vom 22.01.2003, zu den Veränderungen im italienischen Recht vgl. in deutscher Sprache *Steinhauer*, Die Reform des Gesellschaftsrechts in Italien, EuZW 2004, S. 364 ff.; kritisch *Buse*, Reform des italienischen Gesellschaftsrechts, RIW 2002, S. 676 ff.

1099 Bisher war die SRL zwar als eigenständige Rechtsform anerkannt, ihre Regelung war aber sehr weitgehend an das Recht der Aktiengesellschaft angelehnt, so dass man sie als Unterfall der *società per azione* bezeichnen konnte, vgl. *Lutter*, Die Entwicklung der GmbH in Europa und in der Welt, in Festschrift GmbH- Gesetz, S. 60; *Winkler*, Die GmbH und GmbH & Co. KG im italienischen Recht, GmbHR 1990, S. 329 ff.; *Borgioli*, in Roth, Das System der Kapitalgesellschaften im Umbruch- ein internationaler Vergleich, S. 74 f.; die „neuen" Gesichter der SRL beschreibt *Ambrosini*, La riforma delle società- profili della nuova disciplina, S. 23 ff.

1100 Vgl. *Sandulli/ Santoro*, La riforma delle società, Commentario del d.lgs. 17 gennaio 2003, n. 6, Artt. 2462 – 2510 cod.civ., Art. 2462; *Lorenzetti/ Strnad* , Umfassende Reform des GmbH- Rechts in Italien, GmbHR 2004, S. 731; *Buenger*, Die Reform des italienischen Gesellschaftsrechts, RIW 2004, S. 251.

1101 Vgl. *Olivieri/ Presti/ Vella*, Il nuovo diritto delle società, S. 43, 225 f.

schränkung zum einen davon abhängig gemacht, dass die Tatsache, dass eine Einpersonengesellschaft vorliegt, in das Handelsregister eingetragen wird (Art. 2470 IV codice civile[1102]), und zum anderen muss die Einlage bei der Gründung oder Kapitalerhöhung geleistet worden sein (Art. 2464 CC). Sind diese Voraussetzungen erfüllt, so steht dem Gläubiger grundsätzlich nur das Vermögen der Gesellschaft als Haftkapital zur Verfügung (Art. 2464 CC).

2. Der Ausnahmetatbestand

Die Durchgriffsproblematik wird in Italien unter dem Begriff *superamento della personalità giuridica delle società* erörtert[1103]. Auch dort haben sich Gesetzgeber und Wissenschaft dieses Problems angenommen. Die unterschiedlichen Ansätze werden nachfolgend dargestellt.

a) Gesetzgebung

Gemäß Art. 2462 II CC muss der Gesellschafter[1104] einer Einpersonengesellschaft[1105] im Falle der Zahlungsunfähigkeit der Gesellschaft, unbeschränkt für

---

1102 Nachfolgend als CC abgekürzt.

1103 Zu berücksichtigen ist, dass der italienische Gesetzgeber mit den neuen Art. 2497 ff. CC den Gerichten ein Instrument in die Hand gegeben hat, das die Haftung bei Beherrschungsverhältnissen regelt. Wortlaut des Art. 2497 I 1 CC (aus *Lorenzetti/ Strnad*, Umfassende Reform des GmbH- Rechts in Italien, GmbHR 2004, S. 733): Eine Gesellschaft, welche die Leitung oder Koordination bezüglich anderer Gesellschaften ausübt und dabei im eigenen oder fremden Interesse die Grundsätze ordnungsgemäßer Unternehmensführung verletzt, haftet gegenüber den Gesellschaftern der abhängigen Gesellschaft für Einbußen in Ertragskraft oder Unternehmenswert sowie gegenüber deren Gesellschaftsgläubigern für Einbußen im Eigenkapital der Gesellschaft; eine erste Kommentierung findet sich bei *Irace*, in Sandulli/ Santoro, La riforma delle società, Commentario del d.lgs. 17 gennaio 2003, n. 6, Artt. 2462 – 2510 cod.civ., Art. 2497.

1104 Im italienischen Recht wird die Frage erörtert, ob Zwerganteile im Besitz eines zweiten Gesellschafters die Möglichkeit eines Haftungsdurchgriffs eröffnen, oder ob diese formale Rechtsposition ausreicht, um die Haftungsbeschränkung zu erreichen. Da sich die vorliegende Arbeit ausschließlich auf die Einpersonengesellschaft mit einer natürlichen/ juristischen Person beschäftigt und diese Problematik eher dem Konzernrecht zuzuordnen ist, sei verwiesen auf einerseits *Galgano*, Le società e lo schermo della personalità giuridica, Giur. Com. 1983 I 15; andererseits Cass. 09.05.1985, Nr. 2879, Giur. com. 1986 II 537; *Scognamiglio*, La responsabilità della società capogruppo: problemi ed orientamenti, Riv. dir. civ. 1988 I 369; einen Überblick in deutscher Sprache vermittelt, *Laule*, Zur Durchgriffhaftung nach italienischem Aktien- und GmbH- Recht, RIW 1979, S. 29 ff. Allerdings ist anzumerken, dass der Weg über die Zwergbeteiligung zukünftig nicht mehr erforderlich ist, da das neue Gesellschaftsrecht nunmehr auch die juristische Person als Alleingesellschafter grundsätzlich vor einer beschränkten Haftung bewahrt, ebenso *Steinhauer*, Die Reform des Gesellschaftsrechts in Italien, EuZW 2004, S. 367.

deren Verbindlichkeiten haften, sofern die Einlage nicht so, wie in Art. 2464 CC vorgesehen[1106], erbracht worden sind, oder[1107] solange die im Art. 2470 IV, VI CC vorgeschriebene öffentliche Bekanntmachung[1108] nicht vorgenommen worden ist[1109].

Die Haftung des Gesellschafters nach Art. 2462 II CC kommt erst bei Zahlungsunfähigkeit im Sinne einer fruchtlosen Vollstreckung in das Gesellschaftsvermögen der Gesellschaft in Betracht[1110], ist also subsidiär[1111]. Nach der überwiegenden Rechtsprechung[1112] steht die Klagebefugnis nicht dem Insolvenzverwalter zu, sondern nur den einzelnen Inhabern der beschriebenen Forderungen. Begründet wird dies damit, dass nicht die Gesellschaftsgläubiger in ihrer Gesamtheit von der Gesellschafterhaftung profitieren sollen, sondern ausschließlich die Forderungsinhaber, vorausgesetzt, dass die Forderungen während des Zeitraums entstanden sind, in der die Anteilsvereinigung in einer Hand lag.

1105 Art. 2462 II CC spricht nur davon, dass *"l'interna partecipazione è appartenuta ad una sola persona"*, während Ex- Art. 2497 II CC verlangt hat, dass *"le quote sono appartenute ad un solo socio"*.

1106 Durch den Verweis auf Art. 2464 CC können sämtliche Vermögensgegenstände mit feststellbarem wirtschaftlichen Wert eingebracht werden, vgl. *Lorenzetti/ Strnad*, Umfassende Reform des GmbH- Rechts in Italien, GmbHR 2004, S. 731 f.

1107 Um also in den Genuss der beschränkten Haftung zu gelangen, müssen beide Voraussetzungen erfüllt sein, vgl. *Montagnani/ Rosapepe*, in Sandulli/ Santoro, La riforma delle società, Commentario del d.lgs. 17 gennaio 2003, n. 6, Artt. 2462 – 2510, Art. 2462, n° 2.

1108 Die verspätete Eintragung der SRL hat zur Folge, dass die beschränkte Haftung sich auf Verpflichtungen bezieht, die erst nach der Eintragung begründet worden sind, vgl. *Ferrara/ Corsi*, Gli imprenditori e le società, Rdnr. 27.17.

1109 Art. 2462 II CC entspricht bis auf die nachfolgend beschriebene Veränderung Art. 2497 II CC. Deshalb kann insoweit auf ältere Literatur und Rechtsprechung zurückgegriffen werden. Eine große Abweichung enthält Art. 2462 II CC jedoch im Vergleich zu Ex- Art. 2497 II lit. a CC. Die Möglichkeit eines Haftungsdurchgriffs auf die Gesellschafter ist nunmehr nicht mehr möglich, wenn der Gesellschafter eine juristische Person oder einzigster Gesellschafter einer weiteren Gesellschaft ist, Ex- Art. 2497 II a CC war Ausfluss des Art. 2 II lit. a, b EP- RL. Ziel dieser Änderung war es offenbar, den Einsatz der Einpersonengesellschaft im Konzern zu fördern, vgl. *Montagnani/ Rosapepe*, in Sandulli/ Santoro, La riforma delle società, Commentario del d.lgs. 17 gennaio 2003, n. 6, Artt. 2462 – 2510, Art. 2462, n° 2; dazu auch *Lorenzetti/ Strnad*, Umfassende Reform des GmbH- Rechts in Italien, GmbHR 2004, S. 731.

1110 Vgl. *Ochs*, Die Einpersonengesellschaft in Europa: eine rechtsvergleichende Studie zum Recht der Einpersonen-GmbH in Deutschland, Frankreich, Italien und England, S. 159.

1111 Vgl. *Chieffi*, La società unipersonale a responsabilità limitata, S. 368.

1112 Vgl. Trib. Mailand, 12.01.2984, Banca, borsa, tit. cred. 1985 II 296.

b) Wissenschaft

In der Wissenschaft sind nur wenige Ansätze zu verzeichnen, eine persönliche Haftung der Gesellschafter zu begründen[1113]. Die beiden wichtigsten Theorien werden kurz skizziert.

(1) Socio tiranno

Die Theorie vom *socio tiranno* geht auf *Bigiavi* zurück und ist gestützt, auf die Annahme, dass zwischen tatsächlicher Machtausübung und der hierfür zu übernehmenden Verantwortung ein unzertrennbarer Zusammenhang besteht[1114]. Als dogmatische Grundlage dient der für Personengesellschaften geltende Art. 147 II L.F., der lautet:

„Zeigt sich nach der Konkurseröffnung über die Gesellschaft, dass es andere unbeschränkt haftende Gesellschafter gibt, so eröffnet das Landgericht auf Antrag des Masseverwalters oder von Amts wegen den Konkurs über diese, nachdem es sie in öffentlicher Sitzung angehört hat."[1115]

Bigiavi dehnt diese Vorschrift über ihren Wortlaut hinaus aus und entnimmt ihr eine allgemeine Wertung: Der Inhaber der effektiven Leitungsmacht, also derjenige, der die Gesellschaft führe und kontrolliere, sei der persönlichen Haftung unterworfen[1116]. Dabei differenziert er weder zwischen natürlicher und juristischer Person noch zwischen Gesellschaftern oder Dritten[1117]. *Bigiavi* setzt also an der Beherrschung der Gesellschaft an und verlangt darüber hinaus einen konkreten Missbrauch, wobei die Vermögenvermischung ein Indiz für einen solchen Missbrauch sei[1118].

Diese Lehre wurde weder von der Rechtsprechung[1119] übernommen noch fand sie in der Literatur Zustimmung[1120]. Neben dem Hinweis auf den prozessualen

---

[1113] In der Literatur wird häufig die Meinung vertreten, dass aufgrund des enumerativen Charakters des Art. 2462 II CC, es allein dem Gesetzgeber obliegt, eine Ausnahme der beschränkten Haftung festzulegen, vgl. *Chieffi*, La società unipersonale a responsabilità limitata, S. 368.

[1114] Vgl. *Bigiavi*, « Imprese » di finanziamento come surrogati del «socio tiranno» - imprenditore occulto, Giuri. it. 1956 IV 49 ff.

[1115] Übersetzung entnommen aus *Bauer/ König/ Kreuzer*, Italienisches Konkursrecht und andere Insolvenzverfahren.

[1116] Vgl. *Bigiavi*, Responsabilità illimitata del socio « tiranno », Foro. it. 1960 I 1180 ff.

[1117] Vgl. *Bigiavi*, Responsabilità illimitata del socio « tiranno », Foro. it. 1960 I 1180 ff.

[1118] Vgl. *Bigiavi*, Responsabilità illimitata del socio « tiranno », Foro. it. 1960 I 1180 ff.

[1119] Es fanden sich höchstens Ansätze dieser Theorie in Urteilen, die jedoch nicht zu der Annahme berechtigen, die Rechtsprechung sei diesem Ansatz gefolgt, vgl. Cass. 25.03.1971, Nr. 848 Giust. civ. 1971 I 1067; Trib. Vendig 06.08.1982 Dir. fall. 1983 II 744.

und nicht anspruchsbegründenden Charakter von Art. 147 II L.F., wird aus der Existenz und des Ausnahmecharakters des Art. 2462 II CC gefolgert, dass die Begründung einer unbeschränkten Haftung des Gesellschafters einer beschränkt haftenden Gesellschaft nicht möglich sei[1121].

(2) Società di fatto

Einen anderen Weg hat *Ascarelli* eingeschlagen, indem er von einer faktischen Gesellschaft *società di fatto*[1122] ausgeht, also einer Gesellschaft, die zwar irregulär gegründet worden ist, bei der indes alle wesentlichen Elemente tatsächlich vorliegen[1123]. Zwar ist der Wille zur gemeinsamen Zusammenarbeit vorhanden, im Gegensatz zu einer regulären Gesellschaft wurden jedoch die zur Gründung erforderlichen Formen missachtet[1124]. Gesellschafter dieser faktischen Gesellschaft[1125] sind entweder die Gesellschafter der ursprünglichen SRL oder die Gesellschafter der SRL und die SRL[1126].

Obwohl dieser Ansatz im Einklang mit den gesetzlichen Vorschriften war, wurde er von der Rechtsprechung nie aufgegriffen. Nach ständiger Rechtsprechung des *Corte di Cassazione* könne es nicht sein, dass juristische Personen als Gesellschafter einer Personengesellschaft auftreten würden, es stünden sich vielmehr zwei nicht miteinander in Einklang zu bringende Gesellschaftsformen gegenüber[1127].

c) Rechtsprechung

Die Rechtsprechung erkennt außerhalb der gesetzlichen Regelung des Art. 2462 II CC keine Möglichkeiten an, die beschränkte Haftung des Gesellschafter im Sinne eines Durchgriffs wieder aufleben zu lassen. Zwar hatten die Gerichte

---

1120 Vgl. *Fabbrini*, L'imprenditore occulto e la società di capitali, Foro. it. 1959 I 1222 ff.; *Fabiani*, Società insolvente e responsabilità del socio unico, S. 134 ff.

1121 Vgl. *Ascarelli*, Imprenditore occulto e sovrano della società- responsabilità limitata e frode alla legge, Foro. it. 1952 I 1315 ff.

1122 Vgl. hierzu *Campobasso*, Diritto Commerciale, Band 2: Diritto delle società, S. 56.

1123 Vgl. *Ascarelli*, Società di persone tra società, imprenditore occulto; amministratore indiretto; azionista sovrano, Foro. it. 1952 I 1315 – 1318.

1124 Vgl. *Jaeger/ Denozza,* Appunti di diritto commerciale, S. 150 f.

1125 Sie wurde entweder als *società semplice* oder als *società in nome colletivo* betrieben, im letzteren Fall wurde ein Handelsgeschäft betrieben, vgl. *Campobasso*, Diritto Commerciale, Band 2: Diritto delle società, S. 56.

1126 Vgl. *Ascarelli*, Società di persone tra società, imprenditore occulto; amministratore indiretto; azionista sovrano, Foro. it. 1952 I 1315 – 1318.

1127 Vgl. Cass. 29.04.1980 Nr. 2874 Giust. civ. mass. 1980, 1243; Cass. 19.05.1980 Giust. civ. mass. 1980, 1412; Cass. 18.10.1988, Nuova giur. civ. comm. 1989 I 453.

auch über Fälle des Missbrauchs zu entscheiden, diese lösten sie jedoch über sehr gekünstelt wirkende Konstruktionen, die es weder erlauben, als Durchgriff bezeichnet zu werden, noch geben sie eine Richtlinie für künftig zu entscheidende Fälle vor[1128].

Die Gerichte weisen darauf hin, dass der Gesetzgeber bei der SRL grundsätzlich von der beschränkten Haftung der Gesellschaft ausgeht. Eine Analogie zu Art. 147 I L.F.[1129], der für die Personengesellschaften gilt, würde sich im Falle der Eröffnung des Insolvenzverfahrens verbieten und somit fände auch keine Insolvenzerstreckung auf den hinter der Gesellschaft stehenden Gesellschafter statt.

3. Fazit

Die Einpersonengesellschaft mit beschränkter Haftung ist in Italien mittlerweile anerkannt. Der Gesetzgeber hat versucht, die Durchgriffsproblematik durch die Vorschrift des Art. 2462 II CC in den Griff zu bekommen. Die Rechtsprechung legt diese Vorschrift streng formal aus und vermeidet jede Ausdehnung auf ähnlich gelagerte Fälle. Nur in ganz seltenen Ausnahmefällen macht sie Ausnahmen von dieser Position, die jedoch keine Bildung von Fallgruppen erlauben. Die in der Wissenschaft entwickelten Ansätze fanden in der Rechtsprechung kein Gehör.

Obwohl Art. 2462 II CC zu einer Inanspruchnahme des Gesellschafters führt, liegt kein Durchgriff im klassischen Sinne des Außerachtlassens der juristischen Persönlichkeit vor. Auch die in der Literatur entwickelten Modelle setzen nicht an der juristischen Person an, sondern greifen auf eigenständige Anspruchgrundlagen zurück[1130].

[1128] So wurde bspw. angenommen, es existiere ein Einzelunternehmen des Gesellschafters neben der Gesellschaft, wobei es sich indes nicht um eine automatische Konkurserstreckung handelte, sondern der Konkurs seine Ursache in der eigenen Zahlungsunfähigkeit des Einzelunternehmens hatte, vgl. Cass. 09.05.1961, Giur. It. 1961 I 1, 1066; kritisch hierzu *Bigiavi*, „Imprese" di finanziamento come surrogati del „socio tiranno"- imprenditore occulto, Giur. it. 1967 IV 49 ff.

[1129] Wortlaut des Art. 147 I L.F.: Das Urteil, das den Konkurs über eine Gesellschaft mit unbeschränkt haftenden Gesellschaftern eröffnet, bewirkt auch den Konkurs der unbeschränkt haftenden Gesellschafter; entnommen aus *Bauer/ König/ Kreuzer*, Italienisches Konkursrecht und andere Insolvenzverfahren.

[1130] Ebenso *Ochs*, Die Einpersonengesellschaft in Europa: eine rechtsvergleichende Studie zum Recht der Einpersonen-GmbH in Deutschland, Frankreich, Italien und England, S. 177.

VI. Rechtliche Situation in England

Aufgrund der strukturellen Unterschiede[1131] zwischen den vorangegangenen und der englischen Rechtsordnung, wird die folgende Darstellung einige Besonderheiten aufweisen. Es wird versucht, die vorige Gliederung beizuhalten, ohne jedoch die Strukturunterschiede zu verwischen.

1. Der Grundsatz

Das englische Gesellschaftsrecht unterscheidet zwei Formen der Kapitalgesellschaften, die *public company* und die *private company*[1132]. Während die *public company* der deutschen AG entspricht, findet die *private company*[1133] ein Korrelat in der deutschen GmbH[1134]. Die Einpersonengesellschaftsrichtlinie führte zur Zulässigkeit der *private company limited by shares* und der *private company limited by guarantee* mit nur einem Gesellschafter. Vor deren Erlass waren Einpersonengesellschaften jedoch bereits unter dem Stichwort *one- man company* bekannt und anerkannt[1135].

1131 So ist das englische Recht bspw. geprägt von Common und Civil law, ausführlich hierzu *Ochs*, Die Einpersonengesellschaft in Europa: eine rechtsvergleichende Studie zum Recht der Einpersonen-GmbH in Deutschland, Frankreich, Italien und England, S. 179 ff.

1132 Bei diesen beiden Gesellschaftsformen handelt es sich um Varianten eines einheitlichen Gesellschaftstyps, der *registered company*, vgl. *Shearman*, Die Gesellschaft mit beschränkter Haftung in England und Wales, GmbHR 1992, S. 149; *Birds*, in Roth, Das System der Kapitalgesellschaften im Umbruch- ein inter-nationaler Vergleich, S. 142 f.

1133 Die *private company* wiederum kommt als *private company limited by shares*, als *private company limited by guarantee* und als *unlimited company* vor. Die *private company limited by shares* verfügt über ein Nominalkapital, für das allerdings weder eine Obergrenze, noch eine Untergrenze besteht und ist die verbreiteteste Variante. Die *private company limited by guarantee* wird auch als Gesellschaft mit beschränkter Nachschusspflicht bezeichnet. Ihre Gesellschafter verpflichten sich, im Falle der Liquidation der Gesellschaft für die Gesellschaftsschulden in bestimmter, im Memorandum festgelegter Höhe zu haften. Bei der *unlimited company* haften die Gesellschafter im Fall der Abwicklung voll für die Gesellschaftsschulden.

1134 Sowohl deren Funktion, als auch deren wirtschaftliche Bedeutung ist vergleichbar. Die *public company* ist auf die Bedürfnisse des Großkapitals zugeschnitten, die *private company* soll den personalistischer orientierten Klein- und Mittelunternehmen als Rechtsform dienen., vgl. *Güthoff*, Gesellschaftsrecht in Großbritannien: Eine Einführung mit rechtsvergleichenden Tabellen, S. 4 f.; *Shearman*, in Centrale für GmbH Dr. Otto Schmidt, Die GmbH- Rechte in den EG- Staaten, S. 51 f.

1135 Vgl. *Rice*, „One Man" Company or one man "company", J.B.L. 1964, S. 36; zur geschichtlichen Entwicklung der Einpersonengesellschaft in England ausführlich *Ochs*, Die Einpersonengesellschaft in Europa: eine rechtsvergleichende Studie zum Recht der Einpersonen-GmbH in Deutschland, Frankreich, Italien und England, S. 181 ff.

Mit Aushändigung der Gründungsurkunde (*certificate of incorporation*) wird die *company* zur juristischen Person. Die aus der Rechtspersönlichkeit resultierenden Folgen wurden in *Salomon v. Salomon Co Ltd.*[1136] festgehalten; nämlich die strikte Trennung zwischen Gesellschaft und Gesellschafter[1137]. In der angelsächsischen Literatur wird dieses Grundprinzip[1138] als „*veil of incorporation*"[1139] bezeichnet[1140]. Als Konsequenz dieser Trennung ist ausschließlich die Gesellschaft Eigentümerin des Gesellschaftsvermögens[1141] und Vertragspartnerin[1142]. Dieses Prinzip wurde streng beachtet und fand in zahlreichen Fällen Bestätigung[1143].

2. Der Ausnahmetatbestand

Sowohl die Legislative als auch die Judikative erkennen an, dass es in bestimmten Fällen erforderlich ist, von dem Trennungsprinzip Ausnahmen zuzulassen.

1136 Vgl. *Salomon v. Salomon Co Ltd.* [1897] A.C. 51.

1137 Wörtlich heißt es dort: "The corporation is a legal entity distinct from its members", so wird die Gesellschaft auch als *artificial person* bezeichnet, vgl. *Davies*, Gower and Davies' Principles of Modern Company Law, S. 27.

1138 Weitere Beispiele *Gramophone & Typewriter Co. Ltd. v. Stanley* [1908] 2 K.B. 89; *Ebbw Vale UDC v. South wales trafficArea Licensing Authority* [1951] 2 K.B. 366; *Tunstall v Steigman* [1962] 2 Q.B. 593.

1139 Übersetzt: Schleier der Rechtspersönlichkeit.

1140 Vgl. *Davies*, Gower and Davies' Principles of Modern Company Law, S. 27.

1141 Vgl. *Macaura v. Northern Assurance Co. Ltd*, [1925] A.C. 619.

1142 Vgl. mit weiteren Beispielen *Hannigan*, Company Law, S. 66.

1143 Vgl. *Bank voor Handel en Scheepvaart N.V. v. Slatford*, [1953] 1 Q.B. 248; *Tunstall v. Steigman*, [1962] 2 Q.B. 593; die Entscheidung *Lee v. Lee's Air Farming Ltd.*, [1961] A.C. 12 wird in der Regel herangeführt, um zu zeigen, wie streng diese Trennlinie zwischen Gesellschaft und Gesellschafter gezogen wurde. In dieser Entscheidung hatte Lee eine *company* zum Betrieb eines Agrarfluguntemehmens gegründet und hielt bis auf eine einzige Aktie alle Anteile in seiner Hand. Als Chef- Pilot und leitete gleichzeitig die Geschäfte als alleiniger Geschäftsführer. Er versicherte die Gesellschaft gegen das Risiko, nach dem Workmen' Compensation Act Entschädigung für Arbeitsunfälle leisten zu müssen. Als er bei einem Flugunfall ums Leben kam, entschied der *Privy Council* unter Aufhebung des Urteils des Court of Appeal von Neuseeland, dass seine Witwe berechtigt sei, von der Versicherung die Entschädigung zu verlangen, da Lee Angestellter der Gesellschaft gewesen sei. In jüngerer Vergangenheit vertraten allerdings immer mehr Gerichte die Ansicht, dass es unangemessen sei, jemanden Arbeitnehmerschutz zu gewähren, der letztendlich die dazu maßgeblichen Entscheidungen getroffen hat, vgl. *Secretary of State for Trade and Industry v. Bottrill* [2000] 2 B.C.L.C 448; *Palmers*, Palmer's Company Law, Rdnr. 2.1505.

Diese unter dem Stichwort „*lifting the veil*“[1144] behandelten Fälle werden nachfolgend analysiert.

a) Gesetzgebung

Der englische Gesetzgeber hat seit Mitte des 19. Jahrhundert versucht, die Haftung des Gesellschafters unter bestimmten Bedingungen aufleben zu lassen[1145]. Die ergriffenen Maßnahmen werden im Folgenden untersucht.

(1) Fraudulent Trading

Section 213 IA 1986 ordnet die persönliche Haftung für diejenigen an, die sich an solchen Geschäften der Gesellschaft beteiligt hatten, die in der Absicht, die Gläubiger der Gesellschaft oder irgendeine andere Person zu betrügen oder zu einem anderen betrügerischen Zweck durchgeführt wurden. Aus dem Wortlaut der Vorschrift geht also hervor, dass die persönliche Haftung nicht nur gegen Gesellschafter[1146], sondern gegen jeden ergeht, der einen aktiven Part im Geschäftsleben wahrgenommen hat[1147]. Nicht ausreichend hierfür ist, dass er lediglich geschwiegen oder oder untätig geblieben ist[1148].

Voraussetzung dafür, dass s. 213 IA 1986 Anwendung findet, ist, dass sich die Gesellschaft im Abwicklungsstadium[1149] befindet. Dabei muss die persönliche Haftung der genannten Personen auf Antrag des Liquidator[1150] vom Gericht ausgesprochen werden[1151]. Daraus folgt auch gleichzeitig, dass die gerichtliche Anordnung nur zugunsten des Liquidators ergeht und ein direkter Zugriff einzelner Gläubiger ausgeschlossen ist. Um Beweisschwierigkeiten zu reduzieren,

---

1144 Zuweilen findet sich auch die amerikanische Bezeichnung „*piercing the veil*“, gemeint ist damit jedoch dasselbe, vgl. *Hannigan*, Company Law, S. 67.

1145 Vgl. die Möglichkeit des Durchgriffs bei der Reduzierung der Mitgliederzahlunter das gesetzliche Minimum, s. 24 CA 1985.

1146 Dies ist ein elementarer Unterschied zu der Vorgängervorschrift des s. 332 CA.

1147 Vgl. *Re Cooper Chemicals Ltd.* [1978] Ch. 262.; *Re Bank of Credit and Commerce International SA* [2001] 1 B.L.C.R. 263; *Davies*, Gower and Davies' Principles of Modern Company Law, S. 195 f.

1148 Vgl. *Re Maidstone Building Provisions Ltd.* [1971] 1 W.L.R. 1085; *Re Augustus Barnett & Son Ltd* [1986] B.C.L.C. 170.

1149 Nicht erforderlich ist, dass die Gesellschaft zahlungsunfähig ist.

1150 Der Liquidator entspricht in seiner Funktion dem Insolvenzverwalter nach deutschem Recht.

1151 Die ist gegenüber der Vorgängervorschrift des s. 332 CA eine Erneuerung.

wurde im Rahmen der Reform von 1985- 1986[1152] auf Empfehlung des *Cork Committee*[1153] die Verschuldensform auf den Fahrlässigkeitsgrad[1154] reduziert.

(2) Wrongful Trading

Um eine bestmögliche Absicherung der Gläubigerinteressen zu erreichen[1155], eröffnet s. 214 IA 1986 eine Haftung des Direktors[1156] für Schulden der Gesellschaft, wenn diese sich im Abwicklungsstadium befindet und das Vermögen der Gesellschaft nicht ausreichend ist, um die Schulden und Verfahrenskosten abzudecken. Im Unterschied zu s. 213 IA 1986 muss die Gesellschaft also insolvent sein[1157]. Dieser Umstand hätte dem in Anspruch genommenen Direktor eine gewisse Zeit vor der Abwicklung der Gesellschaft bewusst sein müssen, oder er hätte wissen müssen, dass die Gesellschaft nicht mehr vermeiden konnte, insolvent liquidiert zu werden (s. 214 (2)(b) IA 1986). Um zu beurteilen, welche Schlussfolgerung der Direktor hätte ziehen müssen, wird er so angesehen, als ob er über die durchschnittlichen Kenntnisse, Fähigkeiten und Erfahrungen, die die Ausübung seiner Funktion voraussetzt, verfügt[1158]. Sofern seine Qualifikation diesen Standard überragt, ist auf die tatsächlichen Eigenschaften und Kenntnisse abzustellen (s. 214(4) und (5) IA 1986). Eine Ausnahme für die persönliche Haftung des Direktors sieht s. 214 (3) IA 1986 für den Fall vor, dass das Gericht davon überzeugt ist, dass er, sobald er verkannt hat, dass Zahlungsunfähigkeit eingetreten ist oder bevorsteht, alles unternommen hat, um die den Gesellschaftsgläubigern drohende Verluste zu minimalisieren[1159]. Die Haftung um-

---

[1152] Vor der Reform von 1985/ 1986 nahm s. 322 CA 1948 diese Funktion wahr, so dass auch noch heute die zu dieser Vorschrift ergangenen Entscheidungen relevant sind.

[1153] Vgl. Cmnd. 8558 (1981), Chap. 44.

[1154] Zuvor war es kaum möglich den Nachweis eines *fraudulent tradings* zu führen, weil der Verschuldensnachweis (vgl. hierzu *Re Patrick Lyon Ltd.* [1933] ALL E.R. 590) sehr schwer zu führen war. Auch die Entwicklung objektiver Kriterien (vgl. *Re William C. Leitch Bros. Ltd* [1932] 2 Ch. 71) beseitigte dieses Problem nicht.

[1155] Vgl. *Davies*, Gower and Davies' Principles of Modern Company Law, S. 198 f., der ausführlich auf diese ausgleichende Funktion des s. 214 IA 1986 eingeht.

[1156] Zum grundsätzlichen Verständnis des Begriffs *director* kann auf die Ausführungen zur monistischen Verwaltungsstruktur einer SE verwiesen werden, S. 108 ff.

[1157] Ein weiterer Unterschied zwischen den beiden Normen ist, dass das Gericht nach s. 213 IA 1986 bei der Bemessung der Höhe der Ausgleichszahlungen auch Strafelemente berücksichtigen kann.

[1158] Selbst wenn er diesen Ansprüchen nicht genügt, so kann er nicht dadurch entschuldigt werden, er hätte in ehrlicher Absicht gehandelt, *Re Produce Marketing Consortium Ltd.* [1989] 1 W.L.R. 745.

[1159] Es obliegt zwar dem Liquidator die objektiven Anspruchsvoraussetzungen nachzuweisen, allerdings ist es Sache des *directors*, den Nachweis zu führen, dass er jeden möglichen fasst nicht automatisch die Schulden der zahlungsunfähigen Gesellschaft. Ebenso wie bei s. 213 IA 1986 kommen die Beträge, die in das Gesellschaftsvermögen zu leisten sind, der gesamten Gläubigerschaft zugute[1160].

Von Bedeutung ist, dass nach s. 214 VII IA 1986 auch der faktische Direktor (*shadow director*) erfasst wird[1161]. Darunter versteht man eine Person, deren Anordnungen und Weisungen die Direktoren einer *company* gewöhnlich befolgen. Abgegrenzt werden muss dieser faktische Direktor von den Personen, die den Direktoren lediglich beruflichen Rat geben (s. 251 IA 1986)[1162].

(3) Abuse of name und Disqualification of directors

Anlass für die Regelung der ss. 216, 217 IA 1986[1163] sowie s. 15 *Company Directors Disqualification Act 1986* war, den Missbrauch der Gesellschaft zu verhindern[1164]. So wurden Gesellschaften ohne Wissen der Gläubiger durch nahestehende Personen als Liquidator abgewickelt. Folge hiervon war, dass für die Befriedigung der Gläubiger in der Regel nichts übrig blieb[1165]. Unmittelbar im Anschluss an die Liquidation dieser Gesellschaft setzten dieselben Personen das Unternehmen im Rahmen einer neuen Gesellschaft mit ähnlicher Firma fort. Dieses Vorgehen konnte, solange keine betrügerischen Machenschaften nachzuweisen waren, ständig wiederholt werden, ohne dass dieses Verhalten durch Rechtsbehelfe anzugreifen war. Nunmehr wird ein solches Verhalten durch s. 216 IA 1986 sanktioniert und s. 217 IA 1986 ordnet die persönliche Haftung der Beteiligten an. Wer schließlich entgegen einer Untersagungsverfügung die Funktion eines Geschäftsführers ausübt, unterliegt ebenfalls der persönlichen Haftung (ss. 14, 15 *Company Directors Disqualification Act 1986*).

Schritt unternommen hat, um den Schaden für den Gläubiger so gering wie möglich zu halten.

1160 Vgl. *Re Purpoint Ltd. [1991] B.C.L.C. 1491*; zur Höhe der persönlichen Haftung siehe *Re Produce Marketing Consortium Ltd.* (No. 2) [1989] B.C.L.C. 520.

1161 Vgl. hierzu *Re Hydrdan (Corby) Ltd.* [1994] B.C.C. 161; *Re PFTZM Ltd.* [1995] B.C.C. 161.

1162 Nachvollziehbar ist, dass diese Einführung dieser Vorschrift gerade von Banken und Mutter- Gesellschaften starke Proteste ausgelöst hat, vgl. *Davies*, Gower and Davies' Principles of Modern Company Law, S. 197.

1163 Das Verhalten, das hier sanktioniert wird, wird unter dem Stichwort "*Phoenix Companies*" erörtert.

1164 Hierzu *Davies*, Gower and Davies' Principles of Modern Company Law, S. 200 ff; 211 ff.

1165 Die Gesellschaften mit beschränkter Haftung müssen in England nicht mit einem Mindesthaftkapital ausgestattet werden.

Es existieren noch zahlreiche Vorschriften, die in englischen Lehrbüchern unter dem Stichwort „*lifting the veil of incorporation*" abgehandelt werden[1166]. Allerdings wird im Rahmen dieser Arbeit darauf nicht eingegangen, da diese nicht den hier im Vordergrund des Rechtsvergleichs stehenden Schutz der Gläubigerinteressen bezwecken[1167].

b) Rechtsprechung

Bezeichnend für die Situation in England ist, dass es kaum möglich ist, auf der Basis der Entscheidungen ein strenges Prinzip zu formulieren[1168]. Allerdings werden heute von der Literatur Klassifizierungen der „*veil lifting*"-Fälle vorgenommen, die auch für diese Arbeit übernommen werden sollen.

(1) Agency

Unter den Begriff der *agency* fallen alle Entscheidungen, bei denen der Gesellschafter als Stellvertreter der Gesellschaft aufgetreten ist. Im Ergebnis wird die Gesellschaft nicht verpflichtet, wenn der Gesellschafter seiner *company* tatsächlich keine Vollmacht erteilt oder die Gesellschaft nach außen hin nicht den Anschein einer solchen erweckt hat, so dass letztlich der Gesellschafter für die Verbindlichkeiten haften muss. Allerdings ist dieses Ergebnis methodologisch von dem eines *veil lifting* zu unterscheiden[1169]. Wichtig ist, zu erkennen, dass die Beherrschungssituation oder der Strohmanncharakter keine hinreichenden Gründe sind, eine *agency* anzunehmen[1170].

1166 So bspw. s. 349 (4) CA 1985, der die subsidiäre persönliche Haftung der Vertreter (*officer*) anordnet, sofern diese bei der Unterzeichnung von Wechsel, Schecks, Schuldscheinen oder dergleichen die Tatsache der Vertretung der Gesellschaft nicht hinreichend deutlich gemacht haben. Dabei handelt es sich vielmehr um eine Regelung, die dem Recht der Stellvertretung zuzuordnen ist, welche jedoch sehr extensiv ausgelegt wird, vgl. *Scottish & Newcastel Breweries Ltd. v. Blair* [1967] S.L.T. 72; Darstellung bei *Pennigton*, Company law, S. 53 ff.

1167 Als Beispiel soll s. 30 *Landlord and Tenant Act 1954* genannt werden. Diese Vorschrift gestattet es dem Vermieter von Geschäftslokalen unter bestimmten Voraussetzungen, die Räumlichkeit wieder in Besitz zu nehmen, um selbst ein Geschäft zu betreiben.

1168 Ebenso *Boyle/ Ferran*, Boyle & Birds' Company Law, S. 28; *Farrrar/ Furey/ Hannigan*, Farrars Company law, S. 74; *Ezran- Charrière*, L'entreprise unipersonnelle dans les pays de l'Union Européenne, S. 405.

1169 Ausführlich hierzu *Bauschke*, Grenzen der Rechtspersönlichkeit juristischer Personen im englischen Gesellschaftsrecht, S. 78 ff.

1170 Vgl. *Salomon v. Salomon & Co. Ltd.* [1897] A.C. 31, zustimmend *Hannigan*, Company Law, S. 68., anders *Smith, Stone & Knight Ltd. v. Birmingham Corporation* [1939] 4 All E.R. 116; *Firestone Tyre & Rubber Co. Ltd. v. Lewellin*, [1957] W.L.R. 464; anzumerken

(2) The interests of justice

Auch wenn durchaus gesehen wird, dass auch Gerechtigkeitserwägungen für eine Durchbrechung des Trennungsprinzips sprechen könnten, so wird gleichzeitig eingeräumt, dass dies zu vage ist und Rechtsunsicherheit für Gerichte, Gesellschafter und Gläubiger mit sich bringt[1171]. Es findet sich dementsprechend auch keine Entscheidung, die auf solche Erwägungen abstellt.

(3) A mere façade concealing the true facts

Die einzigste Fallgruppe, innerhalb der die juristische Person ignoriert wird und auf den hinter ihr stehenden Gesellschafter durchgegriffen wird, wird im englischen Recht durch den Begriff „*façade*"[1172] umschrieben[1173]. Schwierig ist es jedoch herauszufinden, wann die Voraussetzungen vorliegen, unter denen eine solche *façade* bejaht wird[1174]. Ausdrücklich anerkannt wurde die Fallgruppe der *façade* durch die Entscheidung *Adams v. Cape Industries plc.*[1175]. Zwar hat das Gericht dort klargestellt, dass es sich mangels festgelegter Kriterien[1176], ziemlich alleingelassen fühlte; allerdings entwickelte es auch keine brauchbare Definition[1177].

In dieser Entscheidung kam das Gericht unter Heranziehung der Entscheidung *Jones v. Lipman*[1178] zu dem Ergebnis, dass den Motiven der Errichter der Fassade eine wesentliche Bedeutung zukommt. So weisen auch alle, die dieser Fallgruppe zuzuordnenden Entscheidungen, eine Gemeinsamkeit auf; die Kontrolle und irgendeine Form des Missbrauchs[1179], in der Absicht, sich einen persönlichen Vorteil zu verschaffen sind Anlass für die Wahl der Rechtsform[1180]. Wäh-

---

ist jedoch, dass in beiden Entscheidungen der Eindruck entsteht, dass die Argumentation durch das Ergebnis vorgezeichnet waren.

1171 Vgl. *Davies*, Gower and Davies' Principles of Modern Company Law, S. 187.

1172 Durch diesen Begriff (übersetzt: Fassade) wurde endlich begriffliche Klarheit geschaffenen. Vorher fanden sich Begriffe wie *device, sham, creature, stratagem, mask* oder *puppet* in den Entscheidungen, vgl. *Davies*, Gower and Davies' Principles of Modern Company Law, S. 185.

1173 Vgl. *Woolfson v. Strathclyde regional Council* [1978] S.L.T 159; [1978] S.C. 90 H.L; *Trustor AB v. Smallbone* [2001] 2 B.C.L.R. 436.

1174 Vgl. *Gilford Motor Co. Ltd. v. Horne* [1933] All E.R. 109.

1175 *Adams v. Cape Industries plc.* [1990] Ch. 539, wo der *lifting veil* zugelassen wird, wenn die Gesellschaftsform "*a mere façade concealing the true facts*" ist.

1176 Hilfreich war nur der Rückgriff auf die Entscheidung *Jones v. Lipman* [1962] W.L.R. 832.

1177 Vgl. *Davies*, Gower and Davies' Principles of Modern Company Law, S. 185.

1178 Vgl. *Jones v. Lipman* [1962] W.L.R. 832.

1179 Dabei handelt es sich in der Regel um Vertrags- oder Gesetzesumgehungen.

1180 Vgl. *Schmitthoff*, Salomon in the shadow, J.B.L 1976, 311; *Hannigan*, Company Law, S. 70 ff.; *Boyle/ Ferran*, Boyle & Birds' Company Law, S. 29.

rend die alleinige Kontrolle kein ausreichendes Kriterium zur Begründung einer *façade* ist[1181], scheint eine Begrenzung auf Missbrauchsfälle hingegen nicht zu bestehen.

Eine Unterkapitalisierung der Gesellschaft kann nicht die Annahme eines Missbrauchs der Gesellschaft begründen. Sie wurde unter dem Gesichtspunkt des betrügerischen Verhaltens durch Hingabe eines Gesellschafterdarlehens bereits in *Salomon* diskutiert und mit der Begründung abgelehnt, es sei Sache des Gläubigers, sich ein Bild von der Liquidität und den Vermögensverhältnissen der Gesellschaft zu machen; ausreichenden Schutz würden vielmehr die Publizitätsvorschriften bieten[1182]. Die Vermögensvermischung wurde bislang nicht in die wissenschaftliche Auseinandersetzung miteinbezogen[1183].

Ob die Gerichte einen Haftungsdurchgriff erlauben, dürfte letztlich davon abhängen, welcher Grundauffassung die mit dem jeweiligen Fall befassten Richter bezüglich des *veil lifting* folgen[1184]. Allerdings ist festzustellen, dass sie im Grundsatz dazu bereit sind, davon Gebrauch zu machen[1185].

3. Fazit

Die Einpersonengesellschaft mit beschränkter Haftung ist mittlerweile in England anerkannt. Durch die *Salomon*- Entscheidung ist im englischen Recht, das Prinzip der rechtlichen Selbständigkeit der juristischen Person tief verwurzelt. Ein Instrumentarium, das differenzierte Reaktionen auf die unterschiedlichen Missbrauchstatbestände erlaubt, existiert jedoch nicht. Vielmehr wird sogar das bloße Aufdecken der tatsächlichen Verhältnisse als Eingriff angesehen[1186]. Bei einer Analyse der sich anschließenden Rechtsprechung hat sich herausgestellt, dass die Gerichte nur eine Fallgruppe anerkennen, bei der sie den *veil lifting* ausnahmsweise zulassen, nämlich dann wenn die Gesellschaft als „*façade*“ missbraucht worden ist. Schwierigkeiten bringt dieser Durchgriff insoweit mit

---

1181 Eine solche Annahme wäre mit der *Salomon*- Entscheidung nicht zu vereinbaren, vgl. *Ord v Belhaven Pubs Ltd.* [1998] 2 B.C.L.R. 447.

1182 Vgl. *Salomon v. Salomon & Co. Ltd.* [1897] A.C. 40, 52; kritisch jedoch *Davies*, Gower and Davies' Principles of Modern Company Law, S. 189.

1183 Das ist möglicherweise auf die Publizitätsvorschriften zurückzuführen, so *Bauschke*, Grenzen der Rechtspersönlichkeit juristischer Personen im englischen Gesellschaftsrecht, S. 113.

1184 So sind zwei Ansätze zu verzeichnen vgl. *Littlewoods Mail Order Stores Ltd. v. Commissioners of Inland Revenue* [1969] 1 W.L.R. 1254; *Re Securitybank Ltd.* (No. 2) [1978] 2 N.Z.L.R. 136.

1185 Vgl. *Re a Company* [1985] B.C.L.C. 337.

1186 Vgl. *Bauschke*, Grenzen der Rechtspersönlichkeit juristischer Personen im englischen Gesellschaftsrecht, S. 62.

sich, als der Nachweis, dass die juristische Person als zur Verheimlichung der wahren Umstände missbraucht worden ist, geführt werden muss.

Die Gerichte verhalten sich sehr zurückhaltend, sobald über die Gesellschaft hinweg auf das Vermögen des Gesellschafters zugegriffen werden soll[1187]. Allerdings hat der Gesetzgeber mit den Vorschriften der ss. 213, 214 IA 1986 auch einen effektiven Gläubigerschutz ermöglicht. Die Erwartung einer persönlichen Haftung für die Schulden der Gesellschaft, zusammen mit der Drohung der Disqualifikation[1188], stellt einen starken Anreiz dar, die Geschäfte dann zu beenden, wenn sie nicht mehr mit Gewinn am Handel teilnehmen kann.

[1187] Vgl. *Nokes v. Doncaster Amalgated Collieries* [1940] A.C. 1014, H.L., so auch *Davies*, Gower and Davies' Principles of Modern Company Law, S. 189.

[1188] So sind im Zeitraum von 1998 – 2003 nur 3 Direktoren disqualifiziert worden, vgl. *Davies*, Gower and Davies' Principles of Modern Company Law, S. 222.

B. Rechtsvergleich

Nachdem nun der darstellende Teil abgeschlossen ist, werden die Lösungen der einbezogenen Rechtsordnungen gegenübergestellt und einer kritischen Wertung unterzogen. Dabei wird das oben angelegte Schema übernommen.

I. Der Grundsatz

In allen Rechtsordnungen ist die Einpersonengesellschaft mit beschränkter Haftung formal zulässig. Ausgangpunkt aller Rechtsordnungen ist der Grundsatz der Trennung des Privatvermögens vom Gesellschaftervermögen[1189].

II. Der Ausnahmetatbestand

Gemeinsam ist allen Rechtsordnungen auch, dass sie eine Durchbrechung der Haftungsbeschränkung zulassen, wenn sich die Gesellschafter mehr oder weniger weit von dem gesetzlichen Leitbild entfernen. Allen Bemühungen liegt das Ziel zugrunde, den tatsächlich Verantwortlichen zu fassen[1190]. Dabei haben sich in den einzelnen Rechtsordnungen Gemeinsamkeiten, aber auch Unterschiede in der Art und Weise, wie diese Situationen einer Problemlösung zugeführt werden, feststellen lassen.

1. Gesetzgebung

In Frankreich und England haben die jeweiligen Gesetzgeber in Art. L624-3 L624-5 C. com. bzw. ss. 213, 214 IA 1986 versucht, gesetzliche Regelungen zu schaffen, mittels derer sie bei Zahlungsunfähigkeit der Gesellschaft den jeweils Verantwortlichen dem Zugriff der Gläubiger aussetzen. In Deutschland hat der Gesetzgeber einzig das Problem der nominellen Unterkapitalisierung in §§ 32 a, 32 b GmbHG einer gesetzlichen Regelung zugeführt. Zwar kennt das deutsche Recht auch eine Geschäftsführerhaftung (§ 43 II; 64 II GmbHG[1191]), deren Bedeutung bleibt jedoch weit hinter den französischen und englischen Regelungen zurück.

So hat der Gesetzgeber in Art. L624-5 C. com. die Möglichkeit geschaffen, zu einer Haftung der Gesellschafter zu gelangen, die die Position eines *dirigeant*

1189 Vgl. S. 210 f., 219 f., 229 f., 235 f.

1190 So wird im französischen Recht der *maître de l'affaire* zur Verantwortung gezogen.

1191 Vgl. zu der umstrittenen Auslegung des § 64 GmbHG *Schmidt*, Konkursverschleppungshaftung und Konkursverursachungshaftung- Überlegungen zum Haftungsrecht der GmbH und der GmbH & Co., ZIP 1988, S. 1497 ff.; insbesondere ist es noch nicht ausreichend abgesichert, dass sich § 64 GmbHG auch auf das faktische Leitungsorgan erstreckt.

de fait ou de droit inne haben. Dabei entsprechen einige der in Art. L624-5 C. com. normierten Untergruppen den in Deutschland als Vermögensvermischung bekannten Fälle, allerdings durchmischt von allgemeinen Missbrauchtatbeständen. Allgemeine Missbrauchstatbestände finden sich ebenso in s. 213 IA 1985. Im Gegensatz zur deutschen Geschäftsführerhaftung nach § 64 II GmbHG ist es nach s. 213 IA 1985 nicht erforderlich, dass der Gläubiger den Nachweis eines konkreten Schadens erbringt.

Die englischen und französischen Vorschriften weisen allerdings den Nachteil auf, dass die Umschreibungen der Tatbestandsmerkmale interpretationsfähig und –bedüftig sind. Selbst wenn man abstrakte Definitionen findet, mittels derer sich die vagen Begriffe beschreiben lassen, so treten in der Praxis sehr viele Beweisschwierigkeiten auf. So ist es beispielsweise nicht immer eindeutig, ob jemand als *dirigeant de fait* bzw. *shadow director* gehandelt hat. Dem kann auch nicht durch eine Beweislastumkehr entgegen gewirkt werden, weil diese nämlich eine Gefahr für den Bestand der Einpersonengesellschaft mit sich bringt. Darüber hinaus stellen diese Normen auch insoweit eine begrenzte Möglichkeit der Rechtsdurchsetzung dar, als sowohl bei Art. L624- 3; 624-5 C. com als auch bei den ss. 213, 214 IA 1986 die Gläubiger selbst nicht befugt sind, entsprechende Anträge an die Gerichte zu stellen.

Die italienische Rechtsordnung nimmt eine exponierte Stellung ein. Zwar enthält Art. 2462 II CC eine Ausnahme vom Trennungsprinzip, allerdings knüpft der Zugriff auf das Gesellschaftervermögen nicht an dessen Fehlverhalten hinsichtlich der Geschäftsführung an, sondern sanktioniert Verstöße, die bereits bei der Gründung der Gesellschaft erfolgt sind.

2. Rechtsprechung und Wissenschaft

Der Anwendungsbereich des Durchgriffs hat sich in allen Rechtsordnungen auf wenige Fallgruppen reduziert. Nachfolgend wird dargestellt, welche Fallgruppen sich in den einzelnen Ländern gebildet haben.

a) Deutschland

In Deutschland ist die Rechtsprechung zurückhaltend damit, einen Haftungsdurchgriff zu bejahen. Auch schenkt sie den in der Literatur gemachten Anstrengungen kaum Beachtung. Zwar führten Missbrauchlehren und Normanwendungslehren zu einer Fallgruppenbildung, allerdings werden diese keinem einheitlichen Ergebnis zugeführt, so dass die Wissenschaft der Rechtsprechung letztendlich kein Instrument an die Hand gibt, mit dem sie diese Problematik lösen kann.

Allerdings hat sich in der Rechtsprechung im Bereich der Einpersonengesellschaft mit beschränkter Haftung eine Fallgruppe herauskristallisiert, innerhalb welcher sie bereit ist, den Gläubigern den Zugriff auf das Gesellschaftervermögen zu gestatten, nämlich die der Vermögensvermischung[1192]. Ob die qualifizierte materielle Unterkapitalisierung auch eine solche Fallgruppe darstellt, bleibt abzuwarten. Vorweggenommen werden kann bereits, dass in den anderen Ländern eine materielle Unterkapitalisierung grundsätzlich kein Grund für einen Haftungsdurchgriff ist. Ausnahmen werden nur dort gemacht, wo sich diese Unterkapitalisierung als besonders schwerwiegend darstellt. Dort wird sie dann über das jeweils allgemein zulässige Instrumentarium einer Lösung zugeführt.

b) Frankreich

In Frankreich eröffnet die Lehre von der *société fictive* die Möglichkeit, eines Zugriffs der Gläubiger auf das Vermögen des Gesellschafters für Verbindlichkeiten der Gesellschaft[1193]. Dabei erfasst diese Lehre die in Deutschland und England bekannten Fälle, die zu einer Zulässigkeit des Haftungsdurchgriffs führen. Ein großer Unterschied zu den genannten Rechtsordnungen besteht jedoch darin, dass die Gesellschaft als Rechtsform negiert wird, das heißt, dass kein Durchgriff im klassischen Sinne vorliegt. Der Haftungsdurchgriff wird über diese Lehre sowohl im Falle einer Vermögensvermischung als auch einer krassen Unterkapitalisierung angenommen werden können.

c) Italien

In Italien orientiert sich die Rechtsprechung streng an der vom Gesetzgeber geschaffenen Regel der Art. 2462 CC und wird dabei von der Mehrheit der Wissenschaft unterstützt.

Zwar gab es in der Literatur auch Ansätze[1194], den Haftungsdurchgriff in unbillig erscheinenden Fällen abweichend von der gesetzlichen Regelung zuzulassen, diese Theorien von *Biagiavi*, der insbesondere die Gefahr einer Vermögensvermischung gesehen hat, und *Ascarelli* fanden in der Rechtsprechung jedoch keine Beachtung. Sie stellen auch keinen Durchgriff im eigentlichen Sinne dar, sondern greifen vielmehr auf eigene Anspruchsgrundlagen zurück.

[1192] Vgl. S. 216.
[1193] Vgl. S. 224 f.
[1194] Vgl. S. 232 f.

d) England

In England wie in Deutschland gilt es zunächst, den Haftungsdurchgriff von den Fällen abzugrenzen, die zwar eine Haftung der hinter der Gesellschaft stehenden Gesellschafter auslösten[1195], aber nicht dazu führen, dass die Identität zwischen Gesellschaft und Gesellschafter hergestellt wird.

In den übrig gebliebenen Fällen wird der Haftungsdurchgriff von den englischen Gerichten sehr zurückhaltend ausgesprochen, was auf das in der *Salomon-* Entscheidung aufgestellte Trennungsprinzip zurückzuführen ist. Zulässig ist der Haftungsdurchgriff jedoch ausnahmsweise dann, wenn die Gesellschaftsform als Fassade missbraucht wird[1196]. Zwar wird die Fallgruppe der Vermögensvermischung im englischen Recht nicht in die Überlegungen miteinbezogen, allerdings ist es vorstellbar, die Einpersonengesellschaft wegen des vollständigen Substanzverlustes und des Rechtsscheincharakters als Fassade einzustufen. Die Frage, ob eine Unterkapitalisierung zur Begründung eines Haftungsdurchgriffs ausreicht, wird zu verneinen sein, wenn man bedenkt, dass ein solcher Fall dem *Salomon-* Urteil zugrunde gelegen hat. Mittlerweile werden in der Literatur hierzu allerdings kritische Überlegungen angestellt.

III. Fazit

Das Problem des Haftungsdurchgriffs bei der Einpersonengesellschaft mit beschränkter Haftung wird in den einzelnen Rechtsordnungen auf unterschiedlichem Wege angegangen. In allen Ländern wird jedoch gesehen, sei es vom Gesetzgeber, der Literatur oder der Wissenschaft, dass aus der Kombination der Elemente Kontrolle, Missbrauch und persönlicher Vorteil eine Situation geschaffen wird, die den Haftungsdurchgriff auf die hinter der Gesellschaft stehenden Gesellschafter rechtfertigen können. Dabei tauchen als diskutierte Missbrauchskonstellationen in allen Rechtsordnungen die Vermögensvermischung und die besonders krasse Unterkapitalisierung auf.

1195 Bspw. *agency*.

1196 Vgl. S. 241 f.

C. Konsequenzen für die Europäische Privatgesellschaft

Die Durchgriffsprobleme sind im Entwurf des EPG- Statuts nicht ausdrücklich geregelt, obwohl auch die Alleingesellschafter einer EPG mit der Frage nach einem Haftungsdurchgriff konfrontiert werden können. Legt man den Statutsentwurf aus, so kommt man korrekterweise zu dem Schluss, dass das Trennungsprinzip auch im Rahmen einer EPG grundsätzlich Beachtung findet (Art. 2 I EPG- VOV). Es ist also davon auszugehen, dass die EPG für ihre Verpflichtungen einzustehen hat, und die Gläubiger keinen Zugriff auf das Vermögen der Gesellschafter haben. Der Gläubiger einer EPG wird den Zugriff auf das Vermögen des Gesellschafters jedoch erwägen, sobald die Gesellschaft insolvent ist. Das EPG- Statut enthält aber keine Regelung, die einen Haftungsdurchgriff erlaubt. Legt man nun das Statut aus, stellt man fest, dass es eine Regelungslücke enthält, die sich aus den bisher im Verordnungsentwurf niedergelegten Prinzipien nicht schließen lässt. Auch lassen sich keine allgemeinen Rechtsgrundsätze finden[1197], wie der durchgeführte Rechtsvergleich beweist. Zwar werden zwei Fallgruppen in den vier untersuchten Ländern erörtert, allerdings finden sie unterschiedlich Eingang in Gesetzgebung, Wissenschaft und Rechtsprechung.

Sind die Konturen eines Haftungsdurchgriffs bereits auf nationaler Ebene nicht eindeutig, so setzt sich dies auf der Ebene der EPG fort. So hat der Verweis des Art. 36 I 2 EPG- VOV zur Folge, dass solche Haftungsfragen vom Anwendungsbereich des EPG- VOV ausgenommen sind, die aus einem Insolvenzverfahren hervorgehen und mit diesem in einem engen Zusammenhang stehen. Die Unterscheidung danach, ob das jeweilige nationale Konzept dem Gesellschaftsrecht zuzuordnen ist[1198] oder nicht, ist wenig brauchbar, denn der Ort einer gläubigerschützenden Regelung ist oftmals von Zufälligkeiten geprägt[1199]. So musste auch die Stellung des s. 214 IA 1986 keinesfalls zwingend im *Insolvency Act* erfolgen. Vielmehr war beabsichtigt, diese Vorschrift in einem Rahmengesetz „*General Priniciples by which Directors are bound*" zu verankern[1200]. Der englische Gesetzgeber bevorzugte jedoch, diese Vorschrift in den IA zu integrieren, weil er der Ansicht war, dass eine Einbettung in dieses Regelungswerk sinnvoller sei, da die Vorschrift von den Mechanismen des Insolvenzrechts abhängig ist[1201]. Im französischen Recht dagegen hat sich eine Wandlung vollzogen. Während Konkurserstreckung und Geschäftsführerhaftung bis vor

---

1197 Dieselbe Ansicht vertrat zur SE seinerzeit *Hübner*, Der Durchgriff bei juristischen Personen im europäischen Gesellschafts- und Unternehmensrecht, JZ 1978, S. 706.

1198 Nur in dem Falle wäre das Statut abschließend.

1199 Vgl. *Haas*, in Hommelhoff/ Helms, Neue Wege in die Europäische Privatgesellschaft, S. 162; *Fröhlich*, Kapitalersatzrecht für die Europäische Privatgesellschaft; S. 138.

1200 Vgl. *Re Floor Fourteen Ltd.* [2001] 2 B.C.L.C. 392; Final Report I Annex C, Principle 9.

1201 Vgl. Draft Clauses, Sch. 2; Modernising , paras 3.12 – 3.14.

der Reform aus dem Jahr 2000 noch im Insolvenzrecht zu finden waren, sind diese nunmehr im *Code de commerce* verankert worden. Selbst wenn man Art. 36 I 2 EPG- VOV weit auslegt, und auf die funktional vergleichbaren gesellschaftsrechtlichen Grundsätze des nationalen Rechts erstreckt[1202], ist damit noch kein einheitlicher Standard des Gläubigerschutzes hergestellt. So weisen die Geschäftsführerhaftung nach deutschem Recht zu ihren französischen und englischen Pendants doch erhebliche Unterschiede auf[1203].

Um nun aber einen angemessenen Ausgleich zwischen Gesellschafter- und Gläubigerinteressen zu erreichen und zugleich einen einheitlichen europäischen Standard zu gewährleisten, muss eine entsprechende Regelung in das künftige EPG- Statut aufgenommen werden[1204]. Nur dadurch wird der Gefahr begegnet, dass die auf die vielfältigen Durchgriffsregelungen in den Mitgliedstaaten zurückzuführende Rechtsunsicherheit nicht zu einem Misserfolg dieser künftigen Gesellschaftsform führt[1205]. Dem Rechtsanwender wird durch die Regelung dieser Materie eine ausreichende Transparenz über potentielle Haftungsfolgen für seine Gesellschaft im europäischen Ausland verschafft.

Die festgestellten Unterschiede lassen jedoch daran zweifeln, dass eine Lösung leicht zu erzielen sein wird[1206]. Die Analyse der Entscheidungen hat gezeigt, dass die einzelfallabhängige Aufhebung des Trennungsprinzips von Gerechtigkeitskriterien und Billigkeitserwägungen getragen wird. Hinter jeder Entscheidung steht das Ziel, zu vermeiden, dass sich der Gesellschafter hinter der Rechtsform seiner Gesellschaft wie hinter einem „Schleier“ versteckt, um sich seinen Pflichten zu entziehen.

Als Alternative zur Aufnahme entsprechender Vorschriften in ein EPG- Statut könnte man daher erwägen, eine Harmonisierung dieses Rechtsgebiets abzuwarten. Dies ist jedoch nicht sinnvoll. So sind bisher weder dahingehende Tendenzen sichtbar noch kann die Einführung einer EPG so lange verschoben werden, bis ein Kompromiss gefunden wurde und eine Richtlinie in allen Mitgliedstaaten umgesetzt worden ist. Um also einerseits den Gläubigern einen effektiven Schutz zu gewähren und den Gesellschaftern andererseits die notwendige Gewissheit um die Voraussetzungen einer persönlichen Inanspruchnahme zu bie-

---

1202 So *Feick*, Die zivilrechtliche Haftung des Geschäftsleiters der Europäischen Gesellschaft- eine rechtsvergleichende Untersuchung zum deutschen, englischen und niederländischen Recht, S. 176.

1203 Vgl. S. 244 ff.

1204 Ein erster Schritt ist mit Art. 17 III EPG- VOV bereits getan.

1205 Dieser Gedanke findet sich ansatzweise bereits bei *Hirte*, in de Kluiver/ van Gerven, The European Private Company?, S. 106 f.

1206 Ebenso *Helms*, Die Europäische Privatgesellschaft- Rechtliche Strukturen und Regelungsprogramme einer supranationalen Gesellschaft des Gemeinschaftsrechts, S. 133.

ten, empfiehlt es sich dringend, eine entsprechende Regelung in das Statut der EPG aufzunehmen. Damit die Gläubiger ihre Ansprüche durchsetzen können, sollten sie auch berechtigt sein, diesen Anspruch unmittelbar vor Gericht geltend zu machen.

Wie auch im deutschen und englischen Recht sind von der Regelungsmaterie zunächst die Fälle auszuscheiden, die nicht dazu führen, dass eine Identität von Gesellschaft und Gesellschafter hergestellt wird. Eingang in den Lösungsvorschlag finden vielmehr nur die Fälle, in denen die Kapitalschutzregeln ihre Schutzwirkung nicht mehr entfalten können.

Ein künftiges EPG- Statut sollte also möglichst präzise formulierte Durchgriffstatbestände als Ausnahmetatbestände enthalten, um einerseits das Risiko als Gesellschafter von einem Gläubiger für Verbindlichkeiten der EPG in Anspruch genommen zu werden, kalkulierbar zu machen und andererseits, um sicherzustellen, dass die Gläubiger bei einem Missbrauch der Gesellschaftsform nicht schutzlos gestellt sind[1207]. Der Aspekt der Rechtssicherheit wird dadurch unterstrichen, dass bei einer unterlassenen Regelung nicht darauf vertraut werden kann, dass die Richter, die sich mit der Auslegung des Statuts beschäftigen, *e contrario* darauf verzichten werden, rechtsfortbildend tätig zu werden[1208].

Deshalb sollte bei Zahlungsunfähigkeit der Gesellschaft gerade in den Fällen der Vermögensvermischung in Anlehnung an Art. L624-5 C. com. ein Tatbestand geschaffen werden, der Fallbeispiele enthält, die dem Gesellschafter vor Augen führen, wann er mit einer persönlichen Inanspruchnahme zu rechnen hat. Zu vermeiden ist jedoch, dass in diesen Tatbestand die allgemeinen Missbrauchselemente Eingang finden.

Bedenkt man, dass im englischen Recht kaum Fälle auftauchen, in denen darüber zu entscheiden ist, ob die materielle Unterkapitalisierung eine Durchgriffshaftung auslösen kann, sollten in Anlehnung an das englische Recht die Publizitätsvorschriften so ausgestaltet werden, dass sich die Gläubiger selbst die notwendigen Informationen über die Kapitalausstattung beschaffen können und somit ihr Risiko abschätzen können. Da die erste Möglichkeit hierzu der veröf-

---

[1207] Ergänzend hierzu könnte in Anlehnung an Art. 17 Kapitalrichtlinie, 28 EPG- VOV eine Innenhaftung des Geschäftsleiters normiert werden, ausführlich hierzu *Feick*, Die zivilrechtliche Haftung des Geschäftsleiters der Europäischen Gesellschaft- eine rechtsvergleichende Untersuchung zum deutschen, englischen und niederländischen Recht, S. 179 ff.

[1208] So auch *Helms*, Die Europäische Privatgesellschaft- Rechtliche Strukturen und Regelungsprogramme einer supranationalen Gesellschaft des Gemeinschaftsrechts, S. 124.

fentlichte Jahresabschluss (Art. 32 EPG- VOV) ist[1209], sollte im Statut niedergelegt werden, dass nach diesem Zeitpunkt kein Durchgriff mehr zulässig ist. Bis zu diesem Zeitpunkt sollte nur die evidente materielle Unterkapitalisierung mit einer Haftungserstreckung einhergehen. Anknüpfungspunkt für diese Haftungserstreckung könnte der Sorgfaltsmaßstab eines hypothetischen ordentlichen Kaufmanns sein. Da die faktischen den satzungsmäßig bestellten Geschäftsleitern gleichgestellt sind (Art. 17 III EPG- VOV), erfordert die Unternehmensleitung eine strikte Transparenz, damit der Alleingesellschafter von der Haftung verschont bleibt, wenn er einen Fremdgeschäftsleiter in einer Vertriebsgesellschaft einsetzt.

Die Aufnahme dieser Vorschriften werden das Statut sicherlich nicht überlasten. Wahrscheinlich ist hingegen, dass die Regelung dieser Materie Rechtssicherheit mit sich bringen wird und somit zum Erfolg dieser Rechtsform beitragen wird.

1209 Eine Veröffentlichung könnte durch die Vernetzung der Handelsregister bzw. der für die Eintragung der EPG zuständigen Behörden EU- weit ermöglicht werden. Voraussetzung wäre dann noch ein unbeschränkter Zugang zu diesem Informationssystem.

KAPITEL 4: PERSPEKTIVEN EINER EUROPÄISIERUNG DES GMBH- RECHTS

Ein Rückblick in die Geschichte der Europäischen Union verdeutlicht, dass sich die rechtsvereinheitlichenden und rechtsangleichenden Maßnahmen bisher stark an den Interessen von Großunternehmen orientiert haben. Zwar soll die im Oktober 2001 eingeführte Europäische Gesellschaft auch den kleineren und mittleren Unternehmen zur Verfügung stehen, aber allein der Name, den diese Gesellschaftsform in Deutschland trägt, nämlich Europäische *Aktien*gesellschaft, spiegelt wider, dass sie sich verstärkt den Bedürfnissen der Aktiengesellschaften als typische Rechtsform der Großunternehmen verschrieben hat. Dies ist nicht zuletzt auch auf die vielen Verweise ins nationale Aktienrecht zurückzuführen. Das bislang europäisierte Recht betrifft bisher vorwiegend die AG und nur in Teilbereichen die GmbH[1210]. Das Recht der GmbH ist kaum Gegenstand einer Europäisierung gewesen, vielmehr unterliegt es gerade in Bereichen des Kapitals, der Gründungsregeln und der Mitgliedschaft großen Unterschieden in den nationalen Rechten.

Mit dem Projekt einer Europäischen Privatgesellschaft könnte nun aber ein Schritt in die richtige Richtung gemacht werden. Dadurch, dass diese Gesellschaftsform in ihrer Konzeption in die Nähe des Rechts einer deutschen GmbH rückt, wird sie in der Literatur auch als Euro- GmbH bezeichnet[1211]. Sie ist als Gesellschaftsform mit beschränktem Gesellschafterkreis vorwiegend an die kleinen und mittleren Unternehmen adressiert, würde sich darüber hinaus aufgrund ihrer geplanten Gestaltungsfreiheit aber auch als Konzernbaustein hervorragend eignen. Zwar haben die vorangegangenen Kapitel aufgezeigt, dass die Einführung dieser Gesellschaftsform keineswegs als gesichert angesehen werden kann, und der vorliegende EPG- Verordnungsvorschlag noch einiger Korrekturen bedarf, allerdings lässt sich behaupten, dass die Einführung der SE einer so verstandenen Europäisierung des GmbH- Rechts neuen Auftrieb verliehen hat. Nicht nur, dass die Unternehmen und Unternehmensverbände seit geraumer Zeit ausdrücklich eine Gesellschaftsform, ausgerichtet an den Interessen der KMU, fordern, seit der Verabschiedung der SE- VO und der SE- RL haben sich auch einige Autoren mit der Gestaltung eines Statuts für eine EPG auseinandergesetzt[1212]. Auch auf EU- Ebene hat man erkannt, dass man die Interes-

---

1210 Vgl. S. 46 f.

1211 So *Wiesner*, Keine Chance für die Europäische GmbH?, GmbHR 1993, R 73.

1212 Vgl. *Bürger*, Die Kapitalaufbringung in der Europäischen Privatgesellschaft- zugleich ein Rechtsvergleich der Kapitalaufbringung nach deutschem, französischem und englischem sen der KMU nicht völlig außer acht lassen kann. So hat sich der Europäische Wirtschafts- und Sozialausschuss wiederholt für die Einführung einer Rechtsform für diese Unternehmensgruppe eingesetzt und die Hochrangige Expertengruppe hat der Kommission empfohlen, eine Machbarkeitsanalyse durchzuführen, um das zusätzliche Bedürfnis und Probleme eines Statuts für eine Europäische Privatgesellschaft abschätzen zu können, bevor darüber entschieden wird, ob eine Vorlage gemacht werden kann.

Angesichts dieser Ausgangssituation bleibt nur zu wünschen, dass die EPG schneller verwirklicht werden kann als die SE, die immerhin auf eine mehr als 40- jährige Geschichte zurückblicken kann.

Recht; *Feick*, Die zivilrechtliche Haftung des Geschäftsleiters der Europäischen Gesellschaft- eine rechtsvergleichende Untersuchung zum deutschen, englischen und niederländischen Recht, *Fröhlich*, Kapitalersatzrecht für die Europäische Privatgesellschaft.

LITERATURVERZEICHNIS[1213]

Abeltshauser, Thomas E.: Europäische GmbH- Fusion und Unternehmensverfassung, Frankfurt am Main, Bern, 1983

- : Der neue Statutsvorschlag für eine Europäische Aktiengesellschaft, in AG 1990, S. 289 – 297

Altmeppen, Holger: Anmerkung zum Urteil des BAG vom 10.02.1999, in ZIP 1999, S. 878 – 883

Ambrosini, Stefano: La riforma delle società- profili della nuova disciplina, Turin, 2003

Ascarelli, Tullio: Imprenditore occulto e sovrano della società- responsabilità limitata e frode alla legge, in Foro. it. 1952 I 1315 – 1318

- : Società di persone tra società, imprenditore occulto; amministratore indiretto; azionista sovrano, in Foro. it. 1952 I 1315 – 1318

Assmann, Heinz- Dieter/ Buck, Petra: Europäisches Kapitalmarktrecht, in EWS 1990, S. 110 – 123

Bachmann, Gregor: Grundtendenzen der Reform geschlossener Gesellschaften in Europa, in ZGR 2001, S. 351 – 384

Barnert, Thomas: Anmerkung zum Urteil des BGH vom 24.06.2002, in JR 2003, S. 198 – 200

Bärmann, Johannes: Einheitliche Gesellschaftsform für die Europäische Wirtschaftsgemeinschaft, in AcP 160 (1961), S. 97 - 135

- : Europäische Integration im Gesellschaftsrecht, Köln, 1970

Bauer/ König/ Kreuzer: Italienisches Konkursrecht und andere Insolvenzverfahren, Bozen, 1983

Baums, Theodor: Verschmelzung mit Hilfe von Tochtergesellschaften, in Festschrift für Wolfgang Zöllner zum 70. Geburtstag, herausgegeben von Lieb, Manfred/ Noack, Ulrich/ Westermann, Harm Peter, Band 1, S. 65 – 86, Köln, 1999

Baums, Theodor /Cahn, Andreas: Die Europäische Aktiengesellschaft- Umsetzungsfragen und Perspektiven, Berlin, 2004 (zitiert: *Bearbeiter*, in Baums/ Cahn)

Bauschke, Hans Joachim: Durchgriff bei juristischen Personen– Terminologische und inhaltliche Probleme-, in BB 1975, S. 1322 – 1325

- : Grenzen der Rechtspersönlichkeit juristischer Personen im englischen Gesellschaftsrecht, Heidelberg, 1975

[1213] Die Fundstellen im Internet entsprechen dem Stand vom 31.01.2005.

- : Mit dem „Durchgriff" ins kommende Jahrhundert? –Zugleich ein Beitrag zu Rolf Sericks „Rechtsform und Realität juristischer Personen, zweite und unveränderte Auflage, Tübingen, 1980, in BB 1984, S. 698 – 699

Bayer, Wilhelm F.: Die europäische Aktiengesellschaft und die Entwicklung des europäischen Gesellschaftsrechts, in RabelsZ 1971, S. 201 – 225

Becker, Patricia: Neue Wege zur Registerpublizität, in GmbHR 2003, R 145

Behrens, Peter: Der Durchgriff über die Grenze, in RabelsZ 1982, S. 308 – 356

- : Die Europäisierung des Gesellschaftsrechts, in GmbHR 1993, S. 129 – 136

- : Die Umstrukturierung von Unternehmen durch Sitzverlegung oder Fusion über die Grenze im Licht der Niederlassungsfreiheit im Europäischen Binnenmarkt (Art. 52 und 58 EWG), in ZGR 1994, S. 1 – 25

- : Krisensymptome in der Gesellschaftsangleichung, in Festschrift für Ernst-Joachim Mestmäcker zu 70. Geburtstag, herausgegeben von Immega, Ulrich/ Möschel, Wernhard/ Reuter, Dieter, Baden - Baden, 1996

- : Die Gesellschaft mit beschränkter Haftung im internationalen und europäischen Recht, 2. Auflage, Berlin, 1997

Bezzenberger, Tilman: Die Europäische Aktiengesellschaft, in JURA 2003, S. 229 – 232

Bigiavi, Walter: Responsabilità illimitata del socio « tiranno », in Foro. it. 1960 I 1180 ff.

- : « Imprese » di finanziamento come surrogati del « socio tiranno » "- imprenditore occulto, in Giuri. it. 1956 IV 49 ff.

Blanquet, Françoise: Das Statut der Europäischen Aktiengesellschaft (Societas Europaea "SE"), in ZGR 2002, S. 21 – 65

Blaurock, Uwe: Europäisches und deutsches Gesellschaftsrecht- Bilanz und Perspektiven eines Anpassungsprozesses, in ZEuP 1998, S. 460 – 483

Birds, John/ Ferran, Eilís/ Villiers, Charlotte: Boyle & Birds' Company Law, 4. Auflage, Bristol, 2000

Boucourechliev, Jeanne: Die Harmonisierung des Gesellschaftsrechts in der Union: Erreichtes und Perspektiven, in RIW 1999, S. 1 – 6

- / Hommelhoff, *Peter:* Vorschläge für eine Europäische Privatgesellschaft, Köln, 1999 (zitiert: *Bearbeiter*, in Boucourechliev/ Hommelhoff)

Boujong, Karlheinz: Das Trennungsprinzip des § 13 Abs. 2 GmbHG und seine Grenzen in der neueren Judikatur des Bundesgerichtshofes, in Festschrift für Walter Odersky zum 65. Geburtstag am 17. Juli 1996, herausgegeben von Böttcher, Reinhard/ Hueck, Götz/ Jähnke, Burkhard, S. 739 – 752, Berlin, 1996

Brandes, Stephan: Juristische Personen als Geschäftsführer der Europäischen Privatgesellschaft- zugleich eine rechtsvergleichende Analyse unter Berücksichtigung des englischen, des französischen und des deutschen Gesellschaftsrechts, Baden- Baden, 2003

- : Europäische Aktiengesellschaft: Juristische Person als Organ?, in NZG 2004, S. 642 – 649

Brandt, Ulrich: Überlegungen zu einem SE- Ausführungsgesetz, in NZG 2002, S. 991 – 996

- : Der Diskussionsentwurf zu einem SE- Ausführungsgesetz, in DStR 2003, S. 1208 – 1215

- : Die Hauptversammlung der europäischen Aktiengesellschaft (SE)- Eine Untersuchung der methodischen Grundlagen und der Unterschiede zu den nationalen Gesellschaften, insbesondere zur deutschen Aktiengesellschaft, Bonn, 2003

Brandt, Ulrich/ Scheifele, Matthias: Die Europäische Aktiengesellschaft und das anwendbare Recht, in DStR 2002, S. 547 – 555

Braun, Susanne: Essay- The European Private Company: a supranational company form for small and medium- sized enterprises?, in German Law Journal Vol. 5 No. 11 Nov. 2004, abrufbar unter www.germanlawjournal.com

Buchheim, Regine: Europäische Aktiengesellschaft und grenzüberschreitende Konzernverschmelzung- Der aktuelle Entwurf der Rechtsform aus betriebswirtschaftlicher Sicht, Wiesbaden, 2001

Buenger, Florian: Die Reform des italienischen Gesellschaftsrechts, in RIW 2004, S. 249 – 255

Bungert, Hartwin: Die GmbH im US- amerikanischen Recht- close corporation, Köln 1993

Bungert, Hartwin/ Beier, Constatin H.: Die europäische Aktiengesellschaft- Das Statut und seine Umsetzung in der Praxis, in EWS 2002, S. 1 – 12

Bürger, Andreas: Die Kapitalaufbringung in der Europäischen Privatgesellschaft- zugleich ein Rechtsvergleich der Kapitalaufbringung nach deutschem, französischem und englischem Recht, Marburg, 2004

Buse, Michael: Reform des italienischen Gesellschaftsrechts, in RIW 2002, S. 676 – 680

Caemmerer, Ernst v.: Europäische Aktiengesellschaft, in: Das Unternehmen in der Rechtsordnung in Festgabe für Heinrich Kronstein, herausgegeben von Biedenkopf, Kurt H/ Coing, Helmut/ Mestmäcker, Ernst- Joachim, Karlsruhe, 1967, S.171 – 202

Caflisch, Silvio: Die Bedeutung und die Grenzen der rechtlichen Selbständigkeit der abhängigen Gesellschaft im Recht der Aktiengesellschaft, Winterthur, 1961

Calais- Auloy, Jean: Essai sur la notion d'apparence en droit commercial, Paris, 1959

Campobasso, Gian Franco: Diritto Commerciale, Band 2: Diritto delle società, Turin, 2003

Casper, Matthias: Der Lückenschluss im Statut der Europäischen Aktiengesellschaft, in Festschrift für Peter Ulmer, herausgegeben von Habersack, Mathias/ Hommelhoff, Peter/ Hüffer, Uwe/ Schmidt, Karsten, Berlin, 2003, S. 51 – 72

Centrale für GmbH Dr. Otto Schmidt: Die GmbH- Rechte in den EG- Staaten, Köln, 1993 (zitiert: Bearbeiter, in Centrale für GmbH Dr. Otto Schmidt)

Chaussade- Klein, Bernadette: Gesellschaftsrecht in Frankreich- Eine Einführung in vergleichenden Tabellen, 2. Auflage, München, 1998

Chieffi, Ilaria: La società unipersonale a responsabilità limitata, Turin, 1996

Coing, Helmut: Zum Problem des sogenannten Durchgriffs bei juristischen Personen, in NJW 1977, S. 1793 – 1797

Cozian, M. Viandier, A. Deboissy, F.: Droit des sociétés, 17. Auflage, Paris, 2004

Dauses, Manfred: Handbuch des EU- Wirtschaftsrechts, München, Stand März 2002, (zitiert: Bearbeiter, in Dauses)

Davies, Paul: Struktur der Unternehmensführung in Großbritannien und Deutschland; Konvergenz oder fortbestehende Divergenz?, in ZGR 2001, S. 268 ff.

- : Gower and Davies' Principles of Modern Company Law, 7. Auflage, London, 2003

Decher, Christian E.: Rechtsfragen des grenzüberschreitenden Merger of Equals, in Festschrift für Marcus Lutter zum 70. Geburtstag- Deutsches und europäisches Gesellschafts-, Konzern- und Kapitalmarktrecht, herausgegeben von Schneider, Uwe H./ Hommelhoff, Peter/ Schmidt, Karsten/ Timm, Wolfram/ Grunewald, Barabara/ Drygala, Tim, S. 1209 – 1225, Köln, 2000

Deckert, Martina: Europäisches Gesellschaftsrecht- Eine Zwischenbilanz, in DStR 1997, S. 874 – 879

- : Zu Harmonisierungsbedarf und Harmonisierungsgrenzen im Europäischen Gesellschaftsrecht, in RabelsZ 2000, S. 479 – 495

Dejmek, Paula: Das künftige Europa und die Europäische Privatgesellschaft, in NZG 2001, S. 878 – 884

- : Neue Dynamik im Europäischen Gesellschaftsrecht- eine Europäische Privatgesellschaft als Ergänzung zur Europäischen Aktiengesellschaft?, in GmbHR 2002, S. 107 – 108

- : Die europäische Kommission lädt zur Konsultation über die Ausformung des künftigen Gesellschaftsrechts ein, in GmbHR 2002, R 217 – 219

Delebecque, Philippe/ Germain, Michel: Traité de droit commercial, Band 2: Effets de commerce- Banque- contrats commerciaux, Procédures collectives, 17. Auflage, Paris, 2004

Diener, Pascal: Quelques réflexions critiques à propos de la loi sur le redressement judiciaire des entreprises, in Rec. Dalloz 1986 chronique, S. 123 – 126

Donath, Roland: Das Gesellschaftsrecht in Europa, in JA 1993, S. 289 – 295

Dreher, Meinrad: Sockellösung statt Optionsmodell für die Mitbestimmung in der Europäischen Aktiengesellschaft, in EuZW 1990, S. 476 – 478
- : Wettbewerb oder Vereinheitlichung der Rechtsordnungen in Europa?, in JZ 1999, S. 105 – 112
Driesen, Werner G.: Neues Recht für die Einpersonen- GmbH, in MDR 1992, S. 324 – 325
Drobnig, Ulrich: Haftungsdurchgriff bei Kapitalgesellschaften, Frankfurt am Main, 1959
Drury, Robert/ Hicks, Andrew: The proposal for a European Private Company, in J.B.L. 1999, S. 429 – 461
Duden, Konrad: Das Für und Wider einer europäischen GmbH, in GmbHR 1962, S. 76 – 77
Dupichot, Jacques: Les sociétés commerciales- Cours de droit commercial, 2. Auflage, Paris, 1999
Drygala, Tim: Stand und Entwicklung des europäischen Gesellschaftsrechts, in ZEuP 2004, S. 337 – 365

Ebke, Werner F.: Unternehmensrecht und Binnenmarkt- E pluribus unum?, in RabelsZ 1998, S. 195 – 242
- : Die Würfel sind gefallen: Die Sanktionen der Sitztheorie sind europarechtswidrig!, in BB 2003 (Heft 1), S. I
Eckert, Hans- Werner: Die Harmonisierung des Rechts der Einpersonen-GmbH, in EuZW 1990, S. 54 – 57
Eder, Cajetan J.: Die monistisch verfasste Societas Europaea- Überlegungen zur Umsetzung eines CEO- Modells, in NZG 2004, S. 544 – 547
Ehricke, Ulrich: Zur Begründbarkeit der Durchgriffshaftung in der GmbH, insbesondere aus methodischer Sicht, in AcP 1999, S. 257 – 304
- : Die Überwindung von Akzeptanzdefiziten als Grundlage zur Schaffung neuer supranationaler Gesellschaftsformen in der EU- Ein Beitrag zur Entwicklung einer sog. Société Fermée Européenne (Europäische Privatgesellschaft), in RabelsZ 2000, S. 498 – 516
Eidenmüller, Horst: Anmerkung zu den Schlussanträgen in der Rs. C-208/00 – Überseering, in ZIP 2002, S. 82 – 84
El Mahi, Farida: Die Europäische Aktiengesellschaft Societas Europaea –SE, Frankfurt am Main, 2004
Erlinghagen, P.: Haftungsfragen bei einer unterkapitalisierten GmbH, in GmbHR 1962, S. 169 – 176
Everling, Ulrich: Probleme der Rechtsangleichung zur Verwirklichung des europäischen Binnenmarktes, in Festschrift für Ernst Steindorff zum 70. Geburtstag am 13. März 1990, herausgegeben von Baur, Jürgen F/ Hopt, Klaus J./ Mailänder, K. Peter, Berlin, 1990, S. 1155 – 1173

Eyles, Uwe: Das Niederlassungsrecht der Kapitalgesellschaften in der Europäischen Gemeinschaft und seine Verwirklichung auf der Grundlage primären und sekundären Gemeinschaftsrechts- Inhalt und Grenzen einer Überlagerung des deutschen Gesellschaftsrechts und Unternehmenssteuerrechts durch das öffentliche Wirtschaftsrecht der Europäischen Gemeinschaft, Konstanz, 1990

Ezran- Charrière, Nadine: L'entreprise unipersonnelle dans les pays de l'Union Européenne, Paris, 2002

Fabbrini, Giovanni*:* L'imprenditore occulto e la società di capitali, in Foro. it. 1959 I 1222

Fabiani, Massimo: Società insolvente e responsabilità del socio unico, Mailand, 1999

Farrrar, John H./ Furey, Nigel E./ Hannigan, Brenda: Farrars Company law, London, 1991

Feick, Ernst Martin: Die zivilrechtliche Haftung des Geschäftsleiters der Europäischen Gesellschaft- eine rechtsvergleichende Untersuchung zum deutschen, englischen und niederländischen Recht, Frankfurt am Main, 2003

Ferrara, Francesco/ Corsi, Francesco: Gli imprenditori e le società, Mailand, 1996

Ficker, Hans Claudius: Hilfsweise geltendes Recht für die „Europäische Aktiengesellschaften"?, in Quo vadis, ius societatum?, liber amicorum Pieter Sanders, herausgegeben von Pieter Zonderland, Deventer, 1972, S. 37 – 48

Fischer, Curt: Die Gesellschaft mit beschränkter Haftung, Berlin, 1948

Fischer, Sebastian: Brücken zur Europäischen Privatgesellschaft, in ZEuP 2004, S. 737 – 761

Fleischer, Holger: Juristische Personen als Organmitglieder im Europäischen Gesellschaftsrecht, in RIW 2004, S. 16 – 21

Flores, Gilles/ Mestre, Jacques: L'entreprise unipersonnelle à responsabilité limitée, in Rev. Soc. 1986, S. 15 – 45

Förster, Guido/ Lange, Carsten: Steuerliche Aspekte der Gründung einer Europäischen Aktiengesellschaft (SE), in DB 2002, S. 288 – 294

Forsthoff, Ulrich: EuGH fördert Vielfalt im Gesellschaftsrecht, in NJW 2003, Editorial

Frank, Susanne/ Wachter, Thomas: Aktuelle Änderungen im französischen GmbH- Recht, in GmbHR 2002, S. 54 – 57

Freese, Bernhard: Haftungsprobleme der Einmann- GmbH, in NJW 1956, S. 263 – 265

Frey, Kaspar: Bericht über die Diskussion, in ZGR 1992, S. 327 – 332

Fröhlich, Ansgar: Kapitalersatzrecht für die Europäische Privatgesellschaft, Würzburg, 2003

Galgano, Franceso: Le società e lo schermo della personalità giuridica, in Giur. Com. 1983 I 5

Goerdeler, Reinhard: Überlegungen zum künftigen Gesellschaftsrecht in der EG, in Festschrift für Ernst Steindorff zum 70. Geburtstag am 13. März 1990, herausgegeben von Baur, Jürgen F/ Hopt, Klaus J./ Mailänder, K. Peter, Berlin, 1990, S. 1211 – 1227

Grabitz, Eberhard/ Hilf, Meinhard (Hrsg.): Kommentar zur Europäischen Union, Band 1/ I: Art. 1 – 136a EGV, Stand: 23. Ergänzungslieferung 2004, München (zitiert: *Bearbeiter*, in Grabnitz/ Hilf)

Grisoli, Angelo: La società con un solo socio- analisi dei dati di una ricerca comparatistica, Padua, 1971

Grobys, Marcel: Das geplante Umwandlungsgesetz zur Beteiligung von Arbeitnehmern in der Europäischen Aktiengesellschaft, in NZA 2004, S. 779 – 781

von der Groeben, Hans/ Schwarze, Jürgen: Kommentar zum Vertrag über die Europäische Union und zur Gründung der Europäischen Gemeinschaft, (zitiert: *Bearbeiter*, in v .d. Groeben/ Schwarze, Kommentar zum EGV, Art. Rdnr.)
Band 1: Art. 1 – 53 EUV, Art. 1 – 80 EGV, 6. Auflage, Baden- Baden, 2003
Band 2: Art. 81 – 97 EGV, 6. Auflage, Baden- Baden, 2003
Band 4: Art. 189 – 314 EGV, 6. Auflage, Baden- Baden, 2004

Großfeld, Bernhard: Europäisches Gesellschaftsrecht, in WM 1992, S. 2121 – 2128

Europäisches Wirtschaftsrecht und europäische Integration, Opladen, 1993

Grote, Ralf: Das neue Statut der europäischen Aktiengesellschaft zwischen europäischem und nationalem Recht, Göttingen, 1990

Gruber, Johannes/ Weller, Marc- Philippe: Societas Europaea: Mitbestimmung ohne Aufsichtsrat?, in NZG 2003, S. 297 - 301

Grundmann, Stefan: Europäisches Schuldvertragsrecht- das europäische Recht der Unternehmensgeschäfte, Berlin, 1999

- : Systembildung und Systemlücken in Kerngebieten des Europäischen Privatrechts, Tübingen, 2000 (zitiert: *Bearbeiter*, in Grundmann)

- : Europäisches Gesellschaftsrecht- eine systematische Darstellung unter Einbeziehung des Europäischen Kapitalmarktrechts, Heidelberg, 2004

Grünwald, Alfons: Europäisches Gesellschaftsrecht, Wien, 1999

Güthoff, Julia: Gesellschaftsrecht in Großbritannien: Eine Einführung mit rechtsvergleichenden Tabellen, 2. Auflage, München, 1998

Gutsche, Robert: Die Eignung der Europäischen Aktiengesellschaft für kleine und mittlere Unternehmen in Deutschland, Baden – Baden, 1994

Haas, Ulrich: Gesellschafterhaftung wegen „Existenzvernichtung“, in WM 2003, S. 1929 - 1941

Haas, Ulrich/ Holla, Matthias: Anmerkung zum Urteil des LG Hildesheim, Urteil vom 16.01.2002, in DStR 2001, S. 1447 - 1448

Habersack, Mathias: Europäisches Gesellschaftsrecht, 2. Auflage, München, 2003

- : Das Konzernrecht der „deutschen" SE – Grundlagen, in ZGR 2003, S. 724 - 742

Hachenburg, Max: Gesetz betreffend die Gesellschaft mit beschränkter Haftung (GmbH), Großkommentar, Band II: §§ 13 – 52, 8. Auflage, Berlin 1992 (zitiert: *Bearbeiter*, in Hachenburg)

Hahn, Jürgen: "Kleine AG", eine rechtspolitische Idee zum unternehmerischen Erfolg, in DB 1994, S. 1659 - 1665

- : Zukunftsperspektiven im Gesellschaftsrecht- Am Unternehmensinteresse orientierte Rechtsvereinfachung als Aufgabe des Gesetzgebers, in Festschrift für Herbert Helmrich zum 60. Geburtstag, herausgegeben von Letzgus, Klaus/ Hill, Hermann/ Klein, Heinz Hugo/ Kleinert, Detlef/ Oschatz, Georg-Berndt/ De With, Hans, S. 643 – 665, München, 1994

- : Misslungener EG- Richtlinienvorschlag für Einpersonengesellschaften, in GmbHR 1989, R 57

Hailbronner, Kay: Handkommentar zum Vertrag über die Europäische Union (EUV/EGV), Stand: 7. Ergänzungslieferung 1998, Köln, (zitiert: *Bearbeiter*, in Hailbronner)

Halbhuber, Harald: Limited Compony statt GmbH? Europarechtlicher Rahmen und deutscher Widerstand, Baden – Baden, 2001

Handelsrechtsausschuss Des Deutschen Anwaltsvereins: Stellungnahme zu dem Regierungsentwurf eines Gesetzes zur Einführung der Europäischen Gesellschaft (SEEG), in NZG 2004, S. 957 - 960

Hannigan, Brenda: Company Law, London, 2003

Hansen, Herbert: Die Rechtsformen deutscher Unternehmen und ihr wirtschaftliches Gewicht- Die GmbH ist nach wie vor die umsatzstärkste Unternehmensform, in GmbHR 2003, S. 22 - 25

Haritz, Detlef/ Wisniewski, Thomas: Steuerneutrale Umwandlung über die Grenze- Anmerkungen zum Vorschlag der Europäischen Kommission zur Änderung der steuerlichen Fusionsrichtlinie, in GmbHR 2004, S. 28 – 34

Hatje, Armin: Die Niederlassungsfreiheit im europäischen Binnenmarkt, in JURA 2003, S. 160 - 167

Hauschka, Christoph E.: Der Stand der gemeinschaftsrechtlichen Rechtsangleichung im Recht der privaten Wirtschaft drei Jahre vor Vollendung des Binnenmarktes 1992, in NJW 1989, S. 3048 – 3058

- : Kontinuität und Wandel im Statut für die Europäische Aktiengesellschaft (SE) 1989, in EuZW 1990, S. 181 – 184

- : Die Tätigkeit der Europäischen Gemeinschaft im Gesellschaftsrecht zwischen Rechtsangleichung und Funktionen allgemeiner Gesetzgebung, in ZRP 1990, S. 179 - 184

- : Entwicklungslinien und Integrationsfragen der gesellschaftsrechtlichen Akttypen des Europäischen Gesellschaftsrechts, in AG 1990, S. 85 – 102
- : Die Europäische Aktiengesellschaft zwischen Einheitlichkeitsanspruch und Nationalisierung des Statuts, Frankfurt/ Main, 1992
Heckschen, Heribert: Die Europäische AG aus notarieller Sicht, in DNotZ 2003, S. 251 – 269
- : Deutsche GmbH vor dem Aus?- Eine merkwürdige „wissenschaftliche" Diskussion, in GmbHR 2004, R 25 – R 26
Heinze, Meinhard: Ein neuer Lösungsweg für die Europäische Aktiengesellschaft, in AG 1997, S. 289 – 297
- : Die Europäische Aktiengesellschaft, in ZGR 2002, S. 67 – 95
Helms, Dietmar: Die Europäische Privatgesellschaft- Rechtliche Strukturen und Regelungsprogramme einer supranationalen Gesellschaft des Gemeinschaftsrechts, Köln, 1998
- : "Société Fermée Européenne", in GmbHR 1998, R 1
- : Auf dem Wege zur Europäischen Privatgesellschaft, in GmbHR 1999, S. 963 – 964
- : Nochmals: Auf dem Wege zur Europäischen Privatgesellschaft, in GmbHR 2000, S. 125 – 126
Henssler, Martin: Unternehmerische Mitbestimmung in der Societas Europaea- Neue Denkanstösse für die „Corporate Governance"- Diskussion, in Festschrift für Peter Ulmer, heraugegeben von Habersack, Mathias/ Hommelhoff, Peter/ Hüffer, Uwe/ Schmidt, Karsten, Berlin, 2003, S. 193 – 210
Herfs- Röttgen, Ebba: Arbeitnehmerbeteiligung in der Europäischen Aktiengesellschaft, in NZA 2001, S. 424 – 429
- : Probleme der Arbeitnehmerbeteiligung in der Europäischen Aktiengesellschaft, in NZA 2002, S. 358 – 365
Hirte, Heribert: Die Europäische Aktiengesellschaft, in NZG 2002, S. 1 – 10
- : Der Anfang vom Ende der GmbH droht, in FAZ vom 22.01.2003, S. 19
- : Buchbesprechung von Boucourechliev, Jeanne/ Hommelhoff Peter- Vorschläge für eine Europäische Privatgesellschaft, in ZHR 2001, S. 495 – 497
Hofmann, Paul: Zum „Durchgriffs"- Problem bei der unterkapitalisierten GmbH, in NJW 1966, S. 1941 – 1946
Hoffmann, Jochen: Die Bildung der Aventis- SA- ein Lehrstück des europäischen Gesellschaftsrechts, in NZG 1999, S. 1077 – 1083
Hommelhoff, Peter: Gesellschaftsrechtliche Fragen im Entwurf eines SE- Statuts, in AG 1990, S. 422 – 435
- : "Kleine Aktiengesellschaften" im System des deutschen Rechts, in AG 1995, S. 529 – 538
- : Die "Société fermée européenne"- eine supranationale Gesellschaftsform für kleine und mittlere Unternehmen im Europäischen Binnenmarkt-, in WM 1997, S. 2101 – 2109

- : Einige Bemerkungen zur Organisationsverfassung der Europäischen Aktiengesellschaft, in AG 2001, S. 279 – 287

- : Zum Konzernrecht in der Europäischen Aktiengesellschaft, in AG 2003, S. 179 – 184

- : Satzungsstrenge und Gestaltungsfreiheit in der Europäischen Aktiengesellschaft, in Festschrift für Peter Ulmer, heraugegeben von Habersack, Mathias/ Hommelhoff, Peter/ Hüffer, Uwe/ Schmidt, Karsten, Berlin, 2003, S. 267 - 278

- / *Helms, Dietmar:* Weiter auf dem Weg zur Europäischen Privatgesellschaft, in GmbHR 1999, S. 53 – 59

- : Neue Wege in die Europäische Privatgesellschaft, Köln, 2001 (zitiert: *Bearbeiter*, in Hommelhoff/ Helms)

Hopt, Klaus J.: Harmonisierung im europäischen Gesellschaftsrecht -Status quo, Probleme, Perspektiven-, in ZGR 1992, S. 265 – 295

- : Europäisches Gesellschaftsrecht - Krise und neue Anläufe, in ZIP 1998, S. 96 – 106

- : Europäisches Konzernrecht?, in EuZW 1999, S. 577 – 578

- : Europäische Aktiengesellschaft- per aspera ad astra, in EuZW 2002, S. 1 – 2

Hübner, Ulrich: Der Durchgriff bei juristischen Personen im europäischen Gesellschafts- und Unternehmensrecht, in JZ 1978, S. 703 – 710

Ihrig, Hans- Christoph/ Wagner, Jens: Diskussionsentwurf für ein SE- Ausführungsgesetz, in BB 2003, S. 969 – 976

Ilgen, Hans- Michael: Die Einmanngesellschaft als typische Gesellschaftsform im deutschen und französischen Recht, Dissertation Universität Köln, 1969

Immenga, Ulrich: Die personalistische Kapitalgesellschaft- Eine rechtsvergleichende Untersuchung nach deutschem GmbH- Recht und dem Recht der Corporations in den Vereinigten Staaten, Bad Homburg v.d.H., 1970

Jaecks, Jörg/ Schönborn, Christoph Ansgar: Die Europäische Aktiengesellschaft, das Internationale und das deutsche Konzernrecht, in RIW 2003, S. 254 - 265

Jaeger, Carsten: Wie europäisch ist die Europäische Aktiengesellschaft?, in ZEuP 1994, S. 206 – 217

- : Die Europäische Aktiengesellschaft- europäischen oder nationalen Rechts, Baden – Baden, 1994

Jaeger, Pier Giusto/ Denozza, Francesco: Appunti di dritto commerciale, Band 1: Impresa e società, 4. Auflage, Mailand, 1997

Jahn, Andreas/ Herfs- Röttgen, Ebba: Die Europäische Aktiengesellschaft- Societas Europaea, in DB 2001, S. 631 – 638

Junge, Werner: Die Zukunft der GmbH in der Europäischen Gemeinschaft, in GmbHR 1992, S. 225 – 231

Junker, Abbo: Die faktische Geschäftsführung („gérance de fait") in Frankreich und ihre Gefahren für deutsche Unternehmen, in RIW 1986, S. 337 - 347

Jürgens, Peter: Die Europäische Aktiengesellschaft nimmt Strukturen an, in BB 1990, S. 1145 - 1150

Kahler, Ulrich: Anmerkung zum Urteil des Bundessozialgerichts vom 07.12.1983, in GmbHR 1985, S. 294 - 297

Kallmeyer, Harald: Die Europäische Aktiengesellschaft- Praktischer Nutzen und Mängel des Statuts, in AG 1990, S. 103 - 106

- : Die Mobilität der Gesellschaften in der Europäischen Union, in AG 1998, S. 88 – 90

- : Europa- AG: Strategische Optionen für deutsche Unternehmen, in AG 2003, S. 197 - 203

- : Die Beteiligung der Arbeitnehmer in einer Europäischen Gesellschaft, in ZIP 2004, S. 1442 - 1445

Kalss, Susanne: Der Minderheitenschutz bei Gründung und Sitzverlegung der SE nach dem Diskussionsentwurf, in ZGR 2003, S. 593 – 646

Kersting, Christian: Societas Europaea: Gründung und Vorgesellschaft, in DB 2001, S. 2079 – 2086

Kieninger, Eva – Maria: Niederlassungsfreiheit als Rechtswahlfreiheit, in ZGR 1999, S. 724 – 749

Kindler, Peter: Neuere italienische Gesetzgebung auf dem Gebiet des Gesellschaftsrechts, in ZGR 1995, S. 225 – 248

- : Italienisches Handels- und Wirtschaftsrecht, Heidelberg, 2002

Klapdor, Ralf: Überlegungen zur Besteuerung der europäischen Aktiengesellschaft, in EuZW 2001, S. 677 - 680

Kloster, Lars: Societas Europaea und europäische Unternehmenszusammenschlüsse, in EuZW 2003, S. 293 – 301

Kluiver de, Harm- Jan/ van Gerven, Walter: The European Private Company?, Antwerpen, 1995 (zitiert *Bearbeiter*, in de Kluiver/ van Gerven)

Knechtel, Gerhard/ Reichelt, Gerte/ Zib, Christian: Europäisches Handelsregister- Gesellschaftsrechtliche Perspektiven, gemeinschaftsrechtliche Vorgaben, Handelsregister in Europa, Wien, 2000 (zitiert *Bearbeiter*, in Knechtel/ Reichelt/ Zib)

Knobbe- Keuk, Brigitte: Umzug von Gesellschaften in Europa, in ZHR 1990, S. 325 – 356

Koenig, Christian: Europäische Integration und Systemwettbewerb zwischen mitgliedstaatlichen Rechtsordnungen, in EuZW 1998, S. 513

Kolvenbach, Walter: Die Europäische Aktiengesellschaft- eine wohlgemeinte Utopie?, in Festschrift für Theodor Heinsius, herausgegeben von Kübler, Friedrich et al., Berlin, 1991, S. 379 – 395

- : Neue Initiative zur Weiterentwicklung des Europäischen Gesellschaftsrechts?, in EuZW 1996, S. 229 - 234

- : Scheitert die Europa AG an der Mitbestimmung?, in NZA 1998, S. 1323 – 1328

Korts, Sebastian: Die Europäische Aktiengesellschaft Societas Europaea (SE)- im Gesellschafts- und Steuerrecht, Heidelberg, 2003

Köstler, Roland: Die Mitbestimmung in der SE, in ZGR 2003, S. 800 - 809

Krause, Rüdiger: Die Stellung von KMU im europäischen Gesellschaftsrecht, in EuZW 2003, S. 747- 751

Kraushaar, Martin: Europäische Aktiengesellschaft (SE) und Unternehmensmitbestimmung, in BB 2003, S. 1614 - 1620

- : Mindestrepräsentation leitender Angestellter in der Europäischen Aktiengesellschaft, in NZA 2004, S. 591 - 592

Kübler, Friedrich: Rechtsbildung durch Gesetzgebungswettbewerb? Überlegungen zur Angleichung und Entwicklung des Gesellschaftsrechts in der Europäischen Gemeinschaft, in KritVJ 1994, S. 79 – 89

- : Leitungsstrukturen der Aktiengesellschaft und die Umsetzung des SE- Statuts, in ZHR 2003, S. 222 - 234

- : Barabfindung bei Gründung einer Europa- AG, in ZHR 2003, S. 627 – 631

Kuhn, Georg: Haften die GmbH- Gesellschafter für Gesellschaftsschulden persönlich?, in Festschrift für Robert Fischer, herausgegeben von Lutter, Marcus/ Stimpel, Walter/ Wiedemann, Herbert, S. 351 - 364, Berlin und New York, 1979

Kunz, Klaudia: Die Insolvenz der Europäischen Aktiengesellschaft, Frankfurt am Main, 1995

Lange, Oliver: Überlegungen zur Umwandlung einer deutschen in eine Europäische Aktiengesellschaft, in EuZW 2003, S. 301 – 306

Le Cannu, Paul: Code des sociétés et des marches financiers, 20. Auflage, Paris, 2003

Lefebvre, Francis: Droit des affaires- Sociétés civiles, 2004, Paris, 2003

- : Droit des affaires- Sociétés commerciales, 2004, Paris, 2003

Laule, Gerhard: Zur Durchgriffshaftung nach italienischem Aktien- und GmbH- Recht, in RIW 1979, S. 29 - 33

Leupold, Andreas: Die EAG unter besonderer Berücksichtigung des deutschen Rechts -Chancen und Probleme auf dem Weg zu einer supranationalen Gesellschaftsform, Aachen, 1993

Lorenzetti, Diego/ Strnad, Oliver: Umfassende Reform des GmbH- Rechts in Italien, in GmbHR 2004, S. 731 - 733

Lutter, Marcus: Die Europäische Aktiengesellschaft: eine Stellungnahme zur Vorlage der Kommission an den Ministerrat der Europäischen Gemeinschaften über das Statut für Europäische Aktiengesellschaften vom 30. April 1975, 2. Auflage, Köln 1978 (zitiert: *Bearbeiter*, in Lutter)
- : Die zivilrechtliche Haftung in der Unternehmungsgruppe, in ZGR 1982, S. 244 - 275
- : Genügen die vorgeschlagenen Regelungen für eine "Europäische Aktiengesellschaft"?, in AG 1990, S. 413 - 421
- : Vorschläge für eine Europäische Privatgesellschaft, in GmbHR 1990, S. 377 - 379
- : Die Entwicklung der GmbH in Europa und in der Welt, in Festschrift 100 Jahre GmbH- Gesetz, herausgegeben von Lutter, Marcus/ Lumer, Peter/ Zöllner, Wolfgang, Köln, 1992
- : Perspektiven eines europäischen Unternehmensrechtes- Versuch einer Summe, in ZGR 1992, S. 435 -451
- : Umstrukturierung von Unternehmen über die Grenze: Versuch eines Resümmes, in ZGR 1994, S. 87 – 93
- : Mißglückte Rechtsangleichung: das Chaos der Ein- Personen- Gesellschaft in Europa, in Festschrift für Hans Erich Brandner zum 70. Geburtstag, herausgegeben von Pfeiffer, Gerd/ Kummer, Joachim/ Scheuch, Silke, Köln, 1996
- : Europäisches Unternehmensrecht, 4. Auflage, Berlin & New York, 1996
- : Eine größenunabhängige und zwingende Unternehmensverfassung für Kapitalgesellschaften in Europa?, in AG 1997, S. 538 – 540
- : Europäische Aktiengesellschaft- Rechtsfigur mit Zukunft?, in BB 2002, S. 1 – 7
- / *Hommelhoff, Peter:* GmbH- Gesetz, Kommentar, 15. Auflage, Köln 2000

Martinek, Michael: Gesellschaftsrecht (Personen- und Kapitalgesellschaftsrecht sowie Konzernrecht)- Arbeitspapiere mit Fällen und Hinweisen– Wiederholungs- und Vertiefungsskriptum zur Examensvorbereitung (nicht nur) für Studenten der Wahlfachgruppe Wirtschaftsrecht, 4. Auflage, Saarbrücken, 1992

Maul, Silja: Die faktisch abhängige SE (Societas Europaea) im Schnittpunkt zwischen deutschem und europäischen Recht, München, 1998
- : Konzernrecht der „deutschen" SE- Ausgewählte Fragen zum Vertragskonzern und den faktischen Unternehmensverbindungen, in ZGR 2003, S. 743 - 763

Mävers, Gunther: Die Mitbestimmung der Arbeitnehmer in der Europäischen Aktiengesellschaft, Baden – Baden, 2002

Maydell, Bernd v.: Die vorgeschlagenen Regeln zur Mitbestimmung für eine Europäische Aktiengesellschaft, in AG 1990, S. 442 – 448

Merkt, Hanno: Das Europäische Gesellschaftsrecht und die Idee des "Wettbewerbs der Gesetzgeber", in RabelsZ 1995, S. 545 – 568

Die monistische Unternehmensverfassung für die Europäische Aktiengesellschaft aus deutscher Sicht- Mit vergleichendem Blick auf die Schweiz, das Vereinigte Königreich und Frankreich, in ZGR 2003, S. 650 - 678

Merle, Philippe: Droit commercial- Sociétés commerciales, 9. Auflage, Paris, 2003

Mestre, Jacques/ Velardocchio, Dominique/ Blanchard- Sebastien, Christine: Lamy Sociétés commerciales, Paris, 2003

Monti, Mario: Statut der Europäischen Aktiengesellschaft, in WM 1997, S. 607 –608

Müller- Freienfels, Wolfram: Zur Lehre vom sogenannten „Durchgriff“ bei juristischen Personen im Privatrecht, in AcP 1957, S, 522 – 543

Müller - Graff, Peter Christian: Die Rechtsangleichung zur Verwirklichung des Binnenmarktes, in EuR 1989, S. 107 - 151

- : Europäisches Gemeinschaftsrecht und Privatrecht, in NJW 1993, S. 13 – 23

- : Gemeinsames Privatrecht in der Europäischen Gemeinschaft, 2. Auflage, Baden – Baden, 1999 (zitiert: *Bearbeiter*, in Müller- Graff)

Nagel, Bernhard: Die Europäische Aktiengesellschaft (SE) in Deutschland- der Regierungsentwurf zum SE- Einführungsgesetz, in NZG 2004, S. 833 – 839

- : Ist die europäische Aktiengesellschaft (SE) attraktiv?, in DB 2004, S. 1299 - 1304

Neye, Hans- Werner: Kein neuer Stolperstein für die Europäische Aktiengesellschaft, in ZGR 2002, S. 377 – 382

Neye, Hans- Werner Teichmann, Christoph: Der Entwurf für das Ausführungsgesetz zur Europäischen Aktiengesellschaft, in AG 2003, S. 169 - 179

Nirk, Rudolf: Zur Rechtsfolgenhaftung der Durchgriffshaftung, in Festschrift für Walter Stimpel, herausgegeben von Lutter, Marcus/ Mertens, Hans- Joachim/ Ulmer, Peter, S. 443 – 462, Berlin und New York, 1985

Noack, Ulrich: Online- Unternehmensregister in Deutschland und Europa- Bemerkungen zum Registerentwurf eines ERJuKoG, in BB 2001, S. 1261 – 126

Ochs, Volker: Die Einpersonengesellschaft in Europa: eine rechtsvergleichende Studie zum Recht der Einpersonen- GmbH in Deutschland, Frankreich, Italien und England, Baden- Baden, 1997

Olivieri, Gustavo/ Presti, Gaetano/ Vella, Francesca: Il nuova diritto delle società, Società di capitali e cooperative, Bologna, 2003

Oplustil, Krzysztof: Selected problems concerning formation of a holding SE (societas europaea), in German Law Journal Vol. 4 No. 2 Feb. 2003, abrufbar unter www.germanlawjournal.com

Oplustil, Krzysztof/ Schneider, Maximilian: Zur Stellung der Europäischen Aktiengesellschaft im Umwandlungsrecht, in NZG 2003, S. 13 - 17

Palmer, Francis Beaufort: Palmer's Company Law, Volume 1, 25. Auflage, London, Stand: 94. Ergänzungslieferung 29.06.2004

Paschke, Marian/ Iliopoulos, Constantin: Europäisches Privatrecht, Hamburg, 1998

Pfister, Wolfgang: Europäisches Gesellschaftsrecht, Frankfurt/ Main, 1993

Plaisant, Robert: Durchgriffshaftung im französischen Konkursrecht, in KTS 1962, S. 74 – 85

Pluskat, Sorika: Die Arbeitnehmerbeteiligung in der geplanten Europäischen AG, in DStR 2001, S. 1483 – 1490

- : Die neuen Vorschläge für die Europäische Aktiengesellschaft, in EuZW 2001, S. 524 – 528

- : Der neue Entwurf für eine europäische Verschmelzungsrichtlinie- Transnationale Fusionen in Europa damit in greifbare Nähe gerückt?, in EWS 2004, S. 1 - 8

Priester, Hans- Joachim/ Mayer, Dieter: Münchener Handbuch des Gesellschaftsrechts, Band 3: Gesellschaft mit beschränkter Haftung, München, 2003 (zitiert: *Bearbeiter*, in Priester/ Mayer)

Raiser, Thomas: Die Europäische Aktiengesellschaft und die nationalen Aktiengesetze, in Festschrift für Johannes Semler zum 70. Geburtstag am 28. April 1993, herausgegeben von Marcus Bierich, Peter Hommelhoff, Bruno Kropff, Berlin, 1993

- : Die Haftungsbeschränkung ist kein Wesensmerkmal der juristischen Person, in Festschrift für Marcus Lutter zum 70. Geburtstag- Deutsches und europäisches Gesellschafts-, Konzern- und Kapitalmarktrecht, herausgegeben von Schneider, Uwe H./ Hommelhoff, Peter/ Schmidt, Karsten/ Timm, Wolfram/ Grunewald, Barabara/ Drygala, Tim, S. 637 – 650, Köln, 2000

Rasner, Henning: Die Europäische Aktiengesellschaft (SE)- ist sie wünschenswert?, in ZGR 1992, S. 314 –326

Rechenberg, Wolf-Georg: Die EWIV- Ihr Sein und Werden, in ZGR 1992, S. 299 -313

Rehbinder, Eckard: Zehn Jahre Rechtsprechung zum Durchgriff im Gesellschaftsrecht, in Festschrift für Robert Fischer, herausgegeben von Lutter, Marcus/ Stimpel, Walter/ Wiedemann, Herbert, S. 579 - 603, Berlin und New York, 1979

- : Neues zum Durchgriff unter besonderer Berücksichtigung der höchstrichterlichen Rechtsprechung, in Wirtschafts- und Medienrecht in der offenen Demokratie, Freundesgabe für Friedrich Kübler zum 65. Geburtstag, herausgegeben von Assmann, Heinz- Dieter/ Brinkmann, Thomas/ Gounalakis, Georgios/ Kohl, Helmut/ Walz, Rainer, S. 493 – 514, Heidelberg, 1997

Reichert, Jochem/ Brandes, Stephan M.: Mitbestimmung der Arbeitnehmer in der SE: Gestaltungsfreiheit und Bestandsschutz, in ZGR 2003, S. 767 – 799

Reiser, Annette: Zur Anerkennung ausländischer Gesellschaften, abrufbar unter unter www.rhein-neckar.ihk24.de (Stichwort Überseering)

Rives- Lange, Jean- Louis: La notion de dirigeant de fait- au sens de l'article de la loi du 13 juillet 1967 sur le règlement judiciaire et la liquidation des biens, Rec. Dalloz 1975 Chronique S. 41 - 44

Rice, D. G.: „One Man" Company or one man "company", in J.B.L. 1964, S. 36 – 43

Ries, Peter: Das Elektronische Handelsregister- Schaffung der rechtlichen Voraussetzungen durch das "ERJuKoG", in GmbHR 2002, R 233 - 234

Rosen, Rüdiger v. (Hrsg.): Die Europa- AG- Eine Perspektive für deutsche Unternehmen?, Frankfurt am Main 2003, abrufbar unter http://www.dai.de/internet/dai/dai-2-0.nsf/dai_publikationen.htm (zitiert: *Bearbeiter*, in v. Rosen),

Roth (Hrsg.): Das System der Kapitalgesellschaften im Umbruch- ein internationaler Vergleich, Köln, 1990 (zitiert: *Bearbeiter*, in Roth)

Roth, Christian: Entwicklung des Gesellschaftsrechts: Kündigt die Europäische Gesellschaft die Europäische Privatgesellschaft an?, in EuLF 2001, S. 396 – 403

Sagasser, Bernd/ Swienty, Claus: Die Gründung einer Europäischen Aktiengesellschaft im Wege der Verschmelzung- Zur Praktikabilität des SE- Statuts in der Entwurfsfassung vom 6./16.5.1991, in Teil I: DStR 1991, S. 1188 – 1194; Teil II: DStR 1991, S. 1222 - 1226

Sanders, Pieter: Auf dem Wege zu einer Europäischen Aktiengesellschaft, in RIW 1960, S. 1 – 5

- : Vorentwurf eines Statuts für eine europäische Aktiengesellschaft, Rotterdam, 1966

Sandulli, Michele/ Santoro, Vittorio: La riforma delle società, Commentario del d.lgs. 17 gennaio 2003, n. 6, Artt. 2462 – 2510 cod.civ., Turin 2003 (zitiert: *Bearbeiter*, in Sandulli/ Santoro)

Schäfer, Carsten: Das Gesellschaftsrecht (weiter) auf dem Weg nach Europa- am Beispiel der SE- Gründung, in NZG 2004, S. 785 - 796

Schanze, Erich: Einmanngesellschaft und Durchgriffshaftung, Frankfurt am Main, 1975

Schanze, Erich/ Jüttner, Andreas: Anerkennung und Kontrolle ausländischer Gesellschaften- Rechtslage und Perspektiven nach der Überseering- Entscheidung des EuGH, in AG 2003, S. 30 - 36

Schautes, Dirk Christoph: Jüngste Entwicklungen zum Projekt der Europäischen Privatgesellschaft, in GmbHR 2000, S. 1255 – 1256

Scheuing, Dieter H./ Schwarz, G. C./ Wollenschläger M. (Hrsg.): Europäisches Unternehmensrecht, Baden- Baden, 2001 (zitiert: *Bearbeiter*, in Scheuing/ Schwarz/ Wollenschläger)

Schimmelpfennig, Hans- Christoph/ Hauschka, Christoph E.: Die Zulassung der Ein- Personen- GmbH in Europa und die Änderungen des deutschen GmbH-Rechts, in NJW 1992, S. 942 – 945

Schindler, Clemens Philipp: Die europäische Aktiengesellschaft- Gesellschafts- und steuerrechtliche Aspekte, Wien, 2002

Schmidt, Karsten: Konzernhaftung oder mitgliedschaftliche Haftung des privaten GmbH- Gesellschafters?, in ZIP 1986, S. 146 – 149

- : Konkursverschleppungshaftung und Konkursverursachungshaftung- Überlegungen zum Haftungsrecht der GmbH und der GmbH & Co., in ZIP 1988, S. 1497 – 1508

- : Gesellschaftsrecht, 4. Auflage, Köln, 2002

Schmitthoff, Clive M.: Salomon in the Shadow, in J.B.L. 1876, S. 305 - 312

Scholz, Franz: Kommentar zum GmbH- Gesetz, Band I: §§ 1 – 44, 9. Auflage, Köln, 2000 (zitiert: *Bearbeiter*, in Scholz, Kommentar zum GmbHG)

Scholz, Oliver: Die Einführung elektronischer Handelsregister im Europarecht, in EuZW 2004, S. 172 - 176

- : Mindestharmonisierung im europäischen Gesellschaftsrecht, in ZHR 1996, S. 221 –249

-: Das Bild des Gesellschafters im Europäischen Gesellschaftsrecht, in RabelsZ 2000, S. 1 – 37

Schulte, Wolfgang: Rechtsprechungsübersicht zum Trennungsprinzip bei juristischen Personen, in WM 1979, S. 1 – 20 (Sonderbeilage Nr. 1)

Schulz, Andreas/ Geismar, Bernhard: Die Europäische Aktiengesellschaft- eine kritische Bestandsaufnahme, in DStR 2001, S. 1078 - 1086

Schulz, Andreas/ Petersen, Sven: Die Europa- AG: Steuerlicher Handlungsbedarf bei Gründung und Sitzverlegung, in DStR 2002, S. 1508 - 1517

Schwappach, Jürgen (Hrsg.): EU- Rechtshandbuch für die Wirtschaft, 2. Auflage, München, 1996 (zitiert: *Bearbeiter*, in Schwappach)

Schwartz, Ivo E.: 30 Jahre Rechtsangleichung, in Festschrift für Hans von der Groeben, herausgegeben von Mestmäcker, Ernst- Joachim/ Möller, Hans/ Schwarz, Hans- Peter, S. 333 - 369, Baden- Baden, 1987

Schwarz, Günter Christian: Europäisches Gesellschaftsrecht, Handbuch, Baden – Baden, 2000

- : Zum Statut der Europäischen Aktiengesellschaft, in ZIP 2001, S. 1847 - 1861

Schwarze, Jürgen (Hrsg.): EU- Kommentar, 1. Auflage, Baden- Baden, 2000 (zitiert: *Bearbeiter*, in Schwarze)

Scognamiglio, Giuliana: La responsabilità della società capogruppo: problemi ed orientamenti, in Riv. dir. civ. 1988 I 369

Serlooten, Patrick: L'entreprise unipersonnelle à responsabilité limitée (Loi n° 85-697 du 11 juillet 1985, D. et A.L.D. 1985.394), in Rec. Dalloz 1985 Chronique S. 188 – 194

Serick, Rolf: Rechtsform und Realität juristischer Personen, Tübingen und Berlin 1955; 2. unveränderte Auflage 1980

Shearman, Jennifer: Die Gesellschaft mit beschränkter Haftung in England und Wales, in GmbHR 1992, S. 149 - 157

Soergel: Bürgerliches Gesetzbuch mit Einführungsgesetz und Nebengesetzen, Band 1: Allgemeiner Teil (§§ 1 – 240), HaustürWiderrufG, 12. Auflage, Stuttgart, 1988 (zitiert: *Bearbeiter*, in Soergel)

Sonnenberger, Hams Jürgen: Die Organisation der Aktiengesellschaften im Gemeinsamen Markt- Kommissionsvorschlag einer fünften Richtlinie zur Angleichung des Gesellschaftsrechts, in AG 1974, S. 1- 8

Sonnenberger, Jürgen/ Großerichter, Helge: Konfliktlinien zwischen internationalem Gesellschaftsrecht und Niederlassungsfreiheit, in RIW 1999, S. 721 - 732

Steding, Rolf: Das Gesellschaftsrecht in der EU zwischen Erwartung und Enttäuschung, in NZG 2000, S. 913 - 917

Steinhauer, Carsten: Die Reform des Gesellschaftsrechts in Italien, in EuZW 2004, S. 364 - 367

Stieb, Stephan: Der Anfang vom Ende der "Sitztheorie"-- EuGH untersagt die Entrechtung von Auslandsgesellschaften!, abrufbar unter www.gmbhr.de/heft/24_02/blickpunkt.htm

Stimpel, Walter: „Durchgriffshaftung" bei der GmbH: Tatbestände, Verlustausgleich und Ausfallhaftung, in Festschrift für Reinhard Goerdeler, herausgegeben von Hans Havermann, S. 601 – 621, Düsseldorf, 1987

Teichmann, Christoph: Vorschläge für das deutsche Ausführungsgesetz zur Europäischen Aktiengesellschaft, in ZIP 2002, S. 1109 - 1116

- : Die Einführung der Europäischen Aktiengesellschaft- Grundlagen der Ergänzung des europäischen Statuts durch den deutschen Gesetzgeber, in ZGR 2002, S. 383 - 464

- : Minderheitenschutz bei Gründung und Sitzverlegung der SE, in ZGR 2003, S. 367 - 401

- : The European Company- A Challenge to Academics, Legislatures and Practitioners, in German Law Journal Vol. 4 No. 4 Apr. 2003, abrufbar unter www.germanlawjournal.com

- : Gestaltungsfreiheit im monistischen Leitungssystem der europäischen Aktiengesellschaft, in BB 2004, S. 53 - 60
- : Austrittsrecht und Pflichtangebot bei Gründung einer Europäischen Aktiengesellschaft, in AG 2004, S. 67 - 83
Temple, Henri: Les sociétés de fait, Paris, 1975
Thamm, Rüdiger: Die Europäische Aktiengesellschaft und das Problem der Lückenfüllung- Eine Untersuchung an Hand von Kapitalsicherungsvorschriften, Köln, 1972
Theisen, Manuel René/ Wenz, Martin (Hrsg.): Die Europäische Aktiengesellschaft, Recht, Steuern und Betriebswirtschaft der Societas Europaea (SE), Stuttgart, 2002 (zitiert: *Bearbeiter*, in Theisen/ Wenz)
Thibièrge: Le statut des sociétés étrangères, 57ème Congrès des notaires de France tenu à Tours 1959, Paris 1959
Thoma, Georg F./ Leuering, Dieter: Die Europäische Aktiengesellschaft- Societas Europaea, in NJW 2002, S. 1449 – 1454
Timmermans, Christiaan W.A.: Die europäische Rechtsangleichung im Gesellschaftsrecht- eine integrations- und rechtspolitische Analyse, in RabelsZ 1984, S. 1 – 47
Trojan- Limmer, Ursula: Die geänderten Vorschläge für ein Statut der Europäischen Aktiengesellschaft (SE), in RIW 1991, S. 1010 – 1017

Uhlenbruck, Wilhelm: Ausgewählte Pflichten und Befugnisse des Gläubigerausschusses in der Insolvenz, in ZIP 2002, S. 1373 - 1381

Veil, Rüdiger: Das Konzernrecht der Europäischen Aktiengesellschaft, in WM 2003, S. 2169 - 2175
Vidal, Dominique: Droit des sociétés, 2. Auflage, Paris, 1998
Völter, Heike: Der Lückenschluß im Statut der Europäischen Privatgesellschaft, Köln, 2000

Wachter, Thomas: GmbH- Recht in Europa: Die Rolle der Notare, in GmbHR 2002, R 409 - 410
- : Auswirkungen des EuGH- Urteils in Sachen Inspire Art Ltd. Auf Beratungspraxis und Gesetzgebung- Deutsche GmbH vs. Englische private limited company, in GmbHR 2004, S. 88 – 105
Waclawik, Erich: Der Referentenentwurf des Gesetzes zur Einführung der Europäischen (Aktien-)Gesellschaft, in DB 2004, S. 1191 – 1199
Wagner, Jens: Die Bestimmung des auf die SE anwendbaren Rechts, in NZG 2002, S. 985 – 991

Wahlers, Henning W.: Art. 100a EWGV- Unzulässige Rechtsgrundlage für den geänderten Vorschlag einer Verordnung über das Statut der Europäischen Aktiengesellschaft?, in AG 1990, S. 448 - 458

Wang, Mario: Die Europäische AG in der EWG, Freiburg, 1964

Wehlau, Andreas: Eine Europäische Aktiengesellschaft- eine Option für die GmbH?, in GmbHR 1992, S. 639 - 643

- : Die Europäische Aktiengesellschaft vor der Vollendung?, in DWiR 1992, S. 78 – 80

Weiss, Manfred: Arbeitnehmermitwirkung in Europa, in NZA 2003, S. 177 – 184

Wellkamp, Ludger: Der Durchgriff auf den GmbH- Gesellschafter, in DStR 2003, S. 210 – 211

Wenz, Martin: Die Societas Europaea (SE)- Analyse der geplanten Rechtsform und ihre Nutzungsmöglichkeiten für eine Konzernunternehmung, Berlin, 1993

- : Einsatzmöglichkeiten einer Europäischen Aktiengesellschaft in der Unternehmenspraxis aus betriebswirtschaftlicher Sicht, in AG 2003, S. 185 - 196

Wiesner, Peter M.: Keine Vollhaftung für Alleingesellschafter, in GmbHR 1989, R 57 – R 58

- : Keine Chance für die Europäische GmbH?, in GmbHR 1993, R 73

- : Europäisches Unternehmensrecht im Umbruch, in AG 1996, S. 390 – 395

- : Der Nizza- Kompromiss zur Europa AG- Triumph oder Fehlschlag?, in ZIP 2001, S. 397 - 398

- : Europa- AG: Steuerneutralität der Fusionsgründung soll erst in der nächsten Legislaturperiode angegangen werden- wird der EuGH die Rechtsform für nichtig erklären?, in GmbHR 2001, R 461

- : Aktuelle Entwicklungen im europäischen Unternehmensrecht, in BB 2001, Beilage 8, S. 1 - 24

- : Neue Brüsseler Impulse für Corporate Governance und Gesellschaftsrecht, in BB 2003, S. 213 - 217

- : Mitbestimmungsexport durch grenzüberschreitende Fusion, in ZIP 2004, S. 243

Wilhelm, Jan: Rechtsform und Haftung bei der juristischen Person, Köln, 1981

Winkler, Peter: Die GmbH und GmbH & Co. KG im italienischen Recht, in GmbHR 1990, S. 329 - 333

Wolff, Hans Julius: Organschaft und juristische Person, Berlin, 1933/ 1934

Wymeersch, Eddy: Gesellschaftsrecht im Wandel: Ursachen und Entwicklungslinien, in ZGR 2001, 294 - 324

- : Die Harmonisierung des Gesellschaftsrechts im Zeitalter des Internets, in Festschrift für Marcus Lutter zum 70. Geburtstag- Deutsches und europäisches Gesellschafts-, Konzern- und Kapitalmarktrecht, herausgegeben von Schneider, Uwe H./ Hommelhoff, Peter/ Schmidt, Karsten/ Timm, Wolfram/ Grunewald, Barabara/ Drygala, Tim, S. 213 – 230, Köln, 2000

- : Groups of companies in the EEC- a survey report to the European Commission on the law relating to corporate groups in various member states, Berlin, 1993

Zimmermann, Klaus: Die Haftung von Geschäftsführern und Gesellschaftern bei Insolvenz der GmbH in Frankreich, Freiburg, 1971

EUROPÄISCHES QUELLENVERZEICHNIS[1214]

Erste Richtlinie des Rates (Nr. 68/ 151/ EWG) vom 09.03.1968 zur Koordinierung der Schutzbestimmungen, die in den Mitgliedstaaten den Gesellschaften im Sinne des Artikels 58 Absatz 2 des Vertrages im Interesses der Gesellschafter sowie Dritter vorgeschrieben sind, um diese Bestimmungen gleichwertig zu gestalten, in ABl. EG L 65, S. 8 ff. (zitiert als Publizitätsrichtlinie)

Verordnungsvorschlag über das Statut für Europäische Aktiengesellschaften vom 10.10.1970, in ABL. EG C 124, S. 1 ff. (zitiert als SE- VOV 1970)

Geänderter Verordnungsvorschlag über das Statut für Europäische Aktiengesellschaften vom 30.04.1975, in BULL. EG 1975, Beilage 4/75 (zitiert als SE- VOV 1975)

Zweite Richtlinie 77/91/EWG vom 13.12.1976 zur Koordinierung der Schutzbestimmungen, die in den Mitgliedstaaten den Gesellschaften im Sinne des Art. 58 Absatz 3 Buchstabe g des Vertrages im Interesses der Gesellschafter sowie Dritter für die Gründung der Aktiengesellschaft sowie für die Erhaltung und Änderung ihres Kapitals vorgeschrieben sind, um diese Bestimmungen gleichwertig zu gestalten, in ABL. EG L 26, S. 1 ff. (zitiert als Kapitalrichtlinie)

Dritte Richtlinie 78/855/EWG vom 09.10.1978 gemäß Artikel 54 Absatz 3 Buchstabe g des Vertrages betreffend die Verschmelzung von Aktiengesellschaften, in ABL. EG L 295, S. 36 ff. (zitiert als Verschmelzungsrichtlinie)

Vierte Richtlinie 78/660/EWG vom 25.07.1978 aufgrund von Artikel 54 Absatz 3 Buchstabe g des Vertrages über den Jahresabschluss von Gesellschaften mit bestimmter Rechtsformen, in ABL. EG L 222, S. 11 ff. (zitiert als Jahresabschlussrichtlinie)

Vorschlag einer Fünften Richtlinie aus dem Jahre 1972 betreffend die Struktur, die Befugnisse und Verpflichtungen der Organe einer Aktiengesellschaft, in ABL. EG C 131, S. 49 ff.

Sechste Richtlinie 82/891/EWG vom 17.12.1982 gemäß Art. 54 Absatz 3 Buchstabe g des Vertrages betreffend die Spaltung von Aktiengesellschaften, in ABL. EG L 378, S. 47 ff. (zitiert als Spaltungsrichtlinie)

Siebente gesellschaftsrechtliche Richtlinie 83/349/EWG vom 13.06.1983 aufgrund von Artikel 54 Absatz 3 Buchstabe g des Vertrages über den konsolidierten Abschluss, in ABL. EG L 193, S. 1 ff. (zitiert als Konzernrechnungslegungsrichtlinie)

[1214] Chronologisch geordnet.

Achte gesellschaftsrechtliche Richtlinie 84/253/EWG vom 10.04.1984 aufgrund von Artikel 54 Absatz 3 Buchstabe g des Vertrages über die Zulassung der mit der Pflichtprüfung der Rechnungslegungsunterlagen beauftragten Personen, in ABL. EG L 126, S. 20 ff. (zitiert als Prüferbefähigungsrichtlinie)

Entwurf einer neunten Richtlinie von 1984 zur Regelung des Konzernrechts, in DOK III/1639/84 (zitiert als Konzernrechtsrichtlinie)

Richtlinie 85/611/EWG des Rates vom 20.12.1985 zur Koordinierung der Rechts- und Verwaltungsvorschriften betreffend bestimmte Organismen für gemeinsame Anlagen in Wertpapieren (OGAW), in ABL. EG L 375, S. 3 ff. (zitiert als Investmentrichtlinie)

Elfte gesellschaftsrechtliche Richtlinie 89/666/EWG vom 21.12.1989 über die Offenlegung von Zweigniederlassungen, die in einem Mitgliedstaat von Gesellschaften bestimmter Rechtsformen errichtet wurden, die dem Recht eines anderen Staates unterliegen, in ABL. EG L 395, S. 36 ff. (zitiert als Publizitätsrichtlinie für Zweigniederlassungen)

Verordnung (EWG) Nr. 2137/85 des Rates vom 25.07.1985 über die Schaffung einer Europäischen Wirtschaftlichen Interessenvereinigung, in ABL. EG L 199, S. 1 ff. (zitiert als EWIV- VO)

Entschließung des Rates vom 3.11.1986 zum Aktionsprogramm für die kleinen und mittleren Unternehmen, in ABL. EG C 287 S. 1

Vorschlag vom 19.05.1988 für die zwölfte gesellschaftsrechtliche Richtlinie des Rates betreffend Gesellschaften mit beschränkter Haftung mit einem einzigen Gesellschafter, in ABL. EG C 173, S. 10 ff. (zitiert als EP- RLV 1988)

Vorschlag der Kommission für eine Verordnung über das Statut der Europäischen Aktiengesellschaft vom 25.08.1989, in ABL. EG C 263, S. 41 ff. (zitiert als SE- VOV 1989)

Zwölfte gesellschaftsrechtliche Richtlinie 89/667/EWG vom 21.12.1989 auf dem Gebiet des Gesellschaftsrechts betreffend Gesellschaften mit beschränkter Haftung mit einem einzigen Gesellschafter, in ABL. EG L 395, S. 40 ff. (zitiert als Einpersonengesellschaftsrichtlinie oder EP- RL)

Richtlinie 90/435/EWG vom 23.07.1990 über das gemeinsame Steuersystem der Mutter- und Tochter- Gesellschaften verschiedener Mitgliedstaaten, in ABL. EG L 225, S. 1 ff. (zitiert als Mutter- Tochter- Richtlinie)

Richtlinie 90/434/EWG vom 20.08.1990 über das gemeinsame Steuersystem für Fusionen, Spaltungen, die Einbringung von Unternehmensteilen und den Austausch von Anteilen, die Gesellschaften verschiedener Mitgliedstaaten betreffen, in ABL. EG L 225, S. 6 ff. (zitiert als steuerliche Fusionsrichtlinie)

Stellungnahme des Europäischen Wirtschafts- und Sozialausschusses vom 28.03.1991 zu dem Vorschlag für eine Richtlinie des Rates zur Ergänzung des SE- Statuts hinsichtlich der Stellung der Arbeitnehmer, in ABL. EG C 124, S. 34

Stellungnahme des Europäischen Wirtschafts- und Sozialausschusses vom 28.03.1991 zu dem Vorschlag für eine Verordnung (EWG) des Rates über das Statut der Europäischen Aktiengesellschaft, in ABL. EG C 124, S. 34

Geänderter Vorschlag für eine Verordnung über das Statut der Europäischen Aktiengesellschaft vom 16.05.1991, in ABL. EG C 178, S. 1 ff. (zitiert als SE- VOV 1991)

European Systems of Worker Involvement with regard to the European Company Staute and other pending proposals- Final Report, Mai 1992, abrufbar unter: http://europa.eu.int/comm/employment_social/labour_law/docs/davig nonreport_en.pdf

Geänderter Vorschlag für eine Verordnung (EWG) des Rates über das Statut des Europäischen Vereins vom 06.07.1993, in ABL. EG C 236 S. 1

Geänderter Vorschlag für eine Richtlinie des Rates zur Ergänzung des Statuts des Europäischen Vereins hinsichtlich der Rolle der Arbeitnehmer vom 06.07.1993, in ABL. EG C 236, S. 40 ff.

Vorschlag für eine Verordnung (EWG) des Rates über das Statut der Europäischen Gegenseitigkeitsgesellschaft (EUGGES) vom 06.07.1993, in ABL. EG C 236, S. 36 ff.

Vorschlag für eine Richtlinie des Rates zur Ergänzung des Statuts der Europäischen Gegenseitigkeitsgesellschaft hinsichtlich der Rolle der Arbeitnehmer vom 06.07.1993, in ABL. EG C 236, S. 56 ff.

Richtlinie 94/45/EG des Rates vom 22.09.1994 über die Einsetzung eines Europäischen Betriebsrats, in ABL. EG L 254, S. 64 ff. (zitiert als Richtlinie über europäische Betriebsräte/ EBR- Richtlinie)

Vorentwurf: Vorschlag für eine Vierzehnte Richtlinie des Europäischen Parlaments und des Rates über die Verlegung des Sitzes einer Gesellschaft in einen anderen Mitgliedstaat mit Wechsel des für die Gesellschaft maßgebenden Rechts vom 20.04.1997, in ZIP 1997, S. 1721 ff. (zitiert als Vorentwurf für eine Sitzverlegungsrichtlinie)

Verordnung (EG) Nr. 44/2001 des Rates vom 22.12.2000 über die gerichtliche Zuständigkeit und die Anerkennung und Vollstreckung von Entscheidungen in Zivil- und Handelssachen, in ABL. EG L 12, S. 1 ff. (zitiert als EuGVVO)

Gemeinsamer Standpunkt (EG) Nr. 33/2001 vom 23.07.2001, vom Rat festgelegt gemäß dem Verfahren des Artikels 251 des Vertrags zur Gründung der Europäischen Gemeinschaft im Hinblick auf den Erlass der Richtlinie des Europäischen Parlaments und des Rates zur Festlegung eines allgemeinen Rahmens für die Unterrichtung und Anhörung der Arbeitnehmer in der Europäischen Gemeinschaft, in ABL. EU C 307, S. 16 ff.

Verordnung (EG) Nr. 2157/2001 des Rates vom 08.10.2001 über das Statut der Europäischen Gesellschaft (SE), in ABL. EG L 294, S. 1 ff. (zitiert als SE-VO)

Richtlinie 2001/86/EG des Rates vom 08.10.2001 zur Ergänzung des Statuts der Europäischen Gesellschaft hinsichtlich der Beteiligung der Arbeitnehmer, in ABL. EG L 294, S.22 ff. (zitiert als SE- RL)

Mitteilung der Kommission an den Rat, das Europäische Parlament und den Europäischen Wirtschafts- und Sozialausschuss vom 23.10.2001 - Ein Binnenmarkt ohne unternehmenssteuerliche Hindernisse:Ergebnisse, Initiativen, Herausforderungen, in KOM 2001/582 endg.

Stellungnahme des Europäischen Wirtschafts- und Sozialausschusses vom 21.03.2002 zum Thema „Ein europäisches Rechtsstatut für KMU" (Initiativstellungnahme), in ABL. EU C 125, S. 100 ff.

Bericht der Hochrangigen Gruppe von Experten auf dem Gebiet des Gesellschaftsrechts über moderne gesellschaftsrechtliche Rahmenbedingungen in Europa vom 04.11.2002, abrufbar unter: http://www.europa.eu.int/comm/intenal_market/en/company/company/modern/consult/report_de.pdf (zitiert als Winter- Bericht)

Empfehlung der Kommission vom 06.05.2003 betreffend die Definition der Kleinstunternehmen sowie der kleinen und mittleren Unternehmen, in ABL. EU L 124, S. 36 ff.

Mitteilung der Kommission an den Rat und an das Europäische Parlament vom 21.05.2003: Modernisierung des Gesellschaftsrechts und Verbesserung der Corporate Governance in der Europäischen Union – Aktionsplan, in KOM 2003/284 endg.

Richtlinie 2003/58/EG des Europäischen Parlaments und des Rates vom 15.07.2003 zur Änderung der Richtlinie 68/151/EWG des Rates in Bezug auf die Offenlegungspflichten von Gesellschaften bestimmter Rechtsformen, in ABL. EU L 221, S. 13 ff.

Verordnung (EG) Nr. 1435/2003 des Rates vom 22.07.2003 über das Statut der Europäischen Genossenschaft (SCE), in ABL. EU L 207, S. 1 ff. (zitiert als SCE- VO)

Richtlinie 2003/72/EG des Rates vom 22.07.2003 zur Ergänzung des Statuts der Europäischen Genossenschaft hinsichtlich der Beteiligung der Arbeitnehmer, in ABL. EU L 207, S. 25 ff. (zitiert als SCE- Richtlinie)

Vorschlag für eine Zehnte Richtlinie des Europäischen Parlaments und des Rates über die Verschmelzung von Kapitalgesellschaften aus verschiedenen Mitgliedstaaten vom 18.11.2003, in KOM 2003/703 endg.

Mitteilung der Kommission an den Rat, das Europäische Parlament und den Europäischen Wirtschafts- und Sozialausschuss vom 24.11.2003 - Ein Binnenmarkt ohne unternehmenssteuerliche Hindernisse: Ergebnisse, Initiativen, Herausforderungen, in KOM 2003/726 endg.

Stellungnahme des Europäischen Wirtschafts- und Sozialausschusses vom 10.12.2003 zu der Mitteilung der Kommission an den Rat und das Europäische Parlament: Modernisierung des Gesellschaftsrechts und Verbesserung der Corporate Governance in dem EU- Aktionsplan, in ABL. EU C 80, 12 ff.

Richtlinie 2004/25/EG des Rates vom 21.04.2004 betreffend Übernahmeangebote, in ABL. EU L142, S. 12 ff. (zitiert als Übernahmerichtlinie)

VERZEICHNIS DER ENTSCHEIDUNGEN AUS DEM COMMON-LAW-RECHTSKREIS

Re a Company [1985] B.C.L.C. 333
Adams v. Cape Industries plc. [1990] Ch. 538.
Re Augustus Barnett & Son Ltd [1986] B.C.L.C. 170
Re Bank of Credit and Commerce International SA [2001] 1 B.L.C.R. 263.
Bank voor Handel en Scheepvaart N.V. v. Slatford [1953] 1 Q.B. 248
Re Cooper Chemicals Ltd. [1978] Ch. 262
Ebbw Vale UDC v. South Wales TrafficArea Licensing Authority [1951] 2 K.B. 366
Firestone Tyre & Rubber Co. Ltd. v. Lewellin, [1957] W.L.R. 464
Re Floor Fourteen Ltd. [2001] 2 B.C.L.C. 392
Gilford Motor Co. Ltd. v. Horne [1933] All E.R. 109
Gramophone & Typewriter Co. Ltd. v. Stanley [1908] 2 K.B. 89
Re Hydrdan (Corby) Ltd. [1994] B.C.C. 161
Jones v. Lipman [1962] W.L.R. 832
Lees v. Lee's Air Farming Ltd., [1961] A.C. 12 P.C.
Littlewoods Mail Order Stores Ltd. v. Commissioners of Inland Revenue [1969] 1 W.L.R. 1241
Macaura v. Northern Assurance Co. Ltd, [1925] A.C. 619, H.L.
Re Maidstone Building Provisions Ltd. [1971] 1 W.L.R. 1085
Nokes v. Doncaster Amalgated Collieries [1940] A.C. 1014 H.L.
Ord v. Belhaven Pubs Ltd. [1998] 2 B.C.L.R. 447
Re Patrick Lyon Ltd. [1933] ALL E.R. 590
Re PFTZM Ltd. [1995] B.C.C. 161
Re Produce Marketing Consortium Ltd. [1989] 1 W.L.R. 745
Re Produce Marketing Consortium Ltd (No. 2), [1989] B.C.L.C. 520
Re Purpoint Ltd. [1991] B.C.L.C. 1491
Salomon v. Salomon & Co. Ltd. [1897] A.C. 22, H.L.
Secretary of State for Trade and Industry v. Bottrill [2000] 2 B.C.L.C. 448.
Re Securitybank Ltd. (No. 2) [1978] 2 N.Z.L.R. 136
Scottish & Newcastel Breweries Ltd. v. Blair [1967] S.L.T. 72
Smith, Stone & Knight Ltd. v. Birmingham Corporation [1939] 4 All E.R. 116
Tunstall v. Steigman [1962] 2 Q.B. 593
Trustor AB v. Smallbone [2001] 2 B.C.L.R. 436
Re William C. Leitch Bros. Ltd [1932] 2 Ch. 71
Woolfson v. Strathclyde regional Council [1978] S.L.T 159; [1978] S.C. 90 H.L.

ANHANG I

Verordnung (EG) Nr. 2157/2001 des Rates vom 8. Oktober 2001 über das Statut der Europäischen Gesellschaft (SE)[1215]

DER RAT DER EUROPÄISCHEN UNION -

gestützt auf den Vertrag zur Gründung der Europäischen Gemeinschaft, insbesondere auf Artikel 308,

auf Vorschlag der Kommission[1216],

nach Stellungnahme des Europäischen Parlaments[1217],

nach Stellungnahme des Wirtschafts- und Sozialausschusses[1218],

in Erwägung nachstehender Gründe:

(1) Voraussetzung für die Verwirklichung des Binnenmarkts und für die damit angestrebte Verbesserung der wirtschaftlichen und sozialen Lage in der gesamten Gemeinschaft ist außer der Beseitigung der Handelshemmnisse eine gemeinschaftsweite Reorganisation der Produktionsfaktoren. Dazu ist es unerlässlich, dass die Unternehmen, deren Tätigkeit sich nicht auf die Befriedigung rein örtlicher Bedürfnisse beschränkt, die Neuordnung ihrer Tätigkeiten auf Gemeinschaftsebene planen und betreiben können.

(2) Eine solche Umgestaltung setzt die Möglichkeit voraus, das Wirtschaftspotential bereits bestehender Unternehmen mehrerer Mitgliedstaaten durch Konzentrations- und Fusionsmaßnahmen zusammenzufassen. Dies darf jedoch nur unter Beachtung der Wettbewerbsregeln des Vertrags geschehen.

(3) Die Verwirklichung der Umstrukturierungs- und Kooperationsmaßnahmen, an denen Unternehmen verschiedener Mitgliedstaaten beteiligt sind, stößt auf rechtliche, steuerliche und psychologische Schwierigkeiten. Einige davon konnten mit der Angleichung des Gesellschaftsrechts der Mitgliedstaaten durch aufgrund von Artikel 44 des Vertrags erlassene Richtlinien ausgeräumt werden. Dies erspart Unternehmen, die verschiedenen Rechtsordnun-

---

[1215] ABl. EG L 294, S. 1 ff.
[1216] Vgl. ABl. C 263 vom 16.10.1989, S. 41, und ABl. C 176 vom 8.7.1991, S. 1.
[1217] Stellungnahme vom 4. September 2001 (noch nicht im Amtsblatt verröffentlicht).
[1218] ABl. C 124 vom 21.5.1990, S. 34.

gen unterliegen, jedoch nicht die Wahl einer Gesellschaftsform, für die ein bestimmtes nationales Recht gilt.

(4) Somit entspricht der rechtliche Rahmen, in dem sich die Unternehmen in der Gemeinschaft noch immer bewegen müssen und der hauptsächlich von innerstaatlichem Recht bestimmt wird, nicht mehr dem wirtschaftlichen Rahmen, in dem sie sich entfalten sollen, um die Erreichung der in Artikel 18 des Vertrags genannten Ziele zu ermöglichen. Dieser Zustand ist geeignet, Zusammenschlüsse zwischen Gesellschaften verschiedener Mitgliedstaaten erheblich zu behindern.

(5) Die Mitgliedstaaten sind verpflichtet, dafür zu sorgen, dass die Bestimmungen, die auf Europäische Gesellschaften aufgrund dieser Verordnung anwendbar sind, weder zu einer Diskriminierung dadurch führen, dass die Europäischen Gesellschaften ungerechtfertigterweise anders behandelt werden als die Aktiengesellschaften, noch unverhältnismäßig strenge Auflagen für die Errichtung einer Europäischen Gesellschaft oder die Verlegung ihres Sitzes mit sich bringen.

(6) Die juristische Einheitlichkeit der europäischen Unternehmen muss ihrer wirtschaftlichen weitestgehend entsprechen. Neben den bisherigen Gesellschaftsformen nationalen Rechts ist daher die Schaffung von Gesellschaften vorzusehen, deren Struktur und Funktionsweise durch eine in allen Mitgliedstaaten unmittelbar geltende gemeinschaftsrechtliche Verordnung geregelt werden.

(7) Dadurch werden sowohl die Gründung als auch die Leitung von Gesellschaften europäischen Zuschnitts ermöglicht, ohne dass die bestehenden Unterschiede zwischen den für die Handelsgesellschaften geltenden einzelstaatlichen Rechtsvorschriften und ihr räumlich begrenzter Geltungsbereich dafür ein Hindernis darstellten.

(8) Das Statut der Europäischen Aktiengesellschaft (nachfolgend "SE" genannt) zählt zu jenen Rechtsakten, die der Rat gemäß dem Weißbuch der Kommission über die Vollendung des Binnenmarkts, das der Europäische Rat von Mailand im Juni 1985 angenommen hat, vor dem Jahre 1992 erlassen musste. 1987 äußerte der Europäische Rat auf seiner Tagung in Brüssel den Wunsch, dass ein solches Statut rasch geschaffen wird.

(9) Seit der Vorlage des Kommissionsvorschlags für eine Verordnung über das Statut der Europäischen Aktiengesellschaften im Jahre 1970 und der Vorlage des 1975 geänderten Vorschlags sind bei der Angleichung des nationalen Gesellschaftsrechts beachtliche Fortschritte erzielt worden, so dass in Bereichen, in denen es für das Funktionieren der SE keiner einheitlichen Gemein-

schaftsregelung bedarf, auf das Aktienrecht des Sitzmitgliedstaats verwiesen werden kann.

(10) Das wichtigste mit der Rechtsform einer SE verfolgte Ziel erfordert jedenfalls - unbeschadet wirtschaftlicher Erfordernisse, die sich in der Zukunft ergeben können -, dass eine SE gegründet werden kann, um es Gesellschaften verschiedener Mitgliedstaaten zu ermöglichen, zu fusionieren oder eine Holdinggesellschaft zu errichten, und damit Gesellschaften und andere juristische Personen aus verschiedenen Mitgliedstaaten, die eine Wirtschaftstätigkeit betreiben, gemeinsame Tochtergesellschaften gründen können.

(11) Im gleichen Sinne sollte es Aktiengesellschaften, die ihren satzungsmäßigen Sitz und ihre Hauptverwaltung in der Gemeinschaft haben, ermöglicht werden, eine SE durch Umwandlung ohne vorherige Auflösung zu gründen, wenn sie eine Tochtergesellschaft in einem anderen Mitgliedstaat als dem ihres Sitzes haben.

(12) Die für öffentlich zur Zeichnung auffordernde Aktiengesellschaften und für Wertpapiergeschäfte geltenden einzelstaatlichen Bestimmungen müssen auch dann, wenn die Gründung der SE durch eine öffentliche Aufforderung zur Zeichnung erfolgt, gelten sowie für SE, die diese Finanzierungsinstrumente in Anspruch nehmen möchten.

(13) Die SE selbst muss eine Kapitalgesellschaft in Form einer Aktiengesellschaft sein, die sowohl von der Finanzierung als auch von der Geschäftsführung her am besten den Bedürfnissen der gemeinschaftsweit tätigen Unternehmen entspricht. Um eine sinnvolle Unternehmensgröße dieser Gesellschaften zu gewährleisten, empfiehlt es sich, ein Mindestkapital festzusetzen, das die Gewähr dafür bietet, dass diese Gesellschaften über eine ausreichende Vermögensgrundlage verfügen, ohne dass dadurch kleinen und mittleren Unternehmen die Gründung von SE erschwert wird.

(14) Es ist erforderlich, der SE alle Möglichkeiten einer leistungsfähigen Geschäftsführung an die Hand zu geben und gleichzeitig deren wirksame Überwachung sicherzustellen. Dabei ist dem Umstand Rechnung zu tragen, dass in der Gemeinschaft hinsichtlich der Verwaltung der Aktiengesellschaften derzeit zwei verschiedene Systeme bestehen. Die Wahl des Systems bleibt der SE überlassen, jedoch ist eine klare Abgrenzung der Verantwortungsbereiche jener Personen, denen die Geschäftsführung obliegt, und der Personen, die mit der Aufsicht betraut sind, wünschenswert.

(15) Die Rechte und Pflichten hinsichtlich des Schutzes von Minderheitsaktionären und von Dritten, die sich für ein Unternehmen aus der Kontrolle durch ein anderes Unternehmen, das einer anderen Rechtsordnung unterliegt, er-

geben, bestimmen sich gemäß den Vorschriften und allgemeinen Grundsätzen des internationalen Privatrechts nach dem für das kontrollierte Unternehmen geltenden Recht, unbeschadet der sich für das herrschende Unternehmen aus den geltenden Rechtsvorschriften ergebenden Pflichten, beispielsweise bei der Aufstellung der konsolidierten Abschlüsse.

(16) Unbeschadet des sich möglicherweise aus einer späteren Koordinierung des Rechts der Mitgliedstaaten ergebenden Handlungsbedarfs ist eine Sonderregelung für die SE hier gegenwärtig nicht erforderlich. Es empfiehlt sich daher, sowohl für den Fall, dass die SE die Kontrolle ausübt, als auch für den Fall, dass die SE das kontrollierte Unternehmen ist, auf die allgemeinen Vorschriften und Grundsätze zurückzugreifen.

(17) Wird die SE von einem anderen Unternehmen beherrscht, so ist anzugeben, welches Recht anwendbar ist; hierzu ist auf die Rechtsvorschriften zu verweisen, die für Aktiengesellschaften gelten, die dem Recht des Sitzstaates der SE unterliegen.

(18) Es muss sichergestellt werden, dass jeder Mitgliedstaat bei Verstößen gegen Bestimmungen dieser Verordnung die für die seiner Rechtsordnung unterliegenden Aktiengesellschaften geltenden Sanktionen anwendet.

(19) Die Stellung der Arbeitnehmer in der SE wird durch die Richtlinie 2001/86/EG des Rates vom 8. Oktober 2001 zur Ergänzung des Statuts der Europäischen Gesellschaft hinsichtlich der Beteiligung der Arbeitnehmer[1219] auf der Grundlage von Artikel 308 des Vertrags geregelt. Diese Bestimmungen stellen somit eine untrennbare Ergänzung der vorliegenden Verordnung dar und müssen zum gleichen Zeitpunkt anwendbar sein.

(20) Andere Rechtsbereiche wie das Steuerrecht, das Wettbewerbsrecht, der gewerbliche Rechtsschutz und das Konkursrecht werden nicht von dieser Verordnung erfasst. Die Rechtsvorschriften der Mitgliedstaaten und das Gemeinschaftsrecht gelten in den oben genannten sowie in anderen nicht von dieser Verordnung erfassten Bereichen.

(21) Mit der Richtlinie 2001/86/EG soll ein Recht der Arbeitnehmer auf Beteiligung bei den den Geschäftsverlauf der SE betreffenden Fragen und Entscheidungen gewährleistet werden. Die übrigen arbeits- und sozialrechtlichen Fragen, insbesondere das in den Mitgliedstaaten geltende Recht auf Information und Anhörung der Arbeitnehmer, unterliegen hingegen den einzelstaatlichen Vorschriften, die unter denselben Bedingungen für die Aktiengesellschaften gelten.

[1219] Siehe Anhang II.

(22) Das Inkrafttreten dieser Verordnung muss zeitlich aufgeschoben erfolgen, um alle Mitgliedstaaten in die Lage zu versetzen, die Richtlinie 2001/86/EG in innerstaatliches Recht umzusetzen und die für die Gründung und den Geschäftsbetrieb von SE mit Sitz in ihrem Hoheitsgebiet notwendigen Verfahren rechtzeitig einzuführen, dergestalt, dass die Verordnung und die Richtlinie gleichzeitig zur Anwendung gebracht werden können.

(23) Eine Gesellschaft, deren Hauptverwaltung sich außerhalb der Gemeinschaft befindet, kann sich an der Gründung einer SE beteiligen, sofern die betreffende Gesellschaft nach dem Recht eines Mitgliedstaats gegründet wurde, ihren Sitz in diesem Mitgliedstaat hat und in tatsächlicher und dauerhafter Verbindung mit der Wirtschaft eines Mitgliedstaats im Sinne der Grundsätze des allgemeinen Programms zur Aufhebung der Beschränkungen der Niederlassungsfreiheit von 1962 steht. Eine solche Verbindung besteht, wenn die Gesellschaft in dem Mitgliedstaat eine Niederlassung hat, von dem aus sie ihre Geschäfte betreibt.

(24) Die SE sollte ihren Sitz in einen anderen Mitgliedstaat verlegen können. Ein angemessener Schutz der Interessen der Minderheitsaktionäre, die sich gegen die Verlegung ausgesprochen haben, sowie der Interessen der Gläubiger und der sonstigen Forderungsberechtigten sollte in einem ausgewogenen Verhältnis stehen. Vor der Verlegung entstandene Ansprüche dürfen durch eine solche Verlegung nicht berührt werden.

(25) Bestimmungen, die die zuständige Gerichtsbarkeit im Falle der Sitzverlegung einer Aktiengesellschaft von einem Mitgliedstaat in einen anderen betreffen und die in das Brüsseler Übereinkommen von 1968 oder in einen Rechtsakt der Mitgliedstaaten oder des Rates zur Ersetzung dieses Übereinkommens aufgenommen werden, werden von dieser Verordnung nicht berührt.

(26) Für die Tätigkeiten von Finanzinstituten gelten Einzelrichtlinien, und das einzelstaatliche Recht zur Umsetzung dieser Richtlinien sowie ergänzende einzelstaatliche Vorschriften zur Regelung der betreffenden Tätigkeiten finden auf eine SE uneingeschränkt Anwendung.

(27) In Anbetracht des spezifischen und gemeinschaftlichen Charakters der SE lässt die in dieser Verordnung für die SE gewählte Regelung des tatsächlichen Sitzes die Rechtsvorschriften der Mitgliedstaaten unberührt und greift der Entscheidung bei anderen Gemeinschaftstexten im Bereich des Gesellschaftsrechts nicht vor.

(28) Der Vertrag enthält Befugnisse für die Annahme dieser Verordnung nur in Artikel 308.

(29) Da die Ziele der beabsichtigten Maßnahme - wie oben ausgeführt - nicht hinreichend von den Mitgliedstaaten erreicht werden können, weil es darum geht, die SE auf europäischer Ebene zu errichten, und da die Ziele daher wegen des Umfangs und der Wirkungen der Maßnahme besser auf Gemeinschaftsebene erreicht werden können, kann die Gemeinschaft im Einklang mit dem Subsidiaritätsprinzip nach Artikel 5 des Vertrags Maßnahmen ergreifen. Im Einklang mit dem Verhältnismäßigkeitsprinzip nach jenem Artikel geht diese Verordnung nicht über das für die Erreichung dieser Ziele erforderliche Maß hinaus

-HAT FOLGENDE VERORDNUNG ERLASSEN:

TITEL I

ALLGEMEINE VORSCHRIFTEN

Artikel 1

(1) Handelsgesellschaften können im Gebiet der Gemeinschaft in der Form europäischer Aktiengesellschaften (Societas Europaea, nachfolgend "SE" genannt) unter den Voraussetzungen und in der Weise gegründet werden, die in dieser Verordnung vorgesehen sind.

(2) Die SE ist eine Gesellschaft, deren Kapital in Aktien zerlegt ist. Jeder Aktionär haftet nur bis zur Höhe des von ihm gezeichneten Kapitals.

(3) Die SE besitzt Rechtspersönlichkeit.

(4) Die Beteiligung der Arbeitnehmer in der SE wird durch die Richtlinie 2001/86/EG geregelt.

Artikel 2

(1) Aktiengesellschaften im Sinne des Anhangs I, die nach dem Recht eines Mitgliedstaats gegründet worden sind und ihren Sitz sowie ihre Hauptverwaltung in der Gemeinschaft haben, können eine SE durch Verschmelzung gründen, sofern mindestens zwei von ihnen dem Recht verschiedener Mitgliedstaaten unterliegen.

(2) Aktiengesellschaften und Gesellschaften mit beschränkter Haftung im Sinne des Anhangs II, die nach dem Recht eines Mitgliedstaats gegründet worden sind und ihren Sitz sowie ihre Hauptverwaltung in der Gemeinschaft haben,

können die Gründung einer Holding-SE anstreben, sofern mindestens zwei von ihnen

a) dem Recht verschiedener Mitgliedstaaten unterliegen oder
b) seit mindestens zwei Jahren eine dem Recht eines anderen Mitgliedstaats unterliegende Tochtergesellschaft oder eine Zweigniederlassung in einem anderen Mitgliedstaat haben.

(3) Gesellschaften im Sinne des Artikels 48 Absatz 2 des Vertrags sowie juristische Personen des öffentlichen oder privaten Rechts, die nach dem Recht eines Mitgliedstaats gegründet worden sind und ihren Sitz sowie ihre Hauptverwaltung in der Gemeinschaft haben, können eine Tochter-SE durch Zeichnung ihrer Aktien gründen, sofern mindestens zwei von ihnen

a) dem Recht verschiedener Mitgliedstaaten unterliegen oder
b) seit mindestens zwei Jahren eine dem Recht eines anderen Mitgliedstaats unterliegende Tochtergesellschaft oder eine Zweigniederlassung in einem anderen Mitgliedstaat haben.

(4) Eine Aktiengesellschaft, die nach dem Recht eines Mitgliedstaats gegründet worden ist und ihren Sitz sowie ihre Hauptverwaltung in der Gemeinschaft hat, kann in eine SE umgewandelt werden, wenn sie seit mindestens zwei Jahren eine dem Recht eines anderen Mitgliedstaats unterliegende Tochtergesellschaft hat.

(5) Ein Mitgliedstaat kann vorsehen, dass sich eine Gesellschaft, die ihre Hauptverwaltung nicht in der Gemeinschaft hat, an der Gründung einer SE beteiligen kann, sofern sie nach dem Recht eines Mitgliedstaats gegründet wurde, ihren Sitz in diesem Mitgliedstaat hat und mit der Wirtschaft eines Mitgliedstaats in tatsächlicher und dauerhafter Verbindung steht.

Artikel 3

(1) Die SE gilt als Aktiengesellschaft, die zum Zwecke der Anwendung des Artikels 2 Absätze 1, 2 und 3 dem Recht des Sitzmitgliedstaats unterliegt.

(2) Eine SE kann selbst eine oder mehrere Tochtergesellschaften in Form einer SE gründen. Bestimmungen des Sitzmitgliedstaats der Tochter-SE, gemäß denen eine Aktiengesellschaft mehr als einen Aktionär haben muss, gelten nicht für die Tochter-SE. Die einzelstaatlichen Bestimmungen, die aufgrund der Zwölften Richtlinie 89/667/EWG des Rates vom 21. Dezember 1989 auf dem Gebiet des Gesellschaftsrechts betreffend Gesellschaften mit beschränk-

ter Haftung mit einem einzigen Gesellschafter[1220] angenommen wurden, gelten sinngemäß für die SE.

Artikel 4

(1) Das Kapital der SE lautet auf Euro.

(2) Das gezeichnete Kapital muss mindestens 120.000 EUR betragen.

(3) Die Rechtsvorschriften eines Mitgliedstaats, die ein höheres gezeichnetes Kapital für Gesellschaften vorsehen, die bestimmte Arten von Tätigkeiten ausüben, gelten auch für SE mit Sitz in dem betreffenden Mitgliedstaat.

Artikel 5

Vorbehaltlich des Artikels 4 Absätze 1 und 2 gelten für das Kapital der SE, dessen Erhaltung und dessen Änderungen sowie die Aktien, die Schuldverschreibungen und sonstige vergleichbare Wertpapiere der SE die Vorschriften, die für eine Aktiengesellschaft mit Sitz in dem Mitgliedstaat, in dem die SE eingetragen ist, gelten würden.

Artikel 6

Für die Zwecke dieser Verordnung bezeichnet der Ausdruck "Satzung der SE" zugleich die Gründungsurkunde und, falls sie Gegenstand einer getrennten Urkunde ist, die Satzung der SE im eigentlichen Sinne.

Artikel 7

Der Sitz der SE muss in der Gemeinschaft liegen, und zwar in dem Mitgliedstaat, in dem sich die Hauptverwaltung der SE befindet. Jeder Mitgliedstaat kann darüber hinaus den in seinem Hoheitsgebiet eingetragenen SE vorschreiben, dass sie ihren Sitz und ihre Hauptverwaltung am selben Ort haben müssen.

Artikel 8

(1) Der Sitz der SE kann gemäß den Absätzen 2 bis 13 in einen anderen Mitgliedstaat verlegt werden. Diese Verlegung führt weder zur Auflösung der SE noch zur Gründung einer neuen juristischen Person.

(2) Ein Verlegungsplan ist von dem Leitungs- oder dem Verwaltungsorgan zu erstellen und unbeschadet etwaiger vom Sitzmitgliedstaat vorgesehener zu-

---

[1220] ABl. L 395 vom 30.12.1989, S. 40. Zuletzt geändert durch die Beitrittsakte von 1994.

sätzlicher Offenlegungsformen gemäß Artikel 13 offen zu legen. Dieser Plan enthält die bisherige Firma, den bisherigen Sitz und die bisherige Registriernummer der SE sowie folgende Angaben:

a) den vorgesehenen neuen Sitz der SE,
b) die für die SE vorgesehene Satzung sowie gegebenenfalls die neue Firma,
c) die etwaigen Folgen der Verlegung für die Beteiligung der Arbeitnehmer,
d) den vorgesehenen Zeitplan für die Verlegung,
e) etwaige zum Schutz der Aktionäre und/oder Gläubiger vorgesehene Rechte.

(3) Das Leitungs- oder das Verwaltungsorgan erstellt einen Bericht, in dem die rechtlichen und wirtschaftlichen Aspekte der Verlegung erläutert und begründet und die Auswirkungen der Verlegung für die Aktionäre, die Gläubiger sowie die Arbeitnehmer im Einzelnen dargelegt werden.

(4) Die Aktionäre und die Gläubiger der SE haben vor der Hauptversammlung, die über die Verlegung befinden soll, mindestens einen Monat lang das Recht, am Sitz der SE den Verlegungsplan und den Bericht nach Absatz 3 einzusehen und die unentgeltliche Aushändigung von Abschriften dieser Unterlagen zu verlangen.

(5) Die Mitgliedstaaten können in Bezug auf die in ihrem Hoheitsgebiet eingetragenen SE Vorschriften erlassen, um einen angemessenen Schutz der Minderheitsaktionäre, die sich gegen die Verlegung ausgesprochen haben, zu gewährleisten.

(6) Der Verlegungsbeschluss kann erst zwei Monate nach der Offenlegung des Verlegungsplans gefasst werden. Er muss unter den in Artikel 59 vorgesehenen Bedingungen gefasst werden.

(7) Bevor die zuständige Behörde die Bescheinigung gemäß Absatz 8 ausstellt, hat die SE gegenüber der Behörde den Nachweis zu erbringen, dass die Interessen ihrer Gläubiger und sonstigen Forderungsberechtigten (einschließlich der öffentlich-rechtlichen Körperschaften) in Bezug auf alle vor der Offenlegung des Verlegungsplans entstandenen Verbindlichkeiten im Einklang mit den Anforderungen des Mitgliedstaats, in dem die SE vor der Verlegung ihren Sitz hat, angemessen geschützt sind.

Die einzelnen Mitgliedstaaten können die Anwendung von Unterabsatz 1 auf Verbindlichkeiten ausdehnen, die bis zum Zeitpunkt der Verlegung entstehen (oder entstehen können).

Die Anwendung der einzelstaatlichen Rechtsvorschriften über das Leisten oder Absichern von Zahlungen an öffentlich-rechtliche Körperschaften auf die SE wird von den Unterabsätzen 1 und 2 nicht berührt.

(8) Im Sitzstaat der SE stellt das zuständige Gericht, der Notar oder eine andere zuständige Behörde eine Bescheinigung aus, aus der zweifelsfrei hervorgeht, dass die der Verlegung vorangehenden Rechtshandlungen und Formalitäten durchgeführt wurden.

(9) Die neue Eintragung kann erst vorgenommen werden, wenn die Bescheinigung nach Absatz 8 vorgelegt und die Erfuellung der für die Eintragung in dem neuen Sitzstaat erforderlichen Formalitäten nachgewiesen wurde.

(10) Die Sitzverlegung der SE sowie die sich daraus ergebenden Satzungsänderungen werden zu dem Zeitpunkt wirksam, zu dem die SE gemäß Artikel 12 im Register des neuen Sitzes eingetragen wird.

(11) Das Register des neuen Sitzes meldet dem Register des früheren Sitzes die neue Eintragung der SE, sobald diese vorgenommen worden ist. Die Löschung der früheren Eintragung der SE erfolgt erst nach Eingang dieser Meldung.

(12) Die neue Eintragung und die Löschung der früheren Eintragung werden gemäß Artikel 13 in den betreffenden Mitgliedstaaten offen gelegt.

(13) Mit der Offenlegung der neuen Eintragung der SE ist der neue Sitz Dritten gegenüber wirksam. Jedoch können sich Dritte, solange die Löschung der Eintragung im Register des früheren Sitzes nicht offen gelegt worden ist, weiterhin auf den alten Sitz berufen, es sei denn, die SE beweist, dass den Dritten der neue Sitz bekannt war.

(14) Die Rechtsvorschriften eines Mitgliedstaats können bestimmen, dass eine Sitzverlegung, die einen Wechsel des maßgeblichen Rechts zur Folge hätte, im Falle der in dem betreffenden Mitgliedstaat eingetragenen SE nicht wirksam wird, wenn eine zuständige Behörde dieses Staates innerhalb der in Absatz 6 genannten Frist von zwei Monaten dagegen Einspruch erhebt. Dieser Einspruch ist nur aus Gründen des öffentlichen Interesses zulässig.

Untersteht eine SE nach Maßgabe von Gemeinschaftsrichtlinien der Aufsicht einer einzelstaatlichen Finanzaufsichtsbehörde, so gilt das Recht auf Erhebung von Einspruch gegen die Sitzverlegung auch für die genannte Behörde.

Gegen den Einspruch muss ein Rechtsmittel vor einem Gericht eingelegt werden können.

(15) Eine SE kann ihren Sitz nicht verlegen, wenn gegen sie ein Verfahren wegen Auflösung, Liquidation, Zahlungsunfähigkeit oder vorläufiger Zahlungseinstellung oder ein ähnliches Verfahren eröffnet worden ist.

(16) Eine SE, die ihren Sitz in einen anderen Mitgliedstaat verlegt hat, gilt in Bezug auf alle Forderungen, die vor dem Zeitpunkt der Verlegung gemäß Absatz 10 entstanden sind, als SE mit Sitz in dem Mitgliedstaat, in dem sie vor der Verlegung eingetragen war, auch wenn sie erst nach der Verlegung verklagt wird.

Artikel 9

(1) Die SE unterliegt

a) den Bestimmungen dieser Verordnung,
b) sofern die vorliegende Verordnung dies ausdrücklich zulässt, den Bestimmungen der Satzung der SE,
c) in Bezug auf die nicht durch diese Verordnung geregelten Bereiche oder, sofern ein Bereich nur teilweise geregelt ist, in Bezug auf die nicht von dieser Verordnung erfassten Aspekte
   i) den Rechtsvorschriften, die die Mitgliedstaaten in Anwendung der speziell die SE betreffenden Gemeinschaftsmaßnahmen erlassen,
   ii) den Rechtsvorschriften der Mitgliedstaaten, die auf eine nach dem Recht des Sitzstaats der SE gegründete Aktiengesellschaft Anwendung finden würden,
   iii) den Bestimmungen ihrer Satzung unter den gleichen Voraussetzungen wie im Falle einer nach dem Recht des Sitzstaats der SE gegründeten Aktiengesellschaft.

(2) Von den Mitgliedstaaten eigens für die SE erlassene Rechtsvorschriften müssen mit den für Aktiengesellschaften im Sinne des Anhangs I maßgeblichen Richtlinien im Einklang stehen.

(3) Gelten für die von der SE ausgeübte Geschäftstätigkeit besondere Vorschriften des einzelstaatlichen Rechts, so finden diese Vorschriften auf die SE uneingeschränkt Anwendung.

Artikel 10

Vorbehaltlich der Bestimmungen dieser Verordnung wird eine SE in jedem Mitgliedstaat wie eine Aktiengesellschaft behandelt, die nach dem Recht des Sitzstaats der SE gegründet wurde.

Artikel 11

(1) Die SE muss ihrer Firma den Zusatz "SE" voran- oder nachstellen.

(2) Nur eine SE darf ihrer Firma den Zusatz "SE" hinzufügen.

(3) Die in einem Mitgliedstaat vor dem Zeitpunkt des Inkrafttretens dieser Verordnung eingetragenen Gesellschaften oder sonstigen juristischen Personen, deren Firma den Zusatz "SE" enthält, brauchen ihre Namen jedoch nicht zu ändern.

Artikel 12

(1) Jede SE wird gemäß Artikel 3 der Ersten Richtlinie 68/151/EWG des Rates vom 9. März 1968 zur Koordinierung der Schutzbestimmungen, die in den Mitgliedstaaten den Gesellschaften im Sinne des Artikels 58 Absatz 2 des Vertrages im Interesse der Gesellschafter sowie Dritter vorgeschrieben sind, um diese Bestimmungen gleichwertig zu gestalten[1221], im Sitzstaat in ein nach dem Recht dieses Staates bestimmtes Register eingetragen.

(2) Eine SE kann erst eingetragen werden, wenn eine Vereinbarung über die Beteiligung der Arbeitnehmer gemäß Artikel 4 der Richtlinie 2001/86/EG geschlossen worden ist, ein Beschluss nach Artikel 3 Absatz 6 der genannten Richtlinie gefasst worden ist oder die Verhandlungsfrist nach Artikel 5 der genannten Richtlinie abgelaufen ist, ohne dass eine Vereinbarung zustande gekommen ist.

(3) Voraussetzung dafür, dass eine SE in einem Mitgliedstaat, der von der in Artikel 7 Absatz 3 der Richtlinie 2001/86/EG vorgesehenen Möglichkeit Gebrauch gemacht hat, registriert werden kann, ist, dass eine Vereinbarung im Sinne von Artikel 4 der genannten Richtlinie über die Modalitäten der Beteiligung der Arbeitnehmer - einschließlich der Mitbestimmung - geschlossen wurde oder dass für keine der teilnehmenden Gesellschaften vor der Registrierung der SE Mitbestimmungsvorschriften galten.

(4) Die Satzung der SE darf zu keinem Zeitpunkt im Widerspruch zu der ausgehandelten Vereinbarung stehen. Steht eine neue gemäß der Richtlinie 2001/86/EG geschlossene Vereinbarung im Widerspruch zur geltenden Satzung, ist diese - soweit erforderlich - zu ändern.

In diesem Fall kann ein Mitgliedstaat vorsehen, dass das Leitungs- oder das Verwaltungsorgan der SE befugt ist, die Satzungsänderung ohne weiteren Beschluss der Hauptversammlung vorzunehmen.

[1221] ABl. L 65 vom 14.3.1968, S. 8. Zuletzt geändert durch die Beitrittsakte von 1994.

Artikel 13

Die die SE betreffenden Urkunden und Angaben, die nach dieser Verordnung der Offenlegungspflicht unterliegen, werden gemäß der Richtlinie 68/151/EWG nach Maßgabe der Rechtsvorschriften des Sitzstaats der SE offen gelegt.

Artikel 14

(1) Die Eintragung und die Löschung der Eintragung einer SE werden mittels einer Bekanntmachung zu Informationszwecken im Amtsblatt der Europäischen Gemeinschaften veröffentlicht, nachdem die Offenlegung gemäß Artikel 13 erfolgt ist. Diese Bekanntmachung enthält die Firma der SE, Nummer, Datum und Ort der Eintragung der SE, Datum, Ort und Titel der Veröffentlichung sowie den Sitz und den Geschäftszweig der SE.

(2) Bei der Verlegung des Sitzes der SE gemäß Artikel 8 erfolgt eine Bekanntmachung mit den Angaben gemäß Absatz 1 sowie mit denjenigen im Falle einer Neueintragung.

(3) Die Angaben gemäß Absatz 1 werden dem Amt für amtliche Veröffentlichungen der Europäischen Gemeinschaften innerhalb eines Monats nach der Offenlegung gemäß Artikel 13 übermittelt.

TITEL II

GRÜNDUNG

Abschnitt 1

Allgemeines

Artikel 15

(1) Vorbehaltlich der Bestimmungen dieser Verordnung findet auf die Gründung einer SE das für Aktiengesellschaften geltende Recht des Staates Anwendung, in dem die SE ihren Sitz begründet.

(2) Die Eintragung einer SE wird gemäß Artikel 13 offen gelegt.

Artikel 16

(1) Die SE erwirbt die Rechtspersönlichkeit am Tag ihrer Eintragung in das in Artikel 12 genannte Register.

(2) Wurden im Namen der SE vor ihrer Eintragung gemäß Artikel 12 Rechtshandlungen vorgenommen und übernimmt die SE nach der Eintragung die sich aus diesen Rechtshandlungen ergebenden Verpflichtungen nicht, so haften die natürlichen Personen, die Gesellschaften oder anderen juristischen Personen, die diese Rechtshandlungen vorgenommen haben, vorbehaltlich anders lautender Vereinbarungen unbegrenzt und gesamtschuldnerisch.

Abschnitt 2

Gründung einer SE durch Verschmelzung

Artikel 17

(1) Eine SE kann gemäß Artikel 2 Absatz 1 durch Verschmelzung gegründet werden.

(2) Die Verschmelzung erfolgt

a) entweder nach dem Verfahren der Verschmelzung durch Aufnahme gemäß Artikel 3 Absatz 1 der Richtlinie 78/855/EWG[1222]

b) oder nach dem Verfahren der Verschmelzung durch Gründung einer neuen Gesellschaft gemäß Artikel 4 Absatz 1 der genannten Richtlinie.

Im Falle einer Verschmelzung durch Aufnahme nimmt die aufnehmende Gesellschaft bei der Verschmelzung die Form einer SE an. Im Falle einer Verschmelzung durch Gründung einer neuen Gesellschaft ist die neue Gesellschaft eine SE.

Artikel 18

In den von diesem Abschnitt nicht erfassten Bereichen sowie in den nicht erfassten Teilbereichen eines von diesem Abschnitt nur teilweise abgedeckten Bereichs sind bei der Gründung einer SE durch Verschmelzung auf jede Gründungsgesellschaft die mit der Richtlinie 78/855/EWG in Einklang stehenden, für die Verschmelzung von Aktiengesellschaften geltenden Rechtsvorschriften des Mitgliedstaats anzuwenden, dessen Recht sie unterliegt.

[1222] Dritte Richtlinie 78/855/EWG des Rates vom 9. Oktober 1978 gemäß Artikel 54 Absatz 3 Buchstabe g des Vertrages betreffend die Verschmelzung von Aktiengesellschaften (ABl. L 295 vom 20.10.1978, S. 36). Zuletzt geändert durch die Beitrittsakte von 1994.

Artikel 19

Die Rechtsvorschriften eines Mitgliedstaates können vorsehen, dass die Beteiligung einer Gesellschaft, die dem Recht dieses Mitgliedstaates unterliegt, an der Gründung einer SE durch Verschmelzung nur möglich ist, wenn keine zuständige Behörde dieses Mitgliedstaats vor der Erteilung der Bescheinigung gemäß Artikel 25 Absatz 2 dagegen Einspruch erhebt.

Dieser Einspruch ist nur aus Gründen des öffentlichen Interesses zulässig. Gegen ihn muss ein Rechtsmittel eingelegt werden können.

Artikel 20

(1) Die Leitungs- oder die Verwaltungsorgane der sich verschmelzenden Gesellschaften stellen einen Verschmelzungsplan auf. Dieser Verschmelzungsplan enthält

a) die Firma und den Sitz der sich verschmelzenden Gesellschaften sowie die für die SE vorgesehene Firma und ihren geplanten Sitz,
b) das Umtauschverhältnis der Aktien und gegebenenfalls die Höhe der Ausgleichsleistung,
c) die Einzelheiten hinsichtlich der Übertragung der Aktien der SE,
d) den Zeitpunkt, von dem an diese Aktien das Recht auf Beteiligung am Gewinn gewähren, sowie alle Besonderheiten in Bezug auf dieses Recht,
e) den Zeitpunkt, von dem an die Handlungen der sich verschmelzenden Gesellschaften unter dem Gesichtspunkt der Rechnungslegung als für Rechnung der SE vorgenommen gelten,
f) die Rechte, welche die SE den mit Sonderrechten ausgestatteten Aktionären der Gründungsgesellschaften und den Inhabern anderer Wertpapiere als Aktien gewährt, oder die für diese Personen vorgeschlagenen Maßnahmen,
g) jeder besondere Vorteil, der den Sachverständigen, die den Verschmelzungsplan prüfen, oder den Mitgliedern der Verwaltungs-, Leitungs-, Aufsichts- oder Kontrollorgane der sich verschmelzenden Gesellschaften gewährt wird,
h) die Satzung der SE,
i) Angaben zu dem Verfahren, nach dem die Vereinbarung über die Beteiligung der Arbeitnehmer gemäß der Richtlinie 2001/86/EG geschlossen wird.

(2) Die sich verschmelzenden Gesellschaften können dem Verschmelzungsplan weitere Punkte hinzufügen.

Artikel 21

Für jede der sich verschmelzenden Gesellschaften und vorbehaltlich weiterer Auflagen seitens des Mitgliedstaates, dessen Recht die betreffende Gesellschaft unterliegt, sind im Amtsblatt dieses Mitgliedstaats nachstehende Angaben bekannt zu machen:

a) Rechtsform, Firma und Sitz der sich verschmelzenden Gesellschaften,

b) das Register, bei dem die in Artikel 3 Absatz 2 der Richtlinie 68/151/EWG genannten Urkunden für jede der sich verschmelzenden Gesellschaften hinterlegt worden sind, sowie die Nummer der Eintragung in das Register,

c) einen Hinweis auf die Modalitäten für die Ausübung der Rechte der Gläubiger der betreffenden Gesellschaft gemäß Artikel 24 sowie die Anschrift, unter der erschöpfende Auskünfte über diese Modalitäten kostenlos eingeholt werden können,

d) einen Hinweis auf die Modalitäten für die Ausübung der Rechte der Minderheitsaktionäre der betreffenden Gesellschaft gemäß Artikel 24 sowie die Anschrift, unter der erschöpfende Auskünfte über diese Modalitäten kostenlos eingeholt werden können,

e) die für die SE vorgesehene Firma und ihr künftiger Sitz.

Artikel 22

Als Alternative zur Heranziehung von Sachverständigen, die für Rechnung jeder der sich verschmelzenden Gesellschaften tätig sind, können ein oder mehrere unabhängige Sachverständige im Sinne des Artikels 10 der Richtlinie 78/855/EWG, die auf gemeinsamen Antrag dieser Gesellschaften von einem Gericht oder einer Verwaltungsbehörde des Mitgliedstaats, dessen Recht eine der sich verschmelzenden Gesellschaften oder die künftige SE unterliegt, dazu bestellt wurden, den Verschmelzungsplan prüfen und einen für alle Aktionäre bestimmten einheitlichen Bericht erstellen.

Die Sachverständigen haben das Recht, von jeder der sich verschmelzenden Gesellschaften alle Auskünfte zu verlangen, die sie zur Erfuellung ihrer Aufgabe für erforderlich halten.

Artikel 23

(1) Die Hauptversammlung jeder der sich verschmelzenden Gesellschaften stimmt dem Verschmelzungsplan zu.

(2) Die Beteiligung der Arbeitnehmer in der SE wird gemäß der Richtlinie 2001/86/EG festgelegt. Die Hauptversammlung jeder der sich verschmelzenden Gesellschaften kann sich das Recht vorbehalten, die Eintragung der SE davon abhängig zu machen, dass die geschlossene Vereinbarung von ihr ausdrücklich genehmigt wird.

Artikel 24

(1) Das Recht des Mitgliedstaats, das jeweils für die sich verschmelzenden Gesellschaften gilt, findet wie bei einer Verschmelzung von Aktiengesellschaften unter Berücksichtigung des grenzüberschreitenden Charakters der Verschmelzung Anwendung zum Schutz der Interessen

a) der Gläubiger der sich verschmelzenden Gesellschaften,
b) der Anleihegläubiger der sich verschmelzenden Gesellschaften,
c) der Inhaber von mit Sonderrechten gegenüber den sich verschmelzenden Gesellschaften ausgestatteten Wertpapieren mit Ausnahme von Aktien.

(2) Jeder Mitgliedstaat kann in Bezug auf die sich verschmelzenden Gesellschaften, die seinem Recht unterliegen, Vorschriften erlassen, um einen angemessenen Schutz der Minderheitsaktionäre, die sich gegen die Verschmelzung ausgesprochen haben, zu gewährleisten.

Artikel 25

(1) Die Rechtmäßigkeit der Verschmelzung wird, was die die einzelnen sich verschmelzenden Gesellschaften betreffenden Verfahrensabschnitte anbelangt, nach den für die Verschmelzung von Aktiengesellschaften geltenden Rechtsvorschriften des Mitgliedstaats kontrolliert, dessen Recht die jeweilige verschmelzende Gesellschaft unterliegt.

(2) In jedem der betreffenden Mitgliedstaaten stellt das zuständige Gericht, der Notar oder eine andere zuständige Behörde eine Bescheinigung aus, aus der zweifelsfrei hervorgeht, dass die der Verschmelzung vorangehenden Rechtshandlungen und Formalitäten durchgeführt wurden.

(3) Ist nach dem Recht eines Mitgliedstaats, dem eine sich verschmelzende Gesellschaft unterliegt, ein Verfahren zur Kontrolle und Änderung des Umtauschverhältnisses der Aktien oder zur Abfindung von Minderheitsaktionären vorgesehen, das jedoch der Eintragung der Verschmelzung nicht entgegensteht, so findet ein solches Verfahren nur dann Anwendung, wenn die anderen sich verschmelzenden Gesellschaften in Mitgliedstaaten, in denen ein derartiges Verfahren nicht besteht, bei der Zustimmung zu dem Verschmelzungsplan gemäß Artikel 23 Absatz 1 ausdrücklich akzeptieren, dass die Aktionäre der betreffenden sich verschmelzenden Gesellschaft auf ein solches

Verfahren zurückgreifen können. In diesem Fall kann das zuständige Gericht, der Notar oder eine andere zuständige Behörde die Bescheinigung gemäß Absatz 2 ausstellen, auch wenn ein derartiges Verfahren eingeleitet wurde. Die Bescheinigung muss allerdings einen Hinweis auf das anhängige Verfahren enthalten. Die Entscheidung in dem Verfahren ist für die übernehmende Gesellschaft und ihre Aktionäre bindend.

Artikel 26

(1) Die Rechtmäßigkeit der Verschmelzung wird, was den Verfahrensabschnitt der Durchführung der Verschmelzung und der Gründung der SE anbelangt, von dem/der im künftigen Sitzstaat der SE für die Kontrolle dieses Aspekts der Rechtmäßigkeit der Verschmelzung von Aktiengesellschaften zuständigen Gericht, Notar oder sonstigen Behörde kontrolliert.

(2) Hierzu legt jede der sich verschmelzenden Gesellschaften dieser zuständigen Behörde die in Artikel 25 Absatz 2 genannte Bescheinigung binnen sechs Monaten nach ihrer Ausstellung sowie eine Ausfertigung des Verschmelzungsplans, dem sie zugestimmt hat, vor.

(3) Die gemäß Absatz 1 zuständige Behörde kontrolliert insbesondere, ob die sich verschmelzenden Gesellschaften einem gleich lautenden Verschmelzungsplan zugestimmt haben und ob eine Vereinbarung über die Beteiligung der Arbeitnehmer gemäß der Richtlinie 2001/86/EG geschlossen wurde.

(4) Diese Behörde kontrolliert ferner, ob gemäß Artikel 15 die Gründung der SE den gesetzlichen Anforderungen des Sitzstaates genügt.

Artikel 27

(1) Die Verschmelzung und die gleichzeitige Gründung der SE werden mit der Eintragung der SE gemäß Artikel 12 wirksam.

(2) Die SE kann erst nach Erfuellung sämtlicher in den Artikeln 25 und 26 vorgesehener Formalitäten eingetragen werden.

Artikel 28

Für jede sich verschmelzende Gesellschaft wird die Durchführung der Verschmelzung nach den in den Rechtsvorschriften des jeweiligen Mitgliedstaats vorgesehenen Verfahren in Übereinstimmung mit Artikel 3 der Richtlinie 68/151/EWG offen gelegt.

Artikel 29

(1) Die nach Artikel 17 Absatz 2 Buchstabe a vollzogene Verschmelzung bewirkt ipso jure gleichzeitig Folgendes:

a) Das gesamte Aktiv- und Passivvermögen jeder übertragenden Gesellschaft geht auf die übernehmende Gesellschaft über;
b) die Aktionäre der übertragenden Gesellschaft werden Aktionäre der übernehmenden Gesellschaft;
c) die übertragende Gesellschaft erlischt;
d) die übernehmende Gesellschaft nimmt die Rechtsform einer SE an.

(2) Die nach Artikel 17 Absatz 2 Buchstabe b vollzogene Verschmelzung bewirkt ipso jure gleichzeitig Folgendes:

a) Das gesamte Aktiv- und Passivvermögen der sich verschmelzenden Gesellschaften geht auf die SE über;
b) die Aktionäre der sich verschmelzenden Gesellschaften werden Aktionäre der SE;
c) die sich verschmelzenden Gesellschaften erlöschen.

(3) Schreibt ein Mitgliedstaat im Falle einer Verschmelzung von Aktiengesellschaften besondere Formalitäten für die Rechtswirksamkeit der Übertragung bestimmter von den sich verschmelzenden Gesellschaften eingebrachter Vermögensgegenstände, Rechte und Verbindlichkeiten gegenüber Dritten vor, so gelten diese fort und sind entweder von den sich verschmelzenden Gesellschaften oder von der SE nach deren Eintragung zu erfuellen.

(4) Die zum Zeitpunkt der Eintragung aufgrund der einzelstaatlichen Rechtsvorschriften und Gepflogenheiten sowie aufgrund individueller Arbeitsverträge oder Arbeitsverhältnisse bestehenden Rechte und Pflichten der beteiligten Gesellschaften hinsichtlich der Beschäftigungsbedingungen gehen mit der Eintragung der SE auf diese über.

Artikel 30

Eine Verschmelzung im Sinne des Artikels 2 Absatz 1 kann nach der Eintragung der SE nicht mehr für nichtig erklärt werden.

Das Fehlen einer Kontrolle der Rechtmäßigkeit der Verschmelzung gemäß Artikel 25 und 26 kann einen Grund für die Auflösung der SE darstellen.

Artikel 31

(1) Wird eine Verschmelzung nach Artikel 17 Absatz 2 Buchstabe a durch eine Gesellschaft vollzogen, die Inhaberin sämtlicher Aktien und sonstiger Wert-

papiere ist, die Stimmrechte in der Hauptversammlung einer anderen Gesellschaft gewähren, so finden Artikel 20 Absatz 1 Buchstaben b, c und d, Artikel 22 und Artikel 29 Absatz 1 Buchstabe b keine Anwendung. Die jeweiligen einzelstaatlichen Vorschriften, denen die einzelnen sich verschmelzenden Gesellschaften unterliegen und die für die Verschmelzungen von Aktiengesellschaften nach Artikel 24 der Richtlinie 78/855/EWG maßgeblich sind, sind jedoch anzuwenden.

(2) Vollzieht eine Gesellschaft, die Inhaberin von mindestens 90 %, nicht aber aller der in der Hauptversammlung einer anderen Gesellschaft Stimmrecht verleihenden Aktien und sonstigen Wertpapiere ist, eine Verschmelzung durch Aufnahme, so sind die Berichte des Leitungs- oder des Verwaltungsorgans, die Berichte eines oder mehrerer unabhängiger Sachverständiger sowie die zur Kontrolle notwendigen Unterlagen nur insoweit erforderlich, als dies entweder in den einzelstaatlichen Rechtsvorschriften, denen die übernehmende Gesellschaft unterliegt, oder in den für die übertragende Gesellschaft maßgeblichen einzelstaatlichen Rechtsvorschriften vorgesehen ist.

Die Mitgliedstaaten können jedoch vorsehen, dass dieser Absatz Anwendung auf eine Gesellschaft findet, die Inhaberin von Aktien ist, welche mindestens 90 % der Stimmrechte, nicht aber alle verleihen.

Abschnitt 3

Gründung einer Holding-SE

Artikel 32

(1) Eine SE kann gemäß Artikel 2 Absatz 2 gegründet werden.

Die die Gründung einer SE im Sinne des Artikels 2 Absatz 2 anstrebenden Gesellschaften bestehen fort.

(2) Die Leitungs- oder die Verwaltungsorgane der die Gründung anstrebenden Gesellschaften erstellen einen gleich lautenden Gründungsplan für die SE. Dieser Plan enthält einen Bericht, der die Gründung aus rechtlicher und wirtschaftlicher Sicht erläutert und begründet sowie darlegt, welche Auswirkungen der Übergang zur Rechtsform einer SE für die Aktionäre und für die Arbeitnehmer hat. Er enthält ferner die in Artikel 20 Absatz 1 Buchstaben a, b, c, f, g, h und i vorgesehenen Angaben und setzt von jeder die Gründung anstrebenden Gesellschaft den Mindestprozentsatz der Aktien oder sonstigen Anteile fest, der von den Aktionären eingebracht werden muss, damit die SE

gegründet werden kann. Dieser Prozentsatz muss mehr als 50 % der durch Aktien verliehenen ständigen Stimmrechte betragen.

(3) Der Gründungsplan ist mindestens einen Monat vor der Hauptversammlung, die über die Gründung zu beschließen hat, für jede der die Gründung anstrebenden Gesellschaften nach den in den Rechtsvorschriften der einzelnen Mitgliedstaaten gemäß Artikel 3 der Richtlinie 68/151/EWG vorgesehenen Verfahren offen zu legen.

(4) Ein oder mehrere von den die Gründung anstrebenden Gesellschaften unabhängige Sachverständige, die von einem Gericht oder einer Verwaltungsbehörde des Mitgliedstaats, dessen Recht die einzelnen Gesellschaften gemäß den nach Maßgabe der Richtlinie 78/855/EWG erlassenen einzelstaatlichen Vorschriften unterliegen, bestellt oder zugelassen sind, prüfen den gemäß Absatz 2 erstellten Gründungsplan und erstellen einen schriftlichen Bericht für die Aktionäre der einzelnen Gesellschaften. Im Einvernehmen zwischen den die Gründung anstrebenden Gesellschaften kann durch einen oder mehrere unabhängige Sachverständige, der/die von einem Gericht oder einer Verwaltungsbehörde des Mitgliedstaats, dessen Recht eine der die Gründung anstrebenden Gesellschaften oder die künftige SE gemäß den nach Maßgabe der Richtlinie 78/855/EWG erlassenen einzelstaatlichen Rechtsvorschriften unterliegt, bestellt oder zugelassen ist/sind, ein schriftlicher Bericht für die Aktionäre aller Gesellschaften erstellt werden.

(5) Der Bericht muss auf besondere Bewertungsschwierigkeiten hinweisen und erklären, ob das Umtauschverhältnis der Aktien oder Anteile angemessen ist, sowie angeben, nach welchen Methoden es bestimmt worden ist und ob diese Methoden im vorliegenden Fall angemessen sind.

(6) Die Hauptversammlung jeder der die Gründung anstrebenden Gesellschaften stimmt dem Gründungsplan für die SE zu.

Die Beteiligung der Arbeitnehmer in der SE wird gemäß der Richtlinie 2001/86/EG festgelegt. Die Hauptversammlung jeder der die Gründung anstrebenden Gesellschaften kann sich das Recht vorbehalten, die Eintragung der SE davon abhängig zu machen, dass die geschlossene Vereinbarung von ihr ausdrücklich genehmigt wird.

(7) Dieser Artikel gilt sinngemäß auch für Gesellschaften mit beschränkter Haftung.

Artikel 33

(1) Die Gesellschafter der die Gründung anstrebenden Gesellschaften verfügen über eine Frist von drei Monaten, um diesen Gesellschaften mitzuteilen, ob

sie beabsichtigen, ihre Gesellschaftsanteile bei der Gründung der SE einzubringen. Diese Frist beginnt mit dem Zeitpunkt, zu dem der Gründungsplan für die SE gemäß Artikel 32 endgültig festgelegt worden ist.

(2) Die SE ist nur dann gegründet, wenn die Gesellschafter der die Gründung anstrebenden Gesellschaften innerhalb der in Absatz 1 genannten Frist den nach dem Gründungsplan für jede Gesellschaft festgelegten Mindestprozentsatz der Gesellschaftsanteile eingebracht haben und alle übrigen Bedingungen erfuellt sind.

(3) Sind alle Bedingungen für die Gründung der SE gemäß Absatz 2 erfüllt, so hat jede der die Gründung anstrebenden Gesellschaften diese Tatsache gemäß den nach Artikel 3 der Richtlinie 68/151/EWG erlassenen Vorschriften des einzelstaatlichen Rechts, dem sie unterliegt, offen zu legen.

Die Gesellschafter der die Gründung anstrebenden Gesellschaften, die nicht innerhalb der Frist nach Absatz 1 mitgeteilt haben, ob sie die Absicht haben, ihre Gesellschaftsanteile diesen Gesellschaften im Hinblick auf die Gründung der künftigen SE zur Verfügung zu stellen, verfügen über eine weitere Frist von einem Monat, um dies zu tun.

(4) Die Gesellschafter, die ihre Wertpapiere im Hinblick auf die Gründung der SE einbringen, erhalten Aktien der SE.

(5) Die SE kann erst dann eingetragen werden, wenn die Formalitäten gemäß Artikel 32 und die in Absatz 2 genannten Voraussetzungen nachweislich erfuellt sind.

Artikel 34

Ein Mitgliedstaat kann für die eine Gründung anstrebenden Gesellschaften Vorschriften zum Schutz der die Gründung ablehnenden Minderheitsgesellschafter, der Gläubiger und der Arbeitnehmer erlassen.

Abschnitt 4

Gründung einer Tochter-SE

Artikel 35

Eine SE kann gemäß Artikel 2 Absatz 3 gegründet werden.

Artikel 36

Auf die an der Gründung beteiligten Gesellschaften oder sonstigen juristischen Personen finden die Vorschriften über deren Beteiligung an der Gründung einer Tochtergesellschaft in Form einer Aktiengesellschaft nationalen Rechts Anwendung.

Abschnitt 5

Umwandlung einer bestehenden Aktiengesellschaft in eine SE

Artikel 37

(1) Eine SE kann gemäß Artikel 2 Absatz 4 gegründet werden.

(2) Unbeschadet des Artikels 12 hat die Umwandlung einer Aktiengesellschaft in eine SE weder die Auflösung der Gesellschaft noch die Gründung einer neuen juristischen Person zur Folge.

(3) Der Sitz der Gesellschaft darf anlässlich der Umwandlung nicht gemäß Artikel 8 in einen anderen Mitgliedstaat verlegt werden.

(4) Das Leitungs- oder das Verwaltungsorgan der betreffenden Gesellschaft erstellt einen Umwandlungsplan und einen Bericht, in dem die rechtlichen und wirtschaftlichen Aspekte der Umwandlung erläutert und begründet sowie die Auswirkungen, die der Übergang zur Rechtsform einer SE für die Aktionäre und für die Arbeitnehmer hat, dargelegt werden.

(5) Der Umwandlungsplan ist mindestens einen Monat vor dem Tag der Hauptversammlung, die über die Umwandlung zu beschließen hat, nach den in den Rechtsvorschriften der einzelnen Mitgliedstaaten gemäß Artikel 3 der Richtlinie 68/151/EWG vorgesehenen Verfahren offen zu legen.

(6) Vor der Hauptversammlung nach Absatz 7 ist von einem oder mehreren unabhängigen Sachverständigen, die nach den einzelstaatlichen Durchführungsbestimmungen zu Artikel 10 der Richtlinie 78/855/EWG durch ein Gericht oder eine Verwaltungsbehörde des Mitgliedstaates, dessen Recht die sich in eine SE umwandelnde Aktiengesellschaft unterliegt, bestellt oder zugelassen sind, gemäß der Richtlinie 77/91/EWG[1223] sinngemäß zu bescheini-

[1223] Zweite Richtlinie 77/91/EWG des Rates vom 13. Dezember 1976 zur Koordinierung der Schutzbestimmungen, die in den Mitgliedstaaten den Gesellschaften im Sinne des Artikels 58 Absatz 2 des Vertrages im Interesse der Gesellschafter sowie Dritter für die Gründung der Aktiengesellschaft sowie für die Erhaltung und Änderung ihres Kapitals gen, dass die Gesellschaft über Nettovermögenswerte mindestens in Höhe ihres Kapitals zuzüglich der kraft Gesetzes oder Statut nicht ausschüttungsfähigen Rücklagen verfügt.

(7) Die Hauptversammlung der betreffenden Gesellschaft stimmt dem Umwandlungsplan zu und genehmigt die Satzung der SE. Die Beschlussfassung der Hauptversammlung erfolgt nach Maßgabe der einzelstaatlichen Durchführungsbestimmungen zu Artikel 7 der Richtlinie 78/855/EWG.

(8) Ein Mitgliedstaat kann die Umwandlung davon abhängig machen, dass das Organ der umzuwandelnden Gesellschaft, in dem die Mitbestimmung der Arbeitnehmer vorgesehen ist, der Umwandlung mit qualifizierter Mehrheit oder einstimmig zustimmt.

(9) Die zum Zeitpunkt der Eintragung aufgrund der einzelstaatlichen Rechtsvorschriften und Gepflogenheiten sowie aufgrund individueller Arbeitsverträge oder Arbeitsverhältnisse bestehenden Rechte und Pflichten der umzuwandelnden Gesellschaft hinsichtlich der Beschäftigungsbedingungen gehen mit der Eintragung der SE auf diese über.

TITEL III

AUFBAU DER SE

Artikel 38

Die SE verfügt nach Maßgabe dieser Verordnung über

a) eine Hauptversammlung der Aktionäre und

b) entweder ein Aufsichtsorgan und ein Leitungsorgan (dualistisches System) oder ein Verwaltungsorgan (monistisches System), entsprechend der in der Satzung gewählten Form.

---

vorgeschrieben sind, um diese Bestimmungen gleichwertig zu gestalten (ABl. L 26 vom 31.1.1977, S. 1). Zuletzt geändert durch die Beitrittsakte von 1994.

Abschnitt 1

Dualistisches System

Artikel 39

(1) Das Leitungsorgan führt die Geschäfte der SE in eigener Verantwortung. Ein Mitgliedstaat kann vorsehen, dass ein oder mehrere Geschäftsführer die laufenden Geschäfte in eigener Verantwortung unter denselben Voraussetzungen, wie sie für Aktiengesellschaften mit Sitz im Hoheitsgebiet des betreffenden Mitgliedstaates gelten, führt bzw. führen.

(2) Das Mitglied/die Mitglieder des Leitungsorgans wird/werden vom Aufsichtsorgan bestellt und abberufen.

Die Mitgliedstaaten können jedoch vorschreiben oder vorsehen, dass in der Satzung festgelegt werden kann, dass das Mitglied/die Mitglieder des Leitungsorgans von der Hauptversammlung unter den Bedingungen, die für Aktiengesellschaften mit Sitz in ihrem Hoheitsgebiet gelten, bestellt und abberufen wird/werden.

(3) Niemand darf zugleich Mitglied des Leitungsorgans und Mitglied des Aufsichtsorgans der SE sein. Das Aufsichtsorgan kann jedoch eines seiner Mitglieder zur Wahrnehmung der Aufgaben eines Mitglieds des Leitungsorgans abstellen, wenn der betreffende Posten nicht besetzt ist. Während dieser Zeit ruht das Amt der betreffenden Person als Mitglied des Aufsichtsorgans. Die Mitgliedstaaten können eine zeitliche Begrenzung hierfür vorsehen.

(4) Die Zahl der Mitglieder des Leitungsorgans oder die Regeln für ihre Festlegung werden durch die Satzung der SE bestimmt. Die Mitgliedstaaten können jedoch eine Mindest- und/oder Hoechstzahl festsetzen.

(5) Enthält das Recht eines Mitgliedstaats in Bezug auf Aktiengesellschaften mit Sitz in seinem Hoheitsgebiet keine Vorschriften über ein dualistisches System, kann dieser Mitgliedstaat entsprechende Vorschriften in Bezug auf SE erlassen.

Artikel 40

(1) Das Aufsichtsorgan überwacht die Führung der Geschäfte durch das Leitungsorgan. Es ist nicht berechtigt, die Geschäfte der SE selbst zu führen.

(2) Die Mitglieder des Aufsichtsorgans werden von der Hauptversammlung bestellt. Die Mitglieder des ersten Aufsichtsorgans können jedoch durch die Satzung bestellt werden. Artikel 47 Absatz 4 oder eine etwaige nach Maßga-

be der Richtlinie 2001/86/EG geschlossene Vereinbarung über die Mitbestimmung der Arbeitnehmer bleibt hiervon unberührt.

(3) Die Zahl der Mitglieder des Aufsichtsorgans oder die Regeln für ihre Festlegung werden durch die Satzung bestimmt. Die Mitgliedstaaten können jedoch für die in ihrem Hoheitsgebiet eingetragenen SE die Zahl der Mitglieder des Aufsichtsorgans oder deren Hoechst- und/oder Mindestzahl festlegen.

Artikel 41

(1) Das Leitungsorgan unterrichtet das Aufsichtsorgan mindestens alle drei Monate über den Gang der Geschäfte der SE und deren voraussichtliche Entwicklung.

(2) Neben der regelmäßigen Unterrichtung gemäß Absatz 1 teilt das Leitungsorgan dem Aufsichtsorgan rechtzeitig alle Informationen über Ereignisse mit, die sich auf die Lage der SE spürbar auswirken können.

(3) Das Aufsichtsorgan kann vom Leitungsorgan jegliche Information verlangen, die für die Ausübung der Kontrolle gemäß Artikel 40 Absatz 1 erforderlich ist. Die Mitgliedstaaten können vorsehen, dass jedes Mitglied des Aufsichtsorgans von dieser Möglichkeit Gebrauch machen kann.

(4) Das Aufsichtsorgan kann alle zur Erfuellung seiner Aufgaben erforderlichen Überprüfungen vornehmen oder vornehmen lassen.

(5) Jedes Mitglied des Aufsichtsorgans kann von allen Informationen, die diesem Organ übermittelt werden, Kenntnis nehmen.

Artikel 42

Das Aufsichtsorgan wählt aus seiner Mitte einen Vorsitzenden. Wird die Hälfte der Mitglieder des Aufsichtsorgans von den Arbeitnehmern bestellt, so darf nur ein von der Hauptversammlung der Aktionäre bestelltes Mitglied zum Vorsitzenden gewählt werden.

Abschnitt 2

Monistisches System

Artikel 43

(1) Das Verwaltungsorgan führt die Geschäfte der SE. Ein Mitgliedstaat kann vorsehen, dass ein oder mehrere Geschäftsführer die laufenden Geschäfte in

eigener Verantwortung unter denselben Voraussetzungen, wie sie für Aktiengesellschaften mit Sitz im Hoheitsgebiet des betreffenden Mitgliedstaates gelten, führt bzw. führen.

(2) Die Zahl der Mitglieder des Verwaltungsorgans oder die Regeln für ihre Festlegung sind in der Satzung der SE festgelegt. Die Mitgliedstaaten können jedoch eine Mindestzahl und erforderlichenfalls eine Hoechstzahl festsetzen.

Ist jedoch die Mitbestimmung der Arbeitnehmer in der SE gemäß der Richtlinie geregelt, so muss das Verwaltungsorgan aus mindestens drei Mitgliedern bestehen.

(3) Das Mitglied/die Mitglieder des Verwaltungsorgans wird/werden von der Hauptversammlung bestellt. Die Mitglieder des ersten Verwaltungsorgans können jedoch durch die Satzung bestellt werden. Artikel 47 Absatz 4 oder eine etwaige nach Maßgabe der Richtlinie 2001/86/EG geschlossene Vereinbarung über die Mitbestimmung der Arbeitnehmer bleibt hiervon unberührt.

(4) Enthält das Recht eines Mitgliedstaats in Bezug auf Aktiengesellschaften mit Sitz in seinem Hoheitsgebiet keine Vorschriften über ein monistisches System, kann dieser Mitgliedstaat entsprechende Vorschriften in Bezug auf SE erlassen.

Artikel 44

(1) Das Verwaltungsorgan tritt in den durch die Satzung bestimmten Abständen, mindestens jedoch alle drei Monate, zusammen, um über den Gang der Geschäfte der SE und deren voraussichtliche Entwicklung zu beraten.

(2) Jedes Mitglied des Verwaltungsorgans kann von allen Informationen, die diesem Organ übermittelt werden, Kenntnis nehmen.

Artikel 45

Das Verwaltungsorgan wählt aus seiner Mitte einen Vorsitzenden. Wird die Hälfte der Mitglieder des Verwaltungsorgans von den Arbeitnehmern bestellt, so darf nur ein von der Hauptversammlung der Aktionäre bestelltes Mitglied zum Vorsitzenden gewählt werden.

Abschnitt 3

Gemeinsame Vorschriften für das monistische und das dualistische System

Artikel 46

(1) Die Mitglieder der Organe der Gesellschaft werden für einen in der Satzung festgelegten Zeitraum, der sechs Jahre nicht überschreiten darf, bestellt.

(2) Vorbehaltlich in der Satzung festgelegter Einschränkungen können die Mitglieder einmal oder mehrmals für den gemäß Absatz 1 festgelegten Zeitraum wiederbestellt werden.

Artikel 47

(1) Die Satzung der SE kann vorsehen, dass eine Gesellschaft oder eine andere juristische Person Mitglied eines Organs sein kann, sofern das für Aktiengesellschaften maßgebliche Recht des Sitzstaats der SE nichts anderes bestimmt.

Die betreffende Gesellschaft oder sonstige juristische Person hat zur Wahrnehmung ihrer Befugnisse in dem betreffenden Organ eine natürliche Person als Vertreter zu bestellen.

(2) Personen, die

a) nach dem Recht des Sitzstaats der SE dem Leitungs-, Aufsichts- oder Verwaltungsorgan einer dem Recht dieses Mitgliedstaats unterliegenden Aktiengesellschaft nicht angehören dürfen oder

b) infolge einer Gerichts- oder Verwaltungsentscheidung, die in einem Mitgliedstaat ergangen ist, dem Leitungs-, Aufsichts- oder Verwaltungsorgan einer dem Recht eines Mitgliedstaats unterliegenden Aktiengesellschaft nicht angehören dürfen,

können weder Mitglied eines Organs der SE noch Vertreter eines Mitglieds im Sinne von Absatz 1 sein.

(3) Die Satzung der SE kann für Mitglieder, die die Aktionäre vertreten, in Anlehnung an die für Aktiengesellschaften geltenden Rechtsvorschriften des Sitzstaats der SE besondere Voraussetzungen für die Mitgliedschaft festlegen.

(4) Einzelstaatliche Rechtsvorschriften, die auch einer Minderheit von Aktionären oder anderen Personen oder Stellen die Bestellung eines Teils der Organmitglieder erlauben, bleiben von dieser Verordnung unberührt.

Artikel 48

(1) In der Satzung der SE werden die Arten von Geschäften aufgeführt, für die im dualistischen System das Aufsichtsorgan dem Leitungsorgan seine Zustimmung erteilen muss und im monistischen System ein ausdrücklicher Beschluss des Verwaltungsorgans erforderlich ist.

Die Mitgliedstaaten können jedoch vorsehen, dass im dualistischen System das Aufsichtsorgan selbst bestimmte Arten von Geschäften von seiner Zustimmung abhängig machen kann.

(2) Die Mitgliedstaaten können für die in ihrem Hoheitsgebiet eingetragenen SE festlegen, welche Arten von Geschäften auf jeden Fall in die Satzung aufzunehmen sind.

Artikel 49

Die Mitglieder der Organe der SE dürfen Informationen über die SE, die im Falle ihrer Verbreitung den Interessen der Gesellschaft schaden könnten, auch nach Ausscheiden aus ihrem Amt nicht weitergeben; dies gilt nicht in Fällen, in denen eine solche Informationsweitergabe nach den Bestimmungen des für Aktiengesellschaften geltenden einzelstaatlichen Rechts vorgeschrieben oder zulässig ist oder im öffentlichen Interesse liegt.

Artikel 50

(1) Sofern in dieser Verordnung oder der Satzung nichts anderes bestimmt ist, gelten für die Beschlussfähigkeit und die Beschlussfassung der Organe der SE die folgenden internen Regeln:

a) Beschlussfähigkeit: mindestens die Hälfte der Mitglieder muss anwesend oder vertreten sein;

b) Beschlussfassung: mit der Mehrheit der anwesenden oder vertretenen Mitglieder.

(2) Sofern die Satzung keine einschlägige Bestimmung enthält, gibt die Stimme des Vorsitzenden des jeweiligen Organs bei Stimmengleichheit den Ausschlag. Eine anders lautende Satzungsbestimmung ist jedoch nicht möglich, wenn sich das Aufsichtsorgan zur Hälfte aus Arbeitnehmervertretern zusammensetzt.

(3) Ist die Mitbestimmung der Arbeitnehmer gemäß der Richtlinie 2001/86/EG vorgesehen, so kann ein Mitgliedstaat vorsehen, dass sich abweichend von den Absätzen 1 und 2 Beschlussfähigkeit und Beschlussfassung des Aufsichtsorgans nach den Vorschriften richten, die unter denselben Bedingungen für die Aktiengesellschaften gelten, die dem Recht des betreffenden Mitgliedstaats unterliegen.

Artikel 51

Die Mitglieder des Leitungs-, Aufsichts- oder Verwaltungsorgans haften gemäß den im Sitzstaat der SE für Aktiengesellschaften maßgeblichen Rechtsvorschriften für den Schaden, welcher der SE durch eine Verletzung der ihnen bei der Ausübung ihres Amtes obliegenden gesetzlichen, satzungsmäßigen oder sonstigen Pflichten entsteht.

Abschnitt 4

Hauptversammlung

Artikel 52

Die Hauptversammlung beschließt über die Angelegenheiten, für die ihr

a) durch diese Verordnung oder

b) durch in Anwendung der Richtlinie 2001/86/EG erlassene Rechtsvorschriften des Sitzstaats der SE

die alleinige Zuständigkeit übertragen wird.

Außerdem beschließt die Hauptversammlung in Angelegenheiten, für die der Hauptversammlung einer dem Recht des Sitzstaats der SE unterliegenden Aktiengesellschaft die Zuständigkeit entweder aufgrund der Rechtsvorschriften dieses Mitgliedstaats oder aufgrund der mit diesen Rechtsvorschriften in Einklang stehenden Satzung übertragen wordenist.

Artikel 53

Für die Organisation und den Ablauf der Hauptversammlung sowie für die Abstimmungsverfahren gelten unbeschadet der Bestimmungen dieses Abschnitts die im Sitzstaat der SE für Aktiengesellschaften maßgeblichen Rechtsvorschriften.

Artikel 54

(1) Die Hauptversammlung tritt mindestens einmal im Kalenderjahr binnen sechs Monaten nach Abschluss des Geschäftsjahres zusammen, sofern die im Sitzstaat der SE für Aktiengesellschaften, die dieselbe Art von Aktivitäten wie die SE betreiben, maßgeblichen Rechtsvorschriften nicht häufigere Versammlungen vorsehen. Die Mitgliedstaaten können jedoch vorsehen, dass die erste Hauptversammlung bis zu 18 Monate nach Gründung der SE abgehalten werden kann.

(2) Die Hauptversammlung kann jederzeit vom Leitungs-, Aufsichts- oder Verwaltungsorgan oder von jedem anderen Organ oder jeder zuständigen Behörde nach den für Aktiengesellschaften im Sitzstaat der SE maßgeblichen einzelstaatlichen Rechtsvorschriften einberufen werden.

Artikel 55

(1) Die Einberufung der Hauptversammlung und die Aufstellung ihrer Tagesordnung können von einem oder mehreren Aktionären beantragt werden, sofern sein/ihr Anteil am gezeichneten Kapital mindestens 10 % beträgt; die Satzung oder einzelstaatliche Rechtsvorschriften können unter denselben Voraussetzungen, wie sie für Aktiengesellschaften gelten, einen niedrigeren Prozentsatz vorsehen.

(2) Der Antrag auf Einberufung muss die Punkte für die Tagesordnung enthalten.

(3) Wird die Hauptversammlung nicht rechtzeitig bzw. nicht spätestens zwei Monate nach dem Zeitpunkt, zu dem der in Absatz 1 genannte Antrag gestellt worden ist, abgehalten, so kann das am Sitz der SE zuständige Gericht oder die am Sitz der SE zuständige Verwaltungsbehörde anordnen, dass sie innerhalb einer bestimmten Frist einzuberufen ist, oder die Aktionäre, die den Antrag gestellt haben, oder deren Vertreter dazu ermächtigen. Hiervon unberührt bleiben einzelstaatliche Bestimmungen, aufgrund deren die Aktionäre gegebenenfalls die Möglichkeit haben, selbst die Hauptversammlung einzuberufen.

Artikel 56

Die Ergänzung der Tagesordnung für eine Hauptversammlung durch einen oder mehrere Punkte kann von einem oder mehreren Aktionären beantragt werden, sofern sein/ihr Anteil am gezeichneten Kapital mindestens 10 % beträgt. Die Verfahren und Fristen für diesen Antrag werden nach dem einzelstaatlichen Recht des Sitzstaats der SE oder, sofern solche Vorschriften nicht vorhanden sind, nach der Satzung der SE festgelegt. Die Satzung oder das Recht des Sitzstaats können unter denselben Voraussetzungen, wie sie für Aktiengesellschaften gelten, einen niedrigeren Prozentsatz vorsehen.

Artikel 57

Die Beschlüsse der Hauptversammlung werden mit der Mehrheit der abgegebenen gültigen Stimmen gefasst, sofern diese Verordnung oder gegebenenfalls das im Sitzstaat der SE für Aktiengesellschaften maßgebliche Recht nicht eine größere Mehrheit vorschreibt.

Artikel 58

Zu den abgegebenen Stimmen zählen nicht die Stimmen, die mit Aktien verbunden sind, deren Inhaber nicht an der Abstimmung teilgenommen oder sich der Stimme enthalten oder einen leeren oder ungültigen Stimmzettel abgegeben haben.

Artikel 59

(1) Die Änderung der Satzung bedarf eines Beschlusses der Hauptversammlung, der mit der Mehrheit von nicht weniger als zwei Dritteln der abgegebenen Stimmen gefasst worden ist, sofern die Rechtsvorschriften für Aktiengesellschaften im Sitzstaat der SE keine größere Mehrheit vorsehen oder zulassen.

(2) Jeder Mitgliedstaat kann jedoch bestimmen, dass die einfache Mehrheit der Stimmen im Sinne von Absatz 1 ausreicht, sofern mindestens die Hälfte des gezeichneten Kapitals vertreten ist.

(3) Jede Änderung der Satzung wird gemäß Artikel 13 offen gelegt.

Artikel 60

(1) Sind mehrere Gattungen von Aktien vorhanden, so erfordert jeder Beschluss der Hauptversammlung noch eine gesonderte Abstimmung durch jede Gruppe von Aktionären, deren spezifische Rechte durch den Beschluss berührt werden.

(2) Bedarf der Beschluss der Hauptversammlung der Mehrheit der Stimmen gemäß Artikel 59 Absätze 1 oder 2, so ist diese Mehrheit auch für die gesonderte Abstimmung jeder Gruppe von Aktionären erforderlich, deren spezifische Rechte durch den Beschluss berührt werden.

TITEL IV

JAHRESABSCHLUSS UND KONSOLIDIERTER ABSCHLUSS

Artikel 61

Vorbehaltlich des Artikels 62 unterliegt die SE hinsichtlich der Aufstellung ihres Jahresabschlusses und gegebenenfalls ihres konsolidierten Abschlusses einschließlich des dazugehörigen Lageberichts sowie der Prüfung und der Offenlegung dieser Abschlüsse den Vorschriften, die für dem Recht des Sitzstaates der SE unterliegende Aktiengesellschaften gelten.

Artikel 62

(1) Handelt es sich bei der SE um ein Kreditinstitut oder ein Finanzinstitut, so unterliegt sie hinsichtlich der Aufstellung ihres Jahresabschlusses und gegebenenfalls ihres konsolidierten Abschlusses einschließlich des dazugehörigen Lageberichts sowie der Prüfung und der Offenlegung dieser Abschlüsse den gemäß der Richtlinie 2000/12/EG des Europäischen Parlaments und des Rates vom 20. März 2000 über die Aufnahme und Ausübung der Tätigkeit der Kreditinstitute[1224] erlassenen einzelstaatlichen Rechtsvorschriften des Sitzstaats.

(2) Handelt es sich bei der SE um ein Versicherungsunternehmen, so unterliegt sie hinsichtlich der Aufstellung ihres Jahresabschlusses und gegebenenfalls ihres konsolidierten Abschlusses einschließlich des dazugehörigen Lageberichts sowie der Prüfung und der Offenlegung dieser Abschlüsse den gemäß der Richtlinie 91/674/EWG des Rates vom 19. Dezember 1991 über den Jahresabschluss und den konsolidierten Abschluss von Versicherungsunternehmen[1225] erlassenen einzelstaatlichen Rechtsvorschriften des Sitzstaats.

[1224] ABl. L 126 vom 26.5.2000, S. 1.
[1225] ABl. L 374 vom 31.12.1991, S. 7.

TITEL V

AUFLÖSUNG, LIQUIDATION, ZAHLUNGSUNFÄHIGKEIT UND ZAHLUNGSEINSTELLUNG

Artikel 63

Hinsichtlich der Auflösung, Liquidation, Zahlungsunfähigkeit, Zahlungseinstellung und ähnlicher Verfahren unterliegt die SE den Rechtsvorschriften, die für eine Aktiengesellschaft maßgeblich wären, die nach dem Recht des Sitzstaats der SE gegründet worden ist; dies gilt auch für die Vorschriften hinsichtlich der Beschlussfassung durch die Hauptversammlung.

Artikel 64

(1) Erfuellt eine SE nicht mehr die Verpflichtung nach Artikel 7, so trifft der Mitgliedstaat, in dem die SE ihren Sitz hat, geeignete Maßnahmen, um die SE zu verpflichten, innerhalb einer bestimmten Frist den vorschriftswidrigen Zustand zu beenden, indem sie

a) entweder ihre Hauptverwaltung wieder im Sitzstaat errichtet

b) oder ihren Sitz nach dem Verfahren des Artikels 8 verlegt.

(2) Der Sitzstaat trifft die erforderlichen Maßnahmen, um zu gewährleisten, dass eine SE, die den vorschriftswidrigen Zustand nicht gemäß Absatz 1 beendet, liquidiert wird.

(3) Der Sitzstaat sieht vor, dass ein Rechtsmittel gegen die Feststellung des Verstoßes gegen Artikel 7 eingelegt werden kann. Durch dieses Rechtsmittel werden die in den Absätzen 1 und 2 vorgesehenen Verfahren ausgesetzt.

(4) Wird auf Veranlassung der Behörden oder einer betroffenen Partei festgestellt, dass sich die Hauptverwaltung einer SE unter Verstoß gegen Artikel 7 im Hoheitsgebiet eines Mitgliedstaats befindet, so teilen die Behörden dieses Mitgliedstaats dies unverzüglich dem Mitgliedstaat mit, in dem die SE ihren Sitz hat.

Artikel 65

Die Eröffnung eines Auflösungs-, Liquidations-, Zahlungsunfähigkeits- und Zahlungseinstellungsverfahrens und sein Abschluss sowie die Entscheidung über die Weiterführung der Geschäftstätigkeit werden unbeschadet einzelstaatlicher Bestimmungen, die zusätzliche Anforderungen in Bezug auf die Offenlegung enthalten, gemäß Artikel 13 offen gelegt.

Artikel 66

(1) Eine SE kann in eine dem Recht ihres Sitzstaats unterliegende Aktiengesellschaft umgewandelt werden. Ein Umwandlungsbeschluss darf erst zwei Jahre nach Eintragung der SE oder nach Genehmigung der ersten beiden Jahresabschlüsse gefasst werden.

(2) Die Umwandlung einer SE in eine Aktiengesellschaft führt weder zur Auflösung der Gesellschaft noch zur Gründung einer neuen juristischen Person.

(3) Das Leitungs- oder das Verwaltungsorgan der SE erstellt einen Umwandlungsplan sowie einen Bericht, in dem die rechtlichen und wirtschaftlichen Aspekte der Umwandlung erläutert und begründet sowie die Auswirkungen, die der Übergang zur Rechtsform der Aktiengesellschaft für die Aktionäre und die Arbeitnehmer hat, dargelegt werden.

(4) Der Umwandlungsplan ist mindestens einen Monat vor dem Tag der Hauptversammlung, die über die Umwandlung zu beschließen hat, nach den in den Rechtsvorschriften der einzelnen Mitgliedstaaten gemäß Artikel 3 der Richtlinie 68/151/EWG vorgesehenen Verfahren offen zu legen.

(5) Vor der Hauptversammlung nach Absatz 6 ist von einem oder mehreren unabhängigen Sachverständigen, der/die nach den einzelstaatlichen Durchführungsbestimmungen zu Artikel 10 der Richtlinie 78/855/EWG durch ein Gericht oder eine Verwaltungsbehörde des Mitgliedstaates, dem die sich in eine Aktiengesellschaft umwandelnde SE unterliegt, bestellt oder zugelassen ist/sind, zu bescheinigen, dass die Gesellschaft über Vermögenswerte mindestens in Höhe ihres Kapitals verfügt.

(6) Die Hauptversammlung der SE stimmt dem Umwandlungsplan zu und genehmigt die Satzung der Aktiengesellschaft. Die Beschlussfassung der Hauptversammlung erfolgt nach Maßgabe der einzelstaatlichen Bestimmungen im Einklang mit Artikel 7 der Richtlinie 78/855/EWG.

TITEL VI

ERGÄNZUNGS- UND ÜBERGANGSBESTIMMUNGEN

Artikel 67

(1) Jeder Mitgliedstaat kann, sofern und solange für ihn die dritte Stufe der Wirtschafts- und Währungsunion (WWU) nicht gilt, auf die SE mit Sitz in seinem Hoheitsgebiet in der Frage, auf welche Währung ihr Kapital zu lauten hat, dieselben Bestimmungen anwenden wie auf die Aktiengesellschaften, für die seine Rechtsvorschriften gelten. Die SE kann ihr Kapital auf jeden Fall auch in Euro ausdrücken. In diesem Fall wird für die Umrechnung zwischen Landeswährung und Euro der Satz zugrunde gelegt, der am letzten Tag des Monats vor der Gründung der SE galt.

(2) Sofern und solange für den Sitzstaat der SE die dritte Stufe der WWU nicht gilt, kann die SE jedoch die Jahresabschlüsse und gegebenenfalls die konsolidierten Abschlüsse in Euro erstellen und offen legen. Der Mitgliedstaat kann verlangen, dass die Jahresabschlüsse und gegebenenfalls die konsolidierten Abschlüsse nach denselben Bedingungen, wie sie für die dem Recht dieses Mitgliedstaats unterliegenden Aktiengesellschaften vorgesehen sind, in der Landeswährung erstellt und offen gelegt werden. Dies gilt unbeschadet der der SE zusätzlich eingeräumten Möglichkeit, ihre Jahresabschlüsse und gegebenenfalls ihre konsolidierten Abschlüsse entsprechend der Richtlinie 90/604/EWG[1226] in Euro offen zu legen.

TITEL VII

SCHLUSSBESTIMMUNGEN

Artikel 68

(1) Die Mitgliedstaaten treffen alle geeigneten Vorkehrungen, um das Wirksamwerden dieser Verordnung zu gewährleisten.

(2) Jeder Mitgliedstaat benennt die zuständigen Behörden im Sinne der Artikel 8, 25, 26, 54, 55 und 64. Er setzt die Kommission und die anderen Mitgliedstaaten davon in Kenntnis.

[1226] Richtlinie 90/604/EWG des Rates vom 8. November 1990 zur Änderung der Richtlinie 78/660/EWG über den Jahresabschluss und der Richtlinie 83/349/EWG über den konsolidierten Abschluss hinsichtlich der Ausnahme für kleine und mittlere Gesellschaften sowie der Offenlegung von Abschlüssen in Ecu (ABl. L 317 vom 16.11.1990, S. 57).

Artikel 69

Spätestens fünf Jahre nach Inkrafttreten dieser Verordnung legt die Kommission dem Rat und dem Europäischen Parlament einen Bericht über die Anwendung der Verordnung sowie gegebenenfalls Vorschläge für Änderungen vor. In dem Bericht wird insbesondere geprüft, ob es zweckmäßig ist,

a) zuzulassen, dass sich die Hauptverwaltung und der Sitz der SE in verschiedenen Mitgliedstaaten befinden,

b) den Begriff der Verschmelzung in Artikel 17 Absatz 2 auszuweiten, um auch andere als die in Artikel 3 Absatz 1 und Artikel 4 Absatz 1 der Richtlinie 78/855/EWG definierten Formen der Verschmelzung zuzulassen,

c) die Gerichtsstandsklausel des Artikels 8 Absatz 16 im Lichte von Bestimmungen, die in das Brüsseler Übereinkommen von 1968 oder in einen Rechtsakt der Mitgliedstaaten oder des Rates zur Ersetzung dieses Übereinkommens aufgenommen wurden, zu überprüfen,

d) vorzusehen, dass ein Mitgliedstaat in den Rechtsvorschriften, die er in Ausübung der durch diese Verordnung übertragenen Befugnisse oder zur Sicherstellung der tatsächlichen Anwendung dieser Verordnung auf eine SE erlässt, Bestimmungen in der Satzung der SE zulassen kann, die von diesen Rechtsvorschriften abweichen oder diese ergänzen, auch wenn derartige Bestimmungen in der Satzung einer Aktiengesellschaft mit Sitz in dem betreffenden Mitgliedstaat nicht zulässig wären.

Artikel 70

Diese Verordnung tritt am 8. Oktober 2004 in Kraft.

Diese Verordnung ist in allen ihren Teilen verbindlich und gilt unmittelbar in jedem Mitgliedstaat.

Geschehen zu Luxemburg am 8. Oktober 2001.

Im Namen des Rates

Der Präsident

L. Onkelinx

Anhang I

Aktiengesellschaften gem. Art. 2 I

BELGIEN:
la société anonyme//de naamloze vennootschap
DÄNEMARK:
aktieselskaber
DEUTSCHLAND:
die Aktiengesellschaft
GRIECHENLAND:
ανώνυμη εταιρία
SPANIEN:
la sociedad anónima
FRANKREICH:
la société anonyme
IRLAND:
public companies limited by shares
public companies limited by guarantee having a share capital
ITALIEN:
società per azioni
LUXEMBURG:
la société anonyme
NIEDERLANDE:
de naamloze vennootschap
ÖSTERREICH:
die Aktiengesellschaft
PORTUGAL:
a sociedade anónima de responsabilidade limitada
FINNLAND:
julkinen osakeyhtiö//publikt aktiebolag
SCHWEDEN:
publikt aktiebolag
VEREINIGTES KÖNIGREICH:
public companies limited by shares
public companies limited by guarantee having a share capital

Anhang II

Aktiengesellschaften und Gesellschaften mit beschränkter Haftung gem. Art. 2 II

BELGIEN:
la société anonyme//de naamloze vennootschap,
la société privée à responsabilité limitée//besloten vennootschap met beperkte aansprakelijkheid
DÄNEMARK:
aktieselskaber,
anpartselskaber
DEUTSCHLAND:
die Aktiengesellschaft,
die Gesellschaft mit beschränkter Haftung
GRIECHENLAND:
ανώνυμη εταιρία
εταιρία περιορισμένης ευθύνης
SPANIEN:
la sociedad anónima,
la sociedad de responsabilidad limitada
FRANKREICH:
la société anonyme
la société à responsabilité limitée
IRLAND:
public companies limited by shares
public companies limited by guarantee having a share capital
private companies limited by shares
private companies limited by guarantee having a share capital
ITALIEN:
società per azioni,
società a responsabilità limitata
LUXEMBURG:
la société anonyme,
la société à responsabilité limitée
NIEDERLANDE:
de naamloze vennootschap,
de besloten vennootschap met beperkte aansprakelijkheid
ÖSTERREICH:
die Aktiengesellschaft,
die Gesellschaft mit beschränkter Haftung
PORTUGAL:
a sociedade anónima de responsabilidade limitada,
a sociedade por quotas de responsabilidade limitada

FINNLAND:
osakeyhtiö//aktiebolag
SCHWEDEN:
aktiebolag
VEREINIGTES KÖNIGREICH:
public companies limited by shares
public companies limited by guarantee having a share capital
private companies limited by shares
private companies limited by guarantee having a share capital

ANHANG II

Richtlinie 2001/86/EG des Rates vom 8. Oktober 2001 zur Ergänzung des Statuts der Europäischen Gesellschaft hinsichtlich der Beteiligung der Arbeitnehmer[1227]

DER RAT DER EUROPÄISCHEN UNION -

gestützt auf den Vertrag zur Gründung der Europäischen Gemeinschaft, insbesondere auf Artikel 308, auf der Grundlage des geänderten Vorschlags der Kommission[1228],

nach Stellungnahme des Europäischen Parlaments[1229],

nach Stellungnahme des Wirtschafts- und Sozialausschusses[1230],

in Erwägung nachstehender Gründe:

(1) Zur Erreichung der Ziele des Vertrags wird mit der Verordnung (EG) Nr. 2157/2001 des Rates[1231] das Statut der Europäischen Gesellschaft (SE) festgelegt.

(2) Mit jener Verordnung soll ein einheitlicher rechtlicher Rahmen geschaffen werden, innerhalb dessen Gesellschaften aus verschiedenen Mitgliedstaaten in der Lage sein sollten, die Neuorganisation ihres Geschäftsbetriebs gemeinschaftsweit zu planen und durchzuführen.

(3) Um die Ziele der Gemeinschaft im sozialen Bereich zu fördern, müssen besondere Bestimmungen - insbesondere auf dem Gebiet der Beteiligung der Arbeitnehmer - festgelegt werden, mit denen gewährleistet werden soll, dass die Gründung einer SE nicht zur Beseitigung oder zur Einschränkung der Gepflogenheiten der Arbeitnehmerbeteiligung führt, die in den an der Gründung einer SE beteiligten Gesellschaften herrschen. Dieses Ziel sollte durch die Einführung von Regeln in diesen Bereich verfolgt werden, mit denen die Bestimmungen der Verordnung ergänzt werden.

[1227] ABl. EG L 294, S.22 ff.
[1228] ABl. C 138 vom 29.5.1991, S. 8.
[1229] ABl. C 342 vom 20.12.1993, S. 15.
[1230] ABl. C 124 vom 21.5.1990, S. 34.
[1231] Siehe Anhang I.

(4) Da die Ziele der vorgeschlagenen Maßnahme - wie oben ausgeführt - nicht hinreichend von den Mitgliedstaaten erreicht werden können, weil es darum geht, eine Reihe von für die SE geltenden Regeln für die Beteiligung der Arbeitnehmer zu erlassen, und da die Ziele daher wegen des Umfangs und der Wirkungen der vorgeschlagenen Maßnahme besser auf Gemeinschaftsebene erreicht werden können, kann die Gemeinschaft im Einklang mit dem Subsidiaritätsprinzip nach Artikel 5 des Vertrags Maßnahmen ergreifen. Im Einklang mit dem Verhältnismäßigkeitsprinzip nach jenem Artikel geht diese Richtlinie nicht über das für die Erreichung dieser Ziele erforderliche Maß hinaus.

(5) Angesichts der in den Mitgliedstaaten bestehenden Vielfalt an Regelungen und Gepflogenheiten für die Beteiligung der Arbeitnehmervertreter an der Beschlussfassung in Gesellschaften ist es nicht ratsam, ein auf die SE anwendbares einheitliches europäisches Modell der Arbeitnehmerbeteiligung vorzusehen.

(6) In allen Fällen der Gründung einer SE sollten jedoch Unterrichtungs- und Anhörungsverfahren auf grenzüberschreitender Ebene gewährleistet sein.

(7) Sofern und soweit es in einer oder in mehreren der an der Gründung einer SE beteiligten Gesellschaften Mitbestimmungsrechte gibt, sollten sie durch Übertragung an die SE nach deren Gründung erhalten bleiben, es sei denn, dass die Parteien etwas anderes beschließen.

(8) Die konkreten Verfahren der grenzüberschreitenden Unterrichtung und Anhörung der Arbeitnehmer sowie gegebenenfalls der Mitbestimmung, die für die einzelnen SE gelten, sollten vorrangig durch eine Vereinbarung zwischen den betroffenen Parteien oder - in Ermangelung einer derartigen Vereinbarung - durch die Anwendung einer Reihe von subsidiären Regeln festgelegt werden.

(9) Angesicht der unterschiedlichen Gegebenheiten bei den nationalen Systemen der Mitbestimmung sollte den Mitgliedstaaten die Anwendung der Auffangregelungen für die Mitbestimmung im Falle einer Fusion freigestellt werden. In diesem Fall ist die Beibehaltung der bestehenden Mitbestimmungssysteme und -praktiken, die gegebenenfalls auf der Ebene der teilnehmenden Gesellschaften bestehen, durch eine Anpassung der Vorschriften für die Registrierung zu gewährleisten.

(10) Die Abstimmungsregeln in dem besonderen Gremium, das die Arbeitnehmer zu Verhandlungszwecken vertritt, sollten - insbesondere wenn Vereinbarungen getroffen werden, die ein geringeres Maß an Mitbestimmung vorsehen, als es in einer oder mehreren der sich beteiligenden Gesellschaften

gegeben ist - in einem angemessenen Verhältnis zur Gefahr der Beseitigung oder der Einschränkung der bestehenden Mitbestimmungssysteme und -praktiken stehen. Wenn eine SE im Wege der Umwandlung oder Verschmelzung gegründet wird, ist diese Gefahr größer, als wenn die Gründung im Wege der Errichtung einer Holdinggesellschaft oder einer gemeinsamen Tochtergesellschaft erfolgt.

(11) Führen die Verhandlungen zwischen den Vertretern der Arbeitnehmer und dem jeweils zuständigen Organ der beteiligten Gesellschaften nicht zu einer Vereinbarung, so sollten für die SE von ihrer Gründung an bestimmte Standardanforderungen gelten. Diese Standardanforderungen sollten eine effiziente Praxis der grenzüberschreitenden Unterrichtung und Anhörung der Arbeitnehmer sowie deren Mitbestimmung in dem einschlägigen Organ der SE gewährleisten, sofern und soweit es eine derartige Mitbestimmung vor der Errichtung der SE in einer der beteiligten Gesellschaften gegeben hat.

(12) Es sollte vorgesehen werden, dass die Vertreter der Arbeitnehmer, die im Rahmen der Richtlinie handeln, bei der Wahrnehmung ihrer Aufgaben einen ähnlichen Schutz und ähnliche Garantien genießen, wie sie die Vertreter der Arbeitnehmer nach den Rechtsvorschriften und/oder den Gepflogenheiten des Landes ihrer Beschäftigung haben. Sie sollten keiner Diskriminierung infolge der rechtmäßigen Ausübung ihrer Tätigkeit unterliegen und einen angemessenen Schutz vor Kündigung und anderen Sanktionen genießen.

(13) Die Vertraulichkeit sensibler Informationen sollte auch nach Ablauf der Amtszeit der Arbeitnehmervertreter gewährleistet sein; dem zuständigen Organ der SE sollte es gestattet werden, Informationen zurückzuhalten, die im Falle einer Bekanntgabe an die Öffentlichkeit den Betrieb der SE ernsthaft stören würden.

(14) Unterliegen eine SE sowie ihre Tochtergesellschaften und Niederlassungen der Richtlinie 94/45/EG des Rates vom 22. September 1994 über die Einsetzung eines Europäischen Betriebsrats oder die Schaffung eines Verfahrens zur Unterrichtung und Anhörung der Arbeitnehmer in gemeinschaftsweit operierenden Unternehmen und Unternehmensgruppen[1232], so sollten die Bestimmungen jener Richtlinie und die Bestimmungen zu ihrer Umsetzung in einzelstaatliches Recht weder auf die SE noch auf ihre Tochtergesellschaften und Niederlassungen anwendbar sein, es sei denn, das besondere Verhandlungsgremium beschließt, keine Verhandlungen aufzunehmen oder bereits eröffnete Verhandlungen zu beenden.

[1232] ABl. L 254 vom 30.9.1994, S. 64. Zuletzt geändert durch die Richtlinie 97/74/EG (ABl. L 10 vom 16.1.1998, S. 22).

(15) Die Regeln dieser Richtlinie sollten andere bestehende Beteiligungsrechte nicht berühren und haben nicht notwendigerweise Auswirkungen auf andere bestehende Vertretungsstrukturen aufgrund gemeinschaftlicher oder einzelstaatlicher Rechtsvorschriften oder Gepflogenheiten.

(16) Die Mitgliedstaaten sollten geeignete Maßnahmen für den Fall vorsehen, dass die in dieser Richtlinie festgelegten Pflichten nicht eingehalten werden.

(17) Der Vertrag enthält Befugnisse für die Annahme dieser Richtlinie nur in Artikel 308.

(18) Die Sicherung erworbener Rechte der Arbeitnehmer über ihre Beteiligung an Unternehmensentscheidungen ist fundamentaler Grundsatz und erklärtes Ziel dieser Richtlinie. Die vor der Gründung von SE bestehenden Rechte der Arbeitnehmer sollten deshalb Ausgangspunkt auch für die Gestaltung ihrer Beteiligungsrechte in der SE (Vorher-Nachher-Prinzip) sein. Dieser Ansatz sollte folgerichtig nicht nur für die Neugründung einer SE, sondern auch für strukturelle Veränderungen einer bereits gegründeten SE und für die von den strukturellen Änderungsprozessen betroffenen Gesellschaften gelten.

(19) Die Mitgliedstaaten sollten vorsehen können, dass Vertreter von Gewerkschaften Mitglied eines besonderen Verhandlungsgremiums sein können, unabhängig davon, ob sie Arbeitnehmer einer an der Gründung einer SE beteiligten Gesellschaft sind oder nicht. In diesem Zusammenhang sollten die Mitgliedstaaten dieses Recht insbesondere in den Fällen vorsehen können, in denen Gewerkschaftsvertreter nach ihrem einzelstaatlichen Recht stimmberechtigte Mitglieder des Aufsichts- oder des Leitungsorgans sein dürfen.

(20) In mehreren Mitgliedstaaten werden die Beteiligung der Arbeitnehmer sowie andere Bereiche der Arbeitgeber/Arbeitnehmer-Beziehungen sowohl durch einzelstaatliche Rechtsvorschriften als auch durch Gepflogenheiten geregelt, wobei die Gepflogenheiten im vorliegenden Zusammenhang in der Weise zu verstehen sind, dass sie auch Tarifverträge auf verschiedenen Ebenen - national, sektoral oder unternehmensbezogen – umfassen.

HAT FOLGENDE RICHTLINIE ERLASSEN:

TEIL I

ALLGEMEINE BESTIMMUNGEN

Artikel 1- Gegenstand

(1) Diese Richtlinie regelt die Beteiligung der Arbeitnehmer in der Europäischen Aktiengesellschaft (Societas Europaea, nachfolgend "SE" genannt), die Gegenstand der Verordnung (EG) Nr. 2157/2001 ist.

(2) Zu diesem Zweck wird in jeder SE gemäß dem Verhandlungsverfahren nach den Artikeln 3 bis 6 oder unter den in Artikel 7 genannten Umständen gemäß dem Anhang eine Vereinbarung über die Beteiligung der Arbeitnehmer getroffen.

Artikel 2- Begriffsbestimmungen

Für die Zwecke dieser Richtlinie bezeichnet der Ausdruck

a) "SE" eine nach der Verordnung (EG) Nr. 2157/2001 gegründete Gesellschaft,
b) "beteiligte Gesellschaften" die Gesellschaften, die unmittelbar an der Gründung einer SE beteiligt sind,
c) "Tochtergesellschaft" einer Gesellschaft ein Unternehmen, auf das die betreffende Gesellschaft einen beherrschenden Einfluss im Sinne des Artikels 3 Absätze 2 bis 7 der Richtlinie 94/45/EG ausübt,
d) "betroffene Tochtergesellschaft oder betroffener Betrieb" eine Tochtergesellschaft oder einen Betrieb einer beteiligten Gesellschaft, die/der bei der Gründung der SE zu einer Tochtergesellschaft oder einem Betrieb der SE werden soll,
e) "Arbeitnehmervertreter" die nach den Rechtsvorschriften und/oder den Gepflogenheiten der einzelnen Mitgliedstaaten vorgesehenen Vertreter der Arbeitnehmer,
f) "Vertretungsorgan" das Organ zur Vertretung der Arbeitnehmer, das durch die Vereinbarung nach Artikel 4 oder entsprechend dem Anhang eingesetzt wird, um die Unterrichtung und Anhörung der Arbeitnehmer der SE und ihrer Tochtergesellschaften und Betriebe in der Gemeinschaft vorzunehmen und gegebenenfalls Mitbestimmungsrechte in Bezug auf die SE wahrzunehmen,
g) "besonderes Verhandlungsgremium" das gemäß Artikel 3 eingesetzte Gremium, das die Aufgabe hat, mit dem jeweils zuständigen Organ der beteiligten Gesellschaften die Vereinbarung über die Beteiligung der Arbeitnehmer in der SE auszuhandeln,
h) "Beteiligung der Arbeitnehmer" jedes Verfahren - einschließlich der Unterrichtung, der Anhörung und der Mitbestimmung -, durch das die Vertreter der

Arbeitnehmer auf die Beschlussfassung innerhalb der Gesellschaft Einfluss nehmen können,

i) "Unterrichtung" die Unterrichtung des Organs zur Vertretung der Arbeitnehmer und/oder der Arbeitnehmervertreter durch das zuständige Organ der SE über Angelegenheiten, die die SE selbst oder eine ihrer Tochtergesellschaften oder einen ihrer Betriebe in einem anderen Mitgliedstaat betreffen oder die über die Befugnisse der Entscheidungsorgane auf der Ebene des einzelnen Mitgliedstaats hinausgehen, wobei Zeitpunkt, Form und Inhalt der Unterrichtung den Arbeitnehmervertretern eine eingehende Prüfung der möglichen Auswirkungen und gegebenenfalls die Vorbereitung von Anhörungen mit dem zuständigen Organ der SE ermöglichen müssen,

j) "Anhörung" die Einrichtung eines Dialogs und eines Meinungsaustauschs zwischen dem Organ zur Vertretung der Arbeitnehmer und/oder den Arbeitnehmervertretern und dem zuständigen Organ der SE, wobei Zeitpunkt, Form und Inhalt der Anhörung den Arbeitnehmervertretern auf der Grundlage der erfolgten Unterrichtung eine Stellungnahme zu den geplanten Maßnahmen des zuständigen Organs ermöglichen müssen, die im Rahmen des Entscheidungsprozesses innerhalb der SE berücksichtigt werden kann,

k) "Mitbestimmung" die Einflussnahme des Organs zur Vertretung der Arbeitnehmer und/oder der Arbeitnehmervertreter auf die Angelegenheiten einer Gesellschaft durch
- die Wahrnehmung des Rechts, einen Teil der Mitglieder des Aufsichts- oder des Verwaltungsorgans der Gesellschaft zu wählen oder zu bestellen, oder
- die Wahrnehmung des Rechts, die Bestellung eines Teils der oder aller Mitglieder des Aufsichts- oder des Verwaltungsorgans der Gesellschaft zu empfehlen und/oder abzulehnen.

TEIL II

VERHANDLUNGSVERFAHREN

Artikel 3- Einsetzung eines besonderen Verhandlungsgremiums

(1) Wenn die Leitungs- oder die Verwaltungsorgane der beteiligten Gesellschaften die Gründung einer SE planen, leiten sie nach der Offenlegung des Verschmelzungsplans oder des Gründungsplans für eine Holdinggesellschaft oder nach der Vereinbarung eines Plans zur Gründung einer Tochtergesellschaft oder zur Umwandlung in eine SE so rasch wie möglich die erforderlichen Schritte - zu denen auch die Unterrichtung über die Identität der beteiligten Gesellschaften und der betroffenenTochtergesellschaften oder betroffenen Betriebe sowie die Zahl ihrer Beschäftigten gehört - für die Aufnahme

von Verhandlungen mit den Arbeitnehmervertretern der Gesellschaften über die Vereinbarung über die Beteiligung der Arbeitnehmer in der SE ein.

(2) Zu diesem Zweck wird ein besonderes Verhandlungsgremium als Vertretung der Arbeitnehmer der beteiligten Gesellschaften sowie der betroffenen Tochtergesellschaften oder betroffenen Betriebe gemäß folgenden Vorschriften eingesetzt:

a) Bei der Wahl oder der Bestellung der Mitglieder des besonderen Verhandlungsgremiums ist Folgendes sicherzustellen:

i) die Vertretung durch gewählte oder bestellte Mitglieder entsprechend der Zahl der in jedem Mitgliedstaat beschäftigten Arbeitnehmer der beteiligten Gesellschaften und der betroffenen Tochtergesellschaften oder betroffenen Betriebe in der Form, dass pro Mitgliedstaat für jeden Anteil der in diesem Mitgliedstaat beschäftigten Arbeitnehmer, der 10 % der Gesamtzahl der in allen Mitgliedstaaten beschäftigten Arbeitnehmer der beteiligten Gesellschaften und der betroffenen Tochtergesellschaften oder betroffenen Betriebe entspricht, oder für einen Bruchteil dieser Tranche Anspruch auf einen Sitz besteht;

ii) im Falle einer durch Verschmelzung gegründeten SE die Vertretung jedes Mitgliedstaats durch so viele weitere Mitglieder, wie erforderlich sind, um zu gewährleisten, dass jede beteiligte Gesellschaft, die eingetragen ist und Arbeitnehmer in dem betreffenden Mitgliedstaat beschäftigt und die als Folge der geplanten Eintragung der SE als eigene Rechtspersönlichkeit erlöschen wird, in dem besonderen Verhandlungsgremium durch mindestens ein Mitglied vertreten ist, sofern

- die Zahl dieser zusätzlichen Mitglieder 20 % der sich aus der Anwendung von Ziffer i ergebenden Mitgliederzahl nicht überschreitet und
- die Zusammensetzung des besonderen Verhandlungsgremiums nicht zu einer Doppelvertretung der betroffenen Arbeitnehmer führt.

Übersteigt die Zahl dieser Gesellschaften die Zahl der gemäß Unterabsatz 1 verfügbaren zusätzlichen Mitglieder, so werden diese zusätzlichen Mitglieder Gesellschaften in verschiedenen Mitgliedstaaten in absteigender Reihenfolge der Zahl der bei ihnen beschäftigten Arbeitnehmer zugeteilt.

b) Die Mitgliedstaaten legen das Verfahren für die Wahl oder die Bestellung der Mitglieder des besonderen Verhandlungsgremiums fest, die in ihrem Hoheitsgebiet zu wählen oder zu bestellen sind. Sie ergreifen die erforderlichen Maßnahmen, um sicherzustellen, dass nach Möglichkeit jede beteiligte Gesellschaft, die in dem jeweiligen Mitgliedstaat Arbeitnehmer beschäftigt, durch mindestens ein Mitglied in dem Gremium vertreten ist. Die Gesamtzahl der Mitglieder darf durch diese Maßnahmen nicht erhöht werden.

Die Mitgliedstaaten können vorsehen, dass diesem Gremium Gewerkschaftsvertreter auch dann angehören können, wenn sie nicht Arbeitneh-

mer einer beteiligten Gesellschaft oder einer betroffenen Tochtergesellschaft oder eines betroffenen Betriebs sind.
Unbeschadet der einzelstaatlichen Rechtsvorschriften und/oder Gepflogenheiten betreffend Schwellen für die Einrichtung eines Vertretungsorgans sehen die Mitgliedstaaten vor, dass die Arbeitnehmer der Unternehmen oder Betriebe, in denen unabhängig vom Willen der Arbeitnehmer keine Arbeitnehmervertreter vorhanden sind, selbst Mitglieder für das besondere Verhandlungsgremium wählen oder bestellen dürfen.

(3) Das besondere Verhandlungsgremium und das jeweils zuständige Organ der beteiligten Gesellschaften legen in einer schriftlichen Vereinbarung die Beteiligung der Arbeitnehmer in der SE fest.

Zu diesem Zweck unterrichtet das jeweils zuständige Organ der beteiligten Gesellschaften das besondere Verhandlungsgremium über das Vorhaben der Gründung einer SE und den Verlauf des Verfahrens bis zu deren Eintragung.

(4) Das besondere Verhandlungsgremium beschließt vorbehaltlich des Absatzes 6 mit der absoluten Mehrheit seiner Mitglieder, sofern diese Mehrheit auch die absolute Mehrheit der Arbeitnehmer vertritt. Jedes Mitglied hat eine Stimme. Hätten jedoch die Verhandlungen eine Minderung der Mitbestimmungsrechte zur Folge, so ist für einen Beschluss zur Billigung einer solchen Vereinbarung eine Mehrheit von zwei Dritteln der Stimmen der Mitglieder des besonderen Verhandlungsgremiums, die mindestens zwei Drittel der Arbeitnehmer vertreten, erforderlich, mit der Maßgabe, dass diese Mitglieder Arbeitnehmer in mindestens zwei Mitgliedstaaten vertreten müssen, und zwar

- im Falle einer SE, die durch Verschmelzung gegründet werden soll, sofern sich die Mitbestimmung auf mindestens 25 % der Gesamtzahl der Arbeitnehmer der beteiligten Gesellschaften erstreckt, oder
- im Falle einer SE, die als Holdinggesellschaft oder als Tochtergesellschaft gegründet werden soll, sofern sich die Mitbestimmung auf mindestens 50 % der Gesamtzahl der Arbeitnehmer der beteiligten Gesellschaften erstreckt.

Minderung der Mitbestimmungsrechte bedeutet, dass der Anteil der Mitglieder der Organe der SE im Sinne des Artikels 2 Buchstabe k geringer ist als der höchste in den beteiligten Gesellschaften geltende Anteil.

(5) Das besondere Verhandlungsgremium kann bei den Verhandlungen Sachverständige seiner Wahl, zu denen auch Vertreter der einschlägigen Gewerkschaftsorganisationen auf Gemeinschaftsebene zählen können, hinzuziehen, um sich von ihnen bei seiner Arbeit unterstützen zu lassen. Diese Sachverständigen können, wenn das besondere Verhandlungsgremium dies wünscht, den Verhandlungen in beratender Funktion beiwohnen, um gegebenenfalls die Kohärenz und Stimmigkeit auf Gemeinschaftsebene zu fördern. Das besondere Verhandlungsgremium kann beschließen, die Vertreter geeigneter

außenstehender Organisationen, zu denen auch Gewerkschaftsvertreter zählen können, vom Beginn der Verhandlungen zu unterrichten.

(6) Das besondere Verhandlungsgremium kann mit der nachstehend festgelegten Mehrheit beschließen, keine Verhandlungen aufzunehmen oder bereits aufgenommene Verhandlungen abzubrechen und die Vorschriften für die Unterrichtung und Anhörung der Arbeitnehmer zur Anwendung gelangen zu lassen, die in den Mitgliedstaaten gelten, in denen die SE Arbeitnehmer beschäftigt. Ein solcher Beschluss beendet das Verfahren zum Abschluss der Vereinbarung gemäß Artikel 4. Ist ein solcher Beschluss gefasst worden, findet keine der Bestimmungen des Anhangs Anwendung.

Für den Beschluss, die Verhandlungen nicht aufzunehmen oder sie abzubrechen, ist eine Mehrheit von zwei Dritteln der Stimmen der Mitglieder, die mindestens zwei Drittel der Arbeitnehmer vertreten, erforderlich, mit der Maßgabe, dass diese Mitglieder Arbeitnehmer in mindestens zwei Mitgliedstaaten vertreten müssen.

Im Fall einer durch Umwandlung gegründeten SE findet dieser Absatz keine Anwendung, wenn in der umzuwandelnden Gesellschaft Mitbestimmung besteht.

Das besondere Verhandlungsgremium wird auf schriftlichen Antrag von mindestens 10 % der Arbeitnehmer der SE, ihrer Tochtergesellschaften und ihrer Betriebe oder von deren Vertretern frühestens zwei Jahre nach dem vorgenannten Beschluss wieder einberufen, sofern die Parteien nicht eine frühere Wiederaufnahme der Verhandlungen vereinbaren. Wenn das besondere Verhandlungsgremium die Wiederaufnahme der Verhandlungen mit der Geschäftsleitung beschließt, in diesen Verhandlungen jedoch keine Einigung erzielt wird, findet keine der Bestimmungen des Anhangs Anwendung.

(7) Die Kosten, die im Zusammenhang mit der Tätigkeit des besonderen Verhandlungsgremiums und generell mit den Verhandlungen entstehen, werden von den beteiligten Gesellschaften getragen, damit das besondere Verhandlungsgremium seine Aufgaben in angemessener Weise erfuellen kann.

Im Einklang mit diesem Grundsatz können die Mitgliedstaaten Regeln für die Finanzierung der Arbeit des besonderen Verhandlungsgremiums festlegen. Sie können insbesondere die Übernahme der Kosten auf die Kosten für einen Sachverständigen begrenzen.

Artikel 4- Inhalt der Vereinbarung

(1) Das jeweils zuständige Organ der beteiligten Gesellschaften und das besondere Verhandlungsgremium verhandeln mit dem Willen zur Verständigung,

um zu einer Vereinbarung über die Beteiligung der Arbeitnehmer innerhalb der SE zu gelangen.

(2) Unbeschadet der Autonomie der Parteien und vorbehaltlich des Absatzes 4 wird in der schriftlichen Vereinbarung nach Absatz 1 zwischen dem jeweils zuständigen Organ der beteiligten Gesellschaften und dem besonderen Verhandlungsgremium Folgendes festgelegt:

a) der Geltungsbereich der Vereinbarung,
b) die Zusammensetzung des Vertretungsorgans als Verhandlungspartner des zuständigen Organs der SE im Rahmen der Vereinbarung über die Unterrichtung und Anhörung der Arbeitnehmer der SE und ihrer Tochtergesellschaften und Betriebe sowie die Anzahl seiner Mitglieder und die Sitzverteilung,
c) die Befugnisse und das Verfahren zur Unterrichtung und Anhörung des Vertretungsorgans,
d) die Häufigkeit der Sitzungen des Vertretungsorgans,
e) die für das Vertretungsorgan bereitzustellenden finanziellen und materiellen Mittel,
f) die Durchführungsmodalitäten des Verfahrens oder der Verfahren zur Unterrichtung und Anhörung für den Fall, dass die Parteien im Laufe der Verhandlungen beschließen, eines oder mehrere solcher Verfahren zu schaffen, anstatt ein Vertretungsorgan einzusetzen,
g) der Inhalt einer Vereinbarung über die Mitbestimmung für den Fall, dass die Parteien im Laufe der Verhandlungen beschließen, eine solche Vereinbarung einzuführen, einschließlich (gegebenenfalls) der Zahl der Mitglieder des Verwaltungs- oder des Aufsichtsorgans der SE, welche die Arbeitnehmer wählen oder bestellen können oder deren Bestellung sie empfehlen oder ablehnen können, der Verfahren, nach denen die Arbeitnehmer diese Mitglieder wählen oder bestellen oder deren Bestellung empfehlen oder ablehnen können, und der Rechte dieser Mitglieder,
h) der Zeitpunkt des Inkrafttretens der Vereinbarung und ihre Laufzeit, die Fälle, in denen die Vereinbarung neu ausgehandelt werden sollte, und das bei ihrer Neuaushandlung anzuwendende Verfahren.

(3) Sofern in der Vereinbarung nichts anderes bestimmt ist, gilt die Auffangregelung des Anhangs nicht für diese Vereinbarung.

(4) Unbeschadet des Artikels 13 Absatz 3 Buchstabe a muss in der Vereinbarung im Falle einer durch Umwandlung gegründeten SE in Bezug auf alle Komponenten der Arbeitnehmerbeteiligung zumindest das gleiche Ausmaß gewährleistet werden, das in der Gesellschaft besteht, die in eine SE umgewandelt werden soll.

Artikel 5- Dauer der Verhandlungen

(1) Die Verhandlungen beginnen mit der Einsetzung des besonderen Verhandlungsgremiums und können bis zu sechs Monate andauern.

(2) Die Parteien können einvernehmlich beschließen, die Verhandlungen über den in Absatz 1 genannten Zeitraum hinaus bis zu insgesamt einem Jahr ab der Einsetzung des besonderen Verhandlungsgremiums fortzusetzen.

Artikel 6- Für das Verhandlungsverfahren maßgebliches Recht

Sofern in dieser Richtlinie nichts anderes vorgesehen ist, ist für das Verhandlungsverfahren gemäß den Artikeln 3 bis 5 das Recht des Mitgliedstaates maßgeblich, in dem die SE ihren Sitz haben wird.

Artikel 7- Auffangregelung

(1) Zur Verwirklichung des in Artikel 1 festgelegten Ziels führen die Mitgliedstaaten unbeschadet des nachstehenden Absatzes 3 eine Auffangregelung zur Beteiligung der Arbeitnehmer ein, die den im Anhang niedergelegten Bestimmungen genügen muss.

Die Auffangregelung, die in den Rechtsvorschriften des Mitgliedstaats festgelegt ist, in dem die SE ihren Sitz haben soll, findet ab dem Zeitpunkt der Eintragung der SE Anwendung, wenn

a) die Parteien dies vereinbaren oder
b) bis zum Ende des in Artikel 5 genannten Zeitraums keine Vereinbarung zustande gekommen ist und
 - das zuständige Organ jeder der beteiligten Gesellschaften der Anwendung der Auffangregelung auf die SE und damit der Fortsetzung des Verfahrens zur Eintragung der SE zugestimmt hat und
 - das besondere Verhandlungsgremium keinen Beschluss gemäß Artikel 3 Absatz 6 gefasst hat.

(2) Ferner findet die Auffangregelung, die in den Rechtsvorschriften des Mitgliedstaats festgelegt ist, in dem die SE eingetragen wird, gemäß Teil 3 des Anhangs nur Anwendung, wenn

a) im Falle einer durch Umwandlung gegründeten SE die Bestimmungen eines Mitgliedstaats über die Mitbestimmung der Arbeitnehmer im Verwaltungs- oder Aufsichtsorgan für eine in eine SE umgewandelte Aktiengesellschaft galten;
b) im Falle einer durch Verschmelzung gegründeten SE
 - vor der Eintragung der SE in einer oder mehreren der beteiligten Gesellschaften eine oder mehrere Formen der Mitbestimmung bestanden und

sich auf mindestens 25 % der Gesamtzahl der Arbeitnehmer aller beteiligten Gesellschaften erstreckten oder
- vor der Eintragung der SE in einer oder mehreren der beteiligten Gesellschaften eine oder mehrere Formen der Mitbestimmung bestanden und sich auf weniger als 25 % der Gesamtzahl der Arbeitnehmer aller beteiligten Gesellschaften erstreckten und das besondere Verhandlungsgremium einen entsprechenden Beschluss fasst;

c) im Falle einer durch Errichtung einer Holdinggesellschaft oder einer Tochtergesellschaft gegründeten SE
- vor der Eintragung der SE in einer oder mehreren der beteiligten Gesellschaften eine oder mehrere Formen der Mitbestimmung bestanden und sich auf mindestens 50 % der Gesamtzahl der Arbeitnehmer aller beteiligten Gesellschaften erstreckten oder
- vor der Eintragung der SE in einer oder mehreren der beteiligten Gesellschaften eine oder mehrere Formen der Mitbestimmung bestanden und sich auf weniger als 50 % der Gesamtzahl der Arbeitnehmer aller beteiligten Gesellschaften erstreckten und das besondere Verhandlungsgremium einen entsprechenden Beschluss fasst.

Bestanden mehr als eine Mitbestimmungsform in den verschiedenen beteiligten Gesellschaften, so entscheidet das besondere Verhandlungsgremium, welche von ihnen in der SE eingeführt wird. Die Mitgliedstaaten können Regeln festlegen, die anzuwenden sind, wenn kein einschlägiger Beschluss für eine in ihrem Hoheitsgebiet eingetragene SE gefasst worden ist. Das besondere Verhandlungsgremium unterrichtet das jeweils zuständige Organ der beteiligten Gesellschaften über die Beschlüsse, die es gemäß diesem Absatz gefasst hat.

(3) Die Mitgliedstaaten können vorsehen, dass die Auffangregelung in Teil 3 des Anhangs in dem in Absatz 2 Buchstabe b vorgesehenen Fall nicht Anwendung findet.

TEIL III

SONSTIGE BESTIMMUNGEN

Artikel 8- Verschwiegenheit und Geheimhaltung

(1) Die Mitgliedstaaten sehen vor, dass den Mitgliedern des besonderen Verhandlungsgremiums und des Vertretungsorgans sowie den sie unterstützenden Sachverständigen nicht gestattet wird, ihnen als vertraulich mitgeteilte Informationen an Dritte weiterzugeben.

Das Gleiche gilt für die Arbeitnehmervertreter im Rahmen eines Verfahrens zur Unterrichtung und Anhörung.

Diese Verpflichtung besteht unabhängig von dem Aufenthaltsort der betreffenden Personen und auch nach Ablauf ihres Mandats weiter.

(2) Jeder Mitgliedstaat sieht vor, dass das Aufsichts- oder das Verwaltungsorgan einer SE oder einer beteiligten Gesellschaft mit Sitz in seinem Hoheitsgebiet in besonderen Fällen und unter den Bedingungen und Beschränkungen des einzelstaatlichen Rechts Informationen nicht weiterleiten muss, wenn deren Bekanntwerden bei Zugrundelegung objektiver Kriterien den Geschäftsbetrieb der SE (oder gegebenenfalls der beteiligten Gesellschaft) oder ihrer Tochtergesellschaften und Betriebe erheblich beeinträchtigen oder ihnen schaden würde.

Jeder Mitgliedstaat kann eine solche Freistellung von einer vorherigen behördlichen oder gerichtlichen Genehmigung abhängig machen.

(3) Jeder Mitgliedstaat kann für eine SE mit Sitz in seinem Hoheitsgebiet, die in Bezug auf Berichterstattung und Meinungsäußerung unmittelbar und überwiegend eine bestimmte weltanschauliche Tendenz verfolgt, besondere Bestimmungen vorsehen, falls das innerstaatliche Recht solche Bestimmungen zum Zeitpunkt der Annahme dieser Richtlinie bereits enthält.

(4) Bei der Anwendung der Absätze 1, 2 und 3 sehen die Mitgliedstaaten Verfahren vor, nach denen die Arbeitnehmervertreter auf dem Verwaltungsweg oder vor Gericht Rechtsbehelfe einlegen können, wenn das Aufsichts- oder das Verwaltungsorgan der SE oder der beteiligten Gesellschaft Vertraulichkeit verlangt oder die Informationen verweigert.

Diese Verfahren können Regelungen zur Wahrung der Vertraulichkeit der betreffenden Informationen einschließen.

Artikel 9
Arbeitsweise des Vertretungsorgans und Funktionsweise des Verfahrens zur Unterrichtung und Anhörung der Arbeitnehmer

Das zuständige Organ der SE und das Vertretungsorgan arbeiten mit dem Willen zur Verständigung unter Beachtung ihrer jeweiligen Rechte und Pflichten zusammen.

Das Gleiche gilt für die Zusammenarbeit zwischen dem Aufsichts- oder dem Verwaltungsorgan der SE und den Arbeitnehmervertretern im Rahmen eines Verfahrens zur Unterrichtung und Anhörung der Arbeitnehmer.

Artikel 10- Schutz der Arbeitnehmervertreter

Die Mitglieder des besonderen Verhandlungsgremiums, die Mitglieder des Vertretungsorgans, Arbeitnehmervertreter, die bei einem Verfahren zur Unterrichtung und Anhörung mitwirken, und Arbeitnehmervertreter im Aufsichts- oder im Verwaltungsorgan der SE, die Beschäftigte der SE, ihrer Tochtergesellschaften oder Betriebe oder einer der beteiligten Gesellschaften sind, genießen bei der Wahrnehmung ihrer Aufgaben den gleichen Schutz und gleichartige Sicherheiten wie die Arbeitnehmervertreter nach den innerstaatlichen Rechtsvorschriften und/oder Gepflogenheiten des Landes, in dem sie beschäftigt sind.

Dies gilt insbesondere für die Teilnahme an den Sitzungen des besonderen Verhandlungsgremiums oder des Vertretungsorgans an allen sonstigen Sitzungen, die im Rahmen der Vereinbarung nach Artikel 4 Absatz 2 Buchstabe f stattfinden, und an den Sitzungen des Verwaltungs- oder des Aufsichtsorgans sowie für die Lohn- und Gehaltsfortzahlung an die Mitglieder, die Beschäftigte einer der beteiligten Gesellschaften oder der SE oder ihrer Tochtergesellschaften oder Betriebe sind, für die Dauer ihrer zur Wahrnehmung ihrer Aufgaben erforderlichen Abwesenheit.

Artikel 11- Verfahrensmissbrauch

Die Mitgliedstaaten treffen im Einklang mit den gemeinschaftlichen Rechtsvorschriften geeignete Maßnahmen, um zu verhindern, dass eine SE dazu missbraucht wird, Arbeitnehmern Beteiligungsrechte zu entziehen oder vorzuenthalten.

Artikel 12- Einhaltung der Richtlinie

(1) Jeder Mitgliedstaat trägt dafür Sorge, dass die Leitung der Betriebe einer SE und die Aufsichts- oder die Verwaltungsorgane der Tochtergesellschaften und der beteiligten Gesellschaften, die sich in seinem Hoheitsgebiet befinden, und ihre Arbeitnehmervertreter oder gegebenenfalls ihre Arbeitnehmer den Verpflichtungen dieser Richtlinie nachkommen, unabhängig davon, ob die SE ihren Sitz in seinem Hoheitsgebiet hat oder nicht.

(2) Die Mitgliedstaaten sehen geeignete Maßnahmen für den Fall der Nichteinhaltung dieser Richtlinie vor; sie sorgen insbesondere dafür, dass Verwaltungs- oder Gerichtsverfahren bestehen, mit denen die Erfuellung der sich aus dieser Richtlinie ergebenden Verpflichtungen durchgesetzt werden kann.

Artikel 13- Verhältnis dieser Richtlinie zu anderen Bestimmungen

(1) SE und Tochtergesellschaften einer SE, die gemeinschaftsweit operierende Unternehmen oder herrschende Unternehmen in einer gemeinschaftsweit operierenden Unternehmensgruppe im Sinne der Richtlinie 94/45/EG oder im Sinne der Richtlinie 97/74/EG[1233] zur Ausdehnung der genannten Richtlinie auf das Vereinigte Königreich sind, unterliegen nicht den genannten Richtlinien und den Bestimmungen zu deren Umsetzung in einzelstaatliches Recht.

Beschließt das besondere Verhandlungsgremium jedoch gemäß Artikel 3 Absatz 6, keine Verhandlungen aufzunehmen oder bereits aufgenommene Verhandlungen abzubrechen, so gelangen die Richtlinie 94/45/EG oder die Richtlinie 97/74/EG und die Bestimmungen zu ihrer Umsetzung in einzelstaatliches Recht zur Anwendung.

(2) Einzelstaatliche Rechtsvorschriften und/oder Gepflogenheiten in Bezug auf die Mitbestimmung der Arbeitnehmer in den Gesellschaftsorganen, die nicht zur Umsetzung dieser Richtlinie dienen, finden keine Anwendung auf gemäß der Verordnung (EG) Nr. 2157/2001 gegründete und von dieser Richtlinie erfasste Gesellschaften.

(3) Diese Richtlinie berührt nicht

a) die den Arbeitnehmern nach einzelstaatlichen Rechtsvorschriften und/oder Gepflogenheiten zustehenden Beteiligungsrechte, die für die Arbeitnehmer der SE und ihrer Tochtergesellschaften und Betriebe gelten, mit Ausnahme der Mitbestimmung in den Organen der SE,
b) die nach einzelstaatlichen Rechtsvorschriften und/oder Gepflogenheiten geltenden Bestimmungen über die Mitbestimmung in den Gesellschaftsorganen, die auf die Tochtergesellschaften der SE Anwendung finden.

(4) Zur Wahrung der in Absatz 3 genannten Rechte können die Mitgliedstaaten durch geeignete Maßnahmen sicherstellen, dass die Strukturen der Arbeitnehmervertretung in den beteiligten Gesellschaften, die als eigenständige juristische Personen erlöschen, nach der Eintragung der SE fortbestehen.

Artikel 14- Schlussbestimmungen

(1) Die Mitgliedstaaten erlassen die erforderlichen Rechts- und Verwaltungsvorschriften, um dieser Richtlinie spätestens am 8. Oktober 2004 nachzukommen, oder stellen spätestens zu diesem Zeitpunkt sicher, dass die Sozialpartner die erforderlichen Bestimmungen durch Vereinbarungen einführen; die Mitgliedstaaten treffen alle erforderlichen Vorkehrungen, um jeder-

---

[1233] ABl. L 10 vom 16.1.1998, S. 22.

zeit gewährleisten zu können, dass die durch diese Richtlinie vorgeschriebenen Ergebnisse erzielt werden. Sie setzen die Kommission unverzüglich davon in Kenntnis.

(2) Wenn die Mitgliedstaaten diese Vorschriften erlassen, nehmen sie in den Vorschriften selbst oder durch einen Hinweis bei der amtlichen Veröffentlichung auf diese Richtlinie Bezug. Die Mitgliedstaaten regeln die Einzelheiten der Bezugnahme.

Artikel 15- Überprüfung durch die Kommission

Die Kommission überprüft spätestens zum 8. Oktober 2007 im Benehmen mit den Mitgliedstaaten und den Sozialpartnern auf Gemeinschaftsebene die Anwendung dieser Richtlinie, um dem Rat gegebenenfalls erforderliche Änderungen vorzuschlagen.

Artikel 16- Inkrafttreten

Diese Richtlinie tritt am Tag ihrer Veröffentlichung im Amtsblatt der Europäischen Gemeinschaften in Kraft.

Artikel 17- Adressaten

Diese Richtlinie ist an die Mitgliedstaaten gerichtet.

Geschehen zu Luxemburg am 8. Oktober 2001.

Im Namen des Rates

Der Präsident

L. Onkelinx

Anhang

AUFFANGREGELUNG
(nach Artikel 7)

Teil 1: Zusammensetzung des Organs zur Vertretung der Arbeitnehmer

Zur Verwirklichung des Ziels nach Artikel 1 wird in den in Artikel 7 genannten Fällen ein Vertretungsorgan gemäß folgenden Regeln eingesetzt:

a) Das Vertretungsorgan setzt sich aus Arbeitnehmern der SE und ihrer Tochtergesellschaften und Betriebe zusammen, die von den Arbeitnehmervertretern aus ihrer Mitte oder, in Ermangelung solcher Vertreter, von der Gesamtheit der Arbeitnehmer gewählt oder bestellt werden.

b) Die Mitglieder des Vertretungsorgans werden gemäß den einzelstaatlichen Rechtsvorschriften und/oder Gepflogenheiten gewählt oder bestellt.

Die Mitgliedstaaten sorgen durch entsprechende Vorschriften dafür, dass Änderungen innerhalb der SE und ihrer Tochtergesellschaften und Betriebe durch Anpassung der Zahl der Mitglieder des Vertretungsorgans und der Zuteilung der Sitze in diesem Organ Rechnung getragen wird.

c) Sofern die Zahl der Mitglieder des Vertretungsorgans es rechtfertigt, wählt das Vertretungsorgan aus seiner Mitte einen engeren Ausschuss mit höchstens drei Mitgliedern.

d) Das Vertretungsorgan gibt sich eine Geschäftsordnung.

e) Die Mitglieder des Vertretungsorgans werden entsprechend der Zahl der in jedem Mitgliedstaat beschäftigten Arbeitnehmer der beteiligten Gesellschaften und der betroffenen Tochtergesellschaften oder betroffenen Betriebe gewählt oder bestellt, so dass pro Mitgliedstaat für jeden Anteil der in diesem Mitgliedstaat beschäftigten Arbeitnehmer, der 10 % der Gesamtzahl der in allen Mitgliedstaaten beschäftigten Arbeitnehmer der beteiligten Gesellschaften und der betroffenen Tochtergesellschaften oder betroffenen Betriebe entspricht, oder für einen Bruchteil dieser Tranche Anspruch auf einen Sitz besteht.

f) Die Zusammensetzung des Vertretungsorgans wird dem zuständigen Organ der SE mitgeteilt.

g) Vier Jahre nach seiner Einsetzung prüft das Vertretungsorgan, ob die Vereinbarung nach den Artikeln 4 und 7 ausgehandelt werden oder die in Übereinstimmung mit diesem Anhang angenommene Auffangregelung weiterhin gelten soll.

Wird der Beschluss gefasst, eine Vereinbarung gemäß Artikel 4 auszuhandeln, so gelten Artikel 3 Absätze 4 bis 7 und Artikel 4 bis 6 sinngemäß, wobei der Ausdruck "besonderes Verhandlungsgremium" durch das Wort "Vertretungsorgan" ersetzt wird. Wenn am Ende des für die Verhandlungen vorgesehenen Zeitraums keine Vereinbarung zustande gekommen ist, findet die Regelung, die ursprünglich gemäß der Auffangregelung angenommen worden war, weiterhin Anwendung.

Teil 2: Auffangregelung für die Unterrichtung und Anhörung

Für die Zuständigkeiten und Befugnisse des Vertretungsorgans in einer SE gelten folgende Regeln:

a) Die Zuständigkeiten des Vertretungsorgans beschränken sich auf die Angelegenheiten, die die SE selbst oder eine ihrer Tochtergesellschaften oder einen ihrer Betriebe in einem anderen Mitgliedstaat betreffen oder über die Befugnisse der Entscheidungsorgane auf der Ebene des einzelnen Mitgliedstaats hinausgehen.

b) Unbeschadet etwaiger Zusammenkünfte gemäß Buchstabe c hat das Vertretungsorgan das Recht, auf der Grundlage regelmäßig von dem zuständigen Organ erstellter Berichte über die Entwicklung der Geschäftslage und die Perspektiven der SE unterrichtet und dazu gehört zu werden und zu diesem Zweck mindestens einmal jährlich mit dem zuständigen Organ der SE zusammenzutreten. Die örtlichen Geschäftsleitungen werden hiervon in Kenntnis gesetzt.

   Das zuständige Organ der SE übermittelt dem Vertretungsorgan die Tagesordnung aller Sitzungen des Verwaltungsorgans oder gegebenenfalls des Leitungs- und des Aufsichtsorgans sowie Kopien aller Unterlagen, die der Hauptversammlung der Aktionäre unterbreitet werden.

   Diese Unterrichtung und Anhörung bezieht sich insbesondere auf die Struktur der SE, ihre wirtschaftliche und finanzielle Situation, die voraussichtliche Entwicklung der Geschäfts-, Produktions- und Absatzlage, auf die Beschäftigungslage und deren voraussichtliche Entwicklung, auf die Investitionen, auf grundlegende Änderungen der Organisation, auf die Einführung neuer Arbeits- oder Fertigungsverfahren, auf Verlagerungen der Produktion, auf Fusionen, Verkleinerungen oder Schließungen von Unternehmen, Betrieben oder wichtigen Teilen derselben und auf Massenentlassungen.

c) Treten außergewöhnliche Umstände ein, die erhebliche Auswirkungen auf die Interessen der Arbeitnehmer haben, insbesondere bei Verlegungen, Verlagerungen, Betriebs- oder Unternehmensschließungen oder Massenentlassungen, so hat das Vertretungsorgan das Recht, darüber unterrichtet zu werden. Das Vertretungsorgan oder - wenn das Vertretungsorgan dies, insbesondere bei Dringlichkeit, beschließt - der engere Ausschuss hat das Recht, auf Antrag mit dem zuständigen Organ der SE oder den Vertretern einer geeigneteren mit eigenen Entscheidungsbefugnissen ausgestatteten Leitungsebene innerhalb der SE zusammenzutreffen, um über Maßnahmen, die erhebliche Auswirkungen auf die Interessen der Arbeitnehmer haben, unterrichtet und dazu gehört werden.

   Wenn das zuständige Organ beschließt, nicht im Einklang mit der von dem Vertretungsorgan abgegebenen Stellungnahme zu handeln, hat das Vertretungsorgan das Recht, ein weiteres Mal mit dem zuständigen Organ der SE zusammenzutreffen, um eine Einigung herbeizuführen.

   Findet eine Sitzung mit dem engeren Ausschuss statt, so haben auch die Mitglieder des Vertretungsorgans, die von diesen Maßnahmen unmittelbar betroffene Arbeitnehmer vertreten, das Recht, daran teilzunehmen.

   Die Sitzungen nach Absatz 1 lassen die Vorrechte des zuständigen Organs unberührt.

d) Die Mitgliedstaaten können Regeln für den Vorsitz in den Sitzungen zur Unterrichtung und Anhörung festlegen.

   Vor Sitzungen mit dem zuständigen Organ der SE ist das Vertretungsorgan oder der engere Ausschuss - gegebenenfalls in der gemäß Buchstabe c Absatz 3 erweiterten Zusammensetzung - berechtigt, in Abwesenheit der Vertreter des zuständigen Organs zu tagen.

e) Unbeschadet des Artikels 8 unterrichten die Mitglieder des Vertretungsorgans die Arbeitnehmervertreter der SE und ihrer Tochtergesellschaften und Betriebe über den Inhalt und die Ergebnisse der Unterrichtungs- und Anhörungsverfahren.

f) Das Vertretungsorgan oder der engere Ausschuss können sich durch Sachverständige ihrer Wahl unterstützen lassen.

g) Sofern dies zur Erfuellung ihrer Aufgaben erforderlich ist, haben die Mitglieder des Vertretungsorgans Anspruch auf bezahlte Freistellung für Fortbildungsmaßnahmen.

h) Die Ausgaben des Vertretungsorgans gehen zulasten der SE, die die Mitglieder dieses Organs mit den erforderlichen finanziellen und materiellen Mitteln ausstattet, damit diese ihre Aufgaben in angemessener Weise wahrnehmen können.

Insbesondere trägt die SE die Kosten der Veranstaltung der Sitzungen einschließlich der Dolmetschkosten sowie die Aufenthalts- und Reisekosten für die Mitglieder des Vertretungsorgans und des engeren Ausschusses, soweit nichts anderes vereinbart wurde.

Die Mitgliedstaaten können im Einklang mit diesen Grundsätzen Regeln für die Finanzierung der Arbeit des Vertretungsorgans festlegen. Sie können insbesondere die Übernahme der Kosten auf die Kosten für einen Sachverständigen begrenzen.

Teil 3: Auffangregelung für die Mitbestimmung

Für die Mitbestimmung der Arbeitnehmer in der SE gelten folgende Bestimmungen:

a) Fanden im Falle einer durch Umwandlung gegründeten SE Vorschriften eines Mitgliedstaats über die Mitbestimmung der Arbeitnehmer im Verwaltungs- oder im Aufsichtsorgan vor der Eintragung Anwendung, so finden alle Komponenten der Mitbestimmung der Arbeitnehmer weiterhin Anwendung. Buchstabe b gilt diesbezüglich sinngemäß.

b) In den Fällen der Gründung einer SE haben die Arbeitnehmer der SE, ihrer Tochtergesellschaften und Betriebe und/oder ihr Vertretungsorgan das Recht, einen Teil der Mitglieder des Verwaltungs- oder des Aufsichtsorgans der SE zu wählen oder zu bestellen oder deren Bestellung zu empfehlen oder abzulehnen, wobei die Zahl dieser Mitglieder sich nach dem höchsten maßgeblichen Anteil in den beteiligten Gesellschaften vor der Eintragung der SE bemisst.

Bestanden in keiner der beteiligten Gesellschaften vor der Eintragung der SE Vorschriften über die Mitbestimmung, so ist die SE nicht verpflichtet, eine Vereinbarung über die Mitbestimmung der Arbeitnehmer einzuführen.

Das Vertretungsorgan entscheidet über die Verteilung der Sitze im Verwaltungs- oder im Aufsichtsorgan auf die Mitglieder, die Arbeitnehmer aus verschiedenen Mitgliedstaaten vertreten, oder über die Art und Weise, in der die Arbeitnehmer der SE Mitglieder dieser Organe empfehlen oder ablehnen können, entsprechend den jeweiligen Anteilen der in den einzelnen Mitgliedstaaten beschäftigten Arbeitnehmer der SE. Bleiben Arbeitnehmer aus einem oder mehreren Mitgliedstaaten bei der anteilmäßigen Verteilung unberücksichtigt, so bestellt das Vertretungsorgan eines der Mitglieder aus einem dieser Mitgliedstaaten, und zwar vorzugsweise - sofern angemessen - aus dem Mitgliedstaat, in dem die SE ihren Sitz haben wird. Jeder Mitgliedstaat hat das Recht, die Verteilung der ihm im Verwaltungs- oder im Aufsichtsorgan zugewiesenen Sitze festzulegen.

Alle von dem Vertretungsorgan oder gegebenenfalls den Arbeitnehmern gewählten, bestellten oder empfohlenen Mitglieder des Verwaltungsorgans oder gegebenenfalls des Aufsichtsorgans der SE sind vollberechtigte Mitglieder des jeweiligen Organs mit denselben Rechten (einschließlich des Stimmrechts) und denselben Pflichten wie die Mitglieder, die die Anteilseigner vertreten.

ANHANG III

Die Europaïsche Privatgesellschaft: Verordnungsentwurf- die Artikel [1234]

I. Allgemeine Bestimmungen

Artikel 1 (Definition)

1. Die Europäische Privatgesellschaft (EPG) wird gemäß den Vorschriften und Verfahrensregelungen, die in dieser Verordnung festgelegt sind, durch eine oder mehrere natürliche oder juristische Personen gegründet, die nicht notwendig in einem Mitgliedstaat ansässig sind.

2. Alle Gründungsgesellschafter müssen beim Abschluß des Gesellschaftsvertrag in Person oder durch einen mit einer speziellen Handlungsvollmacht versehenen Vertreter beteiligt sein. Dieser Gesellschaftsvertrag verpflichtet und berechtigt die Gründungsgesellschafter und nach der Eintragung die Gesellschaft und die zukünftigen Gesellschafter.

Artikel 2 (Charakteristika)

1. Jeder Gesellschafter haftet nur bis zur Höhe der von ihm gezeichneten Einlage.

2. Die EPG darf ihre Anteile nicht öffentlich zur Zeichnung anbieten und keine Inhaberpapiere ausgeben.

3. Die Rechte und Pflichten der Gesellschafter, die Organisation und Funktionsweise der Gesellschaft, die Machtbefugnisse ihrer Organe und die Bedingungen für die Übertragung der Geschäftsanteile werden im Rahmen dieser Verordnung durch den Gesellschaftsvertrag bestimmt.

4. Mit ihrer Eintragung erlangt die EPG Rechtsfähigkeit.

1234 Entnommen aus: *Boucourechliev/ Hommelhoff*, Vorschläge für eine Europäische Privatgesellschaft, S. 281 ff., abrufbar unter: www.etudes.ccip.fr/dossiers/spe/de/index.html

Artikel 3 (Kapital)

1. Das Stammkapital der EPG ist in Geschäftsanteile mit einem bestimmten Nennwert aufgeteilt. Das Mindestkapital beträgt 25.000 Euro oder den zum Zeitpunkt der Eintragung entsprechenden Gegenwert in einer anderen Währung. Das Stammkapital muß in voller Höhe gezeichnet werden; die gezeichneten Einlagen müssen zum Zeitpunkt der Eintragung in voller Höhe erbracht sein.

2. Es können Bar- oder Sacheinlagen eingelegt werden; Dienstleistungen sind als Einlage ausgeschlossen.

3. Die Mittel aus der Bareinlageleistung werden für die Gründungsgesellschaft durch die Empfänger innerhalb von 8 Tagen nach Erhalt bei einem Notar oder einer Bank gegen einen Hinterlegungsschein zur Verwahrung gegeben. Die Mittel können erst nach Eintragung der Gesellschaft gemäß Art. 8 dieser Verordnung durch den Vertreter der Gesellschafter gegen Vorlage einer Bescheinigung der zuständigen Eintragungsstelle herausverlangt werden.

4. Die Sachleistungen sind der Gesellschaft in derselben Frist zur Verfügung zu stellen. Sie werden gegen Bestätigung von einem Vertreter der Gründungsgesellschaft entgegengenommen.

Artikel 4 (Einlagen)

1. Der Gesellschaftsvertrag enthält die Angaben zur Bewertung jeder Sacheinlage.

2. Über die Bewertung wird im Anhang zum Gründungsvertrag berichtet. Dieser Bericht ist unter der Verantwortung eines nach den gesetzlichen Bestimmungen jedes Mitgliedstaates zugelassenen Wirtschaftsprüfers gemäß der Richtlinie 84/253/EWG anzufertigen. Der Wirtschaftsprüfer wird mit einstimmigem Beschluß der zukünftigen Gesellschafter aus dem in Art. 1 der Richtlinie 84/253/EWG genannten Personenkreis oder durch Gerichtsbeschluß auf Antrag des zuerst handelnden Gesellschafters bestellt.

3. Wird die Gesellschaft durch nur einen Gesellschafter gegründet, so wählt dieser den Wirtschaftsprüfer aus.

4. Falls die Gründungsgesellschafter den Wert der Sacheinlagen abweichend vom Bewertungsgutachten des Wirtschaftsprüfers festgesetzt haben, so haften sie gegenüber Dritten gesamtschuldnerisch während einer Dauer von 5 Jahren nach der Eintragung für die Werthaltigkeit der Sacheinlagen im Zeitpunkt der Gründung der Gesellschaft.

Artikel 5 (Gründungsformen)

1. Die EPG kann im Wege der Neugründung oder im Wege der Umwandlung gegründet werden; dies kann auch im Zusammenhang mit einer Verschmelzung oder Spaltung geschehen.

2. Nur die in Art. 1 der Richtlinie 68/151/EWG aufgezählten Gesellschaften können in eine EPG umgewandelt werden. Die Umwandlung führt weder zur Auflösung der umgewandelten Gesellschaft noch zur Entstehung einer neuen juristischen Person.

   a) Das oder die Leitungs-, Geschäftsführungs- oder Verwaltungsorgane der Gesellschaft erstellen einen Umwandlungsplan und einen Bericht, der die rechtlichen und wirtschaftlichen Aspekte der Umwandlung erläutert und rechtfertigt und der die Konsequenzen der Umwandlung in eine EPG für die Gesellschafter und für die Arbeitnehmer darstellt.

   b) Der Umwandlungsplan wird gemäß den nationalen Bestimmungen jedes Mitgliedstaates in Übereinstimmung mit Art. 3 der Richtlinie 68/151/EWG mindestens einen Monat vor der Gesellschafterversammlung veröffentlicht, die über die Umwandlung beschließt.

   c) Vor der Gesellschafterversammlung müssen ein oder mehrere unabhängige Gutachter, die nach den nationalen Bestimmungen gemäß Art. 10 der Richtlinie 78/855/EWG durch eine Justiz- oder Verwaltungsbehörde des Staates, in dem die Gesellschaft ihren Sitz hat, die in eine EPG umgewandelt werden soll, bestellt oder zugelassen sind, bestätigen, daß die Aktiva der Gesellschaft mindestens dem für die EPG festgesetz ten Stammkapital entsprechen.

   d) Die Gesellschafterversammlung der Gesellschaft beschließt über den Umwandlungsplan sowie über die Satzung der EPG nach den nationalen Bestimmungen gemäß Art. 7 der Richtlinie 78/855/EWG.

3. Die Gesellschafter, die ihre Einlagen geleistet haben, können diese durch einen gemeinsamen Vertreter zurückverlangen, wenn die EPG nicht innerhalb von sechs Monaten nach der ersten Hinterlegung gemäß Art. 3 Nr. 3 dieser Verordnung gegründet wird.

Artikel 6 (Sitz der Gesellschaft)

1. Der Sitz der EPG muß im Gebiet der Union gewählt werden. Er muß dem Ort entsprechen, an dem sich die Hauptverwaltung befindet.

2. Der Sitz der EPG kann in einen anderen Mitgliedstaat verlegt werden. Diese Verlegung bewirkt weder die Auflösung der Gesellschaft noch das Entstehen einer neuen juristischen Person.

   Der Plan über die Sitzverlegung muß von dem oder den durch die Satzung vorgesehenen Organen aufgestellt werden. Er muß gemäß den Bedingungen nach Art. 8 und 9 dieser Verordnung hinterlegt und veröffentlicht werden. Der Beschluß über die Sitzverlegung kann frühestens einen Monat nach der Veröffentlichung des Plans erfolgen.

3. Die Gesellschafter und die Gläubiger der Gesellschaft haben spätestens einen Monat vor dem Zeitpunkt, der für die Gesellschafterversammlung vorgesehen ist, die über die Sitzverlegung beschließen soll, das Recht, am Sitz der Gesellschaft den Plan über die Sitzverlegung und den Bericht, der im vorangehenden Absatz genannt ist, einzusehen.

4. Erfüllt die EPG nicht mehr die Verpflichtung, die Hauptverwaltung in dem EU-Mitgliedstaat zu haben, indem sie eingetragen ist, muß sie dies innerhalb von 3 Monaten regulieren. Wird die Situation nicht binnen 3 Monaten reguliert, ist die Gesellschaft aufgelöst.

Artikel 7 (Firma)

1. Die EPG wählt eine Firma für die Gesellschaft, die den Gesellschaftszweck oder den Namen eines oder mehrerer Gesellschafter oder eine Phantasiebezeichnung enthalten kann, soweit diese Firma weder zu einer Täuschung des Geschäftsverkehrs noch einer Verwechslung führen kann.

2. Der Firma sind die Worte "Europäische Privatgesellschaft" oder die Abkürzung „EPG“ unmittelbar voran- oder nachzustellen.

Artikel 8 (Eintragung)

1. Die EPG wird in dem Sitzstaat in das nach den nationalen Bestimmungen gemäß Art. 3 der Richtlinie 68/151/EWG zuständige Register eingetragen.

2. Jeder, der durch die Gründer dazu bevollmächtigt oder im Gründungsvertrag dazu bestimmt ist, die Gesellschaft gegenüber Dritten zu vertreten, ist ermächtigt, die Formalitäten der Eintragung vorzunehmen.

3. Für die Zwecke der Eintragung muß der Gesellschaftsvertrag folgende Angaben enthalten: die Rechtsform und die Firma der Gesellschaft; die Dauer der Gesellschaft, falls sie begrenzt ist; den Gesellschaftszweck; die Adresse des Gesellschaftssitzes; das Gesellschaftskapital und das oder die Organe, welche die Gesellschaft gegenüber Dritten und vor Gericht vertreten können. Außer-

dem sind die Namen und die Adressen der für das oder die Leitungsorgane ernannten Personen anzugeben.

Folgende Dokumente sind beizulegen: die Satzung; ein Schriftstück, das die Anteilsverteilung präzisiert und ein Nachweis über die Hinterlegung der Einlagen; gegebenenfalls eine Bestätigung, daß die Sachleistungen der Gesellschaft zur Verfügung gestellt wurden mit einem Bewertungsgutachten der Wirtschaftsprüfer über diese Einlagen sowie gegebenenfalls der Gesellschafterbeschluß über die Umwandlung, die Verschmelzung oder die Spaltung.

4. Die zuständige Registerbehörde überprüft, ob die Bestimmungen nach Abs. 3 erfüllt sind und ob alle Regelungen, die gemäß dieser Verordnung in der Satzung enthalten sein müssen, getroffen wurden. Sie erteilt eine Bescheinigung, die die Erfüllung der Eintragungsformalitäten und die Gültigkeit der Eintragung bestätigt. Sie gibt alle Informationen sowie jede Änderung oder Streichung an das europäische Zentralregister weiter; dies wird zu diesem Zweck errichtet.

5. Die Eintragung und Löschung einer EPG im nationalen Register müssen veröffentlicht werden.

Artikel 9 (Publizität)

Alle Tatsachen, welche die EPG betreffen und aufgrund einer Regelung dieser Verord-nung veröffentlicht werden müssen, werden nach den gesetzlichen Vorschriften des Mitgliedstaates gemäß Art. 3-4 der Richtlinie 68/151/EWG, sowie im Amtsblatt der Europäischen Gemeinschaften bekanntgegeben. Diese Veröffentlichung muß stets die Firma, die Eintragungsnummer, das Datum der Eintragung der Tatsache und den Sitz der EPG angeben.

Artikel 10 (Haftungsübernahme für Vorgründungsgeschäfte)

1. Die Gesellschaft wird nicht aus Geschäften verpflichtet, die vor der Eintragung der EPG von den Gründern auf ihre Rechnung vorgenommen werden. Sie kann jedoch nach ihrer Eintragung an die Stelle des oder der ursprünglich handelnden Gesellschafter treten; wenn das übernommene Geschäft ein Vertrag ist, der den anderen Vertragspartner berechtigt, allerdings nur mit dessen Zustimmung.

2. Übernimmt die Gesellschaft die Geschäfte nicht, haften die natürlichen oder juristischen Personen, die sie vorgenommen haben, den Geschäftspartnern gesamtschuldnerisch und unbeschränkt während einer Dauer von 5 Jahren gerechnet vom Zeitpunkt der Eintragung.

Artikel 11 (Nichtigkeit)

Die Nichtigkeit einer Gesellschaft kann sich nur aus einer ausdrücklichen Regelung des Rechts am Sitz der Gesellschaft ergeben, die in Übereinstimmung mit Art. 11 der Richtlinie 68/151/EWG steht.

*Artikel 12 (Anwendbares **Recht**)*

1. Auf eine EPG finden die Bestimmungen dieser Verordnung und ihre Satzungsregelungen, die dieser nicht widersprechen, Anwendung.

   Die in dieser Verordnung geregelten Bereiche sind der Anwendung des nationalen Rechts der Mitgliedstaaten entzogen; dies gilt auch für die nicht ausdrücklich geregelten Gegenstände.

2. Subsidiär gelten in folgender Reihenfolge:

   · die allgemeinen Prinzipien dieser Verordnung;
   · die allgemeinen Prinzipien des Gesellschaftsrechts der Gemeinschaft und
   · die allgemeinen Prinzipen, die den nationalen Rechtsordnungen gemeinsam sind, soweit sie dieser Verordnung nicht widersprechen.

3. Die Bestimmungen des nationalen Gesellschaftsrechts am Sitz der Gesellschaft gelten nur, soweit diese Verordnung ausdrücklich auf nationales Gesellschaftsrecht verweist.

Artikel 13 (Inhalt der Anhänge zu dieser Verordnung)

Diese Verordnung enthält:

a) in Anhang 1 : Mustersatzungen, die die Gesellschafter ganz oder teilweise übernehmen können ;
b) in Anhang 2 : für jeden Mitgliedstaat, die Gesellschaftsformen, der die EPG insbesondere für die Anwendung der Rechnungslegungs-, Straf-, Sozial- und Arbeit gleichgestellt ist ;
c) in Anhang 3 : die Gesellschaftsformen, in die eine EPG umgewandelt werden kann.

II. Organisation und Ausübung

Artikel 14 (Organisation der Gesellschaft)

Die Satzung regelt die Organisation der Gesellschaft. Sie legt insbesondere das Verfahren der Ernennung, die Befugnisse und die Funktionsweise der Gesellschaftsorgane und ihre Beziehungen untereinander fest.

Sie legt die Modalitäten für die Bestellung des Abschlußprüfers und seine Aufgaben gemäß den Vorgaben der nationalen Bestimmungen in Übereinstimmung mit der Richtlinie 78/6660/EWG fest.

Artikel 15 (Rechte und Pflichten der Gesellschafter)

1. Der Gesellschaftsvertrag legt die vermögensrechtlichen und nichtvermögensrechtlichen Rechte fest, die jeder Anteilskategorie zukommen. Diese müssen der Quote eines Geschäftsanteils am Stammkapital nicht entsprechen.

   Insbesondere sind im Gesellschaftsvertrag festzulegen:

   · die Beteiligungsquoten am ausgeschütteten Gewinn und am Liquidationsüberschuß;
   · die Anzahl der Stimmrechte für die von den Gesellschaftern gemeinsam zu treffenden Entscheidungen, die jedem stimmberechtigten Geschäftsanteil zugeteilt ist. Diese Anzahl kann je nach Art der Entscheidung variieren.

2. Der Gesellschaftsvertrag legt fest, welche Entscheidungen die Gesellschafter gemeinsam treffen müssen. Er bestimmt auch die Form und die erforderlichen Bedingungen, insbesondere die Art der Einberufung der Gesellschafter, die für die Beschlußfähigkeit erforderliche Stimmenanzahl und die erforderliche Mehrheit.

   Soweit nichts Abweichendes im Gesellschaftsvertrag vorgesehen ist, binden die gemeinsamen Beschlüsse das Leitungsorgan.

3. Die Feststellung des Jahresabschlusses und der Gewinnverwendungsbeschluß, die Ernennung des Abschlußprüfers gem. Art. 14 sowie jede Satzungsänderung (insbesondere zur Kapitalerhöhung, –amortisierung oder -herabsetzung) Verschmelzung, Spaltung und Auflösung müssen stets gemeinsam beschlossen werden.

   Ein oder mehrere Gesellschafter, die mindestens 10 % der Stimmrechte halten, können unter den im Gesellschaftsvertrag vorgesehenen Bedingungen jederzeit eine Auskunft der stimmberechtigten Gesellschafter verlangen.

4. Der Alleingesellschafter übt die Kompetenzen der Gesellschafterversammlung aus.

5. Die Kollektiventscheidungen nach Abs. 2 und 3 müssen protokolliert werden; die des alleingesellschafters werden schriftlich protokolliert oder schriftlich gefaßt.

Artikel 16 (Vertretung der Gesellschaft gegenüber Dritten)

1. Die Gesellschaft wird gegenüber Dritten durch eine oder mehrere natürliche oder juristische Personen vertreten, die mit den weitreichendsten Handlungsbefugnissen versehen sind, um unter allen Umständen im Namen der Gesellschaft handeln zu können.

   Sie üben diese Vertretungsmacht innerhalb der Grenzen des Gesellschaftszwecks und vorbehaltlich derjenigen Kompetenzen aus, die die Verordnung und der Gesellschaftsvertrag den Kollektiventscheidungen der Gesellschafter zuweisen.

2. Im Verhältnis zu Dritten wird die Gesellschaft auch durch Handlungen der Vertreter verpflichtet, die den Gesellschaftszweck überschreiten. Satzungsregelungen, welche die Befugnisse der Organe beschränken, können Dritten gegenüber nicht eingewendet werden.

Artikel 17 (Geschäftsleiterhaftung)

1. Der oder die gemäß Art. 14 bestimmten Geschäftsleiter der EPG sind einzeln oder gesamtschuldnerisch gegenüber der Gesellschaft für alle Handlungen, die gegen die auf die Gesellschaft gem. Art. 12 dieser Verordnung anwendbaren Vorschriften verstoßen, haftbar. Sie haften nach denselben Bedingungen für Pflichtverstöße und die Nichtbeachtung der bei der Geschäftsleitung vernünftigerweise zu fordernden Sorgfalt.

2. Nimmt eine juristische Person die Vertretung oder Geschäftsleitungsaufgaben wahr oder ist sie daran beteiligt, so unterliegen ihre eigenen Geschäftsleiter den gleichen Bedingungen, Pflichten und straf- und zivilrechtlichen Verantwortlichkeiten, als wenn sie die Geschäftsleitung in eigenem Namen ausübten, ungeachtet der Haftung der juristischen Person, die sie leiten.

3. Die faktischen Geschäftsführer sind den gemäß dem Gesellschaftsvertrag bestellten gleichgestellt für alle Verpflichtungen und alle Verantwortlichkeiten, die letzteren obliegen.

Artikel 18 (Schadensersatzklagen)

1. Jeder Gesellschafter kann gegen den oder die Geschäftsleiter eine Schadensersatzklage bezüglich seines persönlich erlittenen Schadens erheben.

2. Gesellschafter, die wenigstens 10 % des Kapitals oder der Stimmrechte vertreten, können einzeln oder gemeinsam für die Gesellschaft gegen die Geschäftsleiter Klage erheben.

Die Kläger sind berechtigt, den Ersatz des gesamten Schadens der Gesellschaft zugunsten der Gesellschaft zu verlangen.

3. Die Haftungsklage kann nur binnen eines Zeitraums von drei Jahren nach dem schädigenden Ereignis - oder, falls dieses heimlich erfolgte, ab dem Zeitpunkt seiner Entdeckung - erhoben werden.

Artikel 19 (Nichtigkeit eines Beschlusses)

Jeder Beschluß der Gesellschafter oder eines Gesellschaftsorgans, der unter Verstoß gegen eine wesentliche Regelung oder Verfahrensvorschrift dieser Verordnung oder des Gesellschaftsvertrages gefaßt wird, kann von dem zuständigen Gericht aufgehoben werden. Die Beschlußanfechtungsklage kann innerhalb eines Zeitraums von 6 Monaten gerechnet ab dem Datum des Beschlusses von jedem Gesellschafter erhoben werden, der nicht für den Beschluß gestimmt hat, sofern die Gesellschaft den Beschlußmangel nicht heilt oder der Kläger nachträglich zustimmt.

III. Die Geschäftsanteile

Artikel 20 (Anteilsübertragung, Wechsel der Kontrolle)

1. Wenn die Übertragung der Anteile einem Genehmigungsvorbehalt unterliegt, bestimmt der Gesellschaftsvertrag das für die Genehmigung zuständige Organ, das Verfahren und die anwendbaren Fristen. Er legt die Bedingungen für den Austritt eines Gesellschafters fest, dem die Zustimmung zur Veräußerung verweigert wird.

2. Der Gesellschaftsvertrag kann vorsehen, daß jeder Wechsel in der Kontrolle eines Gesellschafters, wie gesellschaftsvertraglich definiert, der Übertragung gleichgestellt ist. Er muß der Gesellschaft gemäß den Bedingungen und Fristen, welche der Gesellschaftsvertrag festlegt, mitgeteilt werden.

3. Der Gesellschaftsvertrag kann vorsehen, daß alle nichtvermögenswerten Rechte der Anteile eines Gesellschafters, dem die Zustimmung zum Erwerb verweigert wurde, oder des Gesellschafters, bei dem die Kontrolle gewechselt hat, ausgesetzt werden.

Artikel 21 (Ausschluß und Rücktritt eines Gesellschafters)

1. In den Fällen und unter Beachtung der Verfahrensbestimmungen, die der Gesellschaftsvertrag festlegt, kann ein Gesellschafter zum Verkauf seiner Anteile gezwungen werden.

Außerdem kann das zuständige Gericht auf Antrag eines oder mehrerer Gesellschafter, die die Mehrheit der Stimmrechte vertreten, den Verkauf der Anteile eines Gesellschafters anordnen, wenn dieser den Interessen der Gesellschaft schwerwiegenden Schaden zugefügt hat oder wenn sein Verbleib in der Gesellschaft für deren Geschäftstätigkeit nachteilig ist.

Die Satzung kann ebenso die Aussetzung der nichtvermögenswerten Rechte dieses Gesellschafters anordnen, solange er die Abtretung nicht vollzogen hat.

2. In den Fällen und unter Beachtung der Verfahrensbestimmungen, die der Gesellschaftsvertrag festlegt, kann ein Gesellschafter den Rückkauf seiner Anteile verlangen.

   Ferner kann jeder Gesellschafter, der eine Verletzung seiner Interessen geltend macht, bei dem zuständigen Gericht den Rückkauf seiner Geschäftsanteile gemäß den für den Rückkauf vorgesehenen Verfahrensbestimmungen des Gesellschaftsvertrages beantragen, wenn eine oder mehrere Bestimmungen des Gesellschaftsvertrages maßgeblich verändert wurden, die gesamten Aktiva oder der Hauptteil der Aktiva der EPG an eine andere Gesellschaft übertragen oder in diese eingebracht wurden, wenn der Gesellschaftszweck maßgeblich verändert wurde oder wenn während mehrerer Geschäftsjahre die Gewinnausschüttungen auf die Geschäftsanteile ausgesetzt wurden, obwohl dies die finanzielle Situation der Gesellschaft nicht rechtfertigt.

Artikel 22 (Anteilspreis bei Rückkauf oder Anteilsübertragung)

1. Das Verfahren für die Preisfestsetzung bei einem Rückkauf oder bei einer Anteilsübertragung nach Art. 20 oder 21, ist im Gesellschaftsvertrag festzulegen. Der Preis darf nicht niedriger sein als der wahre Wert der Anteile.
2. Wenn die Anteile von der EPG erworben werden, muß sie diese innerhalb von sechs Monaten nach dem Zeitpunkt des Erwerbs übertragen oder annulieren.

Artikel 23 (Unveräußerlichkeit der Anteile)

Der Gesellschaftsvertrag kann bestimmen, daß die Anteile während einer Dauer von höchstens 5 Jahren nicht übertragen werden dürfen.

Artikel 24 (Sanktion bei unzulässiger Übertragung)

1. Jede Übertragung von Anteilen, die gegen den Gesellschaftsvertrag verstößt, ist nichtig.

2. Bei Verstoß gegen ein statutarisches Vorkaufsrecht zugunsten der Gesellschaft oder eines oder mehrerer Gesellschafter kann das zuständige Gericht auf Antrag einer der Parteien oder der Gesellschaft anordnen, daß das abgetretene Recht an die Gesellschaft oder an einen oder mehrere der vorbezeichneten Zessionare zu einem gemäß Art. 22 bestimmten Preis übertragen werden muß.

Artikel 25 (Änderung der Satzung bzgl. der Anteile)

Beschlüsse, die eine gesellschaftsvertragliche Regelung nach Art. 20, 21 und 22 einführen, aufheben oder abändern, können nur einstimmig gefaßt werden.

IV. Kapitalmaßnahmen

Artikel 26 (Kapitalerhöhung und -herabsetzung)

1. Die Kapitalerhöhung oder die Kapitalherabsetzung werden nach den Bedingungen gemäß Art. 15 Abs. 2 und 3 beschlossen.

2. Das Vorhaben der Kapitalherabsetzung ist dem Rechnungsprüfer mitzuteilen, der bis spätestens einen Monat vor dem voraussichtlichen Termin des Gesellschafterbeschlusses einen Bericht erstellt. Dieser Bericht wird den Gesellschaftern unverzüglich zugeleitet, die zur gemeinsamen Entscheidung einzuberufen sind. Die namentlich bekannten Gläubiger werden von dem Vorhaben der Kapitalherabsetzung sowie von ihrem Widerspruchsrecht und den Voraussetzungen seiner Ausübung in Kenntnis gesetzt.

3. Bei einer Kapitalherabsetzung können die Gläubiger, deren Gläubigerstellung in der Zeit vor dieser Entscheidung entstanden ist, innerhalb eines Monats, gerechnet ab der nach Art. 9 vorzunehmenden Veröffentlichung, gegen die Entscheidung zur Kapitalherabsetzung Widerspruch einlegen. Das angerufene Gericht kann, wenn es dem Widerspruch stattgibt, die Rückzahlung der Schulden an die Gläubiger oder die Bestellung von Sicherheiten anordnen. Während der Widerspruchsfrist darf mit den Vorkehrungen zur Kapitalherabsetzung nicht begonnen werden.

Artikel 27 (Kauf eigener Anteile durch die Gesellschaft)

1. Unbeschadet der Anwendung von Art. 26 kann die EPG gemäß den gesellschaftsvertraglich vorgesehenen Bestimmungen und Verfahrensvorschriften eigene Anteile erwerben.

2. Keinesfalls darf die EPG direkt oder über einen auf ihre Rechnung handelnden Dritten mehr als 25 vom Hundert ihrer eigenen Anteile halten. Die von

der EPG gehaltenen Anteile berechtigen nicht zur Teilnahme an der Gewinnausschüttung und sind stimmrechtslos.

3. Die Vorschriften des vorangehenden Absatzes sind im Falle der Gesamtrechtsnachfolge oder der Vollstreckung einer richterlichen Entscheidung nicht anwendbar.

4. Die EPG darf weder ihre eigenen Anteile zum Pfand nehmen, noch darf sie im Hinblick auf den Erwerb eigener Anteile Kapital auszahlen, Darlehen vergeben oder eine Sicherheit bestellen. Rechtsgeschäfte, die gegen dieses Verbot verstoßen, sind nichtig.

Artikel 28 (Verringerung des Eigenkapitals)

1. Sinkt das Eigenkapitals unter die Summe des Mindestkapitals, müssen die Gesellschafter innerhalb eines Monats nach der Feststellung der Verluste in den Buchführungsunterlagen entscheiden, ob die Gesellschaft aufgelöst werden oder ihre Geschäftstätigkeit fortsetzen soll. Letzterenfalls müssen die Gesellschafter innerhalb von sechs Monaten das Eigenkapital auf den in Art. 3 Abs. 1 festgesetzten Betrag erhöhen.

2. Sollte sich das Eigenkapital der Gesellschaft auf weniger als die Hälfte des Stammkapitals verringern, so müssen die Gesellschafter innerhalb eines Monats entscheiden, ob Anlaß besteht, die Gesellschaft aufzulösen. Wird die Auflösung nicht beschlossen, so muß die Gesellschaft in den auf die Feststellung der Verluste folgenden sechs Monaten und unter Beachtung der Vorschriften aus Art. 3 dieser Verordnung ihr Grundkapital entweder um einen mindestens dem Verlust entsprechenden Betrag vermindern oder das Eigenkapital mindestens auf den Betrag des Stammkapitals erhöhen.

3. Bei Verletzung der Vorschriften dieses Artikels wird die Gesellschaft gemäß den in ihrem Sitzstaat geltenden Verfahrensvorschriften aufgelöst.

V. Kontrolle der Geschäftsleitung

Artikel 29 (Verträge mit der Gesellschaft)

1. Geschäftsleitern oder Gesellschaftern, die nicht juristische Personen sind, ist es direkt und indirekt in jedweder Form verboten, sich von der Gesellschaft Darlehen oder sonstigen Kredit geben, sowie ihre Verbindlichkeiten gegenüber Dritten sichern oder garantieren zu lassen. Diesem Verbot entgegenstehende Rechtsgeschäfte sind nichtig.

2. Der gemäß Art. 4 Abs. 2 dieser Verordnung bestellte Wirtschaftsprüfer legt den Gesellschaftern einen Bericht über die unmittelbaren oder mittelbaren Verträge zwischen der Gesellschaft und ihren Geschäftsleitern oder Gesellschaftern vor, die geeignet sind, einen Interessenkonflikt hervorzurufen. Das Verfahren wird durch den Gesellschaftsvertrag bestimmt.

3. Die zwischen dem Alleingesellschafter und der von ihm vertretenen Gesellschaft abgeschlossenen Verträge werden protokolliert oder schriftlich niedergelegt.

4. Diese Vorschriften finden auf die üblichen Geschäfte des laufenden Geschäftsbetriebes keine Anwendung.

Artikel 30 (Information der Gesellschafter)

1. Jeder Gesellschafter hat das Recht, über die in Art. 15 Abs. 2 und 3 vorgesehenen Gesellschafterbeschlüsse in Kenntnis gesetzt zu werden und zu den wesentlichen Geschäftsunterlagen der Gesellschaft Zugang zu erhalten.

2. Er kann hinsichtlich der Gesellschaft schriftlich Fragen an die Geschäftsleiter richten, die von diesen gemäß einem gesellschaftsvertraglich festgelegten Verfahren zu beantworten sind.

Artikel 31 (Sonderprüfung)

Die Geschäftsleiter müssen innerhalb eines Monats jede einen oder mehrere Geschäftsleitungsvorgänge betreffende Frage beantworten, die schriftlich von einem oder mehreren Gesellschaftern, die mindestens 10 % des Stammkapitals oder der Stimmrechte vertreten, oder von einer anderen durch die Satzung hierzu ermächtigten Person gestellt wurde. Bleibt die Frage ohne hinreichende Antwort und läßt die Situation eine Gefahr für das Wohl der Gesellschaft vermuten, so können der oder die Gesellschafter beim Vorsitzenden des zuständigen Gerichts die Bestellung eines oder mehrerer Sachverständiger beantragen, die über die fraglichen Geschäftsleitungsvorgänge Bericht zu erstatten haben.

VI. Jahresabschluß

Artikel 32

Die EPG unterliegt den Rechnungslegungsvorschriften, die in jedem Mitgliedstaat für die Gesellschaftsform gelten, der sie in Anhang 2 zu diesem Zweck gleichgestellt ist.

VII. Rechte der Arbeitnehmer

Artikel 33

Die Regeln über die Information, die Anhörung der Arbeitnehmer und gegebenenfalls ihre Mitwirkung in den Organen der Gesellschaft richten sich nach dem Recht des Sitzstaates der EPG.

VIII. Strafrecht

Artikel 34

Die EPG sowie ihre Geschäftsleiter und Gesellschafter unterliegen den Strafvorschriften, die in jedem Mitgliedstaat für die Gesellschaftsform gelten, der sie in Anhang 2 zu diesem Zweck gleichgestellt ist, mit Ausnahme der Vorschriften, die Pflichten betreffen, denen die EPG gemäß Artikel 12 dieser Verordnung nicht unterworfen ist.

IX. Umwandlung der EPG

Artikel 35

1. Die EPG kann sich in jede der in Anhang 3 aufgeführten Gesellschaften umwandeln. Die Umwandlung führt weder zu ihrer Auflösung noch zur Entstehung einer neuen juristischen Person.

2. Das oder die zuständigen Organe erstellen einen Umwandlungsplan und einen Bericht, der die rechtlichen und wirtschaftlichen Gesichtspunkte des Vorhabens erläutert und rechtfertigt. Der Bericht legt zudem die Folgen der Annahme der neuen Gesellschaftsform für Gesellschafter und Arbeitnehmer dar.

3. Der Umwandlungsplan wird den Arbeitnehmern mitgeteilt und gemäß den Vorschriften der Mitgliedstaaten in Übereinstimmung mit der Richtlinie 68/151/EWG wenigstens einen Monat vor dem Umwandlungsbeschluß der Gesellschafter veröffentlicht.

4. Vor der Fassung des Gesellschafterbeschlusses bestätigen ein oder mehrere unabhängige Sachverständige, die gemäß den Vorschriften der Mitgliedstaaten in Übereinstimmung mit Artikel 10 Abs. 1 der Richtlinie 78/855/EWG ernannt oder bestellt worden sind, daß die Gesellschaft über Vermögenswerte verfügt, die mindestens dem Stammkapital entsprechen.

5. Der Umwandlungsplan sowie die Satzung/der Gesellschaftsvertrag der neuen Gesellschaft werden den Gesellschaftern der EPG gemäß den gesellschaftsvertraglich vorgesehenen Vorschriften zur Zustimmung vorgelegt.

6. Die Umwandlung führt zu einer Änderung der Eintragung und einer Veröffentlichung gemäß Artikel 9 dieser Verordnung.

X. Auflösung, Liquidation, Konkurs und Zahlungseinstellung

Artikel 36 (Anwendbares Recht)

1. Bezüglich der Auflösung oder Liquidation, des Konkurses und der Zahlungseinstellung und vergleichbarer Vorgänge unterliegt die EPG den Vorschriften, die auf die Gesellschaften Anwendung finden, denen sie in jedem Staat durch diese Verordnung gleichgestellt wird. Das nationale Recht bestimmt, wer einzeln oder gesamtschuldnerisch für die Gesellschaftsverbindlichkeiten ganz oder teilweise haftet, und welchen Verboten und Rechtsverlusten diese Personen ausgesetzt sind.

2. Unbeschadet der Fälle, in denen ihre persönliche Haftung eintritt, führt die Eröffnung eines Verfahrens aus Anlaß des Konkurses oder der Zahlungseinstellung gegenüber der EPG nicht zur Eröffnung eines solchen Verfahrens gegenüber den Gesellschaftern oder den Geschäftsleitern.

3. Eine EPG, gegenüber der ein Verfahren zur Auflösung oder Liquidation anläßlich des Konkurses oder der Zahlungseinstellung oder ein vergleichbares Verfahren eröffnet worden ist, kann ihren Sitz nicht in einen anderen Mitgliedstaat verlegen.

Artikel 37 (Publizität)

Der Konkurs oder die Zahlungseinstellung, die Eröffnung eines Auflösungs- oder Liquidationsverfahrens sowie sein Abschluß und die Entscheidung, die Geschäftstätigkeit weiterzuführen, werden gemäß Artikel 9 dieser Verordnung veröffentlicht.

Artikel 38 (Auflösungsklage und Regulierung)

Im Fall der Auflösungsklage kann das angerufene Gericht oder die zuständige Behörde die Auflösung nicht mehr aussprechen, wenn am Ende der mündlichen Verhandlung der Auflösungsgrund bereits behoben worden ist.

INDEXVERZEICHNIS

Dieses Verzeichnis enthält sowohl Stichworte, als auch Schlagworte, die thematische Zusammenhänge kennzeichnen.

Saarbrücker Studien zum Privat- und Wirtschaftsrecht

Herausgeber:
Johann Paul Bauer, Michael Martinek und Helmut Rüßmann

Band 1 Susanne Jaschinski: Die Haftung von Schwestergesellschaften im GmbH-Unterordnungskonzern. Ein Beitrag zum Konzernverfassungsrecht. 1997.

Band 2 Roman Sascha Ahnert: Die *actio individualis*. Ein Beitrag zur verfassungsrechtlichen Fundierung der Aktionärsklage bei sogenannten Aktien-Interessenverbänden. 1997.

Band 3 Torsten Peters: Der Cateringvertrag. Rechtstatsachen, Rechtsnatur und Rechtsprobleme eines modernen Dienstleistungsvertrags. 1998.

Band 4 Michael Meissner: Persönlichkeitsschutz juristischer Personen im deutschen und US-amerikanischen Recht. Eine rechtsvergleichende Untersuchung des allgemeinen Persönlichkeitsrechts juristischer Personen. 1998.

Band 5 Thomas Tegen: Joint Venture-Vertrag und Projektträgergesellschaft im amerikanischen und deutschen Recht. 1998.

Band 6 Gerhard Wolter: Treuhandrecht im Umbruch? Ein Blick nach Frankreich, Luxemburg, in die Schweiz und in den Libanon sowie auf das Haager Trust-Übereinkommen. 1999.

Band 7 Thomas Dehlfing: Das Recht der irreführenden Werbung in Deutschland, Großbritannien und Frankreich. 1999.

Band 8 Hanno Dornseifer: Börsentermingeschäfte und Börsentermingeschäftsfähigkeit. Zur börsengesetzlichen Behandlung von finanzwirtschaftlichen Festgeschäften, Options- und Optionsscheingeschäften. 1999.

Band 9 Patrick Lenz: Absatzförderung durch *zinssubventionierte* Darlehen. Eine wettbewerbs- und kartellrechtliche Studie zur Zulässigkeit von Niedrigzins-Kreditangeboten unter besonderer Berücksichtigung des Automobilmarktes. 1999.

Band 10 Mansur Pour Rafsendjani: Der Goodwill-Ausgleichsanspruch des Franchisenehmers. Ein Vergleich des deutschen, französischen und US-amerikanischen Franchiserechts. 1999.

Band 11 Jörg Hartmann: Juristische und ökonomische Regelungsprobleme des Insiderhandels. Eine rechtsvergleichende Darstellung USA – Deutschland. 1999.

Band 12 David Altmeier: Rückstellungsbilanzierung in Deutschland und Frankreich. Eine vergleichende Untersuchung der französischen Rückstellungsbilanzierung aus der Perspektive des deutschen Bilanzrechts. 1999.

Band 13 Barbara Günther: Aktivische Bilanzierungshilfen im deutschen und französischen Bilanzrecht. 1999.

Band 14 Bernhard Glasow: Vertikale Preisbindung, Wettbewerbstheorie und Wettbewerbsrecht in den USA, Deutschland und Europa. Bestandsaufnahmen, Kritik und Zukunftsperspektiven. 2000.

Band 15 Dorota Nowak-James: Der Börsenzugang für Anleger in Deutschland und Polen. Eine rechtsvergleichende Untersuchung zum deutschen Finanzkommissionsgeschäft und zum polnischen Brokerauftragsvertrag. 2000.

Band 16 Mathias Queck: Der Nießbrauch am Anteil einer offenen Handelsgesellschaft. Eine Form der (un-)mittelbaren Unternehmensbeteiligung. 2000.

Band 17 Ina Roth: Umweltbezogene Unternehmenskommunikation im deutschen und europäischen Wettbewerbsrecht. 2000.

Band 18 Jörg Preiss: Die Anwendung des markenrechtlichen Erschöpfungsgrundsatzes auf Dienstleistungsmarken. 2000.

Band 19 Kevin M. McDonald: Der Begriff der Dienstleistung im europäischen Binnenmarkt und WTO-System (GATS). 2001.

Band 20 Carolin Opgenhoff: Die europäische Fusionskontrolle zwischen Wettbewerbsrecht und Industriepolitik. 2001.

Band 21 Susanne Schäfer: Die Deliktsfähigkeit juristischer Personen. Eine rechtsvergleichende Untersuchung zur Übertragbarkeit des englischen Modells. 2001.

Band 22 Kay Diedrich: Die Interventionswirkung – Ausprägung eines einheitlichen Konzepts zivilprozessualer Bindungswirkung. 2001.

Band 23 Michael Fröhlich: Zentrale Institutionen des deutschen Urheberrechts und des französischen Droit d'auteur auf dem Prüfstand der elektronischen Netzwerke. 2001.

Band 24 Joël Benjamin Münch: Abtretungsverbote im deutschen und französischen Recht. Rechtsvergleichende Untersuchung der Übertragungshindernisse im deutschen und französischen Forderungsverkehr als Beitrag zu einer weiteren Schuldrechtsvereinheitlichung in Europa. 2001.

Band 25 Monika Prieß: Der Begriff des Sachmangels im deutschen und englischen Kaufrecht. Reformbedarf aufgrund der Verbrauchsgüterkauf-Richtlinie 1999/44/EG. 2001.

Band 26 Katharina Siegel: Produkthaftung im polnischen, tschechischen und slowenischen Recht. 2001.

Band 27 Carolin Kühne: Die gesetzliche Form der Rechtsgeschäfte im deutschen und italienischen Recht. Eine rechtsvergleichende Untersuchung. 2002.

Band 28 Nina Scherf: Die Nachschußpflicht im Gesellschaftsrecht. Eine rechtsformübergreifende Bestandsaufnahme, Analyse und Kritik. 2002.

Band 29 Marc Laukemann: Fernsehwerbung im Programm. Die zunehmende Kommerzialisierung des Fernsehprogramms im Zeitalter einer Ökonomisierung der Aufmerksamkeit als verfassungs-, wettbewerbs- und rundfunkrechtliches Problem. 2002.

Band 30 Michael Bo Jaspers: Nachträgliche Rechtswahl im internationalen Schuldvertragsrecht. Unter besonderer Berücksichtigung der Rechtspraxis in England, Frankreich, Dänemark und Deutschland. 2002.

Band 31 Christina Pernice: Die Insolvenzverschleppung durch das Geschäftsführungsorgan der kleinen Kapitalgesellschaft im deutschen, französischen und englischen Recht. Eine rechtsvergleichende Untersuchung zur Entwicklung eines europäischen Lösungsansatzes. 2002.

Band 32 Anne Christine Janert: Der sachliche und persönliche Anwendungsbereich des deutschen Verbraucherkreditrechts und des britischen Consumer Credit Act 1974. Ein Beitrag zu den Möglichkeiten und Grenzen verbraucherrechtlicher Harmonisierung in Europa. 2002.

Band 33 Annette Trost: Faktische Sitzverlegung unter Sitz- und Gründungstheorie im Vergleich. Unter besonderer Berücksichtigung ihrer gesellschafts- und zivilrechtlichen Folgewirkungen. 2003.

Band 34 Esther Cordula Hilpert: Die Gründerhaftung in der Gesellschaft mit beschränkter Haftung in Deutschland, Frankreich und England. 2003.

Band 35 Wei-ming Liao: Die Schiedsgerichtsbarkeit in Taiwan. Unter besonderer Berücksichtigung der internationalen Handelsschiedsgerichtsbarkeit und mit Hinweisen zu der Entwicklung in Deutschland. 2003.

Band 36 Stefan Stork: Sitzverlegung von Kapitalgesellschaften in der Europäischen Union. Zur Reichweite der Niederlassungsfreiheit unter Berücksichtigung der positiven und der negativen Integration. 2003.

Band 37 Marc Pfeffer: Interbrand-Kartellverbot und Intrabrand-Vereinbarungen. Die Ablösung horizontaler und vertikaler Eingriffsmerkmale im GWB zu Gunsten einer Betrachtung produktexterner und -interner Wettbewerbsfaktoren. 2003.

Band 38 Nicole Burkardt: Der arbeitsrechtliche Aufhebungsvertrag. Einvernehmliche Beendigung von Arbeitsverhältnissen unter Berücksichtigung der Rechtslage nach der Schuldrechtsreform. 2004.

Band 39 Christian Schmeling: Die Entlastung von Mitgliedern geschäftsführender Organe im Recht der Kapitalgesellschaften. Eine rechtsvergleichende Studie zum deutschen, schweizerischen und französischen Recht. 2004.

Band 40 Andreas Wolf: Wege zur virtuellen Haupt- und Gesellschafterversammlung. Eine vergleichende Untersuchung über die Einbeziehung elektronischer Medien in die Hauptversammlung einer Aktiengesellschaft und die Gesellschafterversammlung einer GmbH. 2004.

Band 41 Bianca Natalie Baldus: Der elektronisch geschlossene Vertrag mit Schiedsabrede. Zulässigkeit und anwendbares Recht in nationalen und internationalen Schiedsverfahren. 2004.

Band 42 Vania Dilek: Der Wettbewerbsschutz in Bulgarien und in der Russischen Föderation während des Übergangs vom Dirigismus zur Privatautonomie. 2004.

Band 43 Rudolf Lenders: Treuhand am Gesellschaftsanteil. Die Einbindung des Treugebers in das gesellschaftsrechtliche Organisationsgefüge. 2004.

Band 44 Weizuo Chen: Rück- und Weiterverweisung (Renvoi) in staatsvertraglichen Kollisionsnormen. 2004.

Band 45 Stefan Hahn: Neue Ansätze im Anlegerschutz durch die Ad-hoc-Publizität des § 15 WpHG. 2004.

Band 46 Pietro Graf Fringuelli: Internet TV. Filmurheberrecht im Internet. 2004.

Band 47 Caspar Frhr. v. Schnurbein: Missbrauch von Minderheitsrechten im deutschen und italienischen Aktienrecht. 2005.

Band 48 David Kereselidze: Der allgemeine Teil des Georgischen Zivilgesetzbuches von 1997. Eine rechtsvergleichende Untersuchung. 2005.

Band 49 Miguel A. García Mateos: Das neue Recht der Namensaktie. Bestandsaufnahme, Analyse und Kritik. 2005.

Band 50 Christine Eckstein-Puhl: Prozessbetrug im Schiedsverfahren. Eine Studie zu den vom erschlichenen Schiedsspruch aufgeworfenen Fragen des Aufhebungsverfahrens gemäß § 1059 ZPO. 2005.

Band 51 Steffen Paulmann: Wirksamkeit von Haftungsausschlüssen und –begrenzungen im deutsch-französischen Warengeschäftsverkehr. Unter besonderer Berücksichtigung der UNIDROIT-Principles und der Principles of European Contract Law. 2005.

Band 52 Ina Krischek: Wirtschaftsmediation als alternatives Streitbeilegungsverfahren. Gerichtsverfahren, Schiedsverfahren und Mediation im Vergleich. 2005.

Band 53 Olaf Pick: Verkehrspflichten und Handlungsfreiheit des „Schädigers". 2005.

Band 54 Thomas Paul: Die Gesellschafterfähigkeit von Gesamthandsgemeinschaften. 2005.

Band 55 Dieter Friedrich Unger: Das Recht der Kapitalaufbringung und -erhaltung bei der Aktiengesellschaft im Rechtsvergleich Deutschland, Österreich und Schweiz. Eine Analyse des Kapitalsicherungsrechts in Deutschland, Österreich und der Schweiz. 2006.

Band 56 Nicole Schröder: Perspektiven der Europäisierung des GmbH-Rechts und der Europäischen Privatgesellschaft vor dem Hintergrund der Europäischen Aktiengesellschaft. 2007.

Cornelius Koke

Die Finanzverfassung der Europäischen Aktiengesellschaft (SE) mit Sitz in Deutschland

Frankfurt am Main, Berlin, Bern, Bruxelles, New York, Oxford, Wien, 2005.
XXII, 277 S., 14 Tab.
Schriftenreihe zum deutschen und europäischen Gesellschafts- und Wirtschaftsrecht. Herausgegeben von Günter Christian Schwarz. Bd. 3
ISBN-10: 3-631-53240-7 / ISBN-13: 978-3-631-53240-9 · br. € 51.50*

Die Verordnung über das Statut der Europäischen Aktiengesellschaft (SE) trat am 8. Oktober 2004 in Kraft. Die verabschiedete Verordnung ist jedoch weit davon entfernt, ein vollständiges Gesellschaftsstatut zu sein. So ist auch die Finanzverfassung der SE Gegenstand einer umfassenden Verweisung auf das Recht des Sitzstaates. Die Verknüpfung der Vorschriften des europäischen Gesetzgebers mit den nationalen Gesetzen führt zu einer Vielzahl von Rechtsproblemen. Die Studie zeigt diese Probleme für den Bereich der Finanzverfassung der SE auf und arbeitet das ergänzend anwendbare Recht heraus.

Aus dem Inhalt: Grundlagen der Anwendung des Rechts der Europäischen Aktiengesellschaft · Kapitalaufbringung unter Berücksichtigung der verschiedenen Gründungsvarianten · Aktien, Schuldverschreibungen und sonstige vergleichbare Wertpapiere · Erwerb eigener Aktien · Kapitalmaßnahmen, insbesondere die Beschlussfassung der Hauptversammlung und die Besonderheiten bei monistischem Leitungssystem · Jahresabschluss

FSC
www.fsc.org
MIX
Papier | Fördert
gute Waldnutzung
FSC® C083411

Kolibri 360 GmbH
Ferdinand-Jühlke-Straße 7
99095 Erfurt, Deutschland
produktsicherheit@kolibri360.de

Druck:
CPI Druckdienstleistungen GmbH
im Auftrag der
Kolibri 360 GmbH
Ferdinand-Jühlke-Str. 7
99095 Erfurt